NEW
INSIGHTS INTO
INVESTMENT

投资新思路

大变局中的
行业选择

**Industry Choice in
Changing Situations**

陈小军 著

经济管理出版社
ECONOMY & MANAGEMENT PUBLISHING HOUSE

图书在版编目（CIP）数据

投资新思路. 大变局中的行业选择/陈小军等著 . —北京：经济管理
出版社，2022. 12
ISBN 978-7-5096-8801-4

Ⅰ. ①投… Ⅱ. ①陈… Ⅲ. ①投资—研究 Ⅳ. ①F830. 59

中国版本图书馆 CIP 数据核字（2022）第 207385 号

组稿编辑：梁植睿
责任编辑：梁植睿
责任印制：黄章平
责任校对：张晓燕

出版发行：经济管理出版社
　　　　　（北京市海淀区北蜂窝 8 号中雅大厦 A 座 11 层　　100038）
网　　址：www. E-mp. com. cn
电　　话：（010）51915602
印　　刷：唐山玺诚印务有限公司
经　　销：新华书店
开　　本：880mm×1230mm/32
印　　张：9. 5
字　　数：189 千字
版　　次：2022 年 12 月第 1 版　　2022 年 12 月第 1 次印刷
书　　号：ISBN 978-7-5096-8801-4
定　　价：128. 00 元（全 3 册）

推荐序

　　"风险投资"这一概念在我国是由中国科学院大学经济与管理学院首任院长成思危先生率先提出来的。在成先生任中国民主建国会中央主席期间，民建中央于1998年在全国政协九届一次会议上提交了《关于尽快发展我国风险投资事业的提案》，该提案因立意高、份量重，被列为"一号提案"。该提案提出后受到中共中央、国务院的高度重视，并在各部委、各级地方政府和科技界、金融界引起强烈反响，揭开了我国风险投资大发展的序幕。成思危先生因此被誉为"中国风险投资之父"。成先生倡议举办的"中国风险投资论坛""中国非公有制经济论坛"已经成为我国投资界和经济界具有重要影响的年度盛会。

　　进入21世纪，特别是近10年来，我国风险投资得到极大发展。中国科学院大学经济与管理学院根据国家经济发展需要，在做好经济研究的同时，也开设了金融专硕等金融类专业，创立了虚拟经济实验室等专项研究室。但是相对于经济和金融的研究，我国学界对投资的研究还相对较少，甚至社会上一部分人将投资当成金融。事实上，经济、金融和投资这三者具有联系，也有区别；三者的理论基础、研究对象、研究方法，以及内涵与外延均不相同；三者的出发点、作用、指导思想也截然不同，在资本市场上只不过在融资这个方面上存在交叉。有人用一种形象的说法来说明三者的区别：经济是肌体，金融是经济的血液，投资是经济的造血中心。

小军工作数年，积累了一定的经验以后，考上清华大学经济管理学院的工商管理硕士，又从事企业经营和投资十余年，再考入中国科学院大学经济与管理学院攻读管理科学与工程博士学位。从产业经营和产业投资的实践中走过来，将过去的经验提升，创造性地提出了"行业本质决定企业盈亏数量级、左右企业存亡"的全新理念。

小军的《投资新思路》，首先分析了经济发展和行业选择的大趋势，再分析了部分行业的行业本质，最后以通俗的语言系统阐述了股权投资采用的一般方法。特别是将复杂的投资问题和企业经营的核心问题抽丝剥茧，总结成通俗易懂的一个词语，就是"行业本质"。认清行业本质，能够让投资人迅速抓住行业的要害，提高投资的成功率和回报率；同时能够让企业经营者迅速抓住经营的核心，围绕行业本质开展企业的研发、生产、营销和管理等，提高企业经营的效率和效益。本套书体现出了投资和企业经营"大道至简"的核心思想。

这套书创造性地提出了一个全新的投资视角和经营视角，根据"行业本质决定企业盈亏数量级、左右企业存亡"这个全新的理念，结合实证案例，能够启发投资人和企业经营者。不仅有益于投资机构，有益于企业，更有益于经济社会发展；还有助于减少社会浪费，引导资本有效投资，引导企业有效经营；更能为人们的投资理财拨开迷雾，增加人们的财产性收入，促进社会"共同富裕"。

小军在自身经历的案例基础上，总结出新方法、提出新理念，并和我国民间谚语相结合，在其攻读博士学位期间完成本套书，是其从事企业经营和投资多年的心得体会，也是其攻读博士学位期间的学习成果。

《投资新思路：大变局中的行业选择》《投资新思路：左右存亡的行业本质》《投资新思路：新常态下的股权投资》构成了"投资三部曲"：明大势、辨行业、识企业。既适合投资从业者阅读，也适合企业经营者借鉴，还适合政府经济管理部门的工作人员参考。这不仅是一套关于股权投资的书籍，也是一套关于企业经营的书籍，还是一套关于人生投资的书籍。在投资期间感到迷茫时，在企业经营中感到彷徨时，在人生感到困惑时，不妨读读这套书，想必会给您带来有益的启迪。

我真诚地希望这套书对读者有益，对企业有益，对社会有益；更期待小军在以后的工作过程中，坚持思考，不断总结提炼，为经济繁荣、社会进步，再做新的贡献。

汪寿阳

发展中国家科学院院士

国际系统与控制科学院院士

中国科学院预测科学研究中心主任

上海科技大学创业与管理学院院长

中国科学院大学经济与管理学院原院长

2022 年秋于北京

作者简介

陈小军，中国科学院大学经济与管理学院博士研究生，师从中国科学院预测科学研究中心主任、中国科学院大学经济与管理学院原院长、中国科学院数学与系统科学研究院原党委书记汪寿阳院士。清华大学工商管理硕士。"行业本质决定企业盈亏数量级、左右企业存亡"理念创立人。现任中国民主建国会中央委员会企业委员会副主任、清华大学经济管理学院研究生校友导师、清华大学 X-Lab 创业导师、中央财经大学会计学院研究生校外客座导师。

20 岁大学毕业，先后获得汽车摩托车制造、工业企业管理、会计、工商管理、管理科学与工程五个不同专业不同层次的学历学位；由于单位需要，先后应急到汽车零部件、化工、农业、食品、国际贸易、电商等行业负责经营。虽得到过不同教训，但均将每个企业某一方面的业绩做到国内同行业同期前三位。之后从事投资行业，历任中日合资公司总经理、日本 SBI（原软银投资）中国公司首席投资官、基金管理公司总经理等职。先后获得"四川绵阳汽车方向机总厂十大劳动模范""民建北京市优秀会员""SBI 中国 2014 年度最佳撮合奖""中国 2015 年度基础建设领域最佳产业投资人""2016 中国财资管理杰出贡献奖""民建中央 2020 年参政议政工作先进个人"等荣誉称号。

出生于四川省绵阳市盐亭县偏远农村,白手起家,连续创业。工作一年后,21 岁时将一家十余口从农村迁到城市,为不足初中文化程度的家人分别开办了至今都比较赚钱且适合他们的生意,22 岁时带领工作单位进入长安汽车集团配套体系,23 岁时送已有孩子的哥哥脱产学医五年,24 岁时被单位评为"十大劳动模范",25 岁时带领工作单位成为长安汽车集团"十大优秀供应商",26 岁时将全部生意交给父亲和姐姐经营后脱产学习,考入清华大学与美国麻省理工学院联合开办的全英文授课硕士班。在校期间,任 MBA 同学会副主席,经主席团成员一致同意,将 MBA 新生入学义卖所得购买课桌捐赠到老家四川省绵阳市盐亭县麻秧乡小学;参加清华大学和美国斯坦福大学交换项目,与巴基斯坦友人结下一段国际交往的情谊。清华大学硕士毕业后留在新希望集团北京办事处任刘永好董事长的行政助理,后应急到保定、成都负责企业经营。

2014 年放弃了一家知名餐饮企业抛出的出资成立 10 亿元产业基金的橄榄枝。为更好地学习,出任日本 SBI(原软银投资)中国公司首席投资官,后担任基金管理公司总经理。基于当时国内股权投资乱象,思考什么是决定一个行业和企业存亡的要素,如何才能提高投资的成功率和回报率。自 2016 年开始，考察了十余个国家的多个行业发展，先后研究了国内 20 多个行业的本质。为深入探索经济与投资的内在逻辑，继续申请攻读中国科学院大学的博士学位，对比研究国内外宏观经济、行业本质对企业经营和投资的影响，以及股权投资未来的发展趋势，深入研究企业多元化和并购绩效的影响因素，寻找提高投资成功率和回报率的方法。创造性地提出"行业本质决定企业盈亏数量级、左右企业存亡"的全新理念。

加入中国民主建国会后，曾先后担任民建中央制造业组秘书长、副组长，民建北京市东城区稻香村支部副主任等职务。现兼任民建北京市西城区综四支部副主任、民建西城区企业家委员会副主任、中国中小商业企业协会志愿服务专家、中国管理科学学会创新管理专委会执行委员、北京市人民法院人民陪审员、中共中央党校（国家行政学院）新时代应急管理知识党员领导干部学习读本系列丛书编委。

已发表的部分文章：

1. 《多元化经营、公司价值和投资效率》（合著），《科学决策》2010 年第 12 期。

2. 《陈小军：九大变化呼唤新型 CFO》，《新理财》2017 年第 12 期。

3. 《改革开放让我心想事成》，载《忆往追昔话民建：北京民建会史资料汇编》，2018 年 10 月。

4. 《建国七十忆思危　桃李不言已芬芳》，《北京民建》2019 年第 11 期。

5.《管理层能力与投资效率》（通讯作者），《会计研究》2020 年第 4 期。

6.《客户关系管理、内部控制与企业并购绩效测度综合评价——基于多元线性回归模型分析》，《管理评论》2021 年第 8 期。

7.《经济发展预期转弱会影响企业并购吗？——基于中国 A 股上市企业的经验证据》，已投稿核心学术期刊，待刊发。

总　序

　　近年来，人们经常谈起"股权投资的'寒冬'已来临，不知道下一步该如何办"。我也经常被人询问，家庭有一些存款，但是不知道投资什么好。不少中小企业主面对宏观经济环境已经发生的巨大变化，不清楚下一步应该怎么走。炒股的股民聚在一起，会讨论买哪只股票更合适；公募基金的基民聚在一起，会讨论购买哪位基金管理人的基金收益会更高……我们曾见证有人抓住一个机会就能创办一家成功的企业，但也看到不少企业在激烈的市场竞争中苦苦挣扎；我们曾见证有人参与一家企业的股权投资后就实现了阶层跨越，也曾听闻更多的股权投资项目失败；我们知道有人连续买对两三只股票就实现了财富自由，也看到更多的人从股市中铩羽而归，甚至因此背负债务……面对以上这些问题和现象，是否能够从中找到规律性的、可复制的投资方法来给我们做出指导呢？

　　改革开放 40 余年来，我国居民获得财富的主要途径在不同的年代是不一样的。20 世纪 80 年代，财富主要来自贸易，人们利用信息不对称、价格双轨制，将海外的商品进口到国内，将沿海的商品销售到内地，就能够赚到钱。20 世纪 90 年代，财富主要来自制造业，当时国内物质不丰富，只要能够将需求商品生产出来并销售出去，就能够赚到钱。自 2001 年我国加入世界贸易组织以后，财富主要来自自然资源及衍生的产业，比如煤炭、房地产及上下游相关产业等，利用我国生产规模急速扩大以后对生产资源的需求，以及在此过程中居民积累财富后对改善生活条件的需求，消费市场规模急速扩大。2010 年以后，随着股权时代的开启，不少人的财富增长就主要来自投资。

我自己在汽车零部件、化工、农业、食品、国际贸易和电商等行业负责过企业的具体经营，尽管得到过各种教训，但在负责各个企业的经营期间，都曾将某一方面的业绩做到过国内同期同行业前三位；我也曾在外资投资公司担任首席投资官，还担任过国内管理规模靠前的基金管理公司总经理；我还先后在国有企业、民营企业、合资企业、外资企业等各类企业中工作过……在此过程中，我一直思考企业经营管理的要义，探索如何才能结合企业实际状况取得在行业中的比较竞争优势，创造可持续经营的能力，并赢得社会尊重。自己多次从零开始，白手起家，连续创业；在从事投资工作的多年里，我也一直思考投资的要义，分析如何结合自身资源条件选择合适的项目，获得满意的回报，并造福社会。

在不断求索的过程中，基于自己已经获得了汽车摩托车制造专业的文凭，在工作和创业之余，我先后获得了工业企业管理和会计两个专业的自学考试文凭。在将跟随我到四川绵阳的家人和亲戚全部安顿好以后，又脱产考上清华大学的硕士研究生，希望自己能够深入研究企业经营管理之道。从清华大学硕士毕业以后，又经过几年的实践，从民营企业到中外合资企业，其间曾放弃一家知名餐饮企业抛出的出资成立 10 亿元产业基金的橄榄枝，出任外国投资企业的中国公司首席投资官，又担任国内规模靠前的基金管理公司总经理，随后再创业……但我始终还是认为自己的投资思想不成体系：浮于表面的财务数据分析，浮于自欺欺人的喧嚣，浮于细枝末节的"术"，未能找到冰山下深层次的本质的"道"。

相对于经济和金融，目前针对投资的研究较少。在日常经济活动中，不少人将投资当成金融，甚至用金融的方法来做投资。事实上，从学科上来讲，经济学、金融学和投资学具有很大的不同。用通俗的话来说，经济学是总结过去经济现象中的规律，讲述经济未来的理想状态，侧重解释过去；金融学是研究"钱"的融通，是调整现在经济的运行，侧重调整现在；投资学是研究"钱生钱"，是描绘未来经济的状态，侧重预测未来。一个通俗的比喻就是，经济是肌体，金融是经济的血液，投资是经济的造血中心。用一个共性的词来描述三者之间的联系与区别，那就是：经济是由过去的养分组成，金融是承载现

3

在经济的养分，投资是生产未来经济的养分。

全国人大常委会原副委员长成思危先生担任民建中央主席时，我在清华大学就读硕士研究生，被吸纳加入民建组织。成为民建正式会员不到一年，我就被任命为民建中央企业委员会制造业组秘书长，这让我对民建组织和相关人员深怀感恩之心。当自己痴迷于所研究的问题，但对研究方法感到困惑的时候，我了解到由成思危先生担任首任院长的中国科学院大学经济与管理学院联合科技部开办了科技创新管理博士班。于是便再度放下工作，脱离喧嚣，沉下心来，考察了10余个国家的多个行业发展脉络，研究了国内现阶段20余个行业的本质，并申请攻读中国科学院大学的管理科学与工程博士学位。基于自己多行业的经营管理实践、多专业的系统理论学习，以及多年的投资经验，期望能从方法论上重新构建适合自己的、可复制的投资思想体系。

从2016年开始起心动念，不断构建、不断否定、不断验证、不断探寻，在我的博士研究生导师汪寿阳院士的一再鼓励之下，于2021年9月开始动笔撰写本套书，完全脱产写作一年有余，写作期间日夜颠倒，经过多次大幅度删减，才初成体系，创造性地总结出了"行业本质决定企业盈亏数量级、左右企业存亡"的全新经营理念。

总　序

本套书基于我国经济进入新常态，创造性地提出了用行业本质甄别行业，用行业本质筛选行业中的企业，用常识分辨系统性风险，用底层经营数据鉴别企业，从能否增加社会福利和企业能否持续盈利的角度，结合民间谚语，来思考决策的投资方法。

以一孔之见，从投资决策者的视角，检验提出的方法，引用核心学术期刊发表的最新研究成果，结合我国民间谚语和自身亲历的案例，验证如何把握行业本质，规避系统风险；研究如何快速筛选项目，提高投资成功率和回报率。

以一叶知秋，用亲身经历的数十个案例，对照提出的行业本质，阐述过去和现在我国部分行业和企业沉浮起落的缘由；管中窥豹，运用该方法指导企业如何在市场竞争中提高企业经营效益，增强竞争优势，促进企业经营事半功倍。

本套《投资新思路》的主要观点有：

行业本质决定企业盈利亏损的数量级，左右企业的存亡；
从事强周期性行业的企业，CEO 经营能力比管理更重要；
管理层能力影响投资绩效，CEO 的特质影响并购的效果。

产业资本转型金融资本，是向下俯冲；

金融资本转型产业资本，是向上仰攻。

金融资本渗透产业资本，若在产业中没有根基，注定要失败。

多元化成功的诀窍就是进入利润率更高的行业。

从低利润率行业转型到高利润率行业，是向下俯冲；

从高利润率行业转型到低利润率行业，是向上仰攻。

赚钱的生意都不苦，苦的生意都难赚钱。

股权投资是越老越吃香的"白发行业"。

创造项目的能力比抢项目的能力更重要。

投资需要理解产业、懂得经营、熟悉管理、了解趋势；不仅要摸准宏观经济的脉搏，还要进行中观的资源整合，做好微观的经营管理，又要抬头看行业发展的趋势，更要掌握行业本质，从而提高投资的成功率和收益倍数。

投资的规范性或从业经验都是"术"，在从业的过程中都可以习得和完善；能否看见、看懂、判对、投准、赋能、协同、陪伴，才是"道"，这需要商业天赋、产业背景、管理经验、宏观判断、跨行业经验和社会资源的支撑。

评价投资能力，不能只看投资"明星项目"和 IPO 项目的个数和回报倍数，还要看投资人从业以来或者机构开业以来投资的总体成功率、回报率和投入资本分红率（Distribution over Paid-In，DPI）；投资在精不在多；复合背景比单一背景投资人的收益高30%以上。

在欧美和日本，从事投资的人们，多数都具有十数年甚至数十年的产业成功经历，在积累了一定的企业经营管理经验和产业背景之后，再从事投资。投资是他们职业生涯的最后一站，这与我国现阶段投资从业人员的状况有很大的不同。只有抓住行业本质、看清趋势、守住常识、利于社会，才能规避投资中的系统性风险。

人到中年，是做事的黄金时期。当看到部分企业经营存在无谓的浪费，个别投资走向歧途，不少投资者陷入迷茫，我再次毅然放下工作，将作息日夜颠倒，静下心来完成这套理论与实践相结合的书，在写作过程中进行深度思考，复盘自己经历的部分案例，不仅为自己以后的旅程开示，也为其他有缘人借鉴。

原计划写一本《投资虚实之间》，从2016年起即开始构思，酝酿五年，将自己日常观察到的现象进行总结，提炼观点，不断结合理论对照案例进行验证，再提炼投资理论体系。到2021年9月，感觉投资体系似乎成熟以后，开始撰写本套书。

随性所至，完稿后字数过多，于是就打破文章原有的逻辑和结构，拆分成现在的三本，又补充部分章节内容和案例，构成本套《投资新思路》。为了这套书的单本独立成册，存在部分案例从不同角度进行多次分析，部分章节逻辑不甚严密，甚至写作比较跳跃的问题，敬请广大读者谅解。为更好地探寻投资之道，提高投资收益和企业经营效益，欢迎朋友们参与《投资新思路》后续系列丛书写作，共同为提高投资收益和企业经营效益做一些有益的探索。

这些年我沉下心来做研究和攻读博士学位，考察了 10 余个不同发展阶段国家的几十个行业，对比研究了国内现阶段 20 余个行业的本质，自己投资的股权类项目数量不多，金额也不大，但至今没有投资失败的案例。从总体上看，自己投资的股权项目账面投资收益可观，近六年的投入资本分红率（DPI）超过行业一般水平。随着未来股权类投资项目退出的增多，我相信DPI 将持续走高。

2022 年上半年，我在撰写本套书期间，依据相关研究成果，向有关部门提交了数份社情民意文章，其中《关于禁止融资企业参与金融投资促进经济"脱虚返实"的建议》《防止企业财团非理性多元化扩张阻碍创业创新并引发局部金融风险的建议》《关于停止执行房地产开发 70 90 政策的建议》《发挥政府引导基金作用，培育更多"专精特新"企业，提高我国经济竞争力和创新力》等文章已经被有关部门采纳。

本套书引用了大量例证、数据和学术研究成果，来说明现在部分经济现象背后的成因、未来可能出现的趋势，以及我们可以选择的应对策略。在市场经济条件下，资本没有寒冬，只是行业有周期，板块有轮动；只要我们能发现行业本质，看清行业周期规律，踩准板块轮动方向，就能够让资本持续造福社会。因此，我希望本套书对企业经营管理人员、投资机构从业人员和政府经济部门的有关人员有所裨益，希望能够增强大家对"赚钱"的信心，帮助投资人提高投资成功率和回报率，帮助企业经营者提高企业经营的效率和效益。

《投资新思路》回答了下列问题，希望其中有您所感兴趣的：

1. 为何说股权投资是"白发行业"？

2. 如何才能选准投资的行业和企业？

3. 为何说产业背景对投资人非常重要？

4. 为何多行业背景对投资人非常重要？

5. 如何才能规避投资中的系统性风险？

6. 新希望创业 40 年成为世界 500 强的秘密是什么？

7. 为何说并购将来是常态，并购基金将成主流？

8. 为何说"赚钱的生意都不苦，苦的生意都难赚钱"？

9. 为何说股权投资的"寒冬"还没有来临？何时来临？

10. 为何说未来投资人的最大价值在于创造项目的能力？

11. 为何至少经历一个完整的经济周期对投资人非常重要？

12. 为何说工程师是科学家与企业家之间最为关键的桥梁？

13. 股权投资未来退出主渠道为何是并购？如何才能并购成功？

14. 为何现在IPO破发成常态，不少公司市值低于其融资总额？

15. 为何两位数的热门生物医药公司市值低于其持有的现金数？

16. 评价投资机构的能力为何不能只看投出多少个IPO项目？

17. 评价投资能力为何要看总体成功率、总体收益率和DPI？

18. 为何说周期性行业CEO的经营能力比管理能力更重要？

19. 为何说复合型CEO是并购（多元化经营）成功的关键？

20. 为何说CEO特质影响并购绩效、管理层能力影响投资收益？

21. 为何高管金融背景会导致企业的金融化？利弊各有哪些？

22. 什么样的高管背景组合，才能够最大化企业的经济效益？

23. 为何行业本质能够决定企业盈亏数量级、左右企业存亡？

24. 为何恒大、万达、融创、宝能等"阳春白雪"的房地产企业多元化多数会失败，而新希望、东方希望、通威等"下里巴人"的饲料企业多元化多数都能成功？多元化成功的诀窍是什么？

25. 企业转型成功的诀窍是什么？

26. 如何基于行业本质购买股票？

27. 如何基于行业本质购买公募基金产品？

28. 中民投不调整就会失败的原因是什么？

29. 放弃和某地方政府合作成立产业引导基金的原因是什么？

30. 瑞幸咖啡当年亏损的原因是什么？现在扭亏是做对了什么？

31. 传统企业最坏时刻还没有到来的原因是什么？为何认为政府收入高增长不可持续、股市不可救、市场规律不可违？该如何做？

32. 在猪价快速上涨时认为不应立即新建养猪场的理由是什么？

33. 现在一二线城市的社区生鲜团购失败的理由是什么？该如何做？

34. 为何认为 2022 年参与元宇宙投资，多数都会打水漂？

35. 2022 年起未来五年，认为将有数千家私募股权基金管理人被注销，原因是什么？

36. 为何说市场经济条件下资本无寒冬？如何让资本持续造福社会？

发现行业本质，掌握盈亏阀门；

认清行业本质，掌握财富密码。

前　言

　　自中华人民共和国成立，尤其是改革开放以来，我国经济持续快速发展，建成了门类齐全、独立完整的产业体系，成为世界上唯一具备工业全门类的国家，有力推动了我国工业化和现代化进程，支撑了我国成为世界工业大国的地位。然而，与世界先进水平相比，我国工业大而不强，在自主创新能力、资源利用效率、产业结构水平、信息化程度、质量效益等方面与世界先进水平的差距明显，转型升级和跨越发展的任务紧迫而艰巨。

　　"百年未有之大变局""明斯基时刻""中等收入陷阱""居民杠杆率""M 型社会"等词汇不时出现在大众眼前。"这是十年来最坏的一年，也是未来十年最好的一年"也不时出现在自媒体上。从 2020 年 1 月底起新冠肺炎疫情在全球肆虐，让众多行业受到影响；而 IPO 破发又成常态，不少公司市值低于 IPO 前融资总额，甚至还有两位数的处于热门赛道的生物医药上市公司市值低于其账上持有的现金额……这些现象让不少人对未来的发展产生了迷思，对投资选择产生了彷徨。

当前，新一轮科技革命和产业变革与我国加快转变经济发展方式形成历史性交汇，国际产业分工格局正在重塑，需要紧紧抓住这一重大历史机遇，让经济由"脱实向虚"转向"脱虚返实"，逐步把我国建设成为引领世界制造业发展的工业强国，为实现中华民族伟大复兴的中国梦打下坚实基础。

相比2021年的缺煤限电，当下中国制造业面临着一场更严峻的长远挑战。多年来，制造业一直是中国经济的"压舱石"。早在2010年，中国就已成为世界第一制造业大国。如今，"中国制造"在全球范围内的占比超过30%，规模是美、日、德三国的总和。在GDP持续40多年高速增长的成绩之下，中国制造业面临着巨大压力：2020年，我国制造业在GDP中的比重下降到26.18%，是2012年以来连续第9年下降，与2011年制造业比重32.06%相比，累计下降了5.88%。中国制造业处于"大而不强"的状态，急需再跃上一个台阶。但是近年虚拟经济的兴起、消费互联网投资的空前繁荣，让部分产业"空心化"，部分城市追求"无烟工业"，让我国经济处于"虚""实"之间，更让部分投资者无所适从。

股权投资应该穿越时空，基于全球视野，纵览世界经济，超越经济周期，透视行业未来，从高处向下俯视，才能在喧嚣的资本市场中保持清醒与冷静，最低以十年为期来审视投资机会。为此，我于2014年放弃了我国知名餐饮企业董事长出资成立10亿元产业基金的邀请，出任日本SBI（原软银投资）中国公司首席投资官，向国际优秀公司学习。基于当时我国股权投资行业的乱象，从 2016 年开始我考察了 10 余个国家的多个行业发展脉络，研究了国内现阶段 20 余个行业的本质；为探索经济与投资的内在逻辑，继续申请攻读中国科学院大学博士研究生；沉下心来，对比研究国内外宏观经济、多行业的现状及成因，以及未来的发展趋势，深入研究影响企业多元化和并购绩效的因素。

我的博士研究生导师——中国科学院预测科学研究中心主任、中国科学院大学经济与管理学院原院长、中国科学院数学与系统科学研究院原党委书记汪寿阳院士，一直叮嘱我在有自己的观点时，需要及时写出来，形成习惯后，自己的知识体系才能够逐步完善，通过后期的验证来检验之前的判断，有助于未来的研究。因此我在攻读博士学位以后就开始思考如何撰写这套书。2021 年"五一"假期，在中国科学院下属投资公司工作的朱志同学对我说，是时候将前些年投资方面的心得整理出来，写成专著，供朋友们参考。于是我便静下心来，以自己经历的几十个案例为线索，以自己在核心期刊发表的论文为指引，引用最近核心学术期刊发表的研究成果，结合我国民间谚语，整理思路，写出这套《投资新思路》。

本书以一个投资决策者的视角，根据宏观经济的局部变化，通过微观经济活动，管中窥豹，探寻未来经济的走势；在国家推动资本去无序化、平台去垄断化、娱乐去泛滥化、产业去空心化，促进科技重产业化、产业重安全化、产业升级数字化，赢得投资回流本土化，规划区域发展均衡化的大变局过程中，探寻宏观经济走向，追寻投资风口。

完成谋划多年的人生第一本书之后，我于 2021 年 9 月开始本套书的撰写。《投资新思路：大变局中的行业选择》讲述我国宏观经济内外环境在大变局之下，叠加经济结构转型，带给我国主要行业的变化和投资机会，为投资者理清思路，选择"对"的行业；为企业经营者明晰方向，使其沉稳致远，保持企业的竞争优势。《投资新思路：左右存亡的行业本质》讲述决定企业盈亏数量级、左右行业内企业存亡的一个关键因素，帮助投资者辨别行业中的企业，提高投资成功率和回报率；帮助企业围绕行业本质开展研发、生产和营销，提高企业利润，增强市场竞争优势。《投资新思路：新形势下的股权投资》讲述我国股权投资的现状、未来发展趋势，依据我国经济步入新常态的形势，总结新的投资方法；提出并购是股权投资退出的主渠道，并且分析影响并购绩效的主要因素，提出企业多元化和并购成功的关键因素。这三本书构成"投资三部曲"：明大势、辨行业、识企业。由于自己缺乏深厚的学术理论功底、才疏学陋，分析经济的宏观层面可以说是坐井观天、以偏概全，敬请批评指正。

为了更好地理解行业本质的重要性，我将 20 余个行业的数十个案例编写成了《投资新思路：左右存亡的行业本质（案例集）》，用自己亲身经历的和引发社会关注的案例，讲述行业本质如何决定企业的盈亏数量级、左右企业的存亡；也计划在合适的时机编写《投资新思路：新形势下的股权投资（案例集)》,同样以自己亲身经历的和引发社会关注的典型案例,介绍经济新常态下股权投资方法的有效性。

在我人生的不同阶段,先后得到杨昌俊、黄加伦、许雍弟、李富林、李忠田、刘明星、王正银、李泽云、黄远松、王俊义、李发红、余涵、杜瑞云、时玉林、李世杰、包瑞玲、潘惜晨、张和平、阮立平、余高妍、郭琨、刘永好、王航、李建雄、陈天庆、游红、Bilal Musharraf、藤井敦、陈超、吉富星、郑育健、李沛伦、周密、张玉川、陈明星、李为、陈永刚、曾元、何刚、王勇、董瑞芬、李昶等不能一一全部列举出来的老师、朋友、民建会友、同事、同学的无私的真诚帮助,让我在每个人生关口都能不断向前。感谢我生命中遇到的每位,是您让我的生命如此绚烂多姿。感恩生在一个充满机遇的好时代,感恩民建组织的培养;更感激我的博士生导师汪寿阳院士,不仅一再鼓励我写出这套拙书,而且在关键时刻的点拨和帮助,让我思想有了升华,坚定了出版的信心。

在本书即将付梓之际,我依旧无法接受李泽云先生已经离开我们快 20 年的现实。再过几年,我就到了您离开我们时的年纪,但我一直都觉得您就在我身边,默默地关注着我。李叔叔,这些年来,每当我想起您的时候,都是不由自主地泪如泉涌。您我无亲无故、萍水相逢,给予我们家不求任何回报的帮助,让我们家庭在绵阳站稳脚跟,让我有条件脱产补习英语并考上了清华大学的研究生,彻底改变了我的家庭命运和人生轨迹。这些年来,我最为伤心的是在我人生每个重要时刻,您都没能够出席，但我相信您一定都能看到：当我在清华大学经济管理学院参加硕士研究生新生入学典礼时，我仿佛看到您在主席台上空慈祥地俯视着我；当我在中央电视塔举办婚礼，等待婚戒从中央电视塔的塔尖降落时，我仿佛看到您在环绕中央电视塔的祥云里，微笑地看着我；当我在中国科学院大学参加博士研究生新生入学仪式时，我感受到您就在我身边……每当我想起您的时候，您总是慈祥地出现在我脑海里，还未等您说一句话，我便潸然泪下。让我感到宽慰的是，在您离开我们以后，胥爱琼孃孃对您的亲家和亲戚们讲，如果女婿算半个儿，小军就要算大半个儿。宽厚、善良、豁达、助人为乐的您，是我学习的榜样，也是我收获到的最宝贵的人生财富。

谨以此书深切怀念李泽云叔叔，您永远活在我的心中！

谨以此书献给我女儿，你的笑容是世间最甜的抚慰，你是我的天使和骄傲，让我的人生充满意义！

陈小军

2022 年 11 月 18 日

于北京

目　　录

目　　录

第1章　中国经济发展的新趋势

中国人民银行研究局李宏瑾和唐黎阳（2021）以 2019 年数据为初值，对未来 50 年中国金融体系脆弱性和系统性金融风险的演进过程进行了动态模拟。模拟的结果表明，未来 18 年后中国可能出现"明斯基时刻"（Minsky Moment），在收入分配、杠杆率、投资利润率和经济增长等方面都将明显恶化。虽然模型模拟结果对模型设定或变量初始值极为敏感，但这一方法能够有效揭示未来中国金融体系脆弱性的变化过程，这对清晰观察未来中国面临"明斯基时刻"的可能性和系统性风险的演进机制，更好防范化解重大金融风险，具有一定的参考价值。

"明斯基时刻"是指美国经济学家海曼·明斯基（Hyman Minsky）所描述的资产价格崩溃的时刻。明斯基的观点是经济长时期稳定可能导致债务增加、杠杆比率上升，进而从内部滋生爆发金融危机和陷入漫长去杠杆化周期的风险。经济好的时候，投资者倾向于承担更多风险，随着经济向好的时间不断推移，投资者承受的风险越来越大，直到超过收支平衡点而崩溃。

进入 2021 年，国家不仅直接禁止虚拟货币的生产、交易和提供的金融服务，还调整了义务教育阶段的"学科教育"校外培训，房地产行业到了拐点时迎来新的政策，叠加从 2020 年 1 月底开始肆虐中国及全球的新冠肺炎疫情，让众多行业受到严重影响；IPO 破发成为常态，不少公司市值低于 IPO 前融资总额，甚至还有公司市值低于其账上持有的现金额……人们在当前情形下，迫切想知道下一步投资该如何进行？

我国宏观经济于 2015 年在经济结构转型方面到了一个关键时间点，而且是经济走向"脱实向虚"的一个转折点。我国经济在彷徨中徘徊，而地方政府的债务风险急剧上升。为控制风险，国务院于 2014 年 10 月 2 日下发《国务院关于加强地方政府性债务管理的意见》（国发〔2014〕43 号）限制地方政府债务规模上限。

在微观层面，2016 年 4 月 7 日《北京晚报》报道①，国家工商行政管理总局商标局 7 个月没有发出一张商标注册证，导致企业错失商机，而工作人员回应说是因为商标注册的纸一直没有到货。社会评论道，"缺的不是纸，是责任心"。

在普通民众的眼中，商标证书就只是一张纸，但对企业来说就如同生命。如果没有这张商标证书，公司的产品就不能够上架电商平台销售；如果再被人举报商标侵权，没有这张纸，工商执法部门就会判定企业侵权成立。可见这张纸就是商标持有人的权益凭证。作为 14 亿人口的大国，我国是具有完整工业

---

① 详见：《商标注册证 7 个月一张没发　商标局解释：纸没了印不出来》，《北京晚报》，2016 年 4 月 7 日。

体系和全部工业门类的国家，而国家工商行政管理总局作为全国企业最高管理机构，居然因为缺纸，停发了 7 个月的纸质商标证书，这种情况确实不该发生。

在宏观层面，2016 年 5 月 21 日，《人民日报》发表文章《央企五大举措瘦身健体》①。2016 年 7 月 5 日，《人民日报》第 1 版发表《理直气壮做强做优做大国有企业　尽快在国企改革重要领域和关键环节取得新成效》②。除了以上《人民日报》的报道文章，还有三篇权威人士答记者问，分别是：2015 年 5 月 25 日，《人民日报》发表署名文章《五问中国经济：权威人士谈当前经济形势》③；2016 年 1 月 4 日，《人民日报》发表《七问供给侧结构性改革：权威人士谈当前经济怎么看怎么干》④；2016 年 5 月 9 日，权威人士第三次接受《人民日报》记者独家采访，发表《开局首季问大势：权威人士谈当前中国经济》⑤，把脉当前中国经济的五大问题。前两次问答分别是 5000 多字和 7000 多字，第三次的 11400 多字显然分量更重，谈及的问题更严峻。2021 年 10 月 24 日，新华社发表《十问中国经济》⑥，再就市场上对中国经济迷茫声音的集中回复，是与 2015 年、2016 年权威人士谈经济相呼应，为我国当前及未来一段时间经济的发展答疑解惑，指明了方向。

---

① 详见：人民网，http：//politics. people. com. cn/n1/2016/0521/c1001-28367911. html。
② 详见：人民网，http：//politics. people. com. cn/n1/2016/0705/c1024-28523644. html。
③ 详见：人民网，http：//finance. people. com. cn/n/2015/0525/c1004-27048523. html。
④ 详见：人民网，http：//opinion. people. com. cn/n1/2016/1206/c1003-28929635. html。
⑤ 详见：人民网，http：//theory. people. com. cn/n1/2016/0509/c40531-28334360. html。
⑥ 详见：中华网，https：//news. china. com/domestic/945/20211024/40198444. html。

2021 年，是"十四五"开局之年，也是全面建设社会主义现代化国家新征程的起步之年。面对复杂严峻的国内外环境，中国经济总体保持恢复态势，主要宏观指标处于合理区间，在总体"稳"的基础上继续向着高质量发展"进"。但与此同时，经济增速回落、大宗商品价格上涨、全国下半年多地限电、全球新冠肺炎疫情走势和经济走势趋于复杂，一些新情况和老问题交织叠加，风险和挑战增加。

观察中国经济，需用全面辩证的、长远的眼光，才能在短期波动中认清大势，在压力挑战中发掘深层动力，在亮点韧性中提振信心，为坚定不移推动高质量发展凝聚磅礴力量。我们有必要回顾近年来中央采取的主要经济措施，为发展中的迷雾"拨云见日"，理清社会对我国经济发展的迷思，进而寻求"经济发展的破局"，才能在投资中选好行业。

第一节　大众创业、万众创新

在 2014 年 9 月的夏季达沃斯论坛上，李克强总理第一次提出"大众创业、万众创新"，强调要借改革创新的"东风"，在全国掀起"大众创业""草根创业"的浪潮，形成"万众创新""人人创新"的新态势①。随后，这一关键词在首届世界互联网大会、国务院常务会议等场合和《政府工作报告》中频频被阐释，希望能够激发民族的创业精神和创新基因，推动国民经济的健康发展。

2015 年 1 月 14 日，国务院常务会议决定设立国家新兴产业创业投资引导基金，总规模为 400 亿元，旨在通过政府资金引导作用，多措并举，做大该基金的规模、提高资金的使用效率，更好地支持小微企业发展，让"大众创业、万众创新"不再举步维艰，带来中国经济新引擎加速启动，助力产业升级和经济结构转型早日实现。

2015 年 1 月 21 日，在瑞士冬季达沃斯论坛上，李克强总理在开幕式上发表特别致辞，首次将"大众创业、万众创新"称为中国经济的"新引擎"，表示体制的创新，可以激发亿万人

---

① 详见：马梅若：《"大众创业万众创新"战略扎实推进》，《金融时报》，http：//www.gov. cn/xinwen/2015-09/21/content_2935982. htm，2015 年 9 月 21 日。

的创造力，也可以改变亿万人的命运。

2015 年《政府工作报告》提出，要把"大众创业、万众创新"打造成推动中国经济继续前行的"双引擎"之一，以推动发展调速不减势、量增质更优，实现中国经济提质增效升级。

2015 年 6 月 10 日，国务院常务会议确定推出简化创业场所登记手续、落实农民工等人员返乡创业定向减税和普遍性降费措施，在返乡创业较为集中地区探索发行中小微企业集合债券，依托现有开发区、农业产业园发展返乡创业园和孵化基地等举措，支持农民工等人员返乡创业，通过"大众创业、万众创新"使广袤乡镇百业兴旺，促就业、增收入，打开工业化和农业现代化、城镇化和新农村建设协同发展新局面。

2015 年 7 月 15 日，国务院常务会议决定再取消一批职业资格许可和认定事项，继续加大简政放权、放管结合、优化服务等改革力度，清除对市场主体的不合理束缚和羁绊，有效发挥市场配置资源的决定性作用和更好发挥政府作用，推动形成"大众创业、万众创新"的蓬勃局面。

2015 年 8 月 25 日，国务院总理李克强会见哈萨克斯坦第一副总理萨金塔耶夫时指出，推进结构性改革、通过"双创"激发市场活力，中国有能力、有条件完成全年经济发展主要目标任务。

在 2015 年夏季达沃斯论坛上，国务院总理李克强在会见参会的中外企业家代表时表示，经济增长的新动能，就是我们在致力推动的"大众创业、万众创新"。在开幕式正式致辞中，李克强再次以参观大连创客空间见闻开题，称"正是大众的创业和创新精神，使我们增强了克服时艰的信心"。

2015年9月16日，国务院常务会议部署建设大众创业万众创新支撑平台。认为要利用"互联网+"积极发展众创、众包、众扶、众筹等新模式，促进生产与需求对接、传统产业与新兴产业融合，有效汇聚资源推进分享经济成长，形成创新驱动发展新格局。①

2018年9月18日，《国务院关于推动创新创业高质量发展打造"双创"升级版的意见》印发，在中国大地上掀起了"双创"的热潮。一时间"您今天'互联网+'了吗"成了大街小巷的问候语，任何一个传统行业，都有人想通过互联网这个工具来颠覆。

据统计，国家发展改革委等部门启动创业带动就业示范行动以来，截至2021年7月末已累计创造就业机会193万个，其中社会服务领域"双创"带动就业专项行动累计创造81.67万个就业机会，高校毕业生创业就业"校企行"专项行动累计创造50.75万个就业机会。在强化新兴业态牵引、促进校企结对共建、抓实创新型中小企业培育等一系列政策措施下，一批"隐形冠军"企业加速崛起，高校毕业生、农民工等重点群体就业保障有力。②

---

① 详见：马梅若：《"大众创业万众创新"战略扎实推进》，《金融时报》，http：//www.gov. cn/xinwen/2015-09/21/content_2935982. htm，2015年9月21日。

② 详见：https：//baike. baidu. com/item/大众创业，万众创新。

第二节 倡导经济"脱虚返实"

与虚拟经济相比，实体经济具有投入成本高、产出周期长、利润空间有限等特点，从 2001 年底加入世界贸易组织以来，我国实体经济利润呈逐步收窄趋势。到了 2015 年，实体经济，特别是民营中小企业，更是面临严峻挑战，生产经营微利，甚至无利，持续生产难以为继；部分企业开始"脱实向虚"，将企业资金用于炒股炒房。"脱实向虚"的危害初露端倪，沿海部分企业大量借入高利贷，或者加入互保体系，一旦债务超过其自身的偿付能力，就开始"跑路"，玩"失踪"。如果任由这种势头延续，可能导致民间借贷市场崩盘，引发局部金融危机。因此，国家在意识到此苗头以后，倡导经济从"脱实向虚"转向"脱虚返实"，鼓励民间资本流向实体经济。

从理论上讲，在其他条件不变的情况下，如果经营成本上升，盈利就会下降。统计数据表明，2007 年以来中国低收入群体的薪资增幅要高于中高收入群体，这表明劳动力成本呈上升趋势，一方面是因为农业转移人口数量的减少（2010 年达到峰值），另一方面是劳动年龄人口数量的减少（2011 年达到峰值）。此外，土地成本、环保成本等都在上升，也使经营成本进一步上升。企业为了应对盈利下降，一般有两种方式：一是转行，脱实向虚，投资房地产或金融；二是加杠杆，扩大生产规模，薄利多销。民营企业一般多选择前者，因为融资成本高，难以加杠杆，并且"船小好调头"；国有企业则多选择后者，因为融资成本相对低，而且要担负稳增长的任务，这也导致国有企业中的"僵尸企业"多，靠银行贷款才能存活。根据国资委数据，2016 年 1~10 月，国有企业（不含金融企业）利润总额 19197 亿元，同比仅增长 0.4%，负债总额 86.5 万亿元，同比增长 10.4%。可见负债的增幅要远超利润的增幅，资产负债率水平仍在上升。①

为切实落实经济"脱虚返实"，中央和地方政府纷纷成立引导基金，引导社会资本投资实体经济。2014 年 9 月 24 日，国家大基金（全称是"国家集成电路产业投资基金股份有限公司"）一期成立。首期募资 1387.2 亿元（相比于原先计划的 1200 亿元超募 15.6%），为国内单期规模最大的产业投资基金。国家大基金二期已于 2019 年 10 月 22 日注册成立，注册资本为 2041.5 亿元。2015 年 12 月 30 日，在湖北省成立的长江经济带产业基金和长江经济带产业基金管理有限公司，计划通过 400 亿元财政引导资金，设立 2000 亿元母基金，最终撬动 1 万亿元投资。2018 年，山东省依据国务院批复的《山东新旧动能转换综合试验区建设总体方案》，成立了山东省新旧动能转换引导基金，助力新动能代替旧动能，新兴产业带动传统产业更新发

---

① 详见：《李迅雷谈经济脱虚向实：需来一场去杠杆挤泡沫风暴》，新浪财经，http://finance.sina.com.cn/review/hgds/2016-12-18/doc-ifxytqav9741534.shtml，2016 年 12 月 28 日。

展。引导基金规模为 400 亿元，拟通过引导基金带动，远期形成总规模不低于 2000 亿元的母基金群和不低于 6000 亿元的子基金群，实现全省 16 市全覆盖、"十强"产业全覆盖和项目企业生命周期全覆盖。

第三节　供给侧结构性改革的提出

改革开放 40 多年来，中国经济持续高速增长，成功步入中等收入国家行列，已成为名副其实的经济大国。但随着人口红利衰减、"中等收入陷阱"风险累积、国际经济格局深刻调整等一系列内因与外因的作用，经济发展进入"新常态"，主要经济指标之间的联动性出现背离，经济增长率持续下行与 CPI 持续低位运行，居民收入有所增加而企业利润率下降，消费上升而投资下降。对照经典经济学理论，当前我国出现的这种情况既不是传统意义上的"滞胀"，也非标准形态的"通缩"。与此同时，宏观调控层面货币政策持续加大力度而效果不彰，投资拉动上急而下徐，旧经济疲态显露而以"互联网+"为依托的新经济生机勃勃，东北经济危机加重而原来缺乏优势的西部各省份异军突起，中国经济的结构性分化趋于明显。为适应这种变化，在正视传统的需求管理还有一定优化提升空间的同时，迫切需要改善供给侧环境、优化供给侧机制，通过改革制度供给，激发微观经济主体活力，增强我国经济长期稳定发展的新动力。

在 2016 年 1 月 26 日召开的中央财经领导小组第十二次会议上，习近平总书记强调，供给侧结构性改革的根本目的是提高社会生产力水平，落实好以人民为中心的发展思想。要在适度扩大总需求的同时，去产能、去库存、去杠杆、降成本、补短板，从生产领域加强优质供给，减少无效供给，扩大有效供给，提高供给结构适应性和灵活性，提高全要素生产率，使供给体系更好适应需求结构变化。

如果用一个公式来描述人们口头上所说的"供给侧结构性改革"，那就是"供给侧+结构性+改革"。其含义是：用改革的办法推进结构调整，减少无效和低端供给，扩大有效和中高端供给，增强供给结构对需求变化的适应性和灵活性，提高全要素生产率，使供给体系更好适应需求结构变化。

对于中央提出的供给侧结构性改革，中央财经领导小组办公室经济二局局长尹艳林于 2016 年 7 月在《理论视野》上发表《准确理解供给侧结构性改革——谈供给侧结构性改革的"两是"与"三不是"》，文章认为，供给侧结构性改革的实质是改革、是结构性改革，不等于西方经济学的供给学派，不等于结构调整，不是搞新的计划经济，而是进一步激发市场主体活力，更好地发挥市场在资源配置中的决定性作用。彭迪云（2017）认为供给侧结构性改革是我国经济由追赶型经济向创新型经济转变，实现新平台上的供求平衡、新逻辑下的动力转换、新常态下的转型升级和新理念下的制度创新。新经济是伴随新一轮科技和产业革命而产生的经济形态，包括发展新技术、新产业、新产品、新业态、新模式，培育新动能，以及利用新技术、新模式改造传统产业，提升旧动能。供给侧结构性改革引领新常态、催生新经济。发展新经济则是供给侧结构性改革的重要抓手和有效途径。

供给侧结构性改革旨在调整经济结构，使要素实现优化配置，提升经济增长的质量和数量。需求侧改革主要有投资、消费、出口"三驾马车"，供给侧有劳动力、土地、资本、制度创造、创新等要素。供给侧结构性改革，就是从提高供给质量出发，用改革的办法推进结构调整，矫正要素配置扭曲，扩大有效供给，提高供给结构对需求变化的适应性和灵活性，提高全要素生产率，更好满足广大人民群众的需要，促进经济社会持续健康发展。

供给侧结构性改革，就是用增量改革促进存量调整，在增加投资过程中优化投资结构、产业结构开源疏流，在经济可持续高速增长的基础上实现经济可持续发展与人民生活水平不断提高；就是优化产权结构，政府宏观调控与民间活力相互促进；就是优化投融资结构，促进资源整合，实现资源优化配置与优化再生；就是优化产业结构、提高产业质量，优化产品结构、提升产品质量；就是优化分配结构，实现公平分配，使消费成为生产力；就是优化流通结构，节省交易成本，提高有效经济总量；就是优化消费结构，实现消费品不断升级，不断提高人民生活品质，实现创新—协调—绿色—开放—共享的发展。

第四节 "一带一路"倡议"破茧而出"

"一带一路"（The Belt and Road）是"丝绸之路经济带"和"21世纪海上丝绸之路"的简称。2013年9月和10月由国家主席习近平分别提出建设"新丝绸之路经济带"和"21世纪海上丝绸之路"的合作倡议。依靠中国与有关国家既有的双多边机制，借助既有的、行之有效的区域合作平台，"一带一路"倡议旨在借用古代丝绸之路的历史符号，高举和平发展的旗帜，积极发展与沿线国家的经济合作伙伴关系，共同打造政治互信、经济融合、文化包容的利益共同体、命运共同体和责任共同体。

2015年3月28日，国家发展改革委、外交部、商务部联合发布了《推动共建丝绸之路经济带和21世纪海上丝绸之路的愿景与行动》。截至2021年1月30日，中国与171个国家和国际组织，签署了205份共建"一带一路"合作文件。[①]

2015年11月，我偶然从媒体上看到对巴基斯坦瓜达尔港的介绍以后，接受巴基斯坦友人Bilal邀请，于2016年1月到巴基斯坦进行商务考察。Bilal是我参加清华大学和美国斯坦福

---

① 详见：中华人民共和国商务部：《我国已签署共建"一带一路"合作文件205份》，http：//fec. mofcom. gov. cn/article/fwydyl/zgzx/202102/20210203040640. shtml，2021年2月24日。

大学的交流项目 STEP 时认识的，后来成为好朋友。2007 年他留在中国近半年的时间，通过我任职的新希望集团安排到中国不同城市和行业考察，因此他一直希望我去巴基斯坦看看。2010 年、2012 年、2015 年我们在美国见面时，他都强烈推荐我去巴基斯坦看看，说巴基斯坦和我想象中的不一样。为不给他添麻烦，我一直未动身，直到这次看到瓜达尔港的介绍，才产生了跑一趟巴基斯坦的想法。

2016 年 1 月，我们拜访了巴基斯坦中央银行、Alfalah 投资公司、HBL 银行资管部、Topline 券商投行、KE 电力公司、Engro 农业公司、CSAP 钢管公司、BMA 投资顾问公司、NUST 大学、LUMS 大学、中巴投资公司、华人华侨组织、Raaziq 集团、Telenor 电信公司、Haris 安保公司、Intercity 集团、Islamabad 房地产开发公司；走访了中巴投资公司、巴基斯坦华人华侨等；还参观了卡拉奇海边公园、卡拉奇食品节夜市、拉赫尔农贸市场、拉赫尔清真寺、巴基斯坦艺术博物馆、巴基斯坦纪念碑、Sindh Club、Punjab Club、Islambad Club、总统庄园、DOLMEN MALL 大型购物中心等，系统性、全方位地了解了巴基斯坦。如 Bilal 告诉我一般，巴基斯坦确实和我想象中的不一样。

随后我于 2016 年 5 月和 2017 年 4 月又带队民建中央企业家代表团到巴基斯坦进行商务考察。2017 年 6 月，我到越南、柬埔寨、马来西亚、印度尼西亚、新加坡、菲律宾等东南亚国家进行商务考察，了解了东南亚整体的工业化水平、经济发展水平和居民收入、住房等社会经济情况。

通过对东南亚和南亚几个国家的考察，我发现在 20 世纪 80 年代产业转移进入中国的一些行业，正逐渐转入东南亚和南亚，好像全球第五次产业梯次转移正在悄无声息地孕育，准备破茧而出。

第五节　建设全国统一大市场

2022 年 4 月 10 日,《中共中央 国务院关于加快建设全国统一大市场的意见》正式出台, 提出我国将从基础制度建设、市场设施建设等方面打造全国统一的大市场。建设全国统一大市场是构建以内贸为主的双循环发展战略的基础支撑和内在要求。经过改革开放 40 余年的发展, 全国统一大市场建设工作取得重要进展, 但在实践中还存在一些妨碍全国统一大市场建设的问题, 条块分割和地方保护比较突出, 要素和资源市场建设不完善。为落实双循环战略部署, 必然要加快建设全国统一大市场, 畅通全国大循环。

改革开放以来, 我国长期依靠"国际国内循环"(外循环)实现了经济高速发展, 暴露出诸多问题, 例如"两头在外", 不仅是产业位于价值链的中低端、能源资源消耗大、环境污染严重、国内经济发展方式粗犷, 贸易顺差带来的国际关系压力, 而且造成"中国买啥啥贵, 中国卖啥啥便宜", 更为主要的是产业安全受制于人。随着在世界经济活动中的融入程度越高, 我国国民经济受世界经济环境变化的影响越大, 增加了我国经济发展的不稳定性、不确定性。同时, 在国内的内循环中也还存在一些"肠梗阻", 虽然经过 20 世纪八九十年代持续打破"地方封锁",打破"条块分割",打破"区域保护",逐步形成了全球最大的单一市场;但是,在我国部分地区和部分行业还存在"保护主义",还存在阻碍经济自由流通发展的因素,隐隐作祟。在当前我国面临的全球风险挑战明显增多的情况下,加快建设全国统一大市场就显得尤为必要,这不仅是促进经济平稳运行的重要举措,也是提升供给质量创造更多市场需求,释放更大消费潜力,推动经济持续健康发展的重要保证。

我国虽然人均 GDP 超过 12000 美元,但很多人收入依然较低;通过这些年持续集中扶贫和增加低收入群体的收入,部分地区给农村 60 岁以上老人发放养老金,实行农村合作医疗等举措,落实"两不愁三保障",解决了广大农村群体的后顾之忧,扩大了内需市场,为建立全国统一大市场提供了可能。在这个统一大市场中的生产者,会成为消费者,消费者也会成为生产者,两者良性促进,再次提高我国的生产能力和消费水平,最终提高我国的综合国力。

我国有世界上其他国家不具备的纵深市场,在人类历史上从未有像我国这样区域发展不平衡的超级大的单一市场。我国不平衡的区域发展,提供了不同的生产成本,也提供了不同的消费市场。在 20 世纪 90 年代,只要生产出来产品就能够销售出去,到今天,不同的产品依旧能够在中国找到潜在的消费者。稳定的政治环境、完善的产业配套产业体系、完备的基础设施、丰富的人力资源、世界最大的单一市场、区域发展的不平衡，让我国经济具有巨大的发展潜力。电商在下沉市场的快速发展，结合前两年中央提出的"双循环"战略，为今天激发市场经济潜力、扩大市场规模、建设全国统一大市场打下了坚实的基础。

第 2 章　中国数字经济的兴起

随着 4G 网络在中国的普及，网速提高和流量费持续降低，普通百姓能够便捷地使用互联网购物、进行视频，通过网络极大地改变了生活和工作方式。以"互联网+"为特征的新兴商业模式层出不穷，不仅改变了一些传统行业，也出现不少新的行业，代表着我国数字经济的兴起。数字经济的兴起，是我国经济主体以新技术为基础进行新商业模式的尝试，是繁荣经济催生出的新产业。

经过互联网经济的催生，依据由中国网络空间研究院编写的《中国互联网 20 年发展报告（摘要）》①，到 2015 年 7 月，中国网民数量达到 6.68 亿，网民规模全球第一，网站总数达到413.7 万余个，域名总数超过 2230 万个，".cn"域名在全球国家顶级域名中排名第二；固定宽带接入端口 4.07 亿个，覆盖全国所有城市、乡镇和 93.5% 的行政村，宽带用户规模全球居首；建成全球最大的 4G 网络，4G 用户规模突破 2.5 亿。互联网经济在 GDP 中的占比不断攀升，网络零售交易规模全球第一，互

---

① 详见：人民网，http://it.people.com.cn/BIG5/n1/2015/1216/c1009-27936165.html。

联网企业市值规模迅速扩大，中国有四家上市公司进入全球互联网公司前十强。

到了 2022 年，中国互联网络信息中心（CNNIC）发布的第49 次《中国互联网络发展状况统计报告》[①] 显示，截至 2021 年12 月，我国网民规模达 10.32 亿，较 2020 年 12 月增长 4296万，互联网普及率达 73.0%；我国农村网民规模已达 2.84 亿，农村地区互联网普及率为 57.6%，较 2020 年 12 月提升 1.7 个百分点；我国 60 岁及以上老年网民规模达 1.19 亿，互联网普及率达 43.2%；我国网民使用手机上网的比例达 99.7%；2021年我国互联网应用用户规模保持平稳增长。即时通信等应用基本实现普及，在网民中，即时通信、网络视频、短视频用户使用率分别为 97.5%、94.5% 和 90.5%，用户规模分别达 10.07亿、9.75 亿和 9.34 亿；在线办公、在线医疗用户规模分别达4.69 亿和 2.98 亿，同比分别增长 35.7% 和 38.7%，成为用户规模增长最快的两类应用；网上外卖、网约车的用户规模增长率紧随其后，用户规模分别达 5.44 亿和 4.53 亿，同比分别增长 29.9% 和 23.9%。

据人民网 2022 年 6 月 29 日发布的《中国移动互联网发展报告（2022）》[②]，截至 2022 年 4 月，我国已建成 5G 基站161.5 万个，成为全球首个基于独立组网模式规模建设 5G 网络的国家；5G 终端用户超过 5 亿户，占全球 80% 以上。截至 2021

---

① 详见：澎湃新闻，https：//www.thepaper.cn/newsDetail_forward_17205595。
② 详见：人民网，http：//finance.people.com.cn/n1/2022/0629/c1004-32460664.html。

年底，我国移动电话用户总数 16.43 亿户，全年净增 4875 万户，5G 移动电话用户达到 3.55 亿户；中国手机网民规模达 10.29 亿人，全年增加了 4373 万人；三家基础电信企业发展蜂窝物联网用户 13.99 亿户，全年净增 2.64 亿户。5G 行业应用创新案例超 10000 个，覆盖工业、医疗、车联网、教育等 20 多个国民经济行业，近五成的 5G 应用实现了商业落地。

2015 年 12 月 16 日至 12 月 18 日，第二届世界互联网大会在乌镇举行，大会主题是"互联互通·共享共治——构建网络空间命运共同体"。世界互联网大会旨在搭建中国与世界互联互通的国际平台和国际互联网共享共治的中国平台，让各国在争议中求共识、在共识中谋合作、在合作中创共赢。以此为加速点，"互联网+"概念在我国快速发展，如"互联网+金融""互联网+医疗""互联网+地产""互联网+汽车""互联网+餐饮""互联网+代驾"等。2015 年互联网公司的融资量比 2014 年上涨了 1 倍多，达到 260 亿美元。资本把互联网公司私有化的钱，是 2014 年的 30 多倍，达到了 300 多亿美元。由于互联网的崛起，减少了很多供应链的中间环节，让商业结构和生活、工作都发生了变化，出现了"互联网经济"的提法。

到 2021 年，我国规模以上互联网和相关服务企业完成业务收入 15500 亿元，同比增长 21.2%，共实现营业利润 1320 亿元，同比增长 13.3%。我国互联网投融资金额 513.5 亿美元，同比增长 42.36%；发生投融资事件 2427 笔，同比增长 41.19%。我国无线经济规模约为 4.4 万亿元，5G 直接带动经济总产出 1.3 万亿元，相比 2020 年增长 33%。①

互联网经济是信息网络化时代产生的一种崭新的经济现象。互联网经济基于互联网所产生的经济活动的总和，在当今发展阶段主要包括电子商务、互联网金融、即时通信、搜索引擎和网络游戏五大类型。互联网经济提供的便利不是单方面的，而是逐渐渗透到了人们的生活、工作、学习和社交之中。互联网经济发展过程中呈现出以下几个特性：

首先是公平性。互联网经济带来了更加公平的社会机会，免费的信息获取、网络学习资源、便捷的通信、网络办公打破了地域限制。互联网很客观地解决了在信息获取、学习资源方面的问题，打破了以前的信息不对称，网络共享资源以及免费资源填补了当前社会中存在的部分不公平现象。

其次是交互性。互联网经济的交互性体现在诸多方面，例如，网购时商家和买家之间的交流互动、信息传递；在线学习的及时互动。当然，交互性也体现在社交媒体上。交互性从一定程度上来讲，丰富了大众的社交形式，实现了信息的及时沟通。

再次是跨地域性。互联网经济具有很大的跨地域性。不同地区甚至不同国家的人通过互联网能够进行沟通、学习、商品交易和在线工作等交互性活动。互联网经济的这一特性极大程度上促进了地区之间、国家之间的沟通、交流、物质交易和文化交融。

---

① 详见：人民网，http://finance.people.com.cn/n1/2022/0629/c1004-32460664.html。

接着是虚拟性。互联网是看不见摸不着的，进行的交易大多数不是面对面的，具有一定的虚拟特性，需要验证对方的真实性。这导致互联网诈骗在 4G 时代迅速蔓延。

最后是高效率、及时性。随着我国 4G 网络的普及，互联网经济在我国呈现爆发式增长。由于互联网经济能够提高行业的效率和效益，因此"互联网+"和"+互联网"就成为创业者优先选择的创业风口。

第一节 我国 O2O 的兴起

数字经济的兴起，首先体现在 O2O 的兴起上。O2O 是触及人群最多、普通百姓最有直观了解的数字技术改变经济活动的商业创新。在 4G 网络普及以后，不少创业者选择"互联网+"或"+互联网"进行创业时，都是从"吃"入手。餐饮是高频消费，也是传统产业，通过互联网改造的效果立竿见影，因此成为创业者选择的创业风口。在 2014 年 4G 网络刚兴起的时候，就出现了大量线上与线下结合的商业企业，其中易淘食、叫只鸭子、黄太吉等 O2O 企业成为互联网经济的代表。

从 2011 年开始，5000 多家团购网站掀起了中国互联网历史上最疯狂的"千团大战"，大大小小的团购网站频繁投放广告、支付补贴。由于竞争过于激烈，为了竞争继续进行下去和活下去，团购网站在花光了融资来的钱后，要么被对手收购，要么破产解散，最后就只剩下美团、饿了么。经过团购的"千团大战"洗礼，老百姓习惯了在网络上订餐；在聚美优品、京东、阿里巴巴先后于 2014 年上市后，服务类 O2O 也被视为下一拨冲击上市的主力军。

黄太吉是一家号称"用一套煎饼搅动了半个餐饮圈"的网红餐厅。公司成立之初，创始人赫畅"开着奔驰给客户送煎饼果子"的事迹被广为流传。2012 年，黄太吉在北京开了第一家店。2013 年，黄太吉获得了数百万元的融资。到 2015 年，黄太吉开通了外卖业务，又获得了数千万的 A 轮融资，之后又获得了 2.5 亿元的 B 轮融资。最后品牌价值高达 20 亿元，声称要在 1 年内卖出 100 亿元的煎饼，打造中国的"麦当劳"。

当黄太吉再次出现在人们的视野当中的时候，是因为两笔贷款欠债未能如期归还，而被法院列入了失信人名单。从 2016 年起，黄太吉全国的门店就接连倒闭。有人说黄太吉太注重营销以至于忽略了产品的质量和口味，但其实质是黄太吉不了解餐饮业的本质，不了解中国消费者的餐饮消费习惯，将煎饼当成"中国汉堡"对中国人销售，必然无法持续成功。

2015 年 10 月，饿了么的"盟友"大众点评突然倒向美团，美团在悄无声息中完成对大众点评的收购，这意味着美团开始建立起自己的商业生态，确保了在"千团大战"和"O2O"的狂热中生存下来，并建成本地生活"O2O"生态服务体系。

第二节 共享经济的兴起

数字经济中仅次于 O2O，通过数字技术创新的商业模式，迅速触达普通消费者的是共享经济。2014 年滴滴和快的打车竞争，不仅加速了 4G 的普及应用，也加快了互联网改变人们生活的各个方面，共享经济成为人们热议的话题。ofo 创始人戴威于 2014 年与四名合伙人创立小黄车 ofo，提出了"以共享经济+智能硬件，解决最后一公里出行问题"的理念，创立了国内首家以平台共享方式运营校园自行车业务的新型互联网公司。到 2015 年 5 月，超过 2000 辆共享单车出现在北大校园，高峰时期在中国投入超过 1000 万辆小黄车。

新闻记者胡玮炜在蔚来汽车创始人李斌的帮助下，创办了北京摩拜科技有限公司。2016 年 4 月 22 日摩拜单车正式上线，并在上海投入运营。摩拜单车于 9 月 1 日进入北京，迅速成为 ofo 强有力的竞争对手。到 2016 年底以后，国内共享单车彻底火了起来，仿佛一夜之间，共享单车就多到"泛滥"的地步，各大城市路边排满各种颜色的共享单车，将"红、橙、黄、绿、青、蓝、紫、黑、白、灰"等颜色全部占了。

在互联网 4G 网络的加持下，"吃"和"行"的业态，迅速被互联网改造，成为共享经济的载体，如共享厨房、共享汽车、共享单车等。"穿"和"住"也随即出现了共享,例如共享衣服、共享沙发、共享住房等,不一而足。能够被分享使用的,在 2015 年和 2016 年都能贴上"共享经济"的标签,成为创业的风口。

与"共享"伴生的是"众筹"。2015 年 10 月 24 日,世界众筹大会在贵阳举办。本届大会由中国银行业协会、中国保险业协会、中国互联网金融协会、贵阳市人民政府等主办。大会以"世界为你我众筹——众联、众创、众包、众享,大众创业、万众创新"为主题,围绕"创业、创新、创客",展开全民众筹大赛。大会会聚了全球近万名嘉宾,近 500 家企业参展,1500 多个项目参赛。而在 2015 年 6 月 9 日,总部位于杭州的互联网金融服务企业蚂蚁金服从上海黄浦区工商局拿到了股权众筹的营业执照,编号为 001,成为上海首家获得股权众筹营业执照的公司。2015 年 7 月 9 日,中国首个由政府指导、企业自发形成的股权众筹联盟在"中国硅谷"北京中关村成立。"中关村股权众筹联盟"是行业自律社团组织,由天使汇、京东众筹、InnoTREE、牛投众筹、众筹网、中关村股权交易服务集团、大河创投等 80 家股权众筹及相关机构组成。据该联盟相关负责人介绍,联盟的重要任务之一就是要建立行业自律的技术标准,推动合格投资人、项目备案与登记确权、信息公开、操作流程、标准法律文件等制度和规范的建立,进而规范行业发展、规避行业系统性风险。

2015 年 7 月 18 日,中国人民银行等十部委发布《关于促进互联网金融健康发展的指导意见》（以下简称《指导意见》），针对股权众筹，《指导意见》指出，股权众筹融资主要是指通过互联网形式进行公开小额股权融资的活动。股权众筹融资必须通过股权众筹融资中介机构平台（互联网网站或其他类似的电子媒介）进行。股权众筹融资中介机构可以在符合法律法规规定前提下，对业务模式进行创新探索，发挥股权众筹融资作为多层次资本市场有机组成部分，更好服务创新创业企业。股权众筹融资方应为小微企业，应通过股权众筹融资中介机构向投资人如实披露企业的商业模式、经营管理、财务、资金使用等关键信息，不得误导或欺诈投资者。投资者应当充分了解股权众筹融资活动风险，具备相应风险承受能力，进行小额投资。股权众筹融资业务由证监会负责监管。由此可见，与股权众筹的定义和门槛不同，《指导意见》将国内股权众筹定义为多层次资本市场有机组成部分，服务创新企业。

根据 2016 年 1 月 12 日，网贷之家联合盈灿咨询发布的《2015 年全国众筹行业年报》[①]，截至 2015 年 12 月 31 日，全国共有正常运营众筹平台 283 家（不含测试上线平台），同比 2014 年全国正常运营众筹平台数量增长 99.30%，是 2013 年正常运营众筹平台数量的近 10 倍。其中，非公开股权融资平台最多，有 130 家；然后是奖励众筹平台，有 66 家；混合众筹平台为 79 家；公益众筹平台仍然为小众类型，仅有 8 家。2015 年，

---

① 详见：《去年全国众筹平台同增近 1 倍　全年共有 40 家倒闭》，人民网，http://it.people.com.cn/GB/n1/2016/0114/c1009-28050632.html，2016 年 1 月 14 日。

全国众筹行业投资人次达 7231.49 万人次。其中，公益众筹投资人次最多，为 3957.22 万人次，占总人次的 54.72%。其次是奖励众筹，占比为 45.14%，达 3264.06 万人次；非公开股权融资投资人次最少，为 10.21 万人次，占比为 0.14%。2015 年，全国众筹行业共成功筹资 114.24 亿元，同比 2014 年全国众筹行业成功筹资金额增长 429.38%。据统计，2014 年众筹行业成功融资 21.58 亿元，而在 2013 年及之前全国众筹行业仅成功筹资 3.35 亿元。截至 2015 年 12 月 31 日，全国众筹行业历史累计成功筹资金额近 140 亿元。对于 2015 年整个众筹行业的定义和重点，已不再局限于预售与营销。在 2014 年及之前，众筹更多是一种预售和营销行为。无论是小米手机，还是新品牌"三个爸爸"空气净化器、小狗除螨仪等，都通过众筹的方式进行"饥饿营销"。但众筹行业得到大发展是在 2015 年，即将众筹范围扩大以后。

众筹的普及和布道，离不开北大校友创业联合会秘书长杨勇——人称"杨众筹"。2013 年 10 月 18 日众筹开设的北大 1898 咖啡馆，在开业前三天就来了 1500 多人，而且这 1500 多人中很多都是各个团体的意见领袖，通过当时已经广泛使用的微信传播，北大 1898 咖啡馆很快名扬全国，成为众筹的一个开端和经典案例。紧接着，杨勇在金融街以金融精英为圈子众筹开了金融客咖啡，在国贸以投资并购为主题众筹开了并购咖啡，在水立方开了以体育为主题的北五环体育众筹咖啡馆。随着众筹的火热，杨勇被称为"众筹首席架构师"，不仅搭建了一个又一个基于熟人圈子的"小型交易所"式的众筹平台，还在北大开办了众筹培训班，培训众筹的策划者、执行者，将"众筹"这个概念在中国各行各业和各地方推广落地。

经过前些年互联网金融火热以后，截至 2021 年 3 月底，全国各类众筹平台仅余 328 家，其中非公开股权融资类众筹平台 131 家，奖励性众筹平台 112 家，混合众筹平台 73 家，公益众筹平台 12 家。其中，以京东众筹、淘宝众筹和苏宁众筹这三家电商平台的众筹金额最大，呈现三足鼎立和一众小平台共存的态势。

2015 年，共享经济成为社会服务行业内一股重要的力量，在吃、穿、住、行、教育服务、生活服务、旅游、办公等领域不断涌现，从宠物寄养共享、车位共享、专家共享、社区服务共享、充电宝共享、导游共享、办公场所共享，甚至再到移动互联强需求的 WiFi 共享等，新模式层出不穷，在供给端整合线下资源，在需求端为用户提供更优质体验。共享经济的模式开始影响人们的观念和生活。

在共享经济中，有闲置资源是前提条件，也是最关键的条件，更是资源拥有方和资源使用方实现资源共享的基础。随着 Uber、Airbnb 等一系列实物共享平台的出现，共享开始从纯粹的无偿分享、信息分享，走向以获得一定报酬为主要目的，基于陌生人且存在物品使用权暂时转移的"共享经济"。共享经济的五个要素分别是：闲置资源、使用权、连接、信息、流动性。共享经济关键在于如何实现最优匹配，实现零边际成本。

因此，共享经济的本质就是使用权或者所有权的买卖；整合线下的闲散物品或服务者，让他们以较低的价格提供产品或服务。对于供给方来说，通过在特定时间内让渡物品的使用权或提供服务，来获得一定的经济回报；对需求方而言，不直接拥有物品的所有权，而是通过租、借等共享的方式使用物品或服务。除了闲置资源外，较低价格、特定时间、所有权、使用权、让渡等也是共享经济的关键词。共享经济从两个方面创造价值：一方面是资源拥有方利用闲置资源获得收益；另一方面是资源使用方以较低成本获得资源，满足需求。

比起在欧洲市场 Uber 和 Airbnb 的如火如荼，中国市场的共享经济可以说是鱼龙混杂。从 O2O 到共享经济，在险象丛生的中国市场，似乎一切新兴模式都离不开"烧钱"，但对于拥有"有形资产"的传统来说，则成为制约中国共享经济发展的一道无形之锁。

在北京、广州、杭州等城市，继共享单车、共享汽车之后，共享充电宝、共享篮球、共享雨伞等共享经济新形态不断涌现，并成为新一轮资本蜂拥的"风口"。共享充电宝一出来，在短短 40 天时间就获得 11 笔融资，近 35 家机构介入，融资金额达 12 亿元人民币。

共享经济激活了金融业。"钱"的共享不仅可以促进社会财富流动，提高社会财富的循环效率，而且让供给和需求两端的信息打通，让基于互联网提供的金融平台，消除资金提供方与资金需求方之间冗长的中介环节，使最直接的交易成为可能。

经过几年的酝酿培育，借助互联网经济深入人心，互联网金融作为互联网经济的五种主要业态之一，就切入到广大百姓的日常投资理财中，并成为 P2P 爆发式增长的社会基础。因为互联网金融对中国经济脱实向虚的影响太大，所以单列一章专门讲述互联网金融在我国的发展历程。

第三节　区块链技术的兴起

区块链又被称为 Web 3.0，虽然是新一代互联网技术，但是对数字经济的影响是基础性、革命性的技术迭代。2008 年 11 月 1 日，一位自称中本聪（Satoshi Nakamoto）的人发表了《比特币：一种点对点的电子现金系统》一文，阐述了基于 P2P 网络技术、加密技术、时间戳技术、区块链技术等的电子现金系统的构架理念，这标志着比特币的诞生。两个月后理论步入实践，2009 年 1 月 3 日第一个序号为 0 的创世区块诞生。几天后的 2009 年 1 月 9 日出现序号为 1 的区块，并与序号为 0 的创世区块相连接形成了链，标志着区块链的诞生。区块链分为狭义区块链和广义区块链，狭义区块链是按照时间顺序，将数据区块以顺序相连的方式组合成的链式数据结构，并以密码学方式保证的不可篡改和不可伪造的分布式账本。广义区块链是利用块链式数据结构验证与存储数据，利用分布式节点共识算法生成和更新数据，利用密码学的方式保证数据传输和访问的安全，利用由自动化脚本代码组成的智能合约编程和操作数据的全新的分布式基础架构与计算范式。

到 2014 年，"区块链 2.0"成为一个关于去中心化区块链数据库的术语。对这个第二代可编程区块链，人们认为它是一种编程语言，可以允许用户写出更精密和智能的协议，使人们"将掌握的信息兑换成货币"，并且有能力保证知识产权的所有者得到收益。第二代区块链技术使存储个人的"永久数字 ID 和形象"成为可能，并且对"潜在的社会财富分配"不平等提供解决方案。

区块链分为公有区块链、联盟区块链和私有区块链。公有区块链（Public Block Chains）是世界上任何个体或者团体都可以发送交易，且交易能够获得有效确认，任何人都可以参与其共识过程的区块链。联盟区块链（Consortium Block Chains）是由某个群体内部指定多个预选的节点为记账人，每个块的生成由所有的预选节点共同决定（预选节点参与共识过程），其他接入节点可以参与交易，不过问记账过程，其他任何人可以通过该区块链开放的 API 进行限定查询。私有区块链（Private Block Chains）仅仅使用区块链的总账技术进行记账，可以是一个公司，也可以是个人，独享该区块链的写入权限。

区块链的特征就是去中心化、开放性、独立性、匿名性、安全性，一般由数据层、网络层、共识层、激励层、合约层和应用层组成，其核心技术是分布式账本、非对称加密、共识机制、智能合约，因此非常适合应用在金融、物联网、物流、公众服务、数字版权、保险、公益，以及司法等需要高可靠且不可篡改的领域。

2019 年"区块链"已走进大众视野，成为社会的关注焦点。2019 年 12 月 2 日，该词入选《咬文嚼字》2019 年"十大流行语"。国家高度重视区块链行业发展，各部委发布的区块链相关政策已超 60 项，区块链不仅被写入"十四五"规划纲要，各部门更是积极探索区块链发展方向，全方位推动区块链技术赋能各领域发展，积极出台相关政策，强调各领域与区块链技术的结合，加快推动区块链技术和产业创新发展，促进区块链产业政策环境持续利好发展。

第四节 互联网带动下沉市场的崛起

崇尚"延时满足"的张一鸣，经过几次创业以后，看到了移动互联网的"即时满足"对人的诱惑力，决定把重心放在移动互联网。2012 年 3 月 9 日，张一鸣创办了字节跳动公司，开启了辉煌的财富之旅。短时间内，他开发了"内涵段子""搞笑囧途""内涵漫画"等几十款内容社区类 App，在这个领域站稳了脚跟。2016 年抖音上线，很快火爆了整个网络。2018 年 10 月，张一鸣以 650 亿元人民币财富位居 2018 年胡润百富榜第 26 位，一时间风头无两。由于抓住了 4G 短视频的风口，到 2021 年，抖音日活跃用户已超过 6 亿，估值超过 4000 亿美元，不到十年时间就成为了中国移动互联网新贵。

随着 40 余年的改革开放，我国不仅一二线城市得到快速的发展，三四线城市建设也有了翻天覆地的变化，农村居民的可支配收入节节攀升。经过国家多年系统性扶贫和实施"两不愁三保障"，农村居民生活水平得到了极大的提高。相较于一二线城市新居民背负沉重的房贷压力和生活成本，三四线及以下城市的居民拥有更高比例的可支配收入。从 2015 年开始，拼多多、快手、趣头条等，从电商、短视频社区和内容聚合三个维度进行深耕，快速成为了下沉市场中的新巨头。

随着一线城市项目资本饱和，投资机构开始关注更多下沉市场带来的新的投资机会。任保平等（2022）发现我国下沉市场消费者群体的消费潜力正在不断被挖掘，新生消费群体展现出巨大的消费潜力等发展态势，这些发展态势背后显示出消费者行为的新特征：消费趋于个性化与多元化、消费者的不确定性增加、消费者对于消费体验的追求、消费社交化、消费共享化、消费健康化以及愿意为品质和效率买单等。因此，应当大力发展乡村消费以及完善商品和服务来保障消费的健康有序发展，进而促进消费结构优化升级。

我国的数字产业正在加速发展，现代物流正在向乡村延伸，建立小城镇以及广大农村地区的数字消费体系是实现乡村振兴、畅通国内大循环的重要途径，小城镇以及广大农村地区的消费也在随着数字产业的发展逐渐实现规模扩大和结构升级。在数字经济背景下，我国应促进国内小城镇和广大农村地区消费协同发展；改善农村地区的消费环境，加快农村电商平台建设，助力农村居民消费升级，拉动城乡消费协同发展，构建城乡消费协同发展体系；完善农村物流基础设施和农村便民消费措施，规划建设乡村新型消费网络节点和农村社区综合性服务网点，进一步挖掘广大农村的消费潜力。梁锐（2021）研究发现，除东部少数农产品集聚区外，农产品集聚并不会显著提高我国农村流通市场效率，但农产品加工业的集聚有利于提高农村流通市场效率。电商下沉有利于推动农村流通市场更高效率运转，并且能够与农产品集聚形成正向联动效应。曹征等（2021）认为我国下沉市场不断增长的消费需求、人们对品质与理性消费的观念共识、新时代人民群众努力改变不平衡不充分发展现状的奋斗潮流，共同构成了强大的驱动力量，吸引了电商下沉。

在 2015 年，黄峥创立了拼多多，通过"砍一刀""拼单"这样的消费模式，以极快的速度在市场上完成了扩张。黄峥是我在日本 SBI 同事周密先生在杭州外国语学校中学六年的同班同学，1998 年被保送至浙江大学竺可桢学院，主修计算机专业；后到美国读研究生，2004 年获得计算机硕士学位后，黄峥选择加入了 Google。2007 年，黄峥从 Google 离职，开始自己创业，先后创办手机电商、电商代运营和游戏公司。在 2008 年创业早期时（创办欧库和乐其），但凡到北京，黄峥就住在周密家中，两人彻夜长谈。直到 2015 年黄峥创立的拼好货上线，9月黄峥公司内部孵化新电商平台拼多多上线，开启了极快的市场扩张之路。2018 年 7 月 26 日，黄峥创办两年的拼多多正式在纳斯达克上市。

第五节　数字经济的腾飞

根据中国互联网协会 2021 年 7 月 13 日发布的《中国互联网发展报告 2021》，中国数字经济规模在 2020 年达到 39.2 万亿元，与 2015 年的 18.6 万亿元相比，五年翻了 1 倍多，仅次于美国，居全球第二位。

2020 年，我国 5G 网络用户数超过 1.6 亿，约占全球 5G 总用户数的 89%；5G 连接数已经超过 3.65 亿，占全球的 80%；基础电信企业移动网络设施，特别是 5G 网络建设步伐加快，2020 年新增移动通信基站 90 万个，总数达 931 万个，占全球的 70%。在互联网骨干网络建设方面，骨干网扁平化发展，"富"互联时代加速到来；"全方位、立体化"网间架构布局初步形成；国际互联网布局实现持续扩展。在互联网带宽建设方面，基础电信企业骨干网更新换代；中国移动与中国电信、中国联通互通带宽激增；国际互联网出入口带宽持续大幅提升。

2020 年我国新增骨干直联点与新型互联网交换中心试点建设工作取得了积极进展，新型互联网中心与新技术、新业务融合发展趋势明显，宽带接入网络能力快速提升，基础电信、企业的移动互联网设施，特别是 5G 网络建设步伐加快，IPv6 规模部署广度不断推进，活跃用户持续上升。中国互联网协会数据显示，2020 年云计算市场保持高速发展，整体市场规模达到了 1781 亿元，增速超过 33%。其中，公有云市场规模继续扩大，预计到 2030 年将超过 2000 亿元；私有云的市场规模也持续扩大，2020 年达到了 791.2 亿元，同比增长 22.6%。[①]

2020 年我国大数据产业规模达 718.7 亿，同比增长 16%，增幅领跑全球数据市场。我国大数据企业主要分布在北京、广东、上海、浙江等经济发达省份，受政策环境、人才创新、资金资源等因素影响，北京大数据产业实力雄厚，大数据企业数量占全国总数量的 35%。大数据在金融、医疗健康、政务几个大领域成绩突出，在关键技术创新方面控制成本，利用 AI 技术来提升数据管理的能力，加强联动关联分析技术来提升隐私计算的水平。

2020 年人工智能产业规模保持平稳增长，产业规模达到了 3031 亿元，同比增长 15%，增速高于全球平均增速。我国在人工智能芯片领域、深度学习软件架构领域、中文自然语言处理领域进展显著。

在新冠肺炎疫情期间，人工智能技术广泛应用于疫情监测分析、医疗救护、复工复产等环节，为疫情防控提供了有效的支撑。人工智能与产业融合进程不断加速，深入赋能实体经济，在医疗、自动驾驶、工业智能等领域应用进展显著。

2021 年 8 月 27 日，中国互联网络信息中心（CNNIC）在

① 详见：《〈中国互联网发展报告（2021）〉在京发布》，中国互联网协会官网，https：//www.isc.org.cn/article/40203.html，2021 年 7 月 13 日。

北京发布第 48 次《中国互联网络发展状况统计报告》①，截至
2021 年 6 月，我国网民规模达 10.11 亿，较 2020 年 12 月增长
2175 万，互联网普及率达 71.6%。10 亿用户接入互联网，形成
了全球最为庞大、生机勃勃的数字社会。截至 2021 年 6 月，中
国 50 岁及以上网民占比为 28.0%，较 2020 年 6 月增长 5.2 个
百分点。随着以 5G、大数据、物联网、人工智能等为代表的新
型基础设施建设的不断加快，以及我国银发群体规模逐年增长，
医疗养老健康服务成为新热点。同时，智能化养老不断发展，
智能设备成为该领域发展新的突破口。

　　互联网基础资源加速建设，城乡数字鸿沟明显缩小。截至
2021 年 6 月，我国农村网民规模为 2.97 亿，农村地区互联网普
及率为 59.2%，较 2020 年 12 月提升 3.3 个百分点。广阔的下
沉市场逐步享受到数字化带来的便利和实惠，农产品网络零售
规模达 2088.2 亿元。自新冠肺炎疫情暴发以来，在线办公成为
疫情之下互联网经济新模式。截至 2021 年 6 月，我国在线办公
用户规模达 3.81 亿，较 2020 年 12 月增长 3506 万，网民使用
率为 37.7%。随着企业数字化转型不断推进，以在线办公为代
表的灵活工作模式持续创新发展，在线会议、云存储等在线办
公服务迎来新的发展机遇。

　　2021 年 3 月以来，中央再次明确提出要大力发展"新基
建"。4 月 20 日，国家发展改革委把新基建分为了三个层次，

---

　　① 详见：李政葳：《我国网民规模超 10 亿——解读第 48 次〈中国互联网络发展状况统
计报告〉》，《光明日报》，https://baijiahao.baidu.com/s? id = 1709318842084520520&wfr =
spider&for = pc，2021 年 8 月 28 日。

其中第一个层次就是信息基础设施，主要是指基于新一代信息技术演化生成的基础设施。比如，以 5G、物联网、工业互联网、卫星互联网为代表的通信网络基础设施，以人工智能、云计算、区块链等为代表的新技术基础设施，以数据中心、智能计算中心为代表的算力基础设施等。

无论是通信网络基础设施、算力基础设施，还是新技术基础设施，都是为了中国的数字经济转型而准备的，投资这些新基建的价值，不只是建设项目本身，还有由这三类基础设施助力其他行业数字化转型所带来的价值。

新基建与互联网经济、数字经济紧密联系在一起，是促进中国经济数字化转型的重要硬件基础设施；另外，传统基础设施深度应用互联网、大数据、人工智能等技术，促进了行业的升级转型，提高了行业效率。建设这些新基础设施，产业互联网有了施展的舞台，必将推动我国数字经济的蓬勃发展。

第3章 中国的互联网金融

　　基于 4G 网络的快速发展和普及，以及区块链技术带来的颠覆性创新遐想，新一代网络技术首先在金融领域方面得到最充分的应用。不少创业者和投资人进入互联网金融行业，但是金融的属性决定了这是少数玩家才能存活下来的行业。从 2010 年开始发端，到 2015 年互联网金融的风生水起，再到 2022 年的回归理性，这是行业发展的必然。金融始终都是以实业作为存在的基础，对多数人来讲，从事互联网金融不是一个好的选择，过于的"脱实向虚"，最终都会回归到"脱虚返实"。但是这段历史说明了全社会参与互联网金融的不可行性，为现在人们重新重视制造业、重视硬科技，倡导经济"脱虚返实"提供了社会基础和经济基础，形成了社会共识。

　　互联网金融是我国近几年中涉及人数最多、牵涉面最广、社会关注度最高、影响最深刻的一次经济转型尝试，于 2010 年在我国出现以后，2013 年呈爆发式增长；到 2015 年，中国的互联网金融发展更是如火如荼，以 P2P 为代表的网络贷、以支付宝为代表的互联网支付、以借呗和花呗为代表的互联网小贷、以余额宝为代表的互联网理财等，借助 4G 网络的普及，发展得风生水起。但中国的互联网金融和日本、美国的互联网金融有很大的不同，世界范围的互联网金融基本上是以这三个国家为主要模式。

日本的互联网金融以 SBI 为代表，是以互联网作为工具改造金融交易的方式，互联网是工具和手段；互联网金融就是在互联网上开展的金融业务。日本 SBI 是世界最大的综合网络金融集团之一，也是亚洲规模最大的风险投资、私募股权投资管理机构之一。日本 SBI 将日本软银集团的金融、投资和资产管理，以及软银集团内部与金融相关的业务和公司整合，单独成立软银投资（Softbank Investment Corporation，SBI），于 2005 年 7 月更名为 SBI 控股，并先后在日本东京和中国香港上市。日本 SBI 的业务领域涉及网络证券、网络银行、网络保险、网络外汇保证金交易平台、私设交易系统等金融服务业务，以及公募基金、风险投资基金、私募股权基金、不动产基金等资产管理业务（SBI 中国，2014）。

美国的互联网金融，更多的表现是互联网技术在金融业中的应用。在美国的互联网金融公司中有 80% 自认为是互联网公司，介入了金融服务；只有 20% 的自认为是金融企业，持有牌照。美国金融牌照的门槛不高，相对更开放，因此对互联网金融的概念不是很强。互联网金融在我国所扮演的角色就是打破金融管制的革命者和颠覆者的角色，与美国差异很大（陈宇，2014）。

国内的互联网金融公司更多地被认为是非金融机构利用互联网技术介入金融业务；既可以作为技术介入，也可以作为金融市场主体参与相关业务。由于对互联网金融的定义依旧还有分歧，我们仅分析 P2P、互联网小贷、互联网小额理财、第三方支付等具有显著互联网特征的互联网金融业务。在中国广泛使用的网上银行、网上证券交易等，不列入互联网金融来讨论。

我国的互联网金融兴起于 2010 年，爆发于 2013 年，以蚂蚁金服的余额宝和异军突起的 P2P 为代表，而 2015 年是互联网金融的巅峰之年，互联网金融快速发展，不仅包括 P2P，还包括互联网小贷、互联网小额理财、第三方支付、众筹、数字货币、大数据金融、金融门户等。让广大人民群众最快认识、了解互联网金融的就是兴盛于 2015 年的 P2P，"其兴也勃焉，其亡也忽焉"；其爆雷也是惊天动地，2015 年底的 P2P"E 租宝"，涉案金额就达数百亿元。虽然 2015 年底政府开始清理，但截至 2021 年 3 月底，P2P 存量业务尚未清零的停业网贷机构还有 1387 家，未兑付借贷余额 7161 亿元。

第一节　昙花一现的中国 P2P

为何对多数人来说互联网金融创业不是好的选择？首先以已经有定论的 P2P 来说明。我国的 P2P 与国外 P2P 具有本质的不同，我国的 P2P 多数都有资金池，这就决定了该模式不是国外纯粹做撮合交易的 P2P，导致该商业模式风险极大，盈利模式不成立。

P2P 从 2007 年进入中国市场，2011 年进入大众视野，逐步发展到 2013 年成为互联网金融，在 2015 年达到顶峰后，2016 年开始清理整顿，最高峰时曾超过 6000 家。2021 年 4 月 15 日，中国人民银行发布《打好防范化解重大金融风险攻坚战 切实维护金融安全》，文件要求在营 P2P 网贷机构全部停业。这些 P2P 公司经历了大起大落。

P2P 网贷模式的雏形，是英国人理查德·杜瓦、詹姆斯·亚历山大、萨拉·马休斯和大卫·尼克尔森四位年轻人共同创造的。2005 年 3 月，他们创办的全球第一家 P2P 网贷平台 Zopa 在伦敦上线运营，业务已扩展至意大利、美国和日本等国家。

在我国，最早的 P2P 网贷平台成立于 2007 年。在其后的几年，国内的网贷平台还是凤毛麟角，鲜有创业人士涉足其中。直到 2010 年，网贷平台才被许多创业人士看中，开始陆续出现了一些冒险者，平台进入快速发展期，一批网贷平台踊跃上线。2012 年进入了爆发期，网贷平台如雨后春笋般成立，比较活跃的有 400 家左右。进入 2013 年，网贷平台更是蓬勃发展，以每天 1~2 家上线的速度快速增长，平台数量大幅度增长所带来的资金供需失衡等现象开始逐步显现。

我国 P2P 产生的背景是 2008 年的金融危机后，金融体系遭受冲击，金融机构慎贷心理蔓延，实体经济信贷规模萎缩。对风险已成"惊弓之鸟"的监管者，空前地加强了宏观审慎和微观审查监管，各项监管指标水涨船高。在对风险进行防范的同时，产生一个负作用，就是客观上导致金融抑制的加强，金融服务可获得性难度提高，中小企业获得金融机构的支持开始减少。造成一个现象：一方面，流动性过剩，甚至泛滥，央行不得不被动干预，回笼流动性；另一方面，金融服务的结构性问题日益突出，大量对资金价格不敏感的国企和政府平台等占用了低价资金，而中小企业被加速挤出银行表内授信，这种"挤出效应"在 2008 年底开始的"四万亿"经济刺激中加速，为保证国企和政府平台的"刚需"，中小企业的融资更加困难。两个显性表现：一是货币"量价齐升"，一方面流动性充裕，另一方面资金价格高居不下。二是影子银行大行其道。由于正规金融的利率与信贷规模双管制，加之银行表内业务的监管成本提高，腾挪出表开始成为银行的必修课，通道业务层层加码，导致资金价格越来越高，获得的难度也越来越大。

P2P 网贷的诞生，借助网络的优势，将这一部分压抑和蛰伏的金融需求激发出来。一方面，P2P 尚未定性，处于监管真空，在中国严格的金融准入制度下，成为民间资本进入金融领域的最便捷入口；另一方面，P2P 将部分不能得到银行表内满足的信贷需求，包括符合信贷条件但需要出表的和本来就在银行服务之外的信贷需求，给予了一定的满足。P2P 的快速发展是由传统金融市场所无法解决的金融抑制所引发。

从境外看，无论美国还是英国，支持 P2P 发展的逻辑是高度一致的，即支持个人消费和中小企业发展，满足其信贷需求，从而提振经济活力，支持就业。但是 P2P 到我国以后就发生变形，主要原因是我国征信体系不健全，很多信息都没有免费开放或者查询不到，在这种情况下，很多平台为了吸引更多的投资者和资金不得不对借款人行为进行担保。这样的结果使国内的 P2P 很难成为一个相对独立的公共中介平台，这种加入自身信用的 P2P 模式，一旦出现问题，受损的不仅是出资人，还有平台本身和平台的所有人。我国的 P2P 和国外的 P2P 存在巨大的差异，体现在：

第一，以欧美为代表的 P2P 更重科技含量。他们称 P2P 为"另类金融""市场借贷"，是传统金融行业的一个补充；而中国的 P2P 平台更强调金融性，很多都是小贷公司、担保公司或以银行、传统金融背景进驻，科技含量不高。

第二，国外 P2P 强调用户信用记录，工作人员集风控与客服于一身，且占比非常大，而国内的风控和客服是不同岗位；国外 P2P 平台选择的用户往往是银行信用记录很好的，而中国

P2P 客户的信用记录是很难查询的。

第三，国外 P2P 平台信息透明，是真正意义上的"点对点"。所有平台内借款客户都会知道出借人是谁，出借人也非常清楚自己的钱是借给谁了。但国内多数 P2P 平台形成了资金池，这一点就变得十分模糊，也成为 P2P 最大的"雷"。

案例：寿终正寝于兴盛之时的头部 P2P

2013 年我回到北京工作不久，北京头部 P2P 企业 G 公司创始人 L 先生通过相关人员邀请我出任该公司总裁。该公司 2013 年放贷规模已经超过百亿元人民币。2014 年春节前，我应邀参加该公司在国贸酒店举办的上千人公司年会后，就劝该创始人 L 先生迅速离开这个行业，当时他表示非常疑惑。

我告诉他，P2P 的商业模式在我国目前经济社会的发展阶段不成立，他说自己成立了"清收队"，亲自带队清收，对待内部腐败是零容忍，处理非常坚决。我告诉他作用不大，希望他迅速转型，并告诉他现在这样运作，不仅他个人非常累，而且还容易出问题。说到此处，他轻轻地摘下帽子，面带羞涩、悠悠地对我说："我曾经也是一头秀发，现在却是头顶锃亮。以前跟古巴做国际贸易，每年只工作半年时间，赚钱比较轻松容易；到 2010 年看到 P2P 兴起，耐不住寂寞就成立该公司，现在每天睡眠不足 4 个小时，盯上百个 QQ 工作群，及时跟进每个分子公司，三年时间头发全部掉完，就希望找个合适的人出任总裁，帮忙分担一些！"

我告诉 L 先生，以现在的流程和规模，创始人和主要管理者没有办法去盯每个项目，这是在用钱考验这些缺钱的年轻人，不仅是对企业不负责，也是对这些年轻人不负责。公司成立刚三年，负责清收的"金链子花膀子"在年会上就公开受到表彰，说明企业已经出事了。在金融行业靠"金链子花膀子"来支撑，就说明了商业模式不可行，未来发展不可持续。

L 先生似有所思，淡然地对我说，从投资人募集的钱全部进入他个人银行卡内，再通过他个人账户借给贷款人，他对所有的借款提供了个人担保，并建立了上千万元的风险保证金账户，来保证投资人的出资安全。我告诉他这样操作的窟窿只会越来越大，如果现在已经还不上了，还有一个办法，快速转型建立一支有实业背景且有投资经历的投资团队，将募集的钱去买有前途的上市公司股票或者投资确实能够迅速 IPO 的项目，通过时间换空间，争取通过投资收益填补之前的窟窿。短期策略就是"快而致稳、大而不倒，迅速转型、力争永存"；在投资端转型后，企业顺势转变成一个规范的私募基金管理公司，合法经营，而且在 2014 年初，无论一级市场还是二级市场，都处于爆发的前夜，这样或许能规避未来的无妄之灾。

L 先生面露尴尬，对我说他坚信通过他个人的"铁腕"能够保持企业健康发展。我确定不加入他公司后就和他基本没有联系，偶尔看他的微信朋友圈，G 公司的放贷规模越做越大，甚至在国内发展了数百家分子公司，员工一度超过万人。我则继续劝说普通民众不要参与 P2P 投资，偶尔他私信我去他公司看看，并介绍他现在发展有多好。那时，已经不时有 P2P 企业跑路的消息；我没有关注他的公司，也没有询问他的运营情况，直到 2020 年 8 月的一天，突然想起看他的朋友圈，他朋友圈最后一条留言说：感恩一年多无薪坚守的员工，感恩长久支持信任的客户。我才确认他的经营确实已经出现严重问题！再用微信和电话联系 L 先生，已经联系不上了。

通过分析，我国 P2P 经过演变以后，不仅和日本、欧美具有很大的差异，而且行业本质逐步演变成陌生人之间的借贷，导致其商业模式不成立，最后寿终正寝于兴盛之时。

第二节　依附电商的互联网支付

当金融的"赚钱效应"叠加新一代技术革命，激发更多的人寻找两者结合以后新的商业机会，互联网支付就成为一颗大家都看得明白的耀眼的星。不仅有巨大的市场应用场景，而且牌照业务的门槛能够保证市场竞争有序；但是依据常识，普通用户不会同时开通无数个互联网支付工具，在统一的大市场内就决定了未来互联网支付会逐步集中到少数几家主流的支付工具之上，对多数希望在其中分一杯羹的人来说，将是一场美好的梦。但是谁能够在这场竞争中胜出呢？

中国人民银行自 2011 年起开始颁发第三方支付牌照，当时最多的业务内容是预付卡发行与受理业务，随着 2012 年以后 4G 网络的普及，第三方支付使用场景越来越多，才开始办理互联网支付牌照；到 2013 年合计颁发了第三方支付牌照 250 张。而后在 2014 年发放 19 张，2015 年全年仅在 3 月发放 1 张牌照，直到 2017 年 6 月 30 日传化支付公布获得支付牌照，不过其获牌时间实际上为 2015 年 12 月 8 日，这成为迄今为止的最后一张支付牌照。在 271 张牌照中共有 110 家获得互联网支付资质。

随着电商在各行业的兴起，特别是在 2015 年停止新办第三方支付牌照以后，互联网支付牌照就成为市场上的稀缺资源。

为了获得互联网支付牌照，部分公司不惜重金收购具有互联网支付牌照的公司，使互联网支付牌照的交易价格在 2015 年以后水涨船高。据移动支付网发布的《十年激变——中国第三方支付牌照研究报告（2011-2021）》统计，从 2012 年 1 月京东集团收购网银在线开始算起，至今支付牌照相关的交易案例共 62 起，其中 41 起都和互联网支付牌照有关。网银在线于 2003 年成立，并于 2011 年 5 月 3 日首批获得《支付业务许可证》，到 2012 年初被京东收购后，网银在线成为京东商城专属支付工具。2013 年，京东金融成立，网银在线更名为京东支付，网银钱包则更名为京东钱包。得益于京东的电商场景优势，网银在线在 C 端支付流量非常可观，并尝试走出京东体系参与市场竞争，京东成为第一家收购互联网支付牌照的电商企业。而 2012 年 9 月，平安集团先后收购深圳市壹卡会科技服务有限公司（已更名为平安付科技服务有限公司）、上海捷银信息技术有限公司（已更名为平安付电子支付有限公司）获得支付牌照，开启大型金融集团收购支付牌照的先河。2013 年 12 月，海尔用 1.465 亿元收购快捷通支付服务有限公司获得支付牌照，成为大型家电企业收购支付牌照的先例。2014 年 12 月，万达用 3.15 亿美元收购快钱支付清算信息有限公司 68.7% 的股份获得支付牌照，是地产巨头收购支付牌照的案例。2015 年 7 月，小米用大约 6 亿元收购捷付睿通股份有限公司获得支付牌照，是手机厂商收购支付牌照的案例。2016 年 5 月，新大陆用 6.8 亿元收购福建国通星驿网络科技有限公司获得支付牌照，是 POS

终端厂商收购支付牌照的案例。2016 年 9 月，美团用 13.5 亿元收购北京钱袋宝支付技术有限公司获得支付牌照，是外卖、生活服务企业收购支付牌照的案例。2017 年 12 月，滴滴收购北京一九付支付科技有限公司（已更名为北京滴滴支付技术有限公司）获得支付牌照，是出行企业收购支付牌照的案例。2019 年 9 月，PayPal 收购国付宝信息科技有限公司获得支付牌照，是外资企业收购支付牌照的案例。当支付牌照几乎成为大型互联网企业的标配，作为炙手可热的"后起之秀"，字节跳动也没有缺席。2020 年 8 月，字节跳动收购（通过创始人张一鸣实际控制）武汉合众易宝科技有限公司获得支付牌照，是社交媒体、短视频企业收购支付牌照的案例。通过张一鸣实际控制支付牌照后，抖音很快便推出了抖音支付。2021 年 12 月，PingPong 控制浙江航天电子信息产业有限公司获得支付牌照，是跨境支付企业收购支付牌照的案例。

在以上的典型案例中仅有万达、海尔没有电商业务，但这两家企业随后都出售了其收购的互联网支付牌照。2022 年 6 月 24 日，小商品城发布公告《关于拟收购浙江海尔网络科技有限公司 100% 股权的进展》①，公告指出，监管部门已经同意了快捷通关于变更实际控制人的批复，批复同意快捷通现有实际控制人海尔金控将所持海尔网络 100% 股权转让给公司。变更后，公司通过海尔网络间接持有快捷通 100% 股份，成为快捷通实际

---

① 详见：刘芫信：《央行批准！小商品城 4.49 亿获得一张支付牌照，股价一字涨停》，《钱江晚报》，https://baijiahao.baidu.com/s? id = 1736755131537680869&wfr = spider&for = pc，2022 年 6 月 27 日。

控制人，交易价格 4.493 亿元。早在 2020 年市场传闻京东以 16 亿元从万达金融手中收购金融公司"快钱"的消息，已经提交至中国人民银行上海总部，正在等待批复。

除了互联网支付牌照越来越集中到电商企业手中这个趋势以外，互联网支付牌照的交易价格从 2013 年以后水涨船高，到 2018 年达到顶峰以后，交易价格逐年降低。甚至一些没有实际开展业务，也没有找好买家的互联网支付牌照先后中止续展，或者被注销。《北京商报》2022 年 6 月 26 日报道①，央行官网发布非银行支付机构《支付业务许可证》续展公示信息（2022 年 6 月第四批）。从续展结果来看，79 家参与续展的机构中，52 家支付机构完成续展工作，8 家支付机构中止续展，19 家支付机构牌照被注销。在 8 家中止续展的机构中，涉及 6 张互联网支付牌照。第四批续展情况不如之前，特别是主动放弃申请或不予受理的支付机构达到了近 1/4，除了未提交续展申请主动退出的之外，支付牌照未能通过续展，主要是因为机构自身存在一些问题，比如存续期未实质开展过支付业务、长期连续停止开展支付业务、存在较大风险隐患等，不符合续展条件不予续展。

经过 2014 年滴滴与快的打车竞争，给普通老百姓普及了互联网支付，但是也巩固了阿里巴巴的支付宝和腾讯的财付通这两个互联网支付的市场寡头垄断地位，让其他互联网支付的市

---

① 详见：廖蒙：《支付牌照再少 19 张！央行披露新一批支付牌照续展结果，嘉联支付等 8 家中止续展》，《北京商报》，https://baijiahao.baidu.com/s? id = 1736704359247616102&wfr = spider&for = pc，2022 年 6 月 26 日。

场空间被极度压缩。到 2022 年 6 月公告第四批续展公示信息时审查注销 19 张后，全国就剩余 203 张支付牌照，其中还有处于中止续展状态的 10 余张。不仅是一般支付牌照，互联网支付牌照也从资本市场的香饽饽，到部分机构主动放弃申请续展，前后不到五年的时间，原因就在于互联网支付成为电商平台的工具，如果没有电商平台可以依附，在两大支付巨头已经渗透到社会经济的方方面面以后，就失去了市场价值。

第三节 "马太效应"的互联网小贷

我国 P2P 的行业本质决定其商业模式不成立,再经过实践验证我国 P2P 是一个既辛苦又难赚钱的行业;而一般投资人和企业没有大型电商业务,很难参与投资互联网支付,不少人就在"互联网+金融"的领域发现了互联网小贷这个商业机会,争先恐后涉猎其中。互联网小贷的特点是线上申请、线上审核、线上放贷,借助互联网的优势,足不出户就完成贷款的全部流程。但是这个与"钱"打交道的行业,是所有参与投资主体的"福音"吗?

2010 年 3 月 25 日,全国第一家互联网小贷公司浙江阿里巴巴小额贷款股份有限公司在浙江杭州正式成立,由此拉开互联网小贷序幕。从互联网小贷公司发展趋势来看,2013 年之前互联网小贷处于探索阶段,发展十分缓慢,数量较少,2014 年以后由于各地陆续出台鼓励和扶持政策,互联网小贷进入高速发展轨道,特别是 2016 年互联网小贷公司数量急速增加,并达到了顶峰,共有 47 家互联网小贷公司成立,远超2015 年互联网小贷公司总数,这主要与 2016 年各地互联网小贷鼓励政策密集出台和 P2P 网贷行业风险事件频发专项整治开始有关。到 2017 年 3 月底,合计有 82 家互联网小贷公司,但是这 82 家互联网小贷公司中有 51 家为上市公司背景，是由上市公司直接或间接入股，其中有 27 家互联网小贷公司是由上市公司直接出资设立，占获互联网小贷牌照公司总数的 33%，有 24 家互联网小贷公司是由上市公司间接入股设立，占获互联网小贷牌照公司总数的 29%，体现了互联网小贷是"有钱人"参与的商业活动。

2015 年 4 月 17 日，支付宝推出消费小贷产品借呗上线开始，用户可以直接在支付宝上申请小额贷款。依据个人的信用评分，"借呗"芝麻分不低于 600 的用户有机会使用个人消费贷款，按照分数的不同，用户最高可以申请 5 万元的贷款，申请到的额度转到支付宝余额。蚂蚁花呗也于 2015 年 4 月正式上线，主要用于在天猫、淘宝上购物。花呗上线半个月，天猫和淘宝就有超过 150 万商户开通花呗。天猫数据显示，商户接入蚂蚁花呗分期后，成交转化提升了 40%。在 2015 年"双十一"期间，蚂蚁花呗全天共计支付 6048 万笔，占支付宝整体交易的 8.5%。互联网小贷的马太效应开始逐步显现。

阿里巴巴的花呗和借呗兴起以后，京东开通了旗下的白条、腾讯开通了旗下的微粒贷、小米开通了旗下的小米贷款等，各主要互联网公司纷纷涉足互联网小贷，不仅是从互联网金融中分一杯羹，也通过互联网小贷促进自身业务发展。但是，据蚂蚁集团的招股书透露，花呗平均余额仅 2000 元，互联网小贷覆盖的大多为长尾客户，主要是刚入职场的年轻人和大学生。校园贷在 2014 年兴起，2015 年发展壮大。2015 年，中国人民大学信用管理研究中心与北京宜信至诚信用评估有限公司联合发布了一份涵盖全国252所高校近5万名大学生的《全国大学生信用认知调查报告》，该报告调查显示，23%的大学生经常感到经济紧张。遇到经济紧张时，经济来源依然主要是父母，8.77%的人使用贷款获取资金，其中小额信用贷款占比5.33%、网络贷款占比3.44%。2009年，因为坏账率过高，银监会实质上叫停了银行向学生发放信用卡。几乎是同时，中国开展消费金融试点，捷信作为首批试点引进的外资消费金融公司，开放了支持学生小额消费需求的业务通道。2013年，分期乐在深圳成立，开创了以互联网为手段做小微消费金融的模式。此后，京东白条、蚂蚁花呗相继上线，苏宁电器等电商也推出了针对校园市场的专项产品和服务。分期乐的示范效应带动了一大批创业公司进入，包括趣分期、优分期、爱学贷等。除此之外，还有数以千计的、或大或小的P2P平台，也将业务触角伸向了学生。校园贷异军突起，成为互联网小贷新热点，成为不少创业者切入互联网小贷的突破口。但是到2016年4月，教育部与银监会联合发布了《关于加强校园不良网络借贷风险防范和教育引导工作的通知》，明确要求对不良网贷平台进行整肃，这样就将没有大平台可依靠的、不合规的、社会效益不好的互联网小贷公司逐渐清理出市场。

和P2P不同，互联网小贷不向普通个人融资作为资金来源，而是以股东自有资金，或者将借款人的债权通过资本市场发行ABS筹集资金，再放贷给小额借款人。据曾任重庆市市长的黄奇帆称①，蚂蚁金服 2017 年通过在重庆的两家互联网小贷公司即重庆市蚂蚁小微小额贷款有限公司和重庆市蚂蚁商诚小额贷款有限公司，将 38 亿元注册资本金，通过 1：2 的比例从银行拆借 60 亿元的贷款，形成合计约 90 亿元的网上小额贷款，然后再通过资本市场循环发行 ABS，循环发了 40 次，形成了 3600 亿元的贷款，杠杆高达上百倍。根据蚂蚁金服招股书透露，截至 2020 年 6 月末，以上两家小贷公司发放贷款和贷款余额总计 362 亿元，而蚂蚁集团当时共有 21540 亿元信贷规模，其中 98% 的资金来自合作银行和发行 ABS；蚂蚁"花呗" + "借呗"的消费信贷余额总计 1.73 万亿元，其中 98% 的信贷余额均由金融机构合作伙伴实际进行贷款发放，或已经完成证券化。这意味着，蚂蚁集团以 160 亿元的注册资本金撬动了近 2 万亿元的贷款规模。2017 年 11 月 21 日，互联网金融风险专项工作领导小组办公室发布《关于立即暂停批设互联网小贷公司的通知》，决定各级小额贷款公司监管部门一律不得新批设网络（互联网）小贷公司，禁止新增批小贷公司跨省（区、市）开展小额贷款业务，让留存的互联网小贷公司的"马太效应"更加明显。

　　2020 年 11 月 2 日，银保监会和中国人民银行共同发布《网络小额贷款业务管理暂行办法（征求意见稿）》，要求在单笔联合贷款中，经营网络小额贷款业务的小额贷款公司的

---

　　① 详见：《黄奇帆：蚂蚁金服 100 亿利润　45 亿来自重庆两个小贷公司》，新浪财经，http：//finance.sina.com.cn/money/bank/2020-11-03/doc-iirczymk7303056.shtml，2020 年 6 月 16 日。

出资比例不得低于 30%，以及互联网小贷注册资本不低于 10 亿元，跨省经营互联网小贷不低于 50 亿元。对自然人的单户网络小额贷款余额原则上不得超过人民币 30 万元，不得超过其最近三年年均收入的 1/3，该两项金额中的较低者为贷款金额最高限额。这意味着，虽然像蚂蚁集团两家小贷公司以较少资本金撬动高额贷款规模的高杠杆玩法将不会再出现，但互联网小贷公司的经营门槛和跨省经营门槛明显提高，让能够参与该项投资的创业主体受到限制。叠加最高法下调民间借贷利率保护上限的压力传导效应，互联网小贷行业的"马太效应"更加明显。

互联网小贷公司的"马太效应"，不仅在互联网小贷公司中间逐步显现，也影响了线下小贷公司的发展。2022 年 7 月 27 日，中国人民银行发布的 2022 年第二季度小额贷款公司统计数据报告显示，截至 2022 年 6 月末，全国共有小额贷款公司 6150 家，对比之前发布的"截至 2022 年 3 月末，全国共有小额贷款公司 6232 家"，小贷机构数量在 2022 年第二季度总体减少 82 家。加上之前央行公布的数据，截至 2021 年末，全国共有小额贷款公司 6453 家，即 2022 年上半年 6 个月就减少了 303 家。而 2015 年，国内小额贷款机构曾高达 8910 家，从业人员更是突破 11 万人，此后便持续下滑，六年时间内小贷公司就少了 2457 家，从业人员则在此期间锐减 5 万多人，仅在 2020～2021 年就减少了 1.7 万人，如今仅剩 6 万多人，锐减近半。

第3章　中国的互联网金融

　　2022 年 8 月 1 日,《证券日报》记者从携程金融获得了证实①,重庆携程小额贷款有限公司注册资本已增至 50 亿元。这意味着,满足跨省经营最低资本要求的互联网小贷平台又多了一家。2022 年以来,腾讯、360 数科、字节跳动等多家互联网巨头旗下的小贷机构完成了增资至 50 亿元的跨省经营标准。在有实力的互联网小贷机构增资扩张之时,更多的区域性、小规模的小贷机构在加速离场。截至 2022 年 8 月,据不完全统计②,市场中的存量网络小贷牌照在 280 家左右,已经注销了 27 家;而达到注册资本金 10 亿元以上的互联网小贷公司仅有 44 家,意味着未来有更多的互联网小贷公司将被注销。小贷市场在互联网消除了区域限制的作用下,"马太效应"就越来越强。

---

　　①　详见:李冰:《互联网系小贷平台密集增资行业集中度显著提升》,台海网,https://baijiahao.baidu.com/s?id=1740009543245784590&wfr=spider&for=pc,2022 年 8 月 22 日。
　　②　详见:王月:《最新网络小贷名单! 27 家注销,44 家注册资本超 10 亿》,镭射财经,https://baijiahao.baidu.com/s?id=1740144746833785263&wfr=spider&for=pc,2022 年 8 月 3 日。

第4章　新形势下中国企业经营转变

2015 年 8 月 24 日，中共中央、国务院印发的《关于深化国有企业改革的指导意见》公布，这份新时期指导和推进国企改革的纲领性文件，标志着新一轮国企改革大幕拉开。文件从改革的总体要求到分类推进国有企业改革、完善现代企业制度和国有资产管理体制、发展混合所有制经济、强化监督防止国有资产流失、加强和改进党对国有企业的领导、为国有企业改革创造良好环境条件等方面，全面提出了新时期国有企业改革的目标任务和重大举措。目的是到 2020 年在重要领域和关键环节取得决定性成果，形成更符合我国基本经济制度和社会主义市场经济要求的国资管理体制、现代企业制度、市场化经营机制，国有经济活力、控制力、影响力和抗风险能力明显增强。

之后，国企改革配套文件相继出台，央企、地方国企加快了落实改革举措的步子，如推进国企分类改革、分类发展、分类监管、分类定责、分类考核，探索体制机制创新；积极引入其他国有资本或各类非国有资本实现股权多元化；探索实行混合所有制企业员工持股等。

第 4 章　新形势下中国企业经营转变

之前，2015 年 5 月 7 日，《人民日报》第 1 版发表《理直气壮做大做强国有企业》。2016 年 5 月 21 日，《人民日报》再刊文章《央企五大举措瘦身健体》。2016 年 7 月 5 日，《人民日报》第 1 版发表《理直气壮做强做优做大国有企业 尽快在国企改革重要领域和关键环节取得新成效》。国家指导意见出台，权威媒体连续为国企改革发声，为国有企业的发展变革提供了政策指引和舆论环境。2015 年以来，国有企业开始体现出明显的头部集中；地方政府控股平台如雨后春笋般不断涌现，不仅成为地方政府的融资平台，也成为地方政府整合地方企业的管理平台，不少民营企业的控股股东变成了地方政府的控股平台，让地方政府控股平台成为第四次并购浪潮的重要参与者，在竞争性领域并购或者纾困地方民营企业。

国资委、国家发展改革委、人社部于 2016 年 2 月 25 日联合召开发布会，披露国企"十项改革试点"落实计划。"十项改革试点"具体包括落实董事会职权试点、市场化选聘经营管理者试点、推行职业经理人制度试点、企业薪酬分配差异化改革试点、国有资本投资运营公司试点、中央企业兼并重组试点、部分重要领域混合所有制改革试点、混合所有制企业员工持股试点、国有企业信息公开工作试点、剥离企业办社会职能和解决历史遗留问题的试点。

2018 年 10 月，全国国有企业改革座谈会在北京召开，会议传递出多个重要改革信息。国企改革部署将紧扣重点，务求实效。在实践层面，新启动的国企改革"双百行动"紧锣密鼓推进，新一批国有资本投资公司试点有望尽快推出。种种信号显示，深化国企改革将重拳出击，有望取得突破性进展。2019年11月，国务院国资委发布了《中央企业混合所有制改革操作指引》。

2020年5月22日，国务院总理李克强在发布的2020年《政府工作报告》中提出，提升国资国企改革成效，实施国企改革三年行动。2020年9月27日，国务院国有企业改革领导小组第四次会议及全国国有企业改革三年行动动员部署电视电话会议在北京召开。会议指出，习近平总书记高度重视国有企业改革工作，多次做出重要指示批示，必须深入学习和贯彻落实。国有企业改革三年行动是未来三年落实国有企业改革"1+N"政策体系和顶层设计的具体施工图，是可衡量、可考核、可检验、要办事的。国务院国资委将坚定不移狠抓国企改革的责任落实、重点举措、典型示范，切实提升改革综合成效，增强国有经济竞争力、创新力、控制力、影响力、抗风险能力。

第一节　国企从管资产到管资本

　　国资委从过去管理国有企业的资产和经营绩效，转变为管理国有企业资本的保值增值。中共十八大以来，中央明确要求国有企业和国资平台全方位地、深层次地、根本性地从"管企业"向"管资本"转型，提高国有资本的配置效率，做强做优做大国有资本，培育具有全球竞争力的世界一流企业。桑朝阳（2021）认为，国有资产监管从"管企业"向"管资本"为主转变，不是要弱化国家对国有企业的管理，而是要充分发挥国有资本的社会性作用，以生产力的发展和满足国家人民的需要为目标，利用国家的整体性力量对全社会资本的有机构成进行调整，扬弃资本的内在否定性。国有企业不仅要完成国有资产保值增值的任务，还要能够引领产业发展方向，确保国有资本在国内外市场竞争中处于领先地位，激发全社会资本在利润平均化过程中积极发挥各自的优势作用。

　　过去国资"管企业"，更多地强调管理国有企业的具体经营，聚焦于企业主体，关注单个企业的日常生产经营。而"管资本"，是在尊重企业市场主体地位和企业法人财产权的前提下，着眼国有资本的保值增值，更加注重国有资本整体的社会效益、经济效益和产业的补链强链。中共十八大以后，各地政府纷纷成立地方资本运作平台，利用国有资本的资金规模优势和融资低成本优势，参与到资本市场的大潮之中。不论是总资产超过 4 万亿元的深圳国资，还是号称"最牛风投"的合肥国资，都在国内产生了非常好的示范效应。

2019 年 11 月 20 日，《学习时报》刊发国资委党委书记、主任郝鹏署名文章《加快实现从管企业向管资本转变 形成以管资本为主的国有资产监管体制》。文章指出，"管资本"的国有资产监管体系，要聚焦管好资本布局、规范资本运作、提高资本回报、维护资本安全。

国有资产"管企业"，必然是注重企业的内生性发展，关注企业财务指标、市场份额、产品开发、技术储备等；转变成"管资本"，则会关注价值最大化，参与新技术和新企业孵化，引导企业外延并购，特别是参与地方企业的纾困和产业补链强链。从近几年并购实践来看，国资无论是主动并购，还是纾困和补链强链的被动并购，都已经超过了民营资本，成为活跃地方经济的抓手；不论从我国以公有制为主体、多种所有制经济共同发展的基本经济制度上来说，还是从国资近年"扶危济困""补链强链"，抑或我国仍处于高速发展的阶段来看，国资在未来一段时间都仍是我国并购市场的主要参与者。特别是近两年新冠肺炎疫情对经济的冲击，让部分民营企业陷入流动性困境，还得需要国有资本伸出援手。

过去这几年，不少民建会员企业，由于前些年非理性扩张，造成现金流困难，企业变成了国有控股。尤其是经历了 2014～

2016 年我国第四轮并购浪潮的高峰，很多上市公司被非理性并购拖累，地方国资通过增资纾困或直接收购的方式并购 A 股上市公司的控制权。随着 A 股市场两极分化越来越严重，天花板低、缺乏成长性的上市公司的估值显著低于龙头企业，而一些本身质地不错的上市公司由于实控人或管理层经营不善，及受行业周期性因素影响，成为被国资收购的标的。

同时，在前几年，国资在完全竞争性市场中并购了不少不应该并购的标的，这部分标的在未来会再次出现在并购交易市场之中。从这个角度上讲，国资也将是并购市场上的出让方。资产的并购和出售，不论是民营资本，还是国有资本，都会依据发展情形动态调整。"当儿子养，当猪卖"将是资本市场的常态，在资产的分分合合中，追求资本价值的最大化。

在从"管企业"到"管资本"的过程中，通过混合所有制改革，是否提高了企业效益呢？李井林（2021）基于 2003～2017 年我国沪深交易所国有上市公司前 10 大股东的股权性质和持股比例数据，从"质"与"量"的双重视角考察了国有企业混合所有制改革对企业投资效率的影响效应和作用机制，发现国有企业混合所有制改革显著提升了企业投资效率。而钱爱民等（2021）以 2007～2018 年我国 A 股民营上市公司为样本，研究了民营企业引入国有资本对金融化投资决策的影响发现，国有资本参股显著降低了民营企业金融化投资水平，并且上述结果在国有股东为地方国有企业时、经济政策不确定性强的时期和市场地位低的企业中更加显著；国有资本参股还显著弱化了民营企业金融化投资对创新研发支出的负面影响。

无论是从学者的实证研究，还是在实践中，国有企业引进民营资本的混改，或者民营企业引入国有资本的纾困，都有助于企业发展，而且还促进了实体经济"脱虚返实"，实现了地方经济和企业的较高质量发展。混合所有制改革完善了公司治理水平和提升了企业投资效率。

2008 年国家投入的 4 万亿元投资，总体上来讲促进了经济复苏，但是也带来了民营企业生存环境的改变。大型央企和国企拿到政府投资资金之后，迅速加大扩张力度，这对民间投资产生了"挤出效应"，民营经济出现"内卷"，反过来又加快了资金的流出，导致资本积累率屡年下降。全社会资本积累率在 2012 年达到顶峰后逐年下降，到 2018 年甚至是负数，才有了我国每年制定 GDP 的增长目标，通过确保一个具体数字的 GDP 增长，不仅是稳经济，也是稳就业。

据《中国民营经济发展报告（2015－2016）》（王钦敏，2017）统计，截至 2015 年底，我国有民营企业 1908.23 万户，比上年底增加 361.86 万户，同比增长 23.4%，占全国实有企业的 87.3%；新登记的民营企业总量和资本总额创历史新高，但注销数量大幅增长。民营企业在第一产业新增 21.02 万户，实有 73.16 万户；在第二产业新增 61.94 万户，实有 414.1 万户；在第三产业新增 338.21 万户，实有 1420.96 万户。2015 年，民营企业在教育、卫生和社会工作、金融业发展最快；教育新登记 1.34 万户，同比增加 108.95%；金融新登记 5.44 万户，同比增加 83.05%。到 2021 年，教育行业中义务教育阶段的"学科教育"培训基本被"团灭"；据《中国民营经济发展报告（2019-2020）》（高云龙，2021）统计，金融企业 2020 年全年新登记不到 1500 家，注销的更多。

据《中国民营经济发展报告（2015-2016）》统计，民营企业注销数量大幅增加。面对剧烈的行业波动，我国民营企业积极寻找出路，呈现以下趋势：第一，在国内抱团求发展。通过产业链上下游纵向联合或者同行横向联合，形成集体规模优势，谋求更进一步的发展和创造新的商业机会。第二，"走出去"拓展海外空间。通过国内积累的财富在海外并购，或者将产业转移到海外，谋求企业发展。2015 年我国外汇储备减少5000 亿美元，有超过 5000 亿美元的外贸顺差，简单推算我国实际流出外汇超过 1 万亿美元。第三，多元化产业谋转型，平衡经济周期和行业周期的风险。第四，产业资本转金融资本，通过投资别人的事业来扩大自己的财富。

第二节　行业共同聚合求发展

● 成立亚洲餐饮联盟促餐饮企业聚合突围

2012 年中央"八项规定"颁布以后,高端餐饮的收入急剧下滑,同时食品供应链的安全问题频发,餐饮行业急需整合、共同面对和解决行业的系统性问题。北京的高端餐饮湘鄂情、净雅、俏江南等都受到严重冲击,但是餐饮行业总体仍然高速增长;另外,高端餐饮中的知名烤鸭餐馆大董受到的影响有限,正餐的海底捞、西贝、金百万、玉林烤鸭、新辣道等依旧火爆。

从不同国家和地区餐饮业发展的历史来看,餐饮业态不断更迭,都存在高端餐饮兴起—逐渐衰落并回归大众餐饮的发展过程。餐饮企业呈现从规模化、高端化走向大众化、专业化、小型化、连锁化和艺术化的趋势。

我国餐饮业呈现"五高三不控"的特征。

"五高"分别是:①**人工成本高,且增长快**。劳动成本从 2007 年以后急剧增长,每年工资增长率都超过 10%;在 2009 年工资增长率短暂低于 10% 后,迎来报复性增加,增长逐年增高。尤其是餐饮服务人员很难招到,需要动员员工从身边带人来解决餐饮企业用工问题。②**采购价格高,且不透明**。餐饮企业的成本上涨快，猪肉、大米、生姜、鸡肉等集中食材成本自2009 年 7 月至 2011 年 7 月累计上涨 23.36%，餐饮企业毛利率下降 5%。原料价格混乱，不透明，价差巨大。例如五常大米，价格从一两元到一二十元不等，食用油的价差达到 40% 以上；餐饮企业用品、低值易耗品的价差大，质量良莠不齐。③**融资成本高，且难获得**。餐饮企业由于收入的规范性和采购的确认问题，以及缺乏贷款抵押品，导致银行不敢贷，投资机构不敢投；一些敢贷的银行的利息和费用都比较高。④**租金高，且增长快**。餐饮业成为购物中心等商业业态主要的利润来源和聚客的商业领域，因此餐饮企业租金仍保持增长趋势。⑤**税费高，且不合理**。餐饮税收种类多且税率高，涉及营业税金及附加（5.5%）、城建税、企业所得税、增值税、房产税、土地使用税等十余种；而电影业、通信业营业税仅 3%；银行卡的刷卡费率高达 1.25% ~ 2%，其他行业为 0.38% ~ 0.78%，且向上封顶；水价电价高，商业水价电价高于民用和工业用。2011 年与 2010 年相比，水费上涨 3.38%，电费上涨 6.97%，影响毛利率0.3%；餐饮业的增值税不可抵扣，导致餐饮企业经营越规范税负越重。

　　"三不控"指的是：①**客源不可控**。每天来什么样的客人和多少客人不可控，客人消费的品类也不可控。中国消费者对食品的重复消费度比较低，一道菜很难连续吃几顿，不像欧美人可以天天吃汉堡而不腻。中国消费者的喜好变化快，消费多变，菜品更新快速，在中国经济社会的快速发展情况下，客源更不可控。如何抓住客源，并提高重复消费成为餐饮企业关注的首要难题。②**从业人员不可控**。从业人员流动性大、就业安全感不高、服务意识与水准参差不齐，总体接受的文化教育水平不高，组织意识和法律意识不高，随时可能放下工作辞职，一些年轻人甚至工资都不要就离职走人；更多的员工反对缴纳社保，但是一旦被查实，餐饮企业就受罚。③**原料采购不可控**。食品原料的安全性、溯源性都不可控；原料价格波动性大，供应商不可控，食品安全事件频出。鞋底面包、地沟油、苏丹红等原料问题导致餐饮企业中"躺枪"的事件增加。更为严重的是：2013年12月国家农业部宣布我国有5000万亩中重度重金属污染的土地仍然在耕种，这将是餐饮企业未来的"达摩克利斯之剑"，不知道什么时候在自己的餐饮企业被检查出来。

北京一家知名连锁餐馆老板给我讲述了他自己的故事。一天中午他在另一家餐馆吃到非常好的三文鱼，当晚他要请客人到店里吃饭，当即就请该三文鱼供货商将货送到他指定的门店。但是当晚当他兴高采烈向客人推介品尝该三文鱼的时候，发现和中午的味道差距很大，一追问才得知供货商将三文鱼送到门店以后，等了两个小时才进入门店冷库。北京七八月的酷暑，三文鱼之类的海鲜一旦脱离冷链，就非常容易变质。在供货商送货之前，他亲自给采购总监打电话说明要及时收货，并说明当晚是他本人要宴请客人食用。在供货商货送到以后，由于迟迟不能入冷库，先后两次电话告诉了他，他电话催促了采购总监，但是采购总监告诉他当天太忙，冷库也满了，需要将冷库清理以后才能收货，确实就耽误了两个小时。就是由于在这两个小时脱离冷链，造成三文鱼的口感天差地别。他再问供货商为何不多给他打几次电话时，供货商哭丧着脸告诉他，我以后还需要找采购总监结账，还希望跟他建立业务联系，我不敢让您频繁催他啊！此事以后，这位采购总监还是采购总监。

改革开放 40 多年以来，我国餐饮消费者经历了吃饱—吃好—吃营养—吃文化—吃艺术这么一个过程。每升级一个层次，客均消费就翻一倍。在北京，最有代表性的例子就是烤鸭。在农贸市场 25 元可以买一只，一个人可以吃饱；在路边店人均 50 元可以吃好；在金百万、大鸭梨等北京连锁品牌店，人均 100 元可以吃到讲究营养火候的烤鸭；在全聚德人均消费 200 元可以吃到闻名世界的北京文化符号的烤鸭；而到大董吃到装盘有艺术感、环境有氛围、摆盘有诗意的烤鸭，人均消费需要 400 元左右。

餐饮企业经历了小型化到规模化，到连锁化，再到专业化，后到个性化、艺术化的过程。改革开放初期，餐饮企业主要都是街边、路边小店，逐渐扩大规模，上千平方米，甚至几千平方米的饭店比比皆是。到了 20 世纪 90 年代末期，随着麦当劳、肯德基进入中国，连锁化饭店出现在中国；随着经济发展，消费者的要求越来越高，一些专业化的餐饮企业出现，比如在重庆曾经先后流行的酸萝卜老鸭汤、太安鱼、邮亭鲫鱼、歌乐山辣子鸡、南山泉水鸡、五里店烧鸡公等，都是专业店。到现在一些个性化的私家厨房、私家会所出现，讲究个性化的服务。

餐饮企业的业态也发生了变化，从过去的分散临街型，发展到餐饮一条街，再到购物中心的集中餐饮和旧城改造的观光餐饮，如万达广场的餐饮、北京后海、成都宽窄巷子、上海新天地等。但是旧城改造的观光餐饮主要是外地游客，客单价不高，回头率低，未来的餐饮业态会怎么发展？

在我调研日本餐饮业的发展后，预计还将会有另外一种模式出现，这是任何一家餐饮企业都无法单独完成的。因此，我就着手研究亚洲餐饮联盟的商业模式、盈利模式的设计，思考如何聚合竞争激烈的餐饮企业，共同去解决"五高三不控"的实际管理难题，以应对未来餐饮业态的变化。"中央八项规定"只是政策催化，餐饮行业变化的实质是餐饮业到了转型期。为聚合行业突围发展，协助行业企业转型，迎接餐饮行业的业态调整，2014 年 6 月 29 日，我联合《经济参考报》社在新华社礼堂举办了"亚洲餐饮联盟"成立仪式，由我出任首任秘书长。

通过普通百姓在日常生活中都会遇到的餐饮行业抱团发展案例，说明行业发展到一定阶段以后，竞争白热化，行业总体利润率降低，行业最终将走向自律和抱团，进而促进行业健康发展。

2015 年 7 月 16 日，国务院办公厅颁布《关于成立行业协会商会与行政机关脱钩联合工作组的通知》（国办发〔2015〕53 号），推进全国性行业协会商会脱钩工作，指导和督促各地区行业协会商会脱钩工作，统筹协调解决脱钩工作中的重点难点问题，规范行业协会商会的健康发展。行业协会商会成为行业自律和成员单位的服务机构，实质上给了行业协会商会自由度，加快了行业协会商会的发展，更促进了民营企业通过组建行业协会商会性质的组织发展。甚至在行业协会、商会的基础上再成立总商会来扩大资源范围，促进优势互补和资源整合共享。比如，2015 年 10 月 24 日成立的全球浙商总会，2016 年 2 月 23 日成立的四川省川商总会，都是在其他现有的商会基础上再成立的联合会。

第三节 "走出去""引进来"拓空间

中国企业"走出去",是从 20 世纪 90 年代开始的。2001 年国家正式提出"走出去"战略,2013 年,提出"一带一路"倡议,到 2015 年 3 月 28 日,国家发展改革委、外交部、商务部联合发布了《推动共建丝绸之路经济带和 21 世纪海上丝绸之路的愿景与行动》。截至 2021 年,中国在境外设立的企业近 3 万家,境外企业资产总额超过 3 万亿美元,中国连续三年位居全球第三大对外投资国,对外承包工程的合同额和营业额均位居世界第一。

截至 2021 年 11 月 20 日,我国与 141 个国家和 32 个国际组织,签署了 206 份共建"一带一路"合作文件。李丹和董琴(2019)认为,从改革开放之初的"引进来",以资源禀赋比较优势嵌入发达国家主导的全球价值链,到加入世界贸易组织之后"引进来"和"走出去"联动,以综合性比较优势深度融入全球价值链,我国完成了融入发达国家主导的全球价值链的基本进程。但是随着国际国内形势的变化,我国攀升全球价值链高端的路径受阻,因此,我国应通过"引进来"和"走出去"的双向互动逐步构建和主导"一带一路"区域价值链、东亚区域价值链以及攀升发达国家主导的全球价值链高端,以区域价值链嵌入和融合全球价值链的方式逐步推进全球价值链的重构。

为使中国企业更好地抱团"走出去",帮助企业获取国际业务,配置境内外资金,引入国际化管理经验和先进商业模式,对中国企业"走出去"形成系统性综合性服务架构,成立中国企业全球化综合服务平台,中国企业走出去联盟(China Enterprises Go Global Union,CEGG)于 2015 年 10 月 24 日在北京人民大会堂宣布成立。该联盟由中国国际商会、中国企业联合会、中华全国工商业联合会、中国上市公司协会等国内各大商协会、国内外知名企业及机构共同发起设立。可以充分发挥联盟国内外广泛的商业和金融市场的资源优势,实质性地解决企业"走出去"所遇到的困难和发展瓶颈。合力塑造中国企业在世界舞台上诚信务实、开拓进取、团结创新的良好华商形象,辅助中国企业"走出去"共建商业生态文明。联盟的服务内容包含国际公关、贸易投资、国际金融、财务税法、安全防范、法律商事、文化教育等"走出去"相关领域。

李勃昕等(2021a)基于 2003~2006 年我国省际面板数据,进行实证研究后发现外商直接投资(Inward Foreign Direct Investment,IFDI)难以有效释放创新溢出,而对外直接投资(Outward Foreign Direct Investment,OFDI)能够显著提高区域技术创新水平,跨境投资的创新驱动由单向"引进来"已经向"走出去"分化。在双向驱动下,IFDI 与 OFDI 的创新溢出存在较为复杂的互动影响,IFDI 在适度区间有助于释放 OFDI 的创新溢出,而 OFDI 在较高强度时能够弱化 IFDI 对技术创新的抑制性影响。"一带一路"建设有助于调节释放双向跨境投资的创新驱动效应，撬动"引进来"与"走出去"的互动溢出红利。由此为兼顾"引进来"与"走出去"，系统提升区域创新发展水平，提供双向调节的经验依据和双轨驱动的政策建议。在另外一项研究中，李勃昕等（2021b）采用面板回归方法系统研究我国资本流动的交互创新溢出影响，发现 FDI 对区域创新具有动态抑制性影响，而 OFDI 的创新溢出呈现出"U"形三重门槛特征，较高强度的 OFDI 才能促进区域创新提升；"引进来"与"走出去"存在显著的交互创新溢出，高强度的 OFDI 有助于扭转 FDI 创新溢出瓶颈，而适度的 FDI 有利于撬动 OFDI 创新溢出最大化。李勃昕等的这两篇文章从不同角度说明了只有"引进来"时对创新有抑制作用，"走出去"有利于"引进来"并刺激"引进来"的创新效应。

民营企业在积极"走出去"的同时，也在积极"引进来"。"走出去"相对容易，要将外资引入中国建立合资公司，或者成为产业链上下配套企业，就难得多。原因是我们"走出去"有了比较优势，而"引进来"需要别人补齐我们的短板。新希望作为国内最早"走出去"的民营企业之一，在海外建有数十家制造工厂，一直希望将欧美日韩的优秀企业"引进来"形成产业互补，学习其优秀管理经验、商业模式和共同构建全球化的产业链体系。但是，发达国家的企业成为业务合作伙伴，一起做买卖是没问题的；如果要在充分竞争的行业建立合资公司，或者利用对方的优势弥补自己的短板，还是比较难的。新希望和日本四大商社从 20 世纪 90 年代就开始接触，每年都有礼节性的拜访，但一直没有实质性的深度合作。

日本商社作为日本原创的商业模式，传承数百年，不仅原有业务稳健发展，而且随着时代发展进行创新。特别是日本三井，创立于 1673 年，存续了约 350 年，经过时代变迁和国家政权更迭，以及两次世界大战，延绵至今，孵化了数家世界 500 强企业。至今三井家族持有三井部分公司的股份，并有人在三井上班，每年三井各集团都到三井家族宗祠拜祭宗家。特别是原来的三井物产在 1947 年解散以后，分解为上千家企业，最后逐渐成为 34 家企业集团，并且这 34 家企业集团均坚持三井物产的企业文化和企业精神。因此，《三井帝国在行动》的作者白益民将三井称为"穿着西装的军队"。

● 日本综合商社"走出去""引进来"的投资合作模式

日本国土狭小，资源贫乏，国际贸易就是它的生命线。日本综合商社在维护和壮大这条生命线中发挥了至关重要的作用，是日本在对外贸易领域占主导地位的跨国公司，在海外制造业资源开发领域和其他非贸易领域占有重要地位。随着时代发展，日本综合商社又向新兴产业探索和拓展，加大扩展海外业务力度，努力强化经营多国化，以寻求新的经营领域；凭借人才优势、资本优势和强大的商社功能，在日本对外贸易和企业国际化浪潮中大显身手。秦兵（2016）认为在日本企业国际化进程中，综合商社利用其规模庞大、业务范围广、功能强，以及人才优势、资本优势和强大的商社功能，在日本对外经贸发展和日本企业国际化浪潮中发挥了重要作用。

在日本，各大综合商社是产业价值链的组织者，它们依靠产业经营模式，构建起产业价值链的生态，维持着相关企业再生产的循环。可以说，产业经营模式是日本企业长寿的秘密，是日本百年企业隐而不宣的秘密。王鹏（2010）分析了综合商社在促进日本经济发展方面的重要作用及成功经验，认为日本综合商社模式可以作为现阶段我国企业跨国经营的借鉴。

在实际经营中，三井物产贸易毛利润率常年在 3‰左右，在国际价格波动剧烈的情况下，为何还要坚持贸易？主要是通过贸易获得现金流，从而在银行获得低成本融资；通过贸易发现投资机会，通过投资获得利润。这就是三井物产的商业模式。三井物产由历史上的"贸易"型企业转为"贸易+投资"型企业后，利润 90%以上来自投资。

我于 2012 年带队到日本三井物产总部进行了专门的综合商社模式研修学习，三井安排各部门的相关人员详细介绍了三井物产综合商社的投资模式。以下就是根据我在三井物产总部研修的信息整理。

● 日本三井物产金融部门的投资原则

日本三井物产金融部门成立于 2002 年，传承了三井物产的风险投资精神，重视财务回报及新的商业机会。该部门立足于通过财务投资创造新的领域和事业本部。因此，三井物产金融部门的投资原则就是：

第一，坚持用自有资金直接投资，把投资风险控制在可以承受范围之内。

第二，以获取财务收益为目的。2012 年投资的 100 多家企业中 70%~80% 在中国和美国。基本不在日本投资的原因：日本缺乏企业家，日本社会不允许失败，每人一生只有一次机会，因此愿意冒险的人不多；投资退出的机会不多（2011 年在东京上市的企业仅 40 家）。

第三，为三井物产的战略发展服务，开创新的事业领域和事业本部。例如，信息产业本部、生命科学本部，就是通过投资多个相关企业后组建的事业本部。

三井物产投资项目来源：一是来自行业内已经投资标的企业的负责人推荐；二是来自三井物产投资的企业董事会成员的推荐；三是基本不看市场机构推荐的项目，也不从市场上找项目。

人是投资中最大的资产和最大的变量，三井物产作为全球化经营和投资公司，如何选拔投资人员呢？

三井物产金融部门投资人员从业资格：

第一，必须从事过具体商品贸易或者在实体产业工作 7~10 年。

第二，曾经在营业部门、财务部门、风险控制部门、海外机构等部门工作过。

由于三井物产金融新事业推进本部严格遵照投资原则、项目来源要求、投资人员从业资格，因此所投资的数以百计的企业基本没有失误过。当我询问时任三井物产企业投资部清水延广室长"三井物产金融部门投资最失败的案例是哪个"时，他回答是在印度投资的一家企业，经营业绩很好，就是股价不高，如果退出赚不了多少钱！

三井物产作为以贸易起家的企业，其贸易方式是与欧美的贸易方式完全不同的，是全方位、多层次的；贸易品种包含了从"摇篮"到"坟墓"、从"鸡蛋"到"卫星"的贸易结构。

三井物产贸易的主要功能是经营投资。三井物产作为全球世界500强排名前列的企业，营业收入主要来自贸易，但是利润90%以上都来自投资。三井物产的贸易不仅利润薄、风险大、占用资金多，而且还对从业人员素质要求高。坚持做贸易的原因是经营其在全球的投资。

第一，商品在全球的优化配置。最初三井物产从事贸易是为了将经济的主动权转回日本，目前贸易的功能之一是将商品贩卖到利润最大化的区域。

第二，发现投资机会。通过贸易发现产业中利润来源最稳定的环节，从而再投资获取收益。目前三井物产利润的90%来自投资，而这些投资都是通过贸易发现的。例如，铁矿石、原油、天然气等项目，都是在40年前通过贸易进行的投资，在近20年才开始大量收益，成为三井物产近些年主要的利润来源。一般三井物产都是投资贸易过程中的物流关键节点，以及产业链上具有向上和向下议价能力的环节，这样可以转移市场价格波动带来的风险。

第三，投资项目的投后管理。在投后通过与投资企业按照市场化的原则展开贸易，进行投后监督管理，防止利润转移，及时发现在经营中的不规范行为，通过对原料价格、产品销售价格的监控，持续地监督投资企业的生产经营。通过自身保持一定的贸易量，了解市场行情，监督所负责联系的投资企业的经营状况。

第四，通过贸易获得高的现金流，再从银行取得低成本的融资。由于全球贸易的巨量现金流，使三井物产在银行积累了大量的信用，三井物产再利用这些信用在银行低成本融资进行投资。

三井物产在 2010 年曾经发行 100 亿日元 20 年期的企业债，票面年利率仅为 2%（包含银行的手续费等在内）。2011年在中国香港地区发行了 5 亿元人民币的企业债，票面年利率仅为 4%；当时我们内地银行利率基本在 7% 以上。三井物产发行企业债的目的不是融资，而是通过这种方式向金融市场说明它的融资成本，向其他金融机构以及市场参与者说明三井物产的大致融资利率是多少。三井物产是上市公司，不得公布其从每家银行融资的利率，因此选择这种方式从侧面说明它的融资成本。

第五，连接三井物产分布在全球各个投资企业。三井物产投资了全球超过 2000 家企业，这些企业都是独立经营、自负盈亏的，分布在产业链的不同环节，更分布在全球不同区域，只有通过贸易才能将这些企业组织起来、连接起来形成协同效应。

三井物产的贸易利润率仅 3‰，对中国企业来讲是蕴含着巨大的经营风险的，三井物产为何要坚持做贸易？理由是：

第一，贸易是发现投资机会最好的方式。由于贸易连接着不同区域、产业的不同环节，通过贸易能够发现可靠的投资机会。三井物产以往的经验也证实，通过贸易做投资的成功率和回报都远高于其他方式。现在三井物产还需要强化从贸易中找投资机会。贸易是从业务发展的角度观察投资标的企业，与通常看财务报表再投资有本质的不同，财务报表是企业的过去，只有业务发展才是企业的未来。

第二，贸易是最有效的投资尽职调查方法。通过长时间的贸易关系，能够充分了解整个行业，知道行业中能够保证赚钱的环节，也熟悉行业中各家企业的信誉、文化、经营效益等，这样得到的投资信息不仅准确而且全面。

第三，贸易是积累企业银行信用最快最有效的方式。贸易具有见效快、周转快、资金量大等特点，便于企业能够在银行迅速积累信用，企业再利用此信用在银行低成本融资，融资后通过投资获取收益。

第四，贸易是最好的投后监督方法。由于参与了贸易，了解产业的周期和行情的变化，在投资企业工艺确定、生产流程基本固化的情况下，企业的利润主要来源于原料采购成本的降低和销售价格的提高；而贸易正是掌握采购成本和销售价格最好、最准确的方式。

第五，贸易是宣传企业理念、企业精神、企业愿景等最好的通道。贸易是实实在在的经济行为，需要与不同的主体打交道，通过企业之间的经济活动宣传企业的文化等，是行之有效的。

第六，贸易是培养高层次复合型人才最有效的方式。贸易过程中需要处理各种不确定的问题，这样有利于培养高层次、复合型的人才。

第七，通过贸易可以转移海外投资收益，避开投资国对投资利润转移设置的法律障碍。例如，三井物产在美国投资的企业，通过新加坡三井收取贸易服务费，将利润从美国转移到新加坡，降低税赋负担。

由于综合商社重视人才的培养、工作具有丰富性、收入较高，具有明确的职业发展路径，所以日本大学毕业生就业首先选择是综合商社，其次才是金融机构。三井物产要求公司员工必须做到：从零开始创建事业、灵活地应对业务中的各种问题、掌管新工作、培养人才。三井物产也致力于将员工培养成真正的商人，需要员工具备商人的特质。

• 日本综合商社能够延绵数百年的原因

三井物产从 1673 年成立，到 1876 年正式公司化，一直坚守创业者的精神。经过 1947 年强制解散以后，又迅速在1959 年聚合在一起，体现了企业强大的生命力和凝聚力。特别是原来的三井物产在解散以后，分解为上千家企业，最后

逐渐成为 34 家企业集团，成为日本二木会成员企业。这 34
家企业集团均坚持三井物产的企业文化和企业精神，其中有 3
家是福布斯世界 500 强。它们充分利用了"贸易+投资"的经
营策略，使日本综合商社延绵数百年。日本综合商社的优势：

第一，通过贸易积累提升低成本融资能力。

第二，"贸易+投资"的组合带来强大的现金流及收益。

第三，多种产业互补，防止单个行业的周期波动给企业带
来系统性风险。

第四，维持合理的资产负债率。

第五，事业有合作伙伴。

第六，重视人才培养。

第七，保持危机感。例如，曾经的世界 500 强企业——做
胶片的美国柯达和日本富士，在数码相机刚出来时，富士意识
到危机，开拓新的领域，现在富士已经转行做化妆品和医药了；
而柯达却没有危机感，坚持做胶片，于 2012 年破产。

1945 年日本战败后，美国判定三井物产和三井家族支持了
战争，于 1947 年强制解散三井物产后，三井家族就淡出了三井
集团企业的管理层，三井家族对企业的影响力逐渐降低。在
1947 年以前，三井家族牢牢地控制着三井物产，经过 1947 年
的拆分以后，旧的三井物产被美国拆分为实业企业、金融企业，
将原来贸易部门彻底解散，由原三井物产贸易部门的员工自行
组建了上千家贸易公司。现在的三井物产，是由原来的员工组
建上千家贸易公司合并而来，在合并之前三井家族是没有股份

的，在合并之后三井家族持有三井物产大约 3% 的股份。

三井家族在三井集团其他企业依然持有一定的股份，由于三井集团的其他公司多数也是上市公司，经过上市稀释和遗产继承纳税以后，三井家族持有的股份逐步减少了。在三井住友银行，三井家族持有的股份低于 10%。

在 34 家关联企业中依然存在三井家族成员的身影，在三井物产有三井家族成员在工作，在其他企业也有。他们是二木会以外另外一条联系三井集团成员企业的纽带。

现在的三井物产，每年社长都会带领高管团队到三井家族参拜，称之为"拜祭宗家"；三井物产每年的预算中都会留一笔钱按时支付给三井家族。通过这种方式凝聚了三井物产内部，也传承了三井物产的文化，更团结了二木会成员企业。

案例：与日本三井物产合资是新希望"引进来"的腾飞转折点

2010 年前后，按照刘永好董事长后来接受媒体采访时的说法，那时新希望自身发展进入瓶颈，需要再上一个台阶；三井物产在中国经营多年，也需要借力再上一个台阶；双方接触十余年后都有意建立一个常设性的机构，促进双方战略目标的实现。每季度双方高层的务虚拜访持续一年多以后，双方于 2009 年 9 月 14 日签订战略合作协议，并于 2010 年 3 月 24 日宣布合资成立新井物产贸易有限公司。新井物产策划成立之初，没有产品，没有团队，没有核心竞争力，更没有市场优势和资金优势；更为要紧的是，新井物产还没有正式成立，新希望农业板块就公告要整体上市，新井物产合资的基础就完全消失，按照双方最初的业务规划，新井物产和新希望六和存在同业竞争。新希望农业板块整体上市后，新井物产的经营迟早都会被叫停，因此到2010年12月都没有人愿意出任总经理。

对于双方合资成立公司，三井内部争论也非常激烈，三井物产参与合资谈判的人员也不看好新井物产的未来；甚至三井方面的翻译人员在公司成立前夕直接离职去河北一家酒精加工企业工作；虽然三个月后他找我协调加入新希望集团，在我做通了三井物产的工作以后，他入职了新希望集团投资部门，现在是一家医疗基金管理公司的合伙人，但在当时他确实是担心三井派他入职新井物产而离职。另外一边，新希望集团招到日本东京三井物产总部研修的员工，要求研修三个月回来后必须到合资公司工作，6万余人的集团居然没有一个人主动报名；但双方股东为了各自的战略目标，还是决定先把新井物产成立起来。

我于2009年10月在河北保定结束宝硕股份的破产重整后回到北京，参与了新希望集团和日本三井物产的后期合资谈判和市场调研；作为半道加入合资谈判的参与人员之一，我在新井物产正式经营之前，就新井物产陷入的僵局和尴尬之处，分别给双方股东谈判成员各发了一封促进各自思考的公开信。

在向双方股东分别发出以上两封公开信以后，确实没能找到合适的人选，基于成立合资公司是为了向日本综合商社学习，探索中国民营企业代际传承和基业长青之路，我再次充当"救火队员"，在北京中央电视塔举行完婚礼后就到四川成都出任新井物产的总经理。

　　虽然新井物产从策划之初就陷入僵局，在股东双方都不看好的前提下，通过经营团队准确把握市场波动的脉搏，2011 年以 6000 万元人民币注册资本金，做了超过 6 亿元的销售收入，还实现了超过 300 万元的盈利。三井物产时任专务执行役员（副社长）杂贺大介于 2012 年 7 月专程到成都视察新井物产，称"合资企业经营第一年就盈利，我是第一次听说，新井物产是一个奇迹"。因此，2012 年双方股东决定增资 1 倍，注册资本金增加到 1.2 亿元人民币。三井物产随后同意成为新希望产业基金首只美元基金的 LP，带动了淡马锡、国际金融公司（IFC）等国际知名投资机构成为新希望产业基金首只美元基金的 LP。新希望产业基金在 2017 年成功募集 4.5 亿美元的二期美元基金，2021 年宣布成功募集 8 亿美元的三期美元基金。

　　2013 年 4 月 5 日，日本三井物产时任社长饭岛彰己先生到北京会见刘永好董事长时称，"完全没有想到新井物产刚成立两年，都连续盈利，完全就是一个奇迹"。双方股东没有投入任何产品和市场资源，新井物产完全靠贸易产品的市场价格波动挣钱，推动了双方股东在战略层面向前继续跨进一步。

　　新希望集团和三井合资后，加快了"引进来"的步伐，随后与日本 7-11 和三井在重庆合资成立新玖公司，开展连锁便利店；与丸红、住友、三菱、日本 SBI，以及新西兰、澳大利亚的公司等都加快了合资合作。这些都是新希望集团与日本三井合资之后，得到了世界商界顶层圈子的认同的结果。新希望加快了海外布局，收购了澳大利亚的肉牛屠宰企业、宠物食品企业、牧草上市公司等。新希望集团与日本三井物产的合资，实际上成为了新希望集团"走出去""引进来"的腾飞转折点，加快了新希望集团的国际化步伐。

与三井合资成立新井物产，由于和新希望六和股份存在同业竞争和关联交易，2015年3月13日，四川证监局向新希望集团出具了《关于对新希望集团有限公司采取责令公开说明措施的决定》①，指出其子公司新井物产贸易有限公司主营业务中存在饲料原料的采购与外部销售，与新希望六和的相关贸易业务形成同业竞争，最后以日本三井撤资，新井物产停止相关业务而终止；但新希望和日本三井在战略上都获得了成功。新希望打开了和世界一流企业的合作，开启了自身快速发展之路。日本三井不仅借此机会深度参与和布局了在中国的农牧产业，而且对新井物产增资以后，日本7-11同意日本三井和新希望集团一起在重庆合资成立便利连锁店，这是日本三井在全球第一次获准与日本7-11合资成立公司。在过去20多年，日本三井一直希望和日本7-11合资，这是第一次获得许可。日本7-11同意三方在重庆成立合资公司前夕，我受邀到日本7-11总部学习7-11的后台系统、信息系统、产品开发系统、仓储系统和门店管理，并到中国香港7-11拜访，深入考察日本和中国香港的

---

① 详见：《新希望六和股份有限公司关于四川证监局对公司控股股东采取责令公开说明措施决定的公告》，网易财经，http://quotes.money.163.com/f10/ggmx_000876_1678258.html，2015年3月28日。

7-11 的商业模式和运营系统。在日本期间，我深切感受到日本三井员工，对经过 20 多年努力，终于和日本 7-11 合资的兴奋和溢于言表的喜悦。过去日本三井总部设置专门岗位和专人对接日本 7-11 业务，但一直都仅限于业务合作，没有股权合作，在中国终于开了先河。三井物产借助和新希望合资成功的势头，开启了在中国的广泛投资布局。

2020 年，新希望成为中国民营企业中首家主业是农业的世界 500 强企业。新希望控股集团以 316.057 亿美元的营业收入位列世界 500 强榜单第 390 位，实现四川本土世界 500 强企业零的突破。新希望入围世界 500 强榜单，是"食品生产"类企业中唯一的中国上榜企业，标志着新希望在成为具有全球竞争力农牧食品企业的道路上迈进了重要一步。

第四节　产业谋求多元化发展

2010 年我在《科学决策》2010 年第 12 期上发表的《多元化经营、公司价值和投资效率》（合著）一文，文章以中国 A 股上市公司 2003~2004 年的数据为研究样本，检验了企业的多元化程度与企业价值和企业投资效率的关系，研究发现我国上市公司的多元化经营程度和企业价值之间呈负相关关系，即多元化经营损害了企业价值。研究还发现多元化程度与企业投资效率也呈负相关关系，即多元化程度越高，企业投资效率越低。虽然是 12 年前发表的论文，使用的是 18 年前的数据，但是这些年来，我一直跟踪企业多元化发展的经营效果，基本印证企业家口口相传的"多元化是找死，不多元化是等死"，多元化对多数民营企业是陷阱，对少数民营企业是福音，对部分民营企业就是做大做强的利器。

民营企业经过国内产能过剩带来的激烈竞争，在国内抱团发展和"走出去"进行海外拓展的同时，也积极谋求产业转型升级，或者新增展业范围，为企业可持续经营寻找机会。近期债务爆雷的多家头部房地产企业，不少人说是多元化惹的祸，因为前几年这些房地产企业转型生产汽车、饮用水、粮油、医疗服务、娱乐、商场、酒店等与主业相关性不高的产业，甚至组建了足球俱乐部。这些房地产企业基本是从高利润行业转到低利润行业，中国有句俗话"由俭入奢易，由奢入俭难"，这就决定了它们的转型之路是向上仰攻。

● **从高利润率行业转型低利润率行业，是向上仰攻**

万科创始人王石曾经倒卖过玉米，从事过一年多饲料行业，深感低毛利行业赚钱不易，王石开玩笑说："我觉得做饲料是从鸡屁股里抠钱，实在太难赚了。"万科一直专注于房地产领域，企业现金流充足。王石被大家称为目前活得最自在的房地产创业者；反观万达的王健林、恒大的许家印、融创的孙宏斌、宝能的姚振华，从房地产行业转型到低利润率行业，不仅让其自身主业陷入流动性泥潭，而且新进入的行业至今都没有大的起色。例如，万达的文旅产业、电影院线、电子商务等；恒大的矿泉水、造车、粮油等；融创进入的乐视股份、文旅等；宝能的造车……都拖累了它们自身的财务状况。

我国第一代民营企业家多数进入代际传承阶段，如王健林、许家印、孙宏斌、姚振华等。罗进辉等（2021）利用中国家族控股上市公司 2003~2018 年的 13124 个年度观察样本数据发现：与未进入代际传承的家族企业相比，进入代际传承的家族企业更倾向于进行多元化经营，多元化水平显著更高；但是家族创始人的子女数量会正向调节代际传承与多元化经营之间的影响关系；与女性二代继承人相比，男性二代继承人会正向调节代际传承与家族企业多元化经营之间的影响关系。

公司多元化经营的方式，不仅包括直接收购股权，还包括上市公司通过定向增发完成多元化。刘超等（2022）以 2007～2019 年实施定向增发的 A 股上市公司为研究样本，发现定向增发后企业多元化经营程度显著加深，而且这一趋势在民营企业中表现更明显；定向增发企业在融资后的多元化经营行为会显著提高企业财务风险，并导致其全要素生产率下降。进一步研究发现，大股东机会主义动机和管理层过度自信，是企业进行多元化经营的主要原因；定向增发企业通过多元化经营，更倾向于涉入非相关行业和产业政策扶持的行业。

对于这些头部房地产企业遇到的流动性困境问题，不少的人说是多元化惹的祸，但我认为做到了数千亿元销售规模，应进行多元化转型，只是他们选择的行业，以及该行业与牵头人 CEO 特质不匹配，导致多元化转型过程中企业流动性出现困难。应该选择比房地产更高利润率的行业，而不是更低的行业，而且多元化成功的关键是 CEO。

企业转型成功的诀窍是要进入利润率更高的行业。

- **从低利率行业转型到高利润率行业，是向下俯冲**

新希望集团在 2002 年先后控股或参股成都、重庆、青岛、长春、杭州等地的国有乳业公司，并于 2010 年从新希望六和分拆出来独立经营，于 2019 年 1 月 25 日在深交所单独上市，简称新乳业。新希望集团完全就是通过并购组成了新希望乳业股份有限公司，完成乳业的布局并位居行业前列。而新希望房地产，是新希望集团于 1998 年机缘巧合进入的新行业，一直不温不火，最好的年份达到 20 多亿元销售额。2012 年前后，新希望集团的农业板块遇到瓶颈，销售始终难以突破 1000 亿元；为寻求突破，集团开始在房地产上发力，在 2015 年甚至和外资合作在澳大利亚悉尼竞得"地王"。2015 年新希望房地产在国内年销售收入达几十亿元，在 2016 年突破百亿元后，到 2020 年销售额则超过 1000 亿元，成为中国房地产行业前 50 强。

新希望在其农业主业上，主要是通过并购扩大其生产规模和延伸产业链上下游的业务。饲料业务于 2005 年控股了比自身体量大数倍的山东六和集团，让新希望集团的饲料产量当时就稳居中国第一、世界前三。2015 年，新希望集团在经过几年的销售增长徘徊以后，一方面面向终端消费者，为餐饮企业和个人消费者提供标准化的产品；另一方面在源头上加快收购，保证自己的产业链完整。新希望六和于 2015 年以现金方式收购美国蓝星贸易集团有限公司（以下简称美国蓝星）20% 股权，投资金额为 12750 万美元。美国蓝星是美国独立的粮食及大宗商品贸易企业，成立于 1922 年，在北美地区具有区域性领导地位。依托于先进的物流和信息技术，美国蓝星专注于大宗商品的实物交易，业务主要聚焦在粮食贸易、饲料原料贸易、能源产品贸易三大板块，在北美、南美、英国、中国等国家和地区设有分支机构，并向下游拓展养殖、屠宰和深加工业。新希望六和是中国最大的肉鸭屠宰企业，也是中国排名前列的肉鸡和生猪屠宰企业，还是规模化的牦牛屠宰企业及肉制品深加工企业。近年来新希望旗下的肉制品企业在电商上还推出不少网红爆款产品，2021年小酥肉单品销售就近10亿元。

《战略节奏》一书作者朱恒源等将新希望的这种发展模式的企业定义为"圈地者"企业。该书作者认为，"圈地者"企业既不专注于单一的目标市场，也不依凭某一专门能力和资源，同时具有多个"栖息地"，运营多个不同的业务，横跨毫不相关的不同领域，拥有巨大的体量。按每一个业务的逻辑和市场发展思考运营该业务；锻炼快速学习和应变能力，进行冗余资源和组织安排，以降低多元化风险；以互补的业务架构、不同业务之间的资源调配，获得不同市场的机会最大化，所有这些都是"圈地者"企业得以成功的关键。

对应于"圈地者"企业，还有"农耕者"企业和"狩猎者"企业。"农耕者"企业，如联想集团，专注于一个产品市场，随着市场的发展而发展，对于它们来说，最重要的是洞察市场的变化。不变的是目标市场，变的是在市场发展的不同阶段调整自己的能力和资源组合，以便能够在不同的阶段都保持竞争力。

"狩猎者"企业则着重发展自己独特的能力和资源，寻找凭借自己专门的能力能够形成竞争优势的行业，把握最佳的机会，以便获取最大的回报。对于它们来说，好像一个猎人一样，需做好三件事情：第一，修炼好自己的看家本领，不断强化专门技能，积累专门资源；第二，找到猎物，发掘最需要自己能力的行业；第三，抓住机会，精准出击，在合适的阶段进入目标市场，收获最大价值。"狩猎者"企业不变的是专门的能力，变化的是不同的目标市场。比如，比亚迪从电池、手机零部件行业起家，锻炼出高效率低成本的制造能力，以这样的优势进入汽车行业。从传统燃油车到现在的电动汽车，随产品市场的发展不断前行。

《战略节奏》一书认为，三种不同类型企业在发展过程中会相互转换，会随时间和形势而改变。我认为，这三种类型企业的实质为："农耕者"企业是单一产品线纵向多元化，围绕拥有的资源和能力，沿着现有产业纵向发展。"狩猎者"企业是横向和纵向多产品线同时多元化发展，不同产品线具有关联性。比如比亚迪从手机零部件发展到手机整机，有了高效率低成本的制造能力后转型到汽车行业，在汽车行业从设计到生产，包括传统燃油车和电动汽车，电动汽车的电池做到全球前列后，又将电动汽车做到世界前列。"圈地者"企业也是在横向和纵向多产品线同时多元化发展，产品线之间不具有关联性，相互独立，资源不能共享。

这三种模式，实质上也是企业多元化发展的三种业务发展方向。在行业竞争激烈时，首先进行内部产业升级，通过降低成本、提高效率、内部挖潜来提升企业的竞争力；在内部挖潜有限时，必然就会拓展企业的业务边界，扩大产业链上下游，扩大企业的能力范围，实行多元化转型发展。

在我国企业"内卷"加剧后，企业负责人都在积极寻找各种机会，每年都有人说"这是过去十年来最难的一年，也是未来十年最好的一年"。我国已经走过 GDP 高速增长年代，全社会企业利润率总体将处于下降通道，如同发达国家走过的历程。因此，多元化、转型升级，都是企业的发展选择。从低利润率行业转到高利润率行业，如同过江之鲫。

从事低利润率的饲料加工行业的新希望转到乳业、房地产和金融，通过形成惯例的分节点、抓流程、控成本，切入高利润行业，就更容易获取高于行业平均水平的利润率，在新进入的行业中得到快速发展。原本也从事饲料加工的东方希望，后来进入水泥、电解铝等行业，也是同样的模式。东方希望在重庆的千万吨产能的水泥厂总经理由一位只有初中学历的司机担任，通过细化流程管理，将过程节点细化，总经理不折不扣地执行即可，就能够控制住成本，让该水泥厂方圆上两三百千米范围的其他水泥厂毫无招架之力。在三门峡等地的电解铝厂，在同行的中铝集团亏损的情况下，年盈利超 10 亿元；当行业都盈利时，该厂盈利上几十亿上百亿元；土地使用面积是同行的 1/10，员工数量是同行的 1/10，固定资产投资是同行的 1/3。原因就是通过在低毛利的饲料行业形成了节点化、全流程化的成本控制体系，再进入高毛利行业后拥有了压倒性优势。

章慧南和卢雪梦（2021）以沪深 A 股上市公司 2008～2019 年的数据为样本，研究企业集团非相关多元化经营对成员企业创新绩效的影响。实证研究表明：企业集团非相关多元化经营与成员企业创新绩效的关系呈倒 "U" 形，并且两者之间的影响关系有一部分是通过技术多元化实现的；而在企业集团背景

下，技术整合能力强化技术多元化与成员企业创新之间的正向
关系假设未被证实。

中国证监会政研室原副主任黄运成教授的团队研究发现，
2010~2021 年转换主营业务的 A 股上市公司共有 416 家，占上
市公司总数的 10% 以上。剔除 69 家借壳上市的公司，有 347 家
战略转换主营业务的上市公司，它们的行业由 21 个增至 30 个。
围绕这 347 家上市公司开展分析，得出以下结论：

结论一：战略性转型后，总市值实现跨越式提升。按 2010
年 10 月 31 日的数据，对市值区间进行分类：第一类公司（市
值 1000 亿元以上）共 0 家（数量占比 0%）；第二类公司（500
亿~1000 亿元）共 0 家（占比 0%）；第三类公司（100 亿~500
亿元）共 36 家（占比 10.4%）；第四类公司（50 亿~100 亿
元）共 77 家（占比 22.2%）；第五类公司（50 亿元以下）共
234 家（占比 67.4%）。按 2021 年 10 月 31 日的数据，转型公
司市值出现显著变化：第一类公司共 8 家（占比 2.3%）；第二
类公司共 12 家（占比 3.5%）；第三类公司共 93 家（占比
26.8%）；第四类公司共 74 家（占比 21.3%）；第五类公司共
160 家（占比 46.1%）。战略性转型后，公司整体市值出现了跨
越式提升。

结论二：公司整体行业向高精尖行业转变。2010 年数量前
五的行业分别为：基础化工（62 家）、综合（53 家）、房地产
（43 家）、电子（33 家）和商贸零售（23 家）；2021 年数量前
五的行业为：传媒（28 家）、医药生物（27 家）、电力设备

（26 家）、国防军工（21 家）和非银金融（19 家）。战略性转换行业的上市公司，从传统、科技含量较低、利润率低的行业向高精尖、更符合国家战略性新兴产业规划的行业和高利润率行业转移。

结论三：六成以上公司盈利能力大幅提升。对比年报数据，2020 年营业收入高于 2010 年的上市公司共有 262 家（数量占比 75.5%）；2020 年净利润大于 2010 年的上市公司共有 218 家（占比 62.8%）。不考虑通货膨胀等因素，战略性转换主营业务后，超六成的上市公司营业收入和净利润都获得了增长。上市公司主营业务战略性转换到高利润行业后，市值、行业定位、盈利能力都得到跨越式提升。

以上的案例和研究都体现出了从低利润率行业转到高利润行业更容易获得成功。

第五节　产业资本转型金融资本

2022 年 1 月 14 日，"哈勃科技创业投资有限公司"完成了私募基金管理人备案登记，注册资本高达 30 亿元人民币，由华为投资控股有限公司全资控股。1 月 19 日，吉利（天津）私募基金管理有限公司成立，注册资本 1 亿元，其股东是浙江吉利产投控股有限公司，穿透股权结构，实际控制人是吉利创始人李书福。

2021 年 7 月 9 日，浙江娃哈哈创业投资有限公司在基金业协会完成备案登记，注册资本 3 亿元，机构类型为私募股权、创业投资基金管理人；随后的 7 月 12 日，娃哈哈创始人宗庆后取得基金从业资格证书，担任法人代表兼总经理，在市场上引起轰动，这标志着娃哈哈正式进军股权投资行业。2021 年 12 月 13 日，小米私募股权基金管理有限公司完成私募基金管理人备案登记，机构类型是私募股权、创业投资基金管理人，注册资本达到 11 亿元，实缴资本 2.775 亿元，股东是小米科技有限责任公司，其全资 100%控股，穿透股权结构，背后实际控制人是雷军。

国内知名的企业家纷纷进入股权投资行业，他们拥有资金实力和产业链优势，布局产业链上下游，把握行业发展趋势，促进其公司发展,从产业资本转型金融资本。只有利用产业自有资源,从事金融服务,形成了协同效应,才能称产业资本转型金融资本。从事产业的企业只是投资参与金融业,不构成产业资本转型金融资本。

我们以 2008~2017 年我国 A 股上市公司为研究样本,实证检验管理层能力与企业投资效率之间的关系。研究发现,随着管理层能力的提高,企业投资效率显著提升;管理层能力对企业投资效率的积极影响主要通过两个渠道:资金配置效率和信息透明度。研究还发现,在市场化进程较高的地区,在企业内部控制较完善的情境下,管理层能力对企业投资效率的促进作用较显著。我们进行了一系列稳健性检验,包括采用管理层能力和投资效率的不同测度方法,探究管理层能力变动对企业投资效率变动的影响,采用不同研究样本区间,考虑潜在的内生性问题,采用倾向得分匹配方法以及格兰杰因果检验等方法,研究结果依然稳健。该研究不仅丰富了管理层能力和投资效率的相关理论研究,也为企业提高投资效率提供了思路和方法。

在实践中,产业积累一定资本以后,凭借产业锻炼出来的管理能力,再对比金融行业的高利润,让部分产业资本寻求机会转向金融资本。2011 年时任民生银行行长洪崎在某论坛上说,这些年中国银行业的业绩非常亮丽,尤其是 2011 年,其他企业经营压力很大,银行业却一枝独秀,利润很高,不良率很低,以至于大家有一点"为富不仁"的感觉。"企业利润那么低，银行利润那么高，所以我们有时候自己都不好意思公布。"① 银行利润畸高、闷声发财，在坊间早已是老生常谈，但银行行长公开承认这一事实，还闻所未闻。受各种因素的影响，近年来实体企业经营压力加大，不少企业主被迫"跑路"。与此形成鲜明对比，银行业不仅旱涝保收，而且取得了令人羡慕的业绩。2011 年，16 家银行共同实现的营业收入，超过西部六省同期 GDP 总和，实现净利润近万亿元，是很多实体产业及整个行业都望尘莫及的。

因此，产业资本只要有机会就涉足金融行业，无论是小贷、保理、保险，还是银行、证券等，都会积极参与。

● 产业资本转型金融资本，是向下俯冲

新希望集团于 1996 年参与发起成立民生银行，2002 年参与发起成立民生人寿，2003 年控股联华信托，这些都是新希望的投资行为。直到 2011 年成立新希望财务有限公司，这是四川省第一家民营企业集团财务公司，也是当时国内第一家以农牧业为主业的民营企业集团财务公司，这是新希望走出产融结合的第一步。

2016 年，新希望集团联合小米、红旗连锁等股东发起成立的四川新网银行股份有限公司，是全国三家互联网银行之一，是银监会批准成立的全国第七家民营银行，也是四川省首家民

---

① 详见：《民生银行行长称利润太高不好意思公布》，新浪财经，https：//news. si-na. com. cn/c/2011-12-05/104623576502. shtml，2011 年 12 月 5 日。

营银行，这是新希望从产业资本转型金融资本的第一步。刘永好董事长认为，新网银行的优势在于，新希望的产业链既面向农村，又面向城市消费者这个庞大的市场；小米有互联网基因，拥有两亿手机用户群体，以及互联网思维。结合几方股东的产业优势，到 2020 年末，新网银行资产总额 405.61 亿元，全年实现净利润 7.06 亿元；拨备率 3.97%，拨备覆盖率 334.51%。截至 2021 年 6 月末，新网银行总资产规模同比增加 23.44 亿元，净利润 4.28 亿元，同比上升 8%。不良率为 1.04%，较 2020 年末下降 0.15%；拨备覆盖率为 379.84%，显著高于监管要求，约为行业平均水平的两倍。新网银行成立以来，显示出强大的发展能力和较强的抗风险能力。

赵通和任保平（2019）认为产融结合是金融业和实体经济发展到一定阶段的必然产物，对新时代我国制造业的转型升级具有重要的借鉴意义，并从"由融而产"和"由产而融"两个方面分析了产业资本与金融结合的风险生成机理。产业资本转型为金融资本，不仅直接组建金融主体，也通过企业直接投资标的企业。目前中国规模最大的投资机构不是红杉、高瓴等股权投资机构，而是腾讯、阿里巴巴、小米这样的产业公司。不仅老牌的互联网企业腾讯、阿里巴巴、百度通过企业风险投资（Corporate Venture Capital，CVC）进行扩张，新兴的互联网企业小米、美团、字节跳动等也加速 CVC 投资布局。传统行业企业华为、海尔、娃哈哈、新希望等也积极入局 CVC。

CVC 是指有明确主营业务的非金融企业，在其内部和外部所进行的风险投资活动。与专门的风险投资机构相比，从投资主体形式来看，CVC 分为企业的直投部门、投资子公司、附属投资机构以及参投或设立外部基金四种形式；从资金来源来看，CVC 一般用自有资金进行投资；从投资目的来看，CVC 主要是为了形成战略协同、拓展企业边界以及搭建企业生态。

清科数据显示，2013 年 CVC 投资数量增长 57.2%，投资金额增长 440.2%。到 2015 年，"大众创业、万众创新"激起了国内创业的浪潮，企业投资热情高涨，投资金额高达 1031 亿元。从投资数量来看，2011 年投资数量榜首为盛大资本，为 20起；而截止到 2021 年 12 月 31 日，投资数量榜首为腾讯，达251 起。从开始投资时间来看，进行 CVC 投资的时间越来越早，2000 年前成立的企业平均 9 年后开始投资，2001～2009 年成立的企业平均 6 年后开始投资，而 2010 年后成立的企业平均 2 年后即开始投资。

CVC 已经成为企业竞争、成长的重要手段，在核心企业稳步发展并巩固后，探索、形成了价值链闭环，并进一步平台化，商业生态系统开始由单一业务向多元业务扩展。此时，核心企业通过 CVC 扩张、布局，实现核心业务与其他业务的协同整合。

CVC 战略主要涉及两大问题：一是投资方向；二是参与方式。在投资方向上，对于核心企业来说，积极向产业链上下游延伸，并利用已有的品牌、用户、技术、渠道等优势进行选择性的拓展，实现核心业务与拓展业务的协同发展。企业以核心业务作为出发点，进行业务拓展可以选择一体化或多元化。一体化布局指围绕企业的核心业务，进行横向或纵向布局，通过整合资源，培育核心竞争力。多元化布局是指由"链"到"网"，由核心业务向其他业务领域进行拓展。相关多元化有助于企业分享并强化核心竞争力，非相关多元化有助于通过与新业务领域的领军者合作，探索新的发展机遇，创造新的业务，降低进入风险，同时满足客户的多样化需求。

在参与方式上，企业通过 CVC 布局商业生态时，以企业并购和企业孵化两种策略来增加企业的多样性，以增强商业生态系统稳定性，抵御风险。企业并购策略是指通过并购、战略投资、财务投资、成立合资公司等方式将其他企业纳入商业生态系统。例如腾讯收购搜狗，投资滴滴、京东、拼多多等；阿里巴巴收购高德地图、饿了么等。企业孵化策略包括内部孵化和外部孵化，内部孵化是指鼓励内部员工创新创业，比如新希望集团成立的草根知本集团；外部孵化是指搭建孵化平台吸引开发者和创业者，如清华大学的 x-Lab 等；两者本质都是创立出新企业，与核心企业互利共生。

内部孵化以新希望集团为例，新希望集团为开展内部孵化，2015 年成立草根知本集团，以合伙人制度孵化的鲜生活冷链估值百亿元；川娃子食品获 3 亿元 A 轮融资；为优质赛道上的优质中小企业赋予品牌、文化、科技、资金支持，社会资源、企业管理等多种力量。截至 2021 年底，新希望已孵化 100 多家企业，接近 500 名合伙人在多条赛道上快速发展。外部孵化以李开复成立于2009年的创新工场为例，其致力于早期阶段投资，并提供全方位创业培育的投资机构与创业平台，旨在培育创新人才和新一代高科技企业。创新工场通过针对早期创业者需求的资金、商业、技术、市场、人力、法律、培训等提供"一揽子"服务，帮助早期创业公司顺利启动和快速成长；同时帮助创业者制造出一批有市场价值和商业潜力的产品。

总的来说，对于与核心企业生态业务相同或相似的企业，采取并购策略；对于与核心企业生态业务不同的企业，采取投资、成立合资公司等策略。

与专业的风险投资机构相比，CVC具有自有资金、战略协同、生态扩张、投资周期长等特点。投资逻辑是：为应对反垄断而进行多元扩张——获取新技术、占领新市场——建立商业生态圈，增强竞争力。CVC是典型的产业资本转型金融资本的一种形式。王凯等（2022）探索不同的风险投资类型对于企业双元创新的影响及作用机制。研究发现，相较于独立创业投资（Independent Venture Capital，IVC），CVC参与投资的企业更倾向于探索性创新。一方面，CVC支持的初创企业由于与母公司具备战略协同效应，能够在业务资源、技术创新、研发人员等方面享受母公司提供的便利和支持，因此更倾向于探索性创新；另一方面，相较于IVC，CVC的投资期限更长，反映出CVC对投资风险和创新失败的容忍度较高。

CVC参与投资的方式又分为三种模式，分别是联盟模式、附属创投模式和委托投资模式。曾蔚等（2020）以CVC比较活跃的腾讯、阿里巴巴等 12 家上市公司于 2013～2018 年参与的918 个 CVC 投资事件为样本，研究发现，不同 CVC 投资模式对大公司技术创新绩效的影响存在显著差异。联盟模式对技术创新投入与产出的影响显著优于附属创投和委托投资模式。刘晓梅和李远勤（2020）以 CVSource 数据库 2011～2016 年的公司风险投资事件为研究样本，实证检验表明：CVC 母公司的声誉越高，公司风险投资越倾向于在投资后期进入创业企业，创业企业后续获得来自同一母公司的 CVC 投资次数越多；同时，其后续获得的来自其他风投机构的投资也越多。

通过以上分析，可以得出 CVC 相对于 IVC 有更大的优势的结论，更促进了产业资本转型金融资本。王立国和赵琳（2021）基于 2008～2018 年我国民营企业上市公司数据，研究发现我国民营企业借助产融结合一定程度上提高了企业投资效率，并且产融结合从融资约束、企业家信心程度和风险承担能力的中介传导途径影响企业投资效率；基于企业、行业和地区层面因素所展开的异质性检验表明，代理问题小、存货持有高和流通股比例高的企业借助产融结合更能促进企业投资效率的提升。另外，行业竞争程度和地区市场化程度高的企业，产融结合对企业投资效率的促进作用更加明显。

案例：精打细算且严于律己的刘永好董事长

我曾跟随刘永好董事长工作过一段时间，新希望集团的主业是饲料，不仅利润薄，而且具有明显的行业周期性，因此刘董事长不仅在工作流程上精打细算，在生活中对自己要求也很严，非常节俭，绝不铺张浪费。2007 年 12 月某天上午，我跟他在北京一起参加了一个社会活动。中午我让北京办事处的同事提前到饭店点好菜，陪他一起吃饭；菜上桌后有两位同事需要外出办事不能一起就餐，菜已经不能退掉，于是我们三位一起吃五位的分量。平时刘董事长吃饭都很快，那顿饭却吃了很长时间，我当时就有些纳闷。第二天晚上他的夫人李巍老师到了北京，当天是李老师 55 岁生日，在同一个饭店，我们四位一起吃饭。在点菜的时候刘永好董事长就对我说："小军，不要点多了，昨天中午我就吃得太撑，下午到北京饭店参加活动，晚上他们安排的好吃的我都吃不下了。"

　　还有一次，刘永好董事长在北京家里的洗衣机坏了，刚好中午有点空闲时间，我和他两人开车经过马甸桥的国美，我们俩一起进去购买。他选好后就同销售人员讨价还价，讲价讲到销售人员都没有办法；销售人员最后说价格不能再降了，可以再送一只锅。他继续和销售人员讲价，我对他讲家里的锅还可以用，锅大了也不适用，下午我们还有事需要办，赶快走吧。但是刘董事长还是不慌不忙地反复和销售人员交涉，不仅将销售价 1500 多元的洗衣机，讲到了 1000 元出头，销售员还主动送了一只铁锅。我认为这是刘董事长在对我言传身教如何精打细算。

　　在刘董事长身边工作过的同事，有留在新希望集团的，也有后来离开了的，但没有对刘董事长个人有非议的，大家都非常尊重他。新希望的主业农业是薄利行业，下属几百家企业，每年都有企业亏损。一家几十上百人的公司，一年经营下来可能就是亏损的，非常不容易，他就倡导身边的人一定要珍惜每一分钱，要对每个工作环节精打细算。

但在汶川大地震当天，中国红十字会的宗丽娜女士联系上我，恳请新希望集团通过中国红十字总会捐款。经刘董事长同意，第二天我就陪同时任副总裁王航先生到中国红十字总会认捐了 1000 万元。过了一周左右，北京青少年基金会不知道从哪里找到了我的联系方式，说有大量的捐助物资没有运费运到四川，希望捐助 20 万元运费。我报告刘董事长后，他指定下属公司捐出了这 20 万元。

2007 年我刚到新希望北京办事处工作，时任副总裁王航就给我讲他的前任李晓东主任，请客时从来不给他自己点位菜，李晓东告诉王航是他不能吃位菜，王航观察一段时间后才明白李晓东是为了节约。之后点菜的人不给自己点位菜，请客尽量点便宜的菜，已成为了大家的默契。

2008 年新希望参与宝硕股份破产重整，由于在市场上确实无法招聘到合适的人才，包括我在内的部分同事，最后是主动申请前往，解企业之所急。新井物产 2010 年成立后未找到合适的总经理，临近开业，领导告诉我成立合资公司是为了向日本综合商社学习，探索中国民营企业代际传承和基业长青之路。我在北京中央电视塔举行完婚礼后，就直接从北京到成都去担任明知没有前途的新井物产总经理。待遇能够凝聚人，情感能够团结人，严于律己的行为也能感召人，这种精神的感召更有向心力。

自 2007 年开始我跟随刘永好董事长工作，他乘坐飞机从来不让我们给他买公务舱，都是买经济舱；由于他是常旅客，个别航空公司有富余位置时会给他免费升舱，那时他是五六十岁的企业家，兼任民生银行的副董事长，还是首届福布斯中国的首富，企业排名常年在中国位居前列。尽量节省每一分钱，是深刻在他基因里面的记忆。

● 金融资本转型产业资本，是向上仰攻

金融资本具有周转快、利润高、风险大、重视短期利益等特点，这就注定了金融资本更看重眼前的短期利益，不可能过多兼顾长远利益，不会过多考虑合作伙伴利益的思维惯式；而产业资本需要得到产业链上下游配合，更需要企业集团外的主体配合支持；以金融资本的思维惯式来从事产业，就会有思维惯式的差异。

无论是杜勇等在《CEO 金融背景与实体企业金融化》一文中的研究，还是李刚等在《CEO 金融背景与企业创新：促进还是抑制?》一文中的研究，都证实了企业 CEO 金融背景会加剧实体企业金融化，加剧企业"脱实向虚"，并抑制企业的创新；而且非银行金融背景产生的正向作用更为强烈。高立举（2020）以 2009~2017 年我国 A 股上市公司为研究样本，研究

同样发现：高管金融背景与企业投资过度显著正相关，与企业投资不足显著负相关。段军山和庄旭东（2021）基于2009~2018年我国A股市场的非金融企业面板数据，研究发现，非金融企业金融投资行为对企业技术创新投入、对企业技术创新产出均具有负效应。分样本讨论后发现，企业金融投资对企业技术创新投入与产出依旧具有负效应，不利于企业技术创新。

金融资本转型为产业资本，难免带上金融资本的烙印，在"趋利避害"的企业决策中，更习惯于"及时满足"的短期利益，对于"延迟满足"的长期投资、技术创新投入则缺乏耐心。金融是与"钱"打交道的行业，离钱近，从业人员习惯于高举高打，习惯于高成本运营；转到低利润的实体产业后，就需要抠生产过程中各个环节上的每一分钱，就容易导致运营成本相对其他实体企业高，竞争力较弱。如果再没有产业基础和熟悉产业运作的人牵头负责，金融资本转型产业资本，就是向上仰攻，成功的可能性比较低，就如同民生银行原董事长、原行长董文标牵头成立的中民投。

案例：中民投为何会失败

2014年8月21日，中国民生投资集团（简称"中民投"），经国务院批准，由全国工商联发起，59家民营企业入股，民生银行原行长、原董事长董文标领衔牵头在上海成立，注册资本500亿元。

第4章　新形势下中国企业经营转变

依据中民投官网的介绍①，中民投是我国第一家以"中国"开头的民营投资企业，国家寄予了很高的期望，成立的初心是通过资本优势整合国内过剩产能，充分运用发达国家的技术、品牌、资源优势和"一带一路"沿线国家的发展潜力所带来的"走出去、引进来"的巨大机遇，引领中国民营资本抱团出海，实现全球化布局，以推动产业升级与经济转型。

在中民投策划成立之初，董文标董事长邀请新希望一起参与发起，在新希望集团内部讨论此事时，我向刘永好董事长强烈建议不能参与，因为金融资本转型产业，是向上仰攻。一群民营企业主都不能做好的产业，让"挣钱挣得不好意思"的金融从业者来操刀，无论从产业的难度，还是从经营的能力上讲，都是很难成功的！

中民投的官网介绍：为加速推进全球化战略，中民投于2015年1月成立全球专家咨询委员会，并在北京召开第一次会议，同年10月在新加坡召开了第二次会议，2016年10月在上海召开第三次会议。全球专家咨询委员会是中民投董事局的非常设咨询、顾问机构，对董事局负责，主要采用会议的形式，对公司发展中面临的国际宏观形势、整体发展战略、海外投资战略及政策、公司治理等问题提供咨询建议。委员均为国内外具有显赫声望与地位的权威专家。

在中民投高层管理团队没有产业背景的情况下，聘请的专家咨询委员会成员，不仅没有丰富的企业管理经验，还没有跨

---

① 详见：中国民生投资集团官方网站，https://www.cm-inv.com/cn/。

行业的产业背景，更是采用了"坐而论道"的会议形式。这就注定了中民投从金融资本转型产业资本，基本就是盲人摸象。经过两年选择徘徊，尝试了众多产业后，最后选择在上海参与热门地块的土地竞拍。由于对产业缺乏理解，未经历完整的产业周期和经济周期，没有多行业的从业经历，叠加激进的投资风格，到 2020 年，中民投不能按期偿还债务，进入破产重组。从"含着金钥匙"成立，注册资本金 500 亿元，到申请破产重整只有五年时间。这因为金融从业人员习惯高举高打，导致投资迅速亏损。常凯文和田晓林（2019）认为中民投连续几年处于盈利状况，但企业现金流一直依靠融资来维持。当企业用于投资和经营的现金流不足时，流动性危机就出现了。我认为核心原因还是中民投投资的项目总体质地不好，或者说投资的项目总体收益性不高，最后引发债务违约。如果投资的项目很好，即使经济环境变差也容易出手，就能够解决自身流动性的问题。

中国资本积累率屡年下降，到 2012 年达到顶峰，2018 年成为负数，这就有了 GDP 要制订具体增长目标的国家计划。引导金融资本支持实体产业，金融资本和产业资本相互促进、相互转化，因为产业才是根基，产业才是金融资本的载体。金融资本渗透产业资本，若产业没有根基，就容易失败。中民投不是第一个，更不会是最后一个金融资本转型产业资本失败的例子，目前还有一些金融资本正在重蹈覆辙的路上。

第5章　中国经济大变局

2021 年 11 月 2 日，澳大利亚和新西兰政府同一天宣布，完成区域全面经济伙伴关系（Regional Comprehensive Economic Partnership，RCEP）核准。至此，已有 10 国核准的 RCEP 满足起效条件，预示着 2022 年 1 月 1 日全球规模最大的自贸区正式开启。

RCEP 规则较世界贸易组织规则更全面，能大幅度推动本区域的商品、技术、资本、人才流动。在这个框架中，对中国是利于扩大进口，便利对外投资，进一步推进人民币的国际化；市场更大，分工更专业化。中、日、韩三国在这个体系中间接地实现了经济一体化和贸易自由化，有助于三国间的经济融合，形成一个经济共同体，利益牢靠地绑定在一起，对于地区政治的稳定来说也是非常积极的，打破了近年来美国主导对我国的"围追堵截"，突破了给中国树立的经济贸易"屏障"。在地缘政治上，RCEP 也是非常好的打破藩篱的合作机制。

RCEP 协议涵盖了全球 30% 的人口、29% 的 GDP 以及 27% 的贸易量。RCEP 协议生效后，构建了世界上参与人口最多、经贸规模最大、最具发展潜力的经济圈，也是全球规模最大的自由贸易区。按照 RCEP 的计划，成员国之间 90% 的货物贸易将实现零关税。华中科技大学教授、博士生导师、开放与发展研究中心主任，光谷自贸研究院院长陈波测算[①]，到 2025 年，RCEP 可望带动成员国出口、对外投资存量、GDP 分别比基线多增长 10.4%、2.6%、1.8%，可以说是利好各方，也是破解"美国优先"和"经济孤立主义"的良药。

澳大利亚更是对 RCEP 十分重视，并希望以此改善和中国的关系。由于澳大利亚部分政治人物的一意孤行，导致中澳经贸关系受到影响，澳大利亚《悉尼先驱晨报》认为，RCEP 是中澳关系的一条生命线，而《卫报》认为，RCEP 有助于澳大利亚"重新设定"和中国的经济关系。RCEP 将帮助澳大利亚产品重回中国市场。

2021 年 9 月 16 日，中国还申请加入了《全面与进步跨太平洋伙伴关系协定》（Comprehensive and Progressive Agreement for Trans-Pacific Partnership，CPTPP），这原本是美国主导的将中国排除在外的自贸组织。随着美国于 2017 年退出，再由日本主导，升级为 CPTPP。中国申请加入 CPTPP，表明中国主动融入世界经济，参与世界分工。据彼得森国际经济研究所的研究报告，如果中国加入 CPTPP，到 2030 年，中国国民收入有望增加 2980 亿美元，让 CPTPP 其他成员也受益匪浅；在疫情重伤

---

① 详见：刘亮：《陈波：RCEP 生效对中国经济意味着什么?》，中国新闻网，https://baijiahao.baidu.com/s?id=1724198109521481020&wfr=spider&for=pc，2022 年 2 月 8 日。

经济后，还有望增收 6320 亿美元。

2021 年 11 月 1 日，中国又申请加入了《数字经济伙伴关系协定》（Digital Economy Partnership Agreement，DEPA）。DEPA 是全球首个涵盖数字经济问题的专项协定，而且又是一个没有美国参与的全球性贸易协定。那么中国为何要加入 DEPA？商务部表示，申请加入 DEPA，符合中国在新发展格局下深化对外开放的方向。虽然 DEPA 是一个比较新、体量规模较小的协定，但它代表了一个新趋势，是全球第一个关于数字经济的重要规则安排，该协定将对全球数字经济产生深远的影响，而且还有助于中国在新发展格局下与各成员国加强数字经济领域合作，促进创新和可持续发展，有助于我国在亚洲地区扩大在数字贸易治理领域中的话语权。

我国经济高速增长 40 余年，大家已经习惯了将高速增长当成人类经济发展的常态。但事实是，经济高速增长只是人类经济发展历史过程中的插曲，多数时间都是中低速增长，甚至负增长。我国经济的高速增长，不仅推高了人们对经济增长的预期，也推高了人们对未来收入和投资回报的预期；不仅让人们对风险的意识降低，还导致人们愿意承担更大的风险去博取更高的投资收益，对一些显而易见的不适合民营资本投资的行业进行了投资，过多的社会资金涌入这些行当，加剧了系统性风险的发生。2021 年，中央出台了一系列政策，调整过去的经济行为，让经济脱虚返实，为未来的健康发展打下基础。

如何规避上述系统性经济风险呢？首先就是看政府在

"去"什么,对什么敏感,反对什么、规避什么。张少东等
(2020)采用 2007~2019 年我国上市公司面板数据,研究供给
侧结构性改革中"去产能"政策对我国"产能过剩"行业企业
的系统性风险边际贡献的影响,研究发现,供给侧结构性改革
中"去产能"政策对于改革中涉及的"去产能"行业企业的边
际风险贡献有显著负向影响,即"去产能"政策有效降低了我
国"产能过剩"行业企业对系统性风险的边际影响。这说明我
们国家的"去产能"政策确实得到了贯彻落实,最后通过改善
"去产能"行业企业经营状况,提高了盈利能力,降低了我国
"产能过剩"行业企业的系统性风险。我们从政府执行"去产
能"中可以得出政府未来只会增强"去"的信心和执行效率。
在这种背景下,我们更应该顺应政府号召,规避系统性的投资
风险。我们要思考是否停止在这些行业中的非理性投资,已经
投资的应及时退出。

第一节　资本去无序化

风险投资引入我国以后，得到空前发展，至今资本已经深入人心，渗透到社会经济生活的方方面面。无论是流动商贩，还是高科技公司，无一例外资本都有进入的可能。更为重要的是，资本不仅可能会逐步形成垄断，阻碍社会创新和社会流动，还可能会通过控制媒体影响舆论，通过控制资源固化社会的阶层，为国家持续繁荣发展留下隐患。

2020 年 12 月 19 日召开的中央经济工作会议明确了 2021 年经济工作中的八项重点任务，"强化反垄断和防止资本无序扩张"被列为其中一项。中央财经委员会办公室副主任韩文秀在 2020 年 12 月 19 日召开的"2020–2021 中国经济年会"上表示，近年来，我国平台经济迅速发展，互联网平台型企业快速壮大，在满足消费者需求等方面做出积极贡献。但与此同时，市场垄断、无序扩张、野蛮生长的问题日益凸显，出现了限制竞争、赢者通吃、价格歧视、泄露个人隐私、损害消费者权益、风险隐患积累等一系列问题，存在监管滞后甚至监管空白。国家支持平台型企业发展，增强国际竞争力。同时，要依法依规发展，健全制度规则，完善法律法规，加强对垄断行为的规制，提升监管能力①。

清华大学国家金融研究院副院长朱宁认为，资本无序扩张的风险主要体现在三个方面：一是资本可能有短期强烈的逐利性，可能会遏制或者扼杀其他的技术创新；二是有可能会形成垄断，资本希望在短期形成垄断，通过垄断获得超额收益，在这个过程中会损害广大消费者和社会的整体利益；三是在资本无序扩张过程中，可能会通过对社会媒体和整个社会施加影响，逐渐改变人们对于垄断现象的态度。这三方面的问题和风险比较突出。②

也有部分专家认为，中央经济工作会议将"强化反垄断和防止资本无序扩张"列为重点任务之一，主要是针对近年来国内资本过多聚焦于流量变现，而不注重原创性和基础性创新。交通银行金融研究中心首席研究员唐建伟表示，国内一些大型互联网企业没有把资金投入到基础科学研究上去，而是在流量争抢和"最后一公里"上做文章。从长远看，这些做法对国家的科技进步和长远发展都没有好处。唐建伟认为，在我国基础科学研究领域，还存在一些关键"卡脖子"技术问题，除了国家投入之外，还需要大量社会资本参与。拥有海量数据、先进算法的互联网巨头们，理应在原创性和基础性科技创新方面有更大担当和作为。近年来，一些优势企业通过在特定行业形成的垄断地位或者优势地位，用资本手段不断并购消灭竞争对手，

---

①② 详见：陆敏、周琳：《解读中央经济工作会议精神：防止资本无序扩张》，http：//www.gov.cn/xinwen/2020-12/27/content_5573663.htm，2021 年 12 月 27 日。

扼杀行业创新，对社会的长远发展没有好处。①

资本本身没有好坏之分。正常有序的资本扩张有利于科技创新活动的推进，资本在逐利的动机下主动挖掘市场上具有潜力的行业、企业或项目，并给予资金支持，这是有积极意义的一面。有序的资本扩张有利于优化市场资源配置，提高经济效率。但是资本的无序扩张不仅容易导致垄断的出现，破坏市场公平竞争环境，还会削弱社会创新活力；同时，资本无序扩张会导致企业杠杆率过高，为局部系统性埋下风险隐患，"大而不能倒"将增加未来的救助成本。

资本无序扩张背后伴随的就是垄断。垄断严重影响市场经济的竞争机制，降低了市场效率。不仅侵犯消费者权益，还会阻碍行业整体的创新进步；不仅挫伤其他中小企业的发展积极性，还会让基层百姓看不到阶层流动的希望。如同在韩国，少数财团垄断了社会资源，年轻人奋斗无望，只有"躺平"，成为绝望的"N抛世代"；典型的还有日本的"平成废柴"，都是年轻人看不到希望，对自身努力的绝望的体现，这种绝望会阻碍社会的创新，降低社会的活力，从而影响国家的竞争力。

近两年社区生鲜团购的"血战到底"，就充分说明了我国互联网巨头的无序扩张。几百亿元乃至上千亿元的资金砸进"卖菜"，抢人、抢渠道、抢客户、抢地盘，这就是典型的资本无序扩张。相关行业在这些资本的糅合下重新组合，一些行业

① 详见：陆敏、周琳：《解读中央经济工作会议精神：防止资本无序扩张》，http：//www.gov.cn/xinwen/2020-12/27/content_5573663.htm，2021年12月27日。

或因此短促兴旺，或因此迅速灭亡。如同 2010 年前后兴起的团购网站。现在资本参与社区生鲜团购，属于无序扩张，而且还与普通老百姓争夺就业机会，与基层老百姓争夺利益；更为重要的是，通过电商直达和高效率运输，减少了中间流通环节的库存，这部分库存是社会遇到突发情况的救急物资，也是社会生活的"安全垫"，如果全部都通过社区生鲜团购，没有了小摊小贩和街边门店，一旦遇到极端天气的情况，整个社区生活就会瘫痪，人们日常物资供应就得不到应急保障。樊文静和潘娟（2021）分析平台经济存在双边市场结构、模式简单易模仿等特点，给互联网巨头进行掠夺性定价和双边收割带来了便利。资本无序扩张就表现在资本向民生领域、低技术壁垒市场的过度扩张和互联网巨头对中小型企业的过度掠夺，而资本的逐利行为加快了垄断的形成，提高了市场集中度，进而导致资源错配。资本无序扩张和垄断行为不仅影响了行业本身的技术创新和运行效率，也降低了社会经济整体的资源配置效率和社会福利。

前几年"滴滴和快的大战""共享单车大战""团购网站的千团大战"，都属于各路资本的恶性竞争，属于典型的资本无序扩张，惨烈竞争之后往往是一地鸡毛，不仅浪费了大量宝贵的社会财富，而且让一些行业急剧衰落。近年来，国内的部分互联网巨头还要求企业站队，把一些企业和行业人为地分割成不同阵营、不同的生态圈，组团"打群架"，产生新的竞争阻力和摩擦，既不利于社会经济的健康发展，也不利于社会消费的健康增长。

　　日本在"失去的二十年"以后，股权投资资金多数都投到日本以外的地区，原因之一就是日本大财团通过不断扩张和联合，垄断了社会经济的方方面面，不仅包括科技创新、生产工厂，还包括街边便利店，从"茶叶蛋"到"导弹"，从"摇篮"到"坟墓"……资本的无序扩张和垄断，让日本人一生就"只有一次机会"，导致大家都不敢冒险，年轻人不敢创业。日本社会不仅缺乏企业家，还不敢结婚生子，社会快速进入重度老龄化。我原来的日本助理非常认真、非常忧郁地对我讲了好几次：陈总，在我们日本，只有富人才能创业，普通家庭出身的人是没有资格创业的；我们每个人一生就只有一次机会，犯一次错，一辈子就完了。他无奈的表情，忧郁的眼神，时常出现在我脑海里。

　　据报道，日本已经 30 年没有涨薪资了，处于薪资、物价都不动的"稳定"状态。2021 年 10 月，日本国税厅发布一年一度的《民间收入实态统计调查》①，结果显示：2020 年，日本人的平均年收入为 433 万日元（约合 23 万元人民币），较 2019 年的 436.4 万日元下降 0.8%。经合组织（OECD）公布的数据显示，2020 年日本平均工资为 38514 美元，在 OECD 35 个主要成员国中排第 22 位。过去 30 年的时间，日本平均工资仅增长了 4.4%，几乎没有变化；而美国平均工资增长 47.7%，英国平均

---

　　① 详见：蒋丰、黄文炜、程毅：《日本人平均年收入 23 万元人民币，30 年不涨陷入死循环！》，腾讯网，https://new.qq.com/omn/20211108/20211108A00JCX00.html，2021 年 11 月 8 日。

工资增长 44.2%；我国的工资水平在近 30 年上涨了数十倍，部分行业甚至上涨了数百倍。日本的现状就是资本无序扩张，大企业财团垄断社会生活方方面面以后产生的社会后果。

韩国的三星、现代、SK、LG 等大财团，把持了国家经济命脉，让韩国人从出生到死亡，都无法逃脱这些大财团的掌控，这才有了韩国同学在我提到韩国经济"汉江奇迹"时的义愤填膺。国内的巨头通过投资并购，在一些行业已经形成垄断地位，我国是否也会在新经济领域发展过程中，让中小企业失去希望，扼杀行业的创新和良性竞争呢？防止资本无序化扩张，就是要预防这种情况的发生。卢均晓（2021）分析近年来我国平台经济迅速发展，在经济社会发展全局中的地位和作用日益凸显；但是资本无序扩张问题也比较突出。平台经济领域资本扩张受到资本与平台的双轮驱动。在竞争法的视角下，这种扩张主要表现为垄断和不正当竞争行为，需要加强平台经济领域反垄断执法，完善平台经济领域经营者集中审查，健全平台经济领域竞争法律制度，加强市场综合监管与行业监管协调配合，积极治理平台经济领域资本无序扩张，促进平台经济规范健康持续发展。

第二节　平台去垄断化

2020 年 12 月 19 日召开的中央经济工作会议明确了 2021 年经济工作中的八项重点任务，提出在防止资本无序扩张的同时，也要强化反垄断。不仅是电商平台的"二选一"阻碍竞争和社会经济活力，还有通过并购消灭竞争对手、恶性竞争消灭对手等，导致近年国内垄断化趋势明显。尹振涛等（2022）认为，平台经济的发展不一定必然导致垄断问题，但从实践层面看，国内外大型互联网平台均已表现出一些垄断倾向和不正当竞争行为。同时，借助于平台经济的新商业模式和新兴数字技术的创新应用，其垄断行为在形式和内容上都发生了重大变化，体现在算法控制、价格操控、合谋协议、客户挟持以及过度并购等突出问题上。

2022 年 3 月 1 日，国家网信办等四部门联合发布的《互联网信息服务算法推荐管理规定》正式施行，其实在 2021 年 12 月 31 日正式发布后就已经引发各界广泛关注。在互联网时代，算法广泛影响着人们的工作生活，《互联网信息服务算法推荐管理规定》的落地实施将有望破除算法歧视、"大数据杀熟"、诱导沉迷等算法乱象。

社会各界对于平台经济发展的担忧主要有以下三点：第一，

平台经济模式的演进是否会带来"赢者通吃"? 横向领域不断拓展,将各种日常生活和生产活动都纳入其自建的生态体系中;在垂直领域的不断并购,阻隔新进入者和扼杀小型创新者。第二,平台经济规模的进一步扩大是否会带来"福利侵蚀"? 第三,互联网平台公司实力进一步提升是否会构成"大而不倒"? 随着平台业务的复杂化、规模化,一旦出现问题就可能会产生一系列的连锁反应,诱发系统性金融风险。

2021 年 4 月 10 日,国家市场监管总局作出行政处罚决定,责令阿里巴巴集团停止违法行为,并处以其 2019 年在中国境内销售额 4557.12 亿元的 4%的罚款,计 182.28 亿元。同时,按照行政处罚法坚持处罚与教育相结合的原则,向阿里巴巴集团发出《行政指导书》,要求其围绕严格落实平台企业主体责任、加强内控合规管理、维护公平竞争、保护平台内商家和消费者合法权益等方面进行全面整改,并连续三年向市场监管总局提交自查合规报告。[①]

该事件起因就是阿里平台的"二选一",利用阿里巴巴集团在中国境内网络零售平台服务市场的支配地位,逼迫电商在阿里巴巴和其他商家之间只能选择一家。国家市场监管总局认为,自 2015 年以来,阿里巴巴集团滥用该市场支配地位,对平台内商家提出"二选一"要求,禁止平台内商家在其他竞争性平台开店或参加促销活动,并借助市场力量、平台规则和数据、

[①] 《市场监管总局依法对阿里巴巴集团控股有限公司在中国境内网络零售平台服务市场实施"二选一"垄断行为作出行政处罚》,国家市场监督管理总局,https://www.samr.gov.cn/xw/zj/202104/t20210410_327702.html,2021 年 4 月 10 日。

算法等技术手段，采取多种奖惩措施保障"二选一"的执行，维持、增强自身市场力量，获取不正当竞争优势。调查表明，阿里巴巴集团实施"二选一"行为排除、限制了中国境内网络零售平台服务市场的竞争，妨碍了商品服务和资源要素自由流通，影响了平台经济创新发展，侵害了平台内商家的合法权益，损害了消费者利益，构成《反垄断法》第十七条第一款第（四）项禁止"没有正当理由，限定交易相对人只能与其进行交易"的滥用市场支配地位行为。根据《反垄断法》第四十七条、第四十九条规定，综合考虑阿里巴巴集团违法行为的性质、程度和持续时间等因素进行了处罚。

2021 年 9 月 9 日，工信部召开了包括阿里巴巴、腾讯、字节跳动、华为、小米、陌陌、360、网易等企业参加的"屏蔽网址链接问题行政指导会"，提出有关即时通信软件的合规标准，要求限期内各平台必须按标准解除屏蔽，否则将依法采取处置措施。工信部的"拆墙"新政，打破了垄断围城，解决了各平台的互联互通。工信部的这个决策，促进了信息共通共享，打破了互联网竞争带来的屏蔽、孤立状态，让互联网回归互联互通、开放包容的基本属性。解除屏蔽网址链接而释放出大量的互联网流量红利，实现"一次发布，多次宣传"的效果，是扶持中小微企业的具体举措，防止垄断阻碍创新创业，在各大主流平台实现精准推广，从而形成专属传播矩阵，将私域流量转化为经济效益。

2021 年 10 月 8 日，国家市场监管总局发布对美团垄断行为的处罚决定，经过调查认为，美团利用市场占有率超过 60% 的支配地位，通过多种措施有效保障"二选一"实施，严重阻碍了市场竞争。①

王文泽（2021）认为，平台经济反垄断，是坚持和完善社会主义基本经济制度的内在要求，是我国社会主义市场经济高质量发展的必由之路，是防止资本无序扩张的必然选择；平台经济反垄断，反的不是平台型企业在市场中的优势地位，而是一些平台扰乱市场秩序的垄断行为。2021 年，国家对有代表性的平台型企业实施了反垄断调查和处罚，就是在规范市场行为，规避过去的野蛮生长，还市场竞争以公平；防止垄断阻碍创新，保持社会经济活力。

---

① 详见：《市场监管总局依法对美团在中国境内网络餐饮外卖平台服务市场实施"二选一"垄断行为作出行政处罚》，腾讯网，https：//www.samr.gov.cn/xw/zj/202110/t20211008_335364.html，2021 年 10 月 8 日。

第三节　娱乐去泛滥化

在过去一段时间，"娱乐至上"的泛娱乐主义，成为我国意识形态领域中一股势头迅猛、破坏力显著的社会思潮。究其实质是资本逻辑与消费主义的内在耦合，具有立场上的相对主义、原则上的解构主义、旨趣上的"傻乐主义"等特征。泛娱乐主义思潮弱化政治意识，冲击理性精神，解构主流价值，威胁我国主流意识形态认同。张蕊（2021）研究认为亟待通过解构异化娱乐价值，抵制泛娱乐主义话语渗透；强化主流价值引领，凝聚全社会价值共识；坚持先进文化导向，有序规范娱乐文化市场；提升主流文化话语权，维护主流意识形态安全。

2021 年 9 月 8 日，中央宣传部、国家新闻出版署有关负责人会同中央网信办、文化和旅游部等部门，对腾讯、网易等重点网络游戏企业和游戏账号租售平台、游戏直播平台进行约谈。约谈强调，各网络游戏企业和平台要加强网络游戏内容审核把关，严禁含有错误价值取向、淫秽色情、血腥恐怖等违法违规内容，坚决抵制拜金主义、"娘炮"、"耽美"等不良文化。

2021 年 10 月 29 日，中央宣传部、国家广电总局就卫视节目存在的过度娱乐化问题，对上海、江苏、浙江、湖南广播电视台进行约谈，四省市党委宣传部参加。约谈指出，近年来，四省市广播电视台积极推动媒体深度融合发展，在弘扬主流价值观、传播正能量方面作出了积极贡献，但各卫视频道也不同程度存在过度娱乐化、"追星炒星"等问题，必须坚决整改。约谈强调，四省市广播电视台要深入开展文娱领域综合治理工作，坚持政治家办台，坚持社会效益优先，大力弘扬社会主义核心价值观，聚焦新时代火热生活，聚焦新时代奋斗者、劳动者，当好省级广电转型发展"排头兵"。

增强国民的文化自信，不仅需要从教育入手，也需要从宣传、娱乐方面入手。流行于日本、韩国的过度娱乐文化，导致日本、韩国年轻人精气神丧失，被称为"平成废柴""南韩废物""N抛世代"。在我国"佛系青年""躺平"之前，娱乐去泛滥化，树立充满正能量的宣传娱乐，就尤为必要。汪康和吴学琴（2021）认为网络"泛娱乐化"对社会价值的错误引导、滋长价值虚无主义、耦合不良社会思潮以及对资本与技术合谋的助推，造成主流意识形态面临被消解、被分化、被渗透、被边缘化的风险；"泛娱乐化"的兴盛日渐引发主流意识形态安全的风险隐忧。

2021年11月22日，中央网信办印发《关于进一步加强娱乐明星网上信息规范相关工作的通知》，旨在进一步加强娱乐明星网上信息规范，维护良好网络舆论秩序，营造更加清朗的网络空间；从内容导向、信息呈现、账号管理、舆情机制四个方面提出15项具体工作措施，力求有效规范娱乐明星网上信息；从源头上规范娱乐明星网上信息，同时要求网站平台建立健全涉娱乐明星网上舆情监测、处置和引导机制，营造积极健康向上的网络环境。

2021 年 12 月 14 日新华社报道①，国家互联网信息办公室负责人约谈新浪微博主要负责人、总编辑，针对近期新浪微博及其账号屡次出现法律、法规禁止发布或者传输的信息，情节严重，依据《中华人民共和国网络安全法》《中华人民共和国未成年人保护法》等法律法规，责令其立即整改，严肃处理相关责任人。北京市互联网信息办公室对新浪微博运营主体北京微梦创科网络技术有限公司依法予以共计 300 万元罚款的行政处罚。2021 年 1~11 月，国家互联网信息办公室指导北京市互联网信息办公室，对新浪微博实施 44 次处置处罚，多次予以顶格 50 万元罚款，累计罚款 1430 万元。国家互联网信息办公室表示将坚持依法管网治网，进一步强化监督管理执法，压实网站平台依法办网的主体责任，保障人民群众合法权益，维护网络空间天朗气清。

引导娱乐风向和供给优质娱乐相结合实现对娱乐的价值引领，通过明晰娱乐价值边界与主体审美素养对娱乐内容进行规范，通过规约媒介技术应用与完善监管机制相融合对娱乐进行制度约束。人不仅是生命与精神的有机统一体，而且是社会性的存在，人必须进行精神和物质有机统一的生产劳动。人不仅

---

① 详见：《国家网信办依法约谈处罚新浪微博》，中共中央网络安全和信息化委员会办公室，http：//www.cac.gov.cn/2021-12/14/c_1641080795548173.htm，2021 年 12 月 14 日。

能够制造和使用工具来改造世界，而且是唯一能进行自我救赎、建构世界的生灵。面对过度娱乐等危机，人必须理性地处置危机、拯救世界、救赎自己。

精神空虚、信仰乏力、价值失范等是整个社会"娱乐至死"的根源。娱乐泛滥不仅会影响人们的价值观，影响经济发展，甚至会影响意识形态和文学的发展。罗慧林（2007）认为在当下没有权威、没有价值追求、没有自己的审美机制的文坛，必然产生涣散力，这对文学自身的建设是十分不利的。阮朝辉（2016）则认为，伪知识和全民娱乐的泛滥，使人的甄别能力发生了蜕化，正在弱化人类文明的传承力和创新力，使人的精神信仰对象发生质变，从对观念化的至善精神信仰转向对实体对象的崇拜和效仿。伪知识泛滥和全民娱乐已经对人心之善和文明传承造成了深度危害，只有建构至善精神信仰、再造科技哲学、完善人化科技的法律法规，才能有效化解人为危机。

截至2022年1月28日，国家新闻出版署对游戏版号的审批已暂停半年。天眼查App数据显示，2021年7～12月，有1.4万家注册资本在1000万元以下的中小游戏公司注销；从2020年至今超过38000家中小游戏企业注销。艾媒咨询CEO兼首席分析师张毅向《证券日报》记者表示，在游戏行业没有版号之前，国内游戏管理非常混乱。版号出现前，游戏行业门槛低、来钱快，很多投资人甚至选择抛弃实业，转向游戏领域，不利于市场资源合理配置。版号收紧之后，行业认为这是在倒逼游戏行业精品化。①

　　在娱乐业去泛滥化的背景下，前些年火热的游戏、传媒类投资就需要冷静思考，未来的路在哪里？是否还应该继续坚持相关的主题投资，还是应深度思考选择投资什么样的文化题材？

　　诚然，近期元宇宙概念火热，其重要应用场景就是在娱乐行业，但是元宇宙真正成立的前提是互联互通，在基础标准还没有建立之前，无法做到互联互通，那么建议普通投资者就不要参与了，因为在苹果的操作系统上无法运行安卓系统的软件。20 世纪 90 年代日本多个领先的产业，由于与后起的美国公司标准不同，后来都销声匿迹。元宇宙需要先建立标准，做到互联互通以后才能大发展，而且是以谁的标准作为行业公认的标准，还需要时间。因此，目前对大多数人来说，参与元宇宙投资就是打水漂。

　　在过去"娱乐过度泛滥"带来一系列社会问题之后，针对现在的娱乐去泛滥化，投资者就要三思而后行，在 2015 年前后上市公司热衷并购的娱乐、传媒和 VR/AR，到今天基本都商誉高企，基本没有达到并购的初衷。娱乐业会永远存在，只是我们要以更为符合社会发展需要的方式参与。

---

　　①　详见：李豪悦：《游戏版号停发已半年，"裁员潮"延伸到上市公司》，《证券日报》，https：//baijiahao. baidu. com/s？ id = 1723308116847889187&wfr = spider&for = pc，2022 年 1 月 30 日。

第四节　产业去空心化

　　我国工业制造业在 GDP 中的占比，出现了过早、过快下降。全国工业占比高峰是 2006 年，为 42%，然后一路下跌，2016 年为 32.9%，又经过几年平滑下降，2019 年为 32%；同期制造业占比从 32.5%降到了 2019 年的 27.7%；相应地，我国资本积累率在 2012 年达到顶峰以后，逐年下降，甚至到 2018 年资本积累率成为负数。以制造业为中心的物质生产和资本，大量地、迅速地转移到国外和第三产业，使物质生产在国民经济中的地位明显下降，造成国内物质生产与非物质生产之间的比例关系严重失衡，在部分省市，非物质生产的服务性产业部分比重远远超过物质生产部分的比重。在中美贸易摩擦和 2020 年初新冠肺炎疫情暴发以后，全体国民深刻意识到制造业的重要性及产业去空心化的必要性。

　　以制造业为代表的第二产业占国民生产总值的比重大幅下降，第三产业比重迅速上升，超过了第二产业，以至大于第一、第二产业之和。有人认为第三产业比重超过 60%，即是"产业空心化"。

　　2021 年 2 月 28 日，国家统计局发布《中华人民共和国2020 年国民经济和社会发展统计公报》。经初步核算，2020 年国内生产总值为 1015986 亿元，比上年增长 2.3%。其中，第一产业增加值占国内生产总值比重为 7.7%，第二产业增加值比重为 37.8%，第三产业增加值比重为 54.5%。依据国家统计局公布的数据，2016 年以来第二产业占 GDP 比重不断下降，五年间共计下降了 1.8%；第三产业占 GDP 比重连续上升，五年间共计上升了 2.1%。"树不能长在天上"，第三产业的发展还是要以第一、第二产业为基础，特别是以制造业为代表的第二产业为基础。

国际上，以美国为代表的发达国家，经历过去产业化以后，都在促进制造业回流。从推动去工业化，到如今鼓励制造业回流，美国的态度为何发生转变？从 20 世纪 80 年代开始，美国制造业产值占 GDP 比重也从最高点接近 30%，一路下滑至现在的 11% 左右。美国推动去工业化的根本原因是美国推行金融全球化战略，美国的大资本集团通过发行金融产品从全球吸纳了海量资本，获取了丰厚利润；海外资本集聚反过来又推高了美国的制造成本。于是，美国通过大力发展金融服务业，让其他国家负责制造商品，卖给美国，美国用"无成本"的美钞换取其他国家所创造的物质财富，同时还主导世界的经济体系。

但是，2008 年金融泡沫破裂，无论是实体经济，还是虚拟经济都遭受创伤，美国意识到制造业回归的重要性。2020 年新冠肺炎疫情暴发，导致医疗物资短缺，更加速了美国将海外供应链转移本土的行动。借助疫情的背景，美国推动制造业回归的声势越来越大，但美国要重新发展制造业却面临两大难以逾越的难题，这两大难题并非靠政策和补贴就能解决：第一，劳动力。由于经济长期"空心化"，美国的就业人员更向往金融、互联网和科技等服务行业，制造业很难找到适配的管理和技术人才。在美国，劳动力短缺是制造业回流的首要障碍，不仅很难招到年轻的蓝领工人，而且劳动力成本远高于世界其他国家。第二，供应链。在经济全球化下，产业分工越来越细，尤其在制造业领域，制造企业往往和上下游供应链企业聚集在一起，降低了物流配套成本。持续数十年去工业化，美国各产业的供应链布局已不完善，这加大了制造业企业回流的难度。在全球贸易中，中间产品的贸易份额已经超过最终产品的贸易份额，这意味着要制造企业回流美国，就需要整个产业链上下游全部一起回流。在美国生产成本居高不下的前提下，让产业链上下游全部回流就显得异常困难。2021年至今全球芯片短缺，导致全球主要汽车厂商减产，就说明了供应链的重要性，任何一个环节跟不上，将导致整个产业受到影响。

特朗普政府自2017年上台，就鼓励制造业回流美国，无论是富士康还是台积电等企业到了美国，都很难迅速建厂投产。中国为避免重蹈覆辙，应一直牢牢把握住制造业这个国家经济命脉，保留住制造业人才，保全住供应链。

我从2008年起担任中国民主建国会中央委员会企业委员会制造业组秘书长、副组长十年，在这十年内见证了中国制造业的变迁。自2018年起，我担任中国民主建国会中央委员会企业委员会副主任，对各行各业了解更多，产业去空心化，刻不容

缓。根据国家统计局发布的国内生产总值初步核算数据，2018
年、2019 年、2020 年制造业增加值占 GDP 比重分别为
29.41%、27.17%、26.18%，三年中下降了近 3 个百分点。

中共十九届五中全会要求保持制造业占比基本稳定，巩固
壮大实体经济根基。《中华人民共和国国民经济和社会发展第
十四个五年规划和 2035 年远景目标纲要》指出，坚持把发展经
济着力点放在实体经济上，推进产业基础高级化、产业链现代
化，保持制造业比重基本稳定，改造提升传统产业，发展壮大
战略性新兴产业。

为支持以制造业为代表的实体产业，中央和地方纷纷出台
各项支持政策。其中，中国银保监会先后出台《中国银监会关
于银行业进一步做好服务实体经济发展工作的指导意见》《中
国银监会关于提升银行业服务实体经济质效的指导意见》《关
于保险业支持实体经济发展的指导意见》《关于进一步做好信
贷工作提升服务实体经济质效的通知》。国家发展改革委等四
部门出台《关于做好 2019 年降成本重点工作的通知》。

2021 年 3 月 22 日，工信部对外公示遴选出的 25 个先进制
造业集群优胜者名单。这份被誉为制造业"国家队"的名单
中，共有 9 个省（市）的 21 个城市上榜。其中，制造业实力较
强的江苏和广东各有 6 个集群胜出；紧随其后的是浙江，有 3
个集群入围。从 2019 年启动先进制造业集群培育工作以来，工
信部通过搭建集群间相互比拼的"赛场"，先后经过两轮竞赛，
最终确定了 25 个重点支持集群，代表了国内产业集群的最高水

准。工信部规划司相关负责人表示，竞赛旨在通过"赛马论英雄"，从不同行业领域内的领先者中，按照统一的评价标准，选出能承担国家使命、代表我国参与全球竞争合作的"国家先进制造业集群"，让它们去冲击"世界冠军"。

2021 年 5 月，国家发展改革委、工业和信息化部、财政部、人民银行联合印发了《关于做好 2021 年降成本重点工作的通知》，提出了 2021 年降低实体经济企业成本工作部际联席会议将重点组织落实的 8 个方面 19 项降成本重点任务，这是深入贯彻中央经济工作会议精神、落实《政府工作报告》部署的重要举措，也是深化供给侧结构性改革、激发市场主体活力、促进经济提质增效的有力抓手。该通知进一步优化减税政策，继续执行制度性减税政策，延长小规模纳税人增值税优惠等部分阶段性政策执行期限，实施新的结构性减税举措。将小规模纳税人增值税起征点从月销售额 10 万元提高到 15 万元。对小微企业和个体工商户年应纳税所得额不到 100 万元的部分，在现行优惠政策基础上，再减半征收所得税。对先进制造业企业按月全额退还增值税增量留抵税额。继续执行企业研发费用加计扣除 75% 政策，将制造业企业加计扣除比例提高到 100%。

2021 年 8 月 2 日，新华社报道，中央政治局会议要求，要强化科技创新和产业链供应链韧性，并提出开展补链强链专项行动，加快解决"卡脖子"难题。这是政治局会议首次提出开展补链强链专项行动，发展专精特新中小企业。

2021 年 10 月 27 日，李克强总理主持召开国务院常务会议，部署对制造业中小微企业等实施阶段性税收缓缴措施，进一步加大助企纾困力度。缓税自 2021 年 11 月 1 日起实施，至 2022 年 1 月申报期结束，预计可为制造业中小微企业缓税 2000 亿元左右。

以上都是政府支持产业去空心化的具体举措。

第五节　科技重产业化

2020 年 3 月 16 日出版的第 6 期《求是》杂志发表中共中央总书记、国家主席、中央军委主席习近平的重要文章《努力成为世界主要科学中心和创新高地》。文章指出，世界正在进入以信息产业为主导的经济发展时期。我们要把握数字化、网络化、智能化融合发展的契机，以信息化、智能化为杠杆培育新动能。要突出先导性和支柱性，优先培育和大力发展一批战略性新兴产业集群，构建产业体系新支柱。要推进互联网、大数据、人工智能同实体经济深度融合，做大做强数字经济。要以智能制造为主攻方向推动产业技术变革和优化升级，推动制造业产业模式和企业形态根本性转变，以"鼎新"带动"革故"，以增量带动存量，促进我国产业迈向全球价值链中高端。李华等（2012）对我国高技术产业化政策下的企业竞争能力进行分析发现：从技术角度来看，高技术产业化政策显著提高了企业技术水平，尤其是中型企业；从产品角度来看，高技术产业化政策的实施难以有效提高企业产品质量水平和成本竞争力。

科技进步的目的是满足人民美好生活的需求。科技进步不仅需要提高企业技术水平，更需要提高企业产品质量，提升生产效率，降低成本，提高竞争力。吕政（2020）认为，我国经济发展正在转向高质量发展，实现高质量发展的关键是依靠硬科技为主导的创新驱动。我国制造业技术与世界先进水平相比还存在较大差距。缩小技术差距，改变关键核心技术受制于人的状况，是硬科技创新的重要任务。硬科技创业企业的成长是对各类创新资源进行高度整合的过程，在过程中需积极打造硬科技创业生态圈，构建创新合作伙伴网络，实现技术、资本、人才的高度集聚，方能真正实现核心技术的自主可控，从而掌控全球价值链的高端环节。

在突破硬科技瓶颈和产业化过程中，以中国科学院为代表的科研院所必将发挥科技创新在供给侧结构性改革中的基础、关键和支撑作用，围绕国家重大战略部署及区域经济社会发展科技需求，逐步探索一系列符合国家战略科技力量定位的高质量科技供给能力生成方式和前沿科技产业化路径。中国科学技术信息研究所的张楠和赵辉（2021）总结出硬科技具有科学家深度参与、创新性、战略性三个主要特点，并与突破性创新、颠覆性创新做出区分，提出硬科技创新识别应该从识别学术型发明人出发，挖掘领域内学术型发明人作为研究主题。

2021 年 9 月，习近平总书记宣布北京交易所成立，为"专精特新"中小科技企业提供融资平台。一个国家，哪怕自然条件再好，也终有资源枯竭、人口红利结束的一天。经济的发展，不可能一直依赖于自然资源与人口红利。唯有知识和科技，才能永不枯竭，越用越多。根据《2019 年全国科技经费投入统计公报》，两年前，我国研究与试验发展经费投入总量就突破了

2万亿元人民币，并且连续四年实现两位数增长，积累了大量需要产业化的科技研发成果。

科技是第一生产力。国家科技进步奖也越来越重视能够产业化的科技成果。2021年11月3日，2020年度国家科学技术奖评选结果揭晓，中国航空工业集团有限公司顾诵芬院士和清华大学从事核工业的王大中院士获得2020年度国家最高科学技术奖。国家最高科学技术奖自2000年设置以来，从事科技产业化获奖者比重越来越高，体现了国家科技重产业化的价值导向。为奖励在科技进步活动中做出突出贡献的公民、组织，国务院设立五项国家科学技术奖：国家最高科学技术奖、国家自然科学奖、国家技术发明奖、国家科学技术进步奖和中华人民共和国国际科学技术合作奖，都体现了在支持基础研究的前提下，科技重产业化的思路。

2021年10月12日，国务院办公厅印发《关于进一步支持大学生创新创业的指导意见》（国办发〔2021〕35号），这是继2015年5月，国务院办公厅印发《关于深化高等学校创新创业教育改革的实施意见》后，再次鼓励大学生参与创新创业，激发社会创业热情，推动科技成果产业化。支持大学生"双创"，就是要将科技研究成果转化为生产力，转化成产品。

2021年11月9日，工业和信息化部批复组建国家5G中高频器件创新中心、国家玻璃新材料创新中心、国家高端智能化家用电器创新中心、国家智能语音创新中心四家国家制造业创新中心。通过批复成立四家国家制造业创新中心，并以产业的骨干企业为主要股东，围绕产业链的主要环节开展集体科技攻关，就是通过产业需求推动科技开发，就是科技重产业化的具体落实。这预示着未来一大批科技产业化项目会出现在人们眼前。

但是，近年来资本市场分化加剧、基金"抱团"现象突出、科创板股价破发。徐玉德和陈旭（2021）建议从供给端和需求端同时发力，进而推动资金向科创型企业有序聚集，形成更多更有效的创新资本。盛亚等（2022）基于利益相关者理论回答了"科技企业孵化器如何协调利益相关者间冲突"这一问题，提炼出整合冲突源、文化协同、分散控制、动态管理和孵化服务五个核心要素，构建科技企业孵化器利益相关者协调机制模型。

国家层面开设新三板，再设立北交所，目的就是促进科技成果转化，那么新三板十年过去，是否真正发挥了多层次资本市场的作用呢？王卉彤等（2019）研究发现，在上海、北京、广东、江苏、天津这些经济发达的省份和地区多层次资本市场更加活跃，而华中、东北、西北地区多层次支持高技术产业化的效率较低；新三板市场在提升高技术产业化的效率方面高于A股和风险投资市场；但是从全国层面来看，多层次资本市场支持高技术产业化还没有达到完全有效，还有努力的空间。

科技是第一生产力，科技只有转化为产业，才能服务于人民。现在，无论是企业、科研院所，还是资本市场，都对科技成果转化给予了很高的期待。

第六节　工程师红利来临

从 2011 年至今，我国毕业的大学生人数超过 7500 万人。在 2021 年毕业的 909 万大学生中，超过 500 万是 STEM 专业。[①]而美国大学 STEM 专业的毕业生人数有 50 万左右，只是我国的 1/10。预计再过几年，我国总共有超过 2 亿大学生，数量和美国的工作人口相当，意味着中国即将开始享受到巨大的工程师红利。

与此类似的情况是在 40 年前的改革开放初期，来自我国农村数以亿计的年轻人逐步迁移到城市，不管位置远近、工作难易、薪水高低、工作环境好坏，年轻人逐渐走出农村、走进工厂、进入城市、进入第二产业。我国自改革开放以来的经济高速发展，得益于这波人口红利以及我国经济融入全球带来的工作机会。现在，我国即将迎来工程师红利的时代，享受工程师红利带来的经济转型升级。中国科学院院士倪光南认为，我国正在利用诸多优势条件，从人口红利转变为工程师红利。从 2020 年至 2030 年，将是我国工程师红利开启的阶段。

我国人均 GDP 超过 12000 美元，就人均 GDP 而言，与巴

[①]　STEM 是科学（Science）、技术（Technology）、工程（Engineering）、数学（Mathematics）四门学科英文首字母的缩写。

西、墨西哥和泰国相当，但我国研发支出所占 GDP 的比例达到 2.13%，要高于这些国家；相比之下，巴西为 1.27%，泰国为 0.78%，墨西哥为 0.49%。我国研发支出占 GDP 的比例甚至比西班牙、葡萄牙等国家都高。西班牙的人均 GDP 是我国的三倍，葡萄牙的人均 GDP 是我国的两倍。也就是说，我国研发支出占人均 GDP 的比例分别高出了葡萄牙、西班牙的两倍、三倍，远高于和我国拥有一样人均 GDP 的国家。基于人口基数，我国投入的研发费用也远高于世界上绝大多数国家。

制造先进科技产品，不仅需要科学家，熟练的技术工人，关键还需要能够实现产业化的工程师。在实验室能够成功的，未必能够产业化生产出来。在工艺、设备、工装、模具、夹具等方面蕴含大量的技术，不仅需要技术、设备，也需要工程师的经验，而经验是靠大量时间和实践积累的。比如代工大户富士康，产品被设计出来和产品能够稳定量产之间存在一个巨大的生产工艺鸿沟，需要专业人员研究配合，富士康在中国大陆就有数千位工程师在生产工艺上实现样品成为产品，奠定了富士康在中国大陆工厂的代工优势。

我国规模化的产业集群优势、规模化的熟练工程师，形成对接先进科技的制造能力，竞争力越来越强，让我国制造业在世界竞争中的优势越来越明显。我国制造业在世界的地位在未来 20~30 年内不会丧失，反而会随着智能制造的普及得到加强。当前世界形势和国际局势复杂多变，加速了我国芯片和工业软件的开发，必将加速智能制造的进程，夯实"脱虚返实"

的产业基础。倪光南认为，中国已拥有世界最大的科技人才资源，在 2017 年研发人员全时当量就超过 375.9 万人年，连续九年居世界首位，占全球总量的 30% 以上。

《工业 4.0：即将来袭的第四次工业革命》一书认为，制造业在德语区始终是最重要的经济元素，而没有像美国、英国那样外迁到工资和生活水平较低的国家去。主要原因：一是开发和制造过程的高度可靠性；二是极富效率的高技术投入，特别是信息技术工具在工程、产品验证、生产规划、运转和制造上的应用，这是德语区不同于其他竞争对手的地方；三是几乎所有种类的产品都熟练地使用嵌入式软件。正是这些革新性的功能和服务，才使德语区的产品在全球畅销。以上三点也是中国制造业正在实现的。

《智能制造的本质》一书的作者宁振波认为，制造并不等同于生产。生产仅仅解决产品生产过程中的具体问题，而制造涉及产品研发、产品设计、工艺设计以及生产过程，同时还涉及产品生产过程中的管理、产品的交付，以及交付之后的维护、维修和运行。除了产品的研发、生产、交付及服务，企业的运行也必须符合整个制造体系。智能制造是将人类长年日积月累的制造经验编制为软件，将原来由人执行的任务转为由计算机来执行。因此，智能制造包含了产品研发、产品设计、工艺设计、生产过程管理、批量生产交付、运行维护、大修维修等，当然还涉及复杂的管理体系。归纳为三句话：第一，软件化的工业技术；第二，软件定义的生产关系；第三，生产关系的优化和重构。简而言之，用软件控制数据的自动流动，解决复杂产品的不确定性，这就是智能制造。要达到这样的水准，需要大量工程师的经验总结，而我国的工程师红利就提供了这样的可能。

谈及我国软件工程师的发展现状，倪光南认为，我国软件工程师优点是创新能力很强（软件著作权、开源贡献量、双创数量、App 制作量、研发效率、大赛数量），工作很勤奋，效率很高。"如果我们能够做好软件人才培养，那么，我国就能迅速发展包括机器人在内的新一代信息技术，享受'软件工程师红利'。"倪光南还认为，未来随着软件工程师红利逐步代替传统的人口红利，中国应重视研发，打造一个新名片，用软件支持打造世界质量。

现代工业体系分为 39 个工业大类、151 个中类、525 个小类。我国是世界上唯一工业门类齐全的国家。虽然我国与第一次、第二次以及第三次工业革命的黄金时期失之交臂，使许多高端技术都掌握在西方国家手里，中国制造"大而不强"；但我们有了工程师红利，就给了我们绝佳的机会，中国第一次可以和发达国家几乎站在同一条起跑线上。

2021 年世界制造业大会于 11 月 19 日在安徽合肥开幕。中共第十九届中央政治局委员、国务院副总理刘鹤在书面致辞中指出，制造业是大国经济的"压舱石"，对推动经济增长和提高就业质量至关重要。高质量发展的基础，是更高水平、更有竞争力的制造业。必须不断增强产业竞争力，提高劳动生产率，保持制造业和生产性服务业的合理比重。

第七节　产业重安全化

产业安全是指一个国家在对外开放的条件下，在国际竞争的发展进程中，具有保持该国产业持续生存和发展的能力，始终保持着本国资本对本国产业主体的控制。产业安全有两种含义：一是从国际贸易领域提出的，是指在开放的经济体系内，在竞争中保持独立的产业地位和产业竞争优势；二是指产业在生产过程中的安全，即生产安全，包括供应链安全。

从 2018 年开始，我国先后经历中兴、华为被美国定向打压以后，深刻意识到"核心技术买不来、核心部件不能受制于人"；意识到产业链中"卡脖子"环节对产业生死攸关的重要性。在曾经"造不如买，买不如租"的指导思想下，一些被延误的产业，比如大飞机、飞机发动机、芯片制造等关键产业重新被国家重视，体现了国家重视产业的安全。

过去我国基于"以市场换技术"的理念，通过开放市场，引进外资在国内生产，培育我国的技术能力、产业集群和市场规模，应该说达到了预定目标。最为典型的是汽车工业，在 20世纪 90 年代引进德国大众、日本本田、日本丰田、法国标致、韩国现代等汽车巨头，带动了我国汽车工业的发展，培养了汽车产业集群，为后来民族品牌比亚迪、长城、吉利、奇瑞、福田等品牌的崛起创造了市场条件，培养了产业配套体系和熟练的技术人员；但是我国汽车行业的技术水平提高并不快，核心零部件依旧靠进口。仲伟周和邢治斌（2012）利用我国 2004~2010 年 30 个制造业行业的数据，考察"市场换技术"环节的直接溢出效应、竞争效应、人才流动效应、产业关联效应，以及吸收环节的内外资技术差距、研发强度等因素对内资企业绝对技术水平的影响。研究发现，外资企业溢出环节的直接溢出效应、人才流动效应、产业关联效应，对内资企业技术进步有促进作用；而竞争效应对内资企业的技术进步有阻碍作用，这是外资企业市场规模不断扩大、内资企业技术进步不显著的重要原因；吸收环节不畅通，是我国内资企业技术进步缓慢的重要内因。

处于传统燃油汽车时期，我国通过"市场换技术"培育了国内的市场、产业链和技术，但是没有缩小我国汽车整体与国外的技术差距。在电动汽车出现后，我国电动汽车的年销量连续数年占世界一半以上，为我国汽车工业在电动汽车上弯道超车提供了可能。张丽莉和赵善琛（2020）经过研究发现，我国装备制造业取得了举世瞩目的成效，但随之而来的产业安全问题也尤为凸显。焦建美（2019）对我国高技术产业 2007~2016 年的数据进行实证研究显示，我国高技术产业在这 10 年处于"安全"状态，高技术产业自主创新能力虽有所增强，但技术对外依存度仍然较高；我国高技术产业受外资控制程度较高，内资企业竞争力相对较弱，高技术产业显性比较优势有待提高。

对影子价格分析表明，技术对外依存度的改进能够最大程度提高我国高技术产业安全度。也就是说，只有通过引进吸收，发展自主科技，才能保障我国高技术的产业安全。

2015年2月15日，习近平总书记到中国科学院西安光学精密机械研究所调研指出"关键核心技术是要不来、买不来、讨不来的，必须靠自力更生"。在中兴向美国缴纳罚款接受生产经营监督后，华为再被美国打压，这说明"卡脖子"的产业链的关键环节对企业存亡的重要性。2012年我带队到日本三井物产总部研修时，三井物产介绍其做投资是通过全球贸易发现产业的关键环节，投资该关键环节就能够掌握整个产业链的安全运营。维护产业链的安全，需要有能够突破"卡脖子"的替代。

自2020年开始，国内各省份高校、科研院所开展了科技项目的"揭榜挂帅"，通过激发科技人员的主观能动性，解决科技难题。"国产替代"成为投资热门，无论在一级市场还是二级市场，投资者都看到了为保证产业安全，国家和国民都越发重视"国产替代"带来的投资机会。

2020年9月16日，国新办召开新闻发布会，中国科学院院长白春礼介绍中科院把美国"卡脖子"的清单变成中科院科研任务清单进行布局，成立了专门的领导小组，加强组织推进和统筹协调，明确任务的组织单位，科研人员全身心投入到科技攻关当中，签署军令状。中科院设立了先导专项，分成三类：A类先导专项面向国家重大需求；B类先导专项主要面向世界科技前沿；C 类先导专项是跟企业合作，解决"卡脖子"问题。

2020 年，山东、江西、湖北、江苏、黑龙江等省份推行产业链链长制。"链长制"是强化产业链责任的一种制度创新，着眼于贯通上下游产业链条的关键环节，通过介入产业链上下游企业的沟通协同环节，以"链长制"方式在要素保障、市场需求、政策帮扶等领域精准发力，形成稳定、发展、提升的长效机制。每条产业链形成产业链龙头骨干企业清单、主要配套企业清单、锻长板重点领域清单、补短板突破环节清单、关键产品技术攻关清单、可对接的省外头部企业清单、可对接的科研机构清单、可对接的社会基金清单、重点产业区域布局清单、重点项目清单等，为精准实施一批强链补链项目提供具体抓手。产业链链长制，是补齐产业链上的漏洞，确保产业链安全的具体举措，是我国企业经过美国"卡脖子"打压和 2020 年新冠肺炎疫情以后，为确保产业安全的补短板行为。

2021 年 3 月 22 日，工信部对外公示遴选出的 25 个先进制造业集群优胜者名单。这份被誉为制造业"国家队"的名单中，代表了国内产业集群的最高水准，是能承担国家使命、代表我国参与全球竞争合作的"国家先进制造业集群"，也是确保产业链安全和在国际产业体系竞争的优势地位。

2021 年 8 月 2 日，新华社发表《补链强链刻不容缓》一文，中央政治局会议要求，要强化科技创新和产业链供应链韧性，并提出开展补链强链专项行动，加快解决"卡脖子"难题。要求把保产业链和供应链稳定放在"六保"中的重要位置，针对短板弱项加强部署，疏通堵点、破解难点。加快解决"卡脖子"难题，是要坚持战略需求导向，针对薄弱环节，实施好关键核心技术攻关；加强基础研究，推动应用研究，在补短板的同时加快培育壮大新动能，增强产业链供应链灵活性；发展专精特新中小企业，精耕细作，在产业链的重要节点形成一批具有优势的企业，发挥好它们在供应链中的重要作用。

为维护国家产业安全，政府正在有针对性地补链强链。

第八节　产业升级数字化

2022 年 3 月 9 日，工信部发布消息称，我国已经建成全球最大规模光纤和移动通信网络，累计建成开通 5G 基站超过142.5 万个，5G 手机终端连接数达 5.2 亿户。制造业数字化、绿色化转型步伐加快，重点领域关键工序数控化率达 55.3%，数字化研发设计工具普及率达 74.7%。[①] 肖旭和戚聿东（2019）认为传统产业的数字化转型是我国经济转向高质量发展阶段的重要任务之一；产业数字化转型的价值维度体现在驱动产业效率提升、推动产业跨界融合、重构产业组织的竞争模式以及赋能产业升级四个方面，改变了传统的商业逻辑，为产业发展注入了新的活力。

据估计，我国大概需要 600 万个 5G 基站，与之相配套形成的产业规模超过万亿元人民币。我国上百个行业可以应用产业互联网或物联网。随着 5G、云计算、大数据的应用，这些互联网、物联网背后的企业、设备都要安装配套的数据采集、监控设备、检测设备、通信设备等，这就形成了上万亿元人民币规模的配套软硬件产品市场，这些设备在与外界建立联系的过程

---

① 详见：王政：《我国制造业增加值连续 12 年世界第一》，《人民日报》，2022 年 3 月10 日。

中进一步传递、放大对配套设施的需求，其背后又是数万亿元的软硬件配套市场，这就是经济的新增长点。陈金丹和王晶晶（2021）实证检验了产业数字化及其与本土市场规模交互项对技术创新的影响。研究发现，产业数字化显著促进技术创新的数量增加和质量提升，具有创新增量效应和提质效应；我国的本土市场规模优势将强化提质效应；出口对提质效应和增量效应的作用方向与本土市场需求一致。因此，我国应该加快产业数字化转型，释放数字经济与本土超大市场规模的乘数效应，有助于推进中国制造业的创新发展。

据估计，我国未来五年需要新增的服务器规模超过1000万台，需要5000亿元人民币以上的投资。再加上数据中心配套的电力、机房等基础设施，加起来大概又是上万亿元人民币的规模。也就是说，仅仅从5G基站、物联网、数据中心等方面来看，新基建投资至少有数万亿元人民币的空间，这笔投资自身对经济发展的带动作用巨大，更不用说间接对经济的带动。蔡跃洲和牛新星（2021）基于数字技术/ICT（Information and Communications Technology）渗透性、替代性、协同性特征，厘清"替代效应""协同效应"等数字经济价值创造机制，将数字经济划分为"数字产业化"和"产业数字化"两部分，使用国民经济核算、增长核算和计量分析等工具，测算中国数字经济增加值规模，研究结果表明：第一，1993~2018年，我国数字经济增加值年均增长17.72%，2018年达157761.53亿元，占全年GDP的17.16%，是我国经济增长来源的重要支撑；第二，1993 年以来，"数字产业化"和"产业数字化"两部分贡献的增加值均保持快速增长，2018 年两部分的规模分别为 7.3 万亿元和 8.5 万亿元；第三，数字产业化方面，"ICT 制造业""软件和信息技术服务业"作为数字经济的基础将长期处于主体地位并保持高速增长，以电子商务、数字媒体等为代表的新兴部门快速增长；第四，ICT 渗透效应总体发挥还很不充分，"产业数字化"在传统行业增加值中平均占比仅为 9.74%，17 个细分行业中有 6 个占比在 5% 以下，仅 4 个占比超过平均水平，加大 ICT 对传统行业渗透应成为加快数字经济发展的重要方向，产业数字化还大有可为。

我国政府明确提出要大力发展"新基建"。2021 年 4 月 20 日，国家发展改革委把新基建分为了三个层次，其中第一个层次就是信息基础设施，主要是指基于新一代信息技术演化生成的基础设施。比如，以 5G、物联网、工业互联网、卫星互联网为代表的通信网络基础设施，以人工智能、云计算、区块链等为代表的新技术基础设施，以数据中心、智能计算中心为代表的算力基础设施等。

无论是通信网络基础设施、算力基础设施，还是新技术基础设施，都是为了我国的数字经济转型而准备，投资这些新基建的价值，不只是建设项目本身，还有这三类基础设施助力其他行业数字化转型所带来的价值。冯素玲和许德慧（2022）研究发现，数字产业化对产业结构升级存在正向促进作用，而且该促进作用具有边际效应递增的非线性特征；进一步看，数字产业化不仅对本地区产业结构升级有正向影响，而且对相邻地区产业结构升级有正向的空间溢出效应。机制分析显示，数字产业化通过提高产业数字化水平，进而促进产业结构升级。研究结论表明数字产业化能够推动传统产业数字化转型，推进产业结构优化升级，而且有利于区域间经济格局的协调发展，缓解我国区域发展不平衡的现状，赋能经济高质量发展。

2022 年 2 月 17 日，国家发展改革委等部门联合印发通知，同意在京津冀、长三角、粤港澳大湾区、成渝、内蒙古、贵州、甘肃、宁夏八地启动建设国家算力枢纽节点，并规划了 10 个国家数据中心集群。至此，全国一体化大数据中心体系完成总体布局设计，"东数西算"工程正式全面启动，这是继"南水北调""西气东输""西电东送"之后国家层面规划的重大工程①。

我国推动建设这些新基建，让产业数字化有了施展的舞台，从而推动中国产业数字化转型和产业智能化升级，为投资带来巨大的市场和机遇。产业数字化不仅能够带来国内产业的升级，也能够促进国际区域产业的发展。李颖婷和廖淑萍（2022）认为数字经济将成为 RCEP 成员国发展的重要动力，服务和消费产业数字化空间大，区域合作有望进一步深化。说明了产业数字化不仅能够带来国内经济的发展，还能够促进国际区域经济的合作。而刘儒和张艺伟（2022）则发现：数字经济对共同富

---

① 详见：严赋憬、安蓓：《正式启动！"东数西算"工程全面实施》，中国政府网，ht-tp：//www.gov.cn/xinwen/2022-02/17/content_5674322.htm，2022 年 2 月 17 日。

裕具有正向的直接效应和正向的中介效应，中介效应大于直接
效应；但无论是直接效应还是中介效应都不太显著。他们又基
于门槛效应模型分析了中介效应不显著的原因，发现当产业去
中心化程度达到 0.7986 时，数字经济可以显著地提升共同富裕
的程度。这从另外一个角度说明了在数字经济背景下，国家反
垄断的必要性。

第九节　区域发展均衡化

　　1985 年，美、英、德、法、日五国财长在美国纽约广场饭店签订了《广场协议》。《广场协议》之后，在 1987 年签订了《卢浮宫协议》，核心就一件事，让日元和德国马克升值，而升值之后日本和德国的产品在国际上的竞争力就减弱了。迫于压力，日元出现了大幅升值。日元升值意味着日本生产的汽车和彩电价格提高，在国际上的竞争力减弱。1986 年，日本出口增速从之前的 3.9% 暴跌到 -16.8%；出口下降以后，日本国内的消费并没有增加，导致产能过剩，企业经济效益下滑，最后成为日本"失去的三十年"。

　　德国签订协议之后，出口暴跌，而且随后几年的 GDP 增速也遭到腰斩。但到 1990 年 3 月，东德并入西德，德国完成了统一。统一后的德国多出一块巨大的国内消费市场和人力资源，大量东德廉价而且受过高等教育的工人进入德国市场，不仅德国工人的平均工资大幅下跌，制造业的成本也降了下来，还增加了国内消费需求。在统一之前，东德和西德的经济差距很大。为了救济东德，新的德国政府通过对西德富人和富裕州征税，补贴原来的东德地区。东德居民收入增加后，就增加了消费，这样德国内部就增加了一大块内需，本来卖不出去的那部分产能被东德消化了，从而让德国挺过了《广场协议》带来的危机，所以比起日本要强很多。

扩大内需有两条路，一条是出台货币政策来鼓励人们贷款消费，使资产价格不断上涨，但如果消费并没有增加，那么经济会整体崩溃。另一条就是德国的办法，通过国家主动转移支付，降低贫富差距，让落后地区的人民有钱消费，进而拉动内需，促进经济发展。

从 2003 年 10 月提出东北振兴，到 2016 年国务院批复《东北振兴"十三五"规划》；从 2004 年提出中部崛起，到 2016 年国务院批复同意《促进中部地区崛起"十三五"规划》；从 2000 年 1 月国务院成立了西部地区开发领导小组，提出西部大开发，到 2006 年 12 月 8 日国务院常务会议审议并原则通过《西部大开发"十一五"规划》，都是中央政府从国家层面在促进各个区域均衡发展。

2021 年 10 月 20 日，中共中央、国务院印发的《成渝地区双城经济圈建设规划纲要》提出，将成渝地区双城经济圈打造成为带动全国高质量发展的重要增长极和新的动力源，标志着成渝地区双城经济圈战略成为与京津冀协同发展、长三角一体化发展和粤港澳大湾区等比肩的国家重大区域发展战略，而且"一极一源"的定位也使成渝地区双城经济圈崛起为中国经济发展的第四极。

成渝地区处于内陆纵深腹地的核心，历史上就有保障国家战略安全的作用。近 20 年来，成渝地区常住人口规模、地区经济总量占全国比重持续上升，成为中国经济增长最快的地区之一。更重要的意义在于，西部大开发需要一个大的发展引擎，四川在西部经济总量最大，重庆是唯一西部直辖市。成渝地区是西向开放的"桥头堡"，是西部陆海新通道的起点，是连接"一带"和"一路"上的重要节点，也是连接长江经济带的重要节点。在新形势下，推动成渝地区双城经济圈发展成为构建以国内大循环为主体、国内国际双循环相互促进新发展格局的一项重大举措，也是国家通过成渝双城经济圈带动西南、西北和中部地区均衡发展的重大举措。

近20年成都市区人口新增超过1000万，成为我国西部世界500强落户企业最多的城市；重庆则是我国传统的重要工业城市。国家通过连片发展中西部经济，为这些区域经济追平沿海提供了方向；而后成为国家经济发展的动力来源，必然也孕育着区域发展差异带来的投资机会。

2022年5月6日，中共中央办公厅、国务院办公厅印发了《关于推进以县城为重要载体的城镇化建设的意见》，并发出通知，要求各地区各部门结合实际认真贯彻落实。该意见就是促进国内均衡发展前提下的区域内部均衡。在以往的发展规划中，我们更强调中心城市带动周边的发展，结果是中心城市对周边形成"虹吸效应"，不仅将人才、资金和产业吸走了，而且还将优质教育资源、优质企业等也吸走了，形成"五环内"和"五环外"两个不均衡发展的格局。国家通过这个意见，指导区域内均衡发展，促进全国各地区和地区内的均衡发展。

第十节　投资回流本土化

投资回流本土化，主要体现在两个方面：一是国内投资者从投资海外转向投资国内；二是在东部沿海发达地区的投资者，回流到中西部的老家投资创业。中国是全球最大的单一市场，经济区域发展不平衡，居民收入和消费差异大，存在较大的地区差异，这个差异就为不同投资者提供了市场机会。

2015 年李嘉诚从中国内地套现后投资欧洲，涉猎英国的通信、房地产、金融等行业，坊间一度曾用"李嘉诚几乎买下半个英国"来形容李嘉诚在英国的疯狂投资之路。据当时不完全统计，李嘉诚在海外的投资总额超过了 3000 亿元人民币，但从 2020 年新冠肺炎疫情在全球暴发以来，李嘉诚把资产从英国撤离，开始在香港、成都等地拿地，从国外转身投回国内。

与李嘉诚相似的还有郭台铭，郭台铭利用大陆的人口红利，从事代工业务，成为台湾地区首富。当看到祖国大陆的劳动力成本上升时，将工厂搬离中国到东南亚。富士康在印度、越南、美国等国家兜兜转转几年之后又返回中国，加大对中国大陆的投资。2020 年 4 月，富士康与青岛西海岸新区通过网络视频完成了云签约，这次签约的项目围绕芯片高端封测，总投资额达到 600 亿元。这个项目是富士康在深圳、珠海、济南、南京之后，在半导体布局上的又一个大动作项目，这个项目于 2020 年开工，当时预计 2021 年投产，2025 年量产。富士康之所以重返中国，原因很简单：一方面，中国拥有完善的产业链，这对于富士康这种代工巨头来说非常重要；另一方面，最近几年随着我国华为、小米、OPPO、vivo 等手机厂家的崛起，国内电子产品在世界市场上的份额越来越大，对代工的业务需求也越来越多。其他领域也是一样，面对中国越来越多的业务增长，一些前些年"走出去"投资海外的中国企业家，又回到了中国。例如，2015 年开始大肆海外投资的万达、复星等企业，开始甩卖国外资产，重新回到投资国内。

十几年前转移到东南亚的一些传统制造业，在新冠肺炎疫情暴发以后也逐步回流中国；国内完善的产业链、稳定的政治环境、良好的经商环境，这些都是"走出去"投资者需要的，回头看，在祖国才具有最稳定和最可预期的条件。

在国外的投资者返回中国的同时，国内的投资者从东部沿海地区走向中西部地区，利用中西部地区和东南沿海的资源要素价差，在中西部投资建厂等，将产业从东部转移到中西部，例如近些年我国风头正劲的光伏组件生产企业，就从江苏、浙江等东部沿海省份转移到四川、新疆、内蒙古等省份；电动汽车产业企业也从东部沿海转移到中部和西部，而不是向海外转移。

部分籍贯是中西部地区的投资者，通过勤奋在东南沿海挣钱后，回乡创业，投资家乡，参与乡村振兴，带动村民共同致富。这是我国近年来投资的新趋势，也是我国农业现代化、产业化的必然之路。我国从 2005 年开始新农村建设，到 2017 年开始实施"乡村振兴"战略。这些年，我国已经在乡村形成数以百万亿计的设施性资产。温铁军教授认为，在我国目前资本过剩的背景下，如果我们能够有效地推动"农业供给侧改革"与"金融供给侧改革"的有机整合，为过剩金融资本找到下乡投资的路径，进一步形成资本的闭环运作，那么"第三资产池——乡村振兴"就有可能被打造出来。

2020 年中共十九届五中全会决定五年计划的方向时，特别把"乡村振兴"单独提出来，作为应对全球化挑战的"压舱石"。"压舱石"就是稳固经济基础的核心。中央强调练好内功、夯实基础，转向"国内大循环"为主体的双循环战略。国内大循环是以国内的全国统一大市场为主要需求导向，以国内大市场来拉动我国的投资转向——过去投向城市，现在投向农村，促进投资回流本土化。

中美贸易摩擦以来，中央明确做出了一个新的投资规划——至少 7 万亿元投资于"乡村振兴"。[①] 我国的新农村建设从 2005 年开始，到 2020 年的这 15 年解决了全国所有行政村一级的"五通进村"，即"水电路气"加上宽带。再投资不低于 7 万亿元，在没有更好的投资项目之时，完成所有自然村的"五通一平"，让所有的自然村达到与沿海城市同等的基础建设水

---

① 详见：《乡村振兴 5 年规划，投资 7 万亿》，搜狐网，https：//www.sohu.com/a/4831 95268_121119242，2021 年 8 月 13 日。

平，这意味着"大众创业、万众创新"可以直接深入到我国乡村，更加促进投资回流本土化。

温铁军教授认为，打造"第三资产池——乡村振兴"的阶段，就是发展县域经济，其实质是中小企业利用基本建设到位的条件去发展生态资源的价值化。这就是今天我国"第三资产池"的扩张空间。通过"绿水青山就是金山银山"的"两山理论"来推动数字化的生态乡村建设，逐渐消除城乡差异、中西部差异，促进共同富裕。习近平总书记于2022年8月在辽宁省考察时指出，中国式现代化是全体人民共同富裕的现代化。实现共同富裕不仅是经济问题，而且是关系党的执政基础的重大政治问题。2021年8月17日，习近平总书记在中央财经委员会第十次会议上的讲话中就指出把逐步实现全体人民共同富裕摆在更加重要的位置上，推动区域协调发展，采取有力措施保障和改善民生，打赢脱贫攻坚战，全面建成小康社会，为促进共同富裕创造良好条件。投资回流本土化不仅是顺应经济发展潮流的必然趋势，也是实现共同富裕的有效途径。

近年各省政府主导成立以籍贯划分的商会，号召在外的本省籍企业家回乡投资、回乡兴业。2016年2月23日，四川省川商总会成立，这是继浙商总会后，全国成立的第二家商会总会，包括31家异地省级四川（川渝）商会。自川商总会成立以来，凝聚川商力量，展示川商风采，树立川商榜样，传播正能量，激励广大川商在新时代新征程中奋勇当先、担当作为，并向海内外川商发起"我的家乡我振兴"倡议，倡议争当振兴家乡力

量的凝聚者，为家乡高质量发展凝聚起最广泛的力量；争当建
设家乡事业的奋斗者，致力打造绿色生态的现代化美丽家园；
争当宣传家乡美好的代言者，不断提升四川知名度和美誉度。
川商总会成立五年多以来，带动会员企业回四川投资 200 多个
项目，总投资金额超过 3000 亿元，其自身也得到极大发展，网
络遍及全球 60 多个国家和地区，会员企业超过 3 万家，成为建
设四川不可或缺的力量。

　　川商总会、浙商总会，都是投资回归本土化的时代需求。
还有千千万万在东南沿海积累了资本后，回到中西部老家创业
的劳动者，他们将在东南沿海学到的技术、资金，带回老家兴
业，带动当地居民集体致富。

第6章 大变局新趋势新机遇

在中美贸易摩擦持续，新冠肺炎疫情尚未结束的形势下，国家通过一系列的政策调控，推动资本去无序化、平台去垄断化、娱乐去泛滥化、产业去空心化，促进科技重产业化、产业重安全化、产业升级数字化，为未来十年经济持续健康发展奠定了基础。但是我国在国际舆论上时常处于被动地位，作为中国人我们都知道西方媒体的做法，但我们自己要讲好中国故事，传播好中国声音，不仅是让世界了解真实的我们，创造良好的国际舆论环境，也是增强我们自信力的手段。

2016年2月19日，习近平总书记在党的新闻舆论工作座谈会上提出，要加强国际传播能力建设，增强国际话语权，集中讲好中国故事，同时优化战略布局，着力打造具有较强国际影响的外宣旗舰媒体。2016年7月1日，习近平总书记在庆祝中国共产党成立95周年大会上明确提出：中国共产党人"坚持不忘初心、继续前进"，就要坚持"四个自信"，即"中国特色社会主义道路自信、理论自信、制度自信、文化自信"。"四个自信"是对党的十八大提出的中国特色社会主义"三个自信"的创造性拓展和完善。

2021 年 5 月 31 日，习近平总书记在主持十九届中央政治局第三十次集体学习时强调，讲好中国故事，传播好中国声音，展示真实、立体、全面的中国，是加强我国国际传播能力建设的重要任务。要深刻认识新形势下加强和改进国际传播工作的重要性和必要性，下大气力加强国际传播能力建设，形成同我国综合国力和国际地位相匹配的国际话语权，为我国改革发展稳定营造有利的外部舆论环境，为推动构建人类命运共同体作出积极贡献。党的十八大以来，习近平总书记高度重视我国国际传播能力建设，作出了一系列重要论述。

第一节 国民自信国货兴起

近年来，随着我国经济的发展和综合国力水平的不断提高，我国国民普遍增强了道路自信、理论自信、制度自信、文化自信。首先体现在对国货的信任与支持上。

《北京商报》2022 年 6 月 20 日报道①，根据红布林发布的《618 时尚消费图鉴》，2022 年国货品牌交易增长 551%，购买国货成为新的消费潮流。根据中央电视台梳理的《2021 中国电商年度发展报告》②，2021 年"6·18"期间，国潮品牌整体成交额同比增超 4 倍，国货品牌的关注度已经是非国货品牌的 3 倍。尤其需要注意的是，国潮、老字号等国货品牌也受到了"95 后"人群的追捧。数据显示，"95 后"购买老字号品牌商品的销量同比增长超 3 倍，远高于他们父母辈的"60 后"和"70 后"人群。2021 年"双十一"京东美妆预售开启的前 10 分钟，国产化妆品牌的成交额同比增长了 6 倍。国潮让李宁服装振翅高飞，市值三年翻了 12 倍。

2021 年初，艾媒咨询的一项调研数据显示，54.1% 的消费

① 详见：王维祎：《"6·18"二奢消费：国货品牌交易增长 551%》，《北京商报》，2022 年 6 月 20 日。
② 详见：《2021 中国电商年度发展报告》，央视网，http://tv.cctv.com/2021/11/12/VI-DE7hGSes1WklDUExcbxMs0211112.shtml，2021 年 11 月 12 日。

者比较信任目前国产制造的商品质量。"新疆棉事件"让这波国潮兴起加速。这就是中国"90后"年轻人的文化自信，既是对民族品牌的自信，对国家发展的自信，也是对民族复兴的自信。

近年来，国潮成为中国年轻人的流行色。道路自信、制度自信、理论自信和文化自信，不是倡导，而是洋溢在中国人脸庞上的笑容，这个笑容就是中国经济持续向上的内生动力。2022年2月20日，张艺谋在2022年北京冬奥会闭幕式结束后发表感言，认为这次冬奥会开闭幕式与2008年奥运会开闭幕式最大的不同就是文化自信。我们放下了包袱，完全放松自己才可以实现浪漫。

第二节　不一样的产业转移

2020 年初，突如其来的新冠肺炎疫情肆虐全球，我国政府以人民生命为重，果断采取措施，隔断病毒传播，让我国成为世界上最早控制住疫情、恢复正常生产和生活秩序的国家。当疫情继续在其他国家肆虐，导致工厂停工时，我国的工厂已经开足马力生产，不仅向世界提供防疫物资，满足了世界的防疫需求，还满足了世界其他国家居民生活物质的需要。我国强大的制造能力，是本次疾病大流行中保障世界生活秩序的基石，是稳定世界人民生活物资供应的压舱石。

中国海关总署发布数据显示，2020 年，我国货物贸易进出口总值为 32.16 万亿元人民币，比 2019 年增长 1.9%。其中，出口 17.93 万亿元，增长 4%；进口 14.23 万亿元，下降 0.7%；贸易顺差 3.7 万亿元，增加 27.4%。我国外贸进出口从 2020 年 6 月起连续 7 个月实现正增长，全年进出口、出口总值双双创历史新高，国际市场份额也创历史最好纪录，成为全球唯一实现货物贸易正增长的主要经济体。即使我们疫情主要发生在第一季度，到 4 月后就逐步清零，但是 2020 年前 10 个月，我国进出口、出口、进口国际市场份额分别达 12.8%、14.2%、11.5%。2020 年 3 月至 2020 年底，全国海关共验放出口主要疫情防控物资价值 4385 亿元，为全球抗疫斗争作出了重要贡献。

中国海关总署发布数据显示①，2022 年前 7 个月，我国货物进出口总额 23.6 万亿元，同比增长 10.4%。其中，出口 13.37 万亿元，同比增长 14.7%；进口 10.23 万亿元，同比增长 5.3%；贸易顺差 3.14 万亿元，同比增长 62.1%。按美元计价，我国进出口总额 3.64 万亿美元，同比增长 10.4%。其中，出口 2.06 万亿美元，同比增长 14.6%；进口 1.58 万亿美元，同比增长 5.3%；贸易顺差 4823 亿美元，同比增长 61.6%。其中，我国对东盟进出口 3.53 万亿元人民币，同比增长 13.2%，占我国外贸总值的 15%。这是中国东盟经贸合作的最新成果，也是区域全面经济伙伴关系协定（RCEP）交出的亮眼成绩单。半年多来，尽管新冠肺炎疫情延宕反复，国际形势复杂严峻，但 RCEP 持续释放政策红利，助力中国东盟经贸合作再提速。②

我国集中力量办大事的政治体制，应对大灾大难时显示出来的优越性，在举国体制下，迅速控制住疫情，恢复经济，不仅给全球其他国家树立了一个典范，也增强了民众的自信心；更为主要的是，让本来已经转移或者计划转移出去的部分生产线，回流我国，将第五次世界制造业转移至少延后数年，甚至终止转移。这不仅将维持我国的世界制造业大国地位，还将维

---

①　详见：《数据概览：2022 年 1~7 月份外资外贸相关数据》，国家发展和改革委员会，https：//www.ndrc.gov.cn/fggz/fgzy/jjsjgl/202208/t20220830_1334678_ext.html，2022 年 8 月 30 日。

②　详见：《RCEP 助中国东盟经贸合作再提速（观象台）》，《人民日报（海外版）》，https：//www.163.com/news/article/HF7TLT2R000189FH.html? clickfrom = w_yw，2022 年 8 月 20 日。

持我国制造业在 GDP 中的占比，给我国持续扩大内部消费市场提供了缓冲时间；利用此时间窗口，不仅有利于通过"共同富裕"提高国民收入，还有利于产业的升级转型，以及向中西部转移产业，促进区域均衡发展。

全球最开始工业化的国家是英国，英国在工业革命时代是"全产业链工业国"与"基建狂魔"，在积累财富以后发展金融和投资，在 20 世纪初将制造业逐步转移到美国，伦敦成为全球金融中心，英国产业空心化，美国成为制造业强国，这是全球第一次制造业转移。

20 世纪 50 年代，为在欧洲对抗苏联，在亚洲进行越南战争和朝鲜战争，美国把钢铁、纺织等传统产业转移到德国、日本，促成了德国、日本现代工业重新起步，这是全球第二次制造业转移。

在日本、德国接受了美国转移的部分制造业产业链以后，慢慢走向产业链的中上游，将部分中低端的制造业转移到亚洲"四小龙"，东南亚的菲律宾、泰国等国家和地区，以及部分拉美国家。由于日本、德国在"二战"前就有工业底子和产业工人，在将中低端制造业转移出去以后，专心发展优势产业，比如汽车、电器、机床、仪器等中高端产业，参与了产业的国际分工，避免了产业的空心化。这就是全球第三次制造业转移。

到了 20 世纪 80 年代初，我国对外开放，由于我国极低的劳动力成本、土地成本和税收优惠，以及巨大的单一市场，欧、美、日等发达国家和亚洲"四小龙"等新兴工业化国家和地区，以及泰国、菲律宾等东南亚国家，所有的低端制造业，都被吸引到了我国，这就是全球第四次制造业转移。

从 2012 年开始，由于我国大陆土地成本、劳动力成本急剧上升，部分低端制造业企业开始向东南亚转移，比如服装企业、制鞋企业等，并逐渐成为风向。到 2017 年左右，以富士康为代表的中高端制造业，也逐步转移到东南亚和南亚等劳动力成本更低、土地成本更低的国家。在我国国内，因为劳动力成本上升、土地成本持续上涨、人口老龄化导致劳动力不足，从理论上来说，第五次全球制造业转移的序幕已经开启。而此时，我国已经意识到制造业对国民经济的压舱石作用，积极通过各种手段留住制造业企业，不仅体现在税收、投资、融资上，还体现在产业链帮扶上；更为主要的是在扩大内需上，通过全国系统性扶贫和增加农民收入，对广大农民实现了"两不愁三保障"，全体农民参与农村合作医疗，让人民敢于消费，扩大了内需市场，给制造业留在国内提供了市场空间，并适时提出"双循环"发展战略，以国内大循环为主体、国内国际双循环相互促进的新发展格局，培育新形势下我国参与国际合作和竞争新优势。

我国制造业成本虽然已经不是全球洼地，但是全世界发展中国家都深陷疫情失控，让我国被动成为了全世界制造业成本最低的国家；因为其他地方已经不仅是生产成本问题，而是能否生产的问题。更为主要的是，我国在疫情中加速完成了一系列国家政策的调整，促进产业去空心化、科技重产业化、产业重安全化、产业升级数字化，做了一系列补链强链的产业政策安排，加固了我国制造业在全球的地位。

所有的产业转移，本质上都是资本在寻找一个利益最大化的产业基地。从欧美到日本，从亚洲"四小龙"到中国内地，就是资本自发流动的一个过程。只要资本发现国内的产业环境不如国外，就一定会把产业转移出去，不管这样做是不是会有损本国的利益，抑或是会给其他国家后来居上的机会。

但是，我国有其他国家不具备的纵深市场。我国不平衡的区域发展，提供了不同的生产成本。全球第五次产业转移的目的地，可以是东南亚，也可以是我国的中西部地区；留在国内就可以享受世界最大的单一市场的红利、稳定的政治环境、完善的配套产业链，还有完备的基础设施、丰富的人力资源。世界上只有我国才有足够庞大的内需市场，中央前两年提出双循环战略，就是为留在国内的制造业企业扩大市场，让大部分制造业能活下去。

如果回看前四次全球产业转移，就会发现，所有国家的制造业发展历程，都顺应了经济发展规律，都是由于经济发展，导致生产成本上升，随后陷入生产力停滞，主动转移出制造业，耽于更轻松的利益，失去进取心和改变的动力。而我国有很大的不同，我们将延缓第五次产业转移，甚至把产业留在我国，让我们有希望结束这个经济发展规律。因为，在人类历史上从未有像我们这样的超级大的单一市场，而且区域发展还不平衡。在工业革命前，我国经济独占世界经济的鳌头。在工业革命后，制造业大国都是人口小国；至今英国本土人口也不过 6000 万出头，美国人口不过 3 亿出头，而我国有 14 亿人口。

另外，我们有能集中力量办大事的中央政府。在某种意义上，新冠肺炎疫情不完全是一个医学问题，也是一个政府组织能力的问题。新冠肺炎疫情考验的不仅是一个国家的医学水准，还有政府组织能力。我国成为了全球唯一第一时间管控住了新冠肺炎疫情的大国。我国政府不仅能够管住疫情，还能管住资本，这是美国、英国等老牌资本主义国家不可想象的事情。

这次疫情，让制造业愿意留在国内。通过这些年持续集中扶贫和增加低收入群体的收入，在农村实行农村合作医疗，落实"两不愁三保障"等举措，解决了广大农村群体的后顾之忧，扩大了内需；对产业链补链强链等降低生产成本；通过加入各个自贸区，降低国际贸易的关税成本；再通过"共同富裕"，深度释放消费能力，落地"双循环"战略，必将让制造业愿意留在国内。2010 年到 2020 年，我国制造业增加值占世界的比例增长 11 个百分点，2020 年的增加值相当于排在我们后面第二、第三、第四的美国、日本、德国三国的总和（见表 1）。

表 1　世界制造业增加值前十国家/地区占世界比例

单位：%

国家或地区	2010 年	2020 年
中国大陆	18.24	29.19

续表

国家或地区	2010 年	2020 年
美国	16.96	17.19
日本	11.26	7.05
德国	6.35	5.14
韩国	2.98	3.08
印度	2.71	2.58
意大利	2.88	2.12
法国	2.59	1.83
英国	2.24	1.72
中国台湾	1.23	1.65

资料来源：https：//data.gotohui.com/list/161693.html。

事实上，我国向越南等东南亚国家转移的是产业链中低附加值的劳动力密集型环节，转移出去以后，我国出口越南的是大规模的中间产品，这说明我国的产业已经升级，这让我国出口产品的附加值越来越高。中国贸易额在疫情之前只占世界的11%，现在达到14%，与主要国家的贸易额从14%增长到17%。

疫情给我国留住制造业提供了时间缓冲，在此期间凝聚了共识，升级了产业，提高了生产效率，扩大了内需市场，将让第五次全球产业转移延缓，或者根本就不转移，留在中国国内。更为主要的是我国通过改革开放 40 余年形成的产业集群优势，让世界上没有一个地方有能力承接我国制造业的全面转移，更没有足够大的市场来容纳我国制造业的转移。我国拥有完整的产业链、优质的基础设施、高素质的工程师和技术工人，以及政府产业政策支持，在不同的地方形成了不同的产业集群，也就形成了产业转移的壁垒。

据媒体报道①，2021 年苹果找上宁德时代、比亚迪两大中国电池巨头，希望在美国合作建厂生产车用电池，但遗憾的是，这两家中企先后拒绝为苹果在美国建厂的动议。据中国经济网 2021 年 11 月 11 日报道，苹果仍未放弃希望，仍计划与宁德时代、比亚迪恢复谈判，为获得更先进的电池而努力。

① 详见：《比亚迪和宁德时代拒绝苹果的要求，别人求之不得，为何他俩敢拒绝》，见智财经，https：//baijiahao.baidu.com/s？id=1714761418574170212&wfr=spider&for=pc，2021 年 10 月 27 日。

179

第三节　重新再重视制造业

　　2021 年 9 月 24 日，国家发展改革委召开"惠企纾困"新闻发布会。国家发展改革委产业司副司长霍福鹏指出，2021 年以来，制造业投资持续发力，1~8 月制造业投资同比增长15.7%，高于全部投资增速 6.8 个百分点。下一步，国家发展改革委将积极鼓励引导社会资本加大投资力度，保持制造业投资的良好增长态势。霍福鹏介绍了在制造业方面国家下一步鼓励投资的重点方向和领域。一是夯实产业基础。鼓励企业聚焦制造业基础零部件、基础材料、基础工艺、基础软件加大投资布局，着力突破关键技术，实现工程化、产业化，补齐产业发展基础短板。二是推动传统产业改造提升。鼓励企业加大技改投入，应用先进技术、更新生产设备，提升产品质量、加强品牌建设，加快向高端化、智能化、绿色化转型，以高质量供给适应引领创造新需求。三是加快发展先进制造业。鼓励企业瞄准未来产业变革方向，持续扩大有效投资，加快重大技术创新成果产业化步伐，培育新技术、新产品、新业态、新模式，增强全产业链核心竞争力。四是促进先进制造业和现代服务业融合发展。鼓励企业培育发展专业化服务机构，提升产业创新力，提高要素配置效率，增强全产业链竞争优势。五是优化产业区域布局。鼓励企业加大在中西部和东北地区投资力度，用好我国发展战略纵深，优化产业链区域布局，实现产业在国内有序转移，增强产业根植性。

重新重视制造业，不仅是我国政府，也是整个社会的共识。新冠肺炎疫情让全社会再次意识到制造业的重要性，破除了"造不如买，买不如租"等观点，将制造业产业链留在国内，成为了全社会的呼声，也逐渐成为部分企业的实际行动。2021年12月15日召开的国务院常务会议进一步确定了加大对制造业支持的政策举措，促进实体经济稳定发展。加大对制造业企业助企纾困和发展的支持力度，扎实推动制造业从中低端向中高端迈进。会议明确了五方面的具体措施，包括实施减税降费政策要向制造业倾斜，深化制造业领域"放管服"改革，加快制造业数字化转型，鼓励大企业带动更多中小企业融入供应链创新链，深化和拓展国际合作。

新加坡是一个很好的例子，该国土地面积只有我国香港地区一半，是区域的金融中心，似乎可以不必发展造船业、炼油业，但是新加坡却没有这样做。现在新加坡金融业发展的势头迅猛，与其工业基础牢固有莫大的关系。2020年，新加坡制造业对 GDP 的贡献约为 1060 亿新元，约占 21%，是世界上为数不多的制造业占比超过 GDP 20%的发达国家。新加坡制造业以高附加值产业为主，是全球第四大高科技产品出口国，主要产业集群包括航空航天、半导体、化学和生物医学科学等领域。新加坡汇聚了很多跨国公司的区域总部或重要研发中心，是全球宇航价值链的关键保养、维修、翻修以及制造节点，拥有130多家航空航天企业，总产值超过80亿元；还是全球第五大精炼油生产国，超过100家全球石油、石化和特种化工公司集聚于此。虽然是弹丸之地，但新加坡始终坚持发展制造业，奠定了其在全球经济中的地位。

2021年10月8日，第一财经报道①，电讯盈科和信德集团投资威马汽车。李嘉诚从轻工业起家成为"塑胶花"大王，但后续他所开辟的商业帝国缺乏制造业的"基因"，投资于房地产、零售、公用事业等没有科技含量的产业。信德集团一直扎根于地产、运输、酒店及消闲领域，就算投资板块也是围绕这些核心业务展开，比如澳门旅游娱乐股份有限公司、启德邮轮码头等。对于制造业，他们相当陌生，更别提高精尖产业。现在香港和澳门两大具有代表性的集团投资制造业，说明风向变了，时代变了，环境变了，全中国都在讲产业升级、产业安全，及如何摆脱美国"卡脖子"的困境。香港新世界郑志刚于2017年联手成立资本公司，投资了商汤科技、蔚来汽车、小鹏汽车、思灵机器人等科技公司。用真金白银，看好我国制造业的未来。

国内的互联网巨头们，也开始参与制造业。京东于2018年1月开始推出"京东京造"，便是京东推出的自有严选品牌，聚焦在提升消费者品质生活的家居百货领域，定位为"好生活的缔造者"。京东这种基于用户数据驱动的C2M模式，让京造开

---

① 详见：杨海艳：《获电讯盈科信德集团注资 威马或寻求境外上市》，第一财经，http：//www.capwhale.com/newsfile/details/20211008/502e4d5b73754da2aa75dd8b380e874d.shtml，2021年10月8日。

发出了大量备受消费者青睐的商品，实现了相比传统品牌的效率大幅提升。

据凤凰网报道①，2019 年 9 月 25 日，在杭州举行的 "2019 云栖大会" 上，达摩院院长张建锋现场发布了阿里巴巴第一颗自研芯片——含光 800，据张建锋介绍，这款全球最强的 AI 芯片含光 800 在业界标准的 ResNet-50 测试中，推理性能达到 78563 IPS，比目前业界最好的 AI 芯片性能高 4 倍；能效比 500 IPS/W，是第二名的 3.3 倍。阿里巴巴的 AI 芯片含光 800 问世，在当时创造了性能和能效比两项纪录。芯片每一次的突破都需要较长的时间，从设计、制造到应用，芯片的每一个关卡都需要付出很多，但效果也非常明显。2021 年 "双十一" 的算法运行效率最高提升了近 2 倍，就是因为含光 800 支持了全球规模最大的电商搜索任务；此次能力的提升也标志着含光 800 进入规模化应用阶段。十几年前，阿里巴巴做云计算时，靠着每年砸 10 亿、连续砸 10 年的勇气，才创造了飞天操作系统，奠定了中国云计算的基础。当年云计算是这样，现在芯片也是这样。人们都知道搞这些花钱花时间的科技探索，可能未必成功，但时间会证明，搞科研这条路是对的。当年云计算阿里巴巴撑过来了，现在芯片也有了好消息，坚持是有回报的。从这件事可以看出来，阿里巴巴开始回归技术，回归制造业，今后估计只会有更大手笔的投入。

---

① 详见：叶丹：《阿里首颗自研芯片 "含光 800" 问世：号称全球最高性能 AI 芯片》，南方 Plus 客户端，https://ishare.ifeng.com/c/s/7qFwNqXZyHG，2019 年 9 月 25 日。

美团作为本地生活服务的互联网大厂，近年也加大投资科技企业力度。进入 2020 年，美团围绕科技领域的投资开始加速。当年 7 月，美团独家投资了室内配送机器人企业普渡科技（PUDUTECH）B 轮融资，金额过亿元；9 月，美团、腾讯联手投资了智能清洁机器人研发商高仙机器人，投资规模为数亿元人民币；12 月，美团还参与了通用智能机器人公司非夕科技（Flexiv）超 1 亿美元 B 轮融资。

2021 年以来，美团投资速度未减：1 月，投资平台型机器人盈合机器人；2 月，参与自动驾驶初创公司毫末智行；4 月，领投工业机器人公司梅卡曼德；6 月，领投激光雷达制造商禾赛科技；7 月，美团再次扩大投资领域，其关联公司及产业基金美团龙珠均完成了对爱芯科技的投资，开始对半导体领域进行布局。如此密集地投资硬科技领域，与美团创始人王兴对行业趋势、技术发展潮流以及用户需求的判断密不可分。Robotics 是王兴认为能够准确描述人工智能机器人的关键词。"2020 年下半年，我们投资了一些初创公司，所有公司的名字都有个共同点，都含有'Robotics'，这对我们来说很重要，机器人意味着智能硬件。我更看好服务行业的机器人技术。随着技术和机器人的不断进步和发展，我们在提高效率、降低成本和为客户创造更好的体验方面拥有巨大的潜力。"王兴在美团 2021 年一季度财报沟通会上如此说道①。

---

① 详见：张丽娟：《美团的硬科技投资版图，又多了一家芯片企业》，东四十条资本，https://www.sohu.com/a/477582860_494156，2021 年 7 月 15 日。

第6章 大变局新趋势新机遇

美团于 2017 年启动无人机配送场景的探索，致力于打造 3000 米 15 分钟送达的低空物流网络，初步完成了自主飞行无人机、自动化机场及无人机调度系统的研发，其中核心系统 90% 以上的部件都由美团自主研发。2021 年初，美团无人机就已经在深圳完成了首个面向真实用户的订单配送任务，并在其后的深圳疫情中为深圳南山区抗疫建立城市物资运送"空中通道"，给隔离区居民配送紧急物资。到 2021 年 6 月，美团无人机已完成超 20 万架次的飞行测试，配送真实订单超过 2500 单。

2019 年，美团领投了理想汽车的 5.3 亿美元 C 轮融资，随后又在 2020 年 7 月 5.5 亿美元的 D 轮融资中进行了二次投资，在这两笔投资完成后，美团成为理想汽车实际的第二大股东，拥有 5.8% 的投票权。2020 年 7 月 30 日，理想汽车赴美上市，上市过程中，美团认购了 3 亿美元。美团总共在理想汽车身上投资了 11.6 亿美元，持股 24%，成为理想汽车的第一大股东。

以杀毒软件起家的三六零（SH601360）在 2021 年 10 月 18 日晚间公告，拟以自有资金 29 亿元投资入股合众新能源汽车有限公司（哪吒汽车），本次投资全部完成后，公司将间接合计持有哪吒汽车 16.594% 股权，合计成为哪吒汽车第二大股东。

在互联网大厂积极布局制造业的同时，近年来，华为、小米等手机厂商纷纷入局新能源汽车，雷军在 2021 年 3 月 30 日宣布小米将会投资 1000 亿元用于造车。在小米之前，从互联网行业转型造车的新势力理想、蔚来、小鹏，已经量产，并都在美国上市。

2020 年中国制造业贡献 GDP 的占比为 26.18%，2021 年前三季度制造业占 GDP 的比重提升至 27.44%。未来在智能制造、新能源等高端制造业领域还会涌现大量投资项目。

2022 年 3 月 15 日，新华社客户端引文①提到，制造业是整个经济系统的核心、基础，处在一个最为重要的关键位置。制造业产业链的完整与否、成熟与否，决定了国力、国运和国家的经济安全、公共卫生安全和国防安全。制造业是中国经济安身立命之本。我们必须心无旁骛，全力以赴。

---

① 详见：《破除"美国金融模式迷信"！中国金融要走自己的路》，新华社客户端，ht-tps：//baijiahao.baidu.com/s？id＝1727345235296856402&wfr＝spider&for＝pc，2022 年 3 月 15 日。摘编自：张云东：《本原与初心：中国资本市场之问》，中信出版社 2022 年版。

第四节 "脱虚返实" 基础更牢

工信部 2022 年 3 月 9 日发布①，2021 年，我国制造业增加值规模达 31.4 万亿元，占 GDP 的比重达 27.4%，其中，高技术制造业、装备制造业增加值分别增长 18.2%、12.9%。自 2010 年以来，我国制造业增加值已连续 12 年居世界第一。我国制造业大国地位进一步巩固。解维敏（2018）基于 2007 ~2014 年中国 A 股上市公司数据，考察了非金融类企业参股金融业对企业创新的影响，发现参股金融业抑制了企业创新，这种抑制作用对发明专利申请和实用新型专利申请更为显著；而且上述抑制作用对面临融资约束、管理层业绩压力较大的企业更明显。提议必须抑制实体企业金融化，鼓励实体企业提高实业投资，实现 "脱虚向实"。窦炜（2021）以我国 2012~2019 年 A 股非金融类国有上市公司为样本，通过双重差分方法实证研究 "结构化" 去杠杆政策对企业资产配置的影响，发现去杠杆政策会显著降低企业的金融资产配置，并能抑制过度负债企业的固定资产投资，但对企业研发投资没有显著影响；去杠杆政策还会促进正常负债企业的实体投资，

---

① 详见：王政：《我国制造业增加值连续 12 年世界第一》，《人民日报》，2022 年 3 月 10 日。

财政政策与"结构化"去杠杆的政策叠加能强化企业的实体投资。

基于我国 A 股非金融类企业，通过采用数据的时间分析，基于 2007~2014 年的数据，我国企业呈现"脱实向虚"的趋势；但是基于 2012~2019 年的数据，通过我国政府"结构性"去杠杆等一系列政策调控后，我国国有企业呈现"脱虚返实"的趋势。

2012~2021 年，我国工业增加值由 20.9 万亿元增长到 37.3 万亿元，其中制造业增加值由 16.98 万亿元增长到 31.4 万亿元。我国是全世界唯一拥有联合国产业分类中所列全部工业门类的国家，有 220 多种工业产品产量居世界第一位。2021 年，我国规模以上工业增加值增长 9.6%，比 2020 年提高 6.8 个百分点，两年平均增长 6.1%。

我国统计数据显示，2020 年，东盟首次以 4.74 万亿元的进出口额，成为中国第一大贸易伙伴；而欧盟、美国则分别以 4.5 万亿元、4.06 万亿元位列第二、第三。根据世界银行的研究报告，中国与东盟之间的贸易品主要是零部件与半成品。这种贸易只在一个供应链网络内部才有意义，网络之外需要的不是零部件和半成品，而是终端品。这就意味着，制造业从中国向东南亚外溢，是以中国为中心的供应链网络规模在进一步扩大，东南亚国家和中国的生产流程之间是互补关系，构成了一个更庞大的供应链网络。

美国科学基金会发布的《科学与工程指标 2018》报告显

示，在中高端制造业方面，中国占主导地位，其全球份额在过去 10 年间几乎增长了两倍，达到 32%。其中，2009 年超过美国，2012 年超过欧盟。

近年来我国土地、劳动成本上升，认为第五次全球产业转移将来临，我国作为"世界工厂"的地位可能会动摇，很多制造工厂会迁到东南亚。但是我国近年进行的机器换人、无人工厂，规模化的产业集群优势，规模化熟练工程师形成的对接先进科技的制造能力，是目前东南亚和南亚国家还无法替代的。

自德国率先提出工业 4.0 后，我国企业利用资金积累，为应对 10 年前就开始的"用工荒"，部分企业已经完成了自动化改造。我在任民建中央制造业组副组长时（组长是公牛集团董事长阮立平先生），我们小组多次到宁波慈溪公牛集团参观，公牛集团以生产电源连接器，即开关插座等闻名。过去是劳动力密集型企业，这几年公牛集团新建的生产线，都不使用工人，完全是自动化生产。只有高端的开关插座才需要使用熟练工人。公牛集团这样的案例，在我任职民建中央制造业组和企业委员会这十余年，见证了不少。在部分行业，劳动力成本不再成为我国现有制造业的障碍。前几年，我经常去巴基斯坦，和公牛集团阮立平董事长聊天，公牛集团现在出口越来越多，是否有必要去海外设工厂？阮董事长回复，经过测算，目前还是在国内生产更合算。

实际上，在 2008 年金融危机时，国内企业与企业之间的竞争就已经非常激烈。竞争的结果就是，工厂要么进行自动化升级，减少雇用劳动力人数；要么等待被同行淘汰，搬迁至东南亚。也就是说，该迁出去的企业早就迁出去了，没迁出去的企业一直在用机器代替劳动力。我国制造业的自动化升级在 15 年前就已经开始，现在又开始数字化升级，劳动力成本已经不是主要障碍。

任何一个产业都需要产业配套。例如，山东省潍坊市昌乐县鄌郚镇，生产了全世界 1/3 的吉他；辽宁省葫芦岛市兴城区，生产了全世界近 1/3 的泳衣；浙江省诸暨市占据了全球 73% 的淡水珍珠市场；广东省深圳市大芬油画村生产了全球 40% 以上的装饰用油画；河南省商丘市虞城县稍岗镇，生产了全世界超过一半的钢卷尺；湖南省邵东县占据全球 70% 的打火机；广西横县占据全球 60% 的茉莉花；河南省许昌市占据全球超过 80% 的假发；福建省惠安县承包日本 80% 的墓碑；山东省曹县承包日本 90% 的棺材；江苏省丹阳市占据世界 50% 的眼镜；广东省番禺市占据了世界 90% 的抓娃娃机；福建省晋江市占据世界 30% 的运动鞋。

我 20 年前曾经在汽车零部件企业工作，当时负责给长安汽车集团供应汽车转向系统。汽车整车厂需要上千家零部件供应商，而我所在的汽车零部件生产单位也需要上百家原料、设备、劳保、工具等供应商，这种高度分工的配套体系，是需要市场规模、资金和熟练工人才能支撑起来的。对于制造业，特别是汽车制造业来说尤为重要。我国近 20 年汽车产业的生产规模增长了 10 倍以上，但是整车厂数量不到 20 年前的 1/10。在 25 年前，长安汽车年产量仅 10 万余辆，现年产汽车超过 200 万辆；长城汽车年产 3000 辆，现年产汽车超过 100 万辆。在我国整车生产厂家数量减少的同时，配套生产企业数量也成倍地减少，各家的生产规模的急剧扩大，靠的就是我国的市场规模支撑的配套体系。

强大的配套体系，不仅会降低生产成本，更关键的是，充足的配套能力能够满足订单量剧烈波动带来的供应量冲击，即在短时间内凑够紧急订单所需要的零部件和原材料，避免生产受到影响。1999 年，经过一年多的努力，我将原工作单位四川绵阳汽车方向机总厂引入长安汽车集团配套体系，第一年正式进入长安汽车集团配套体系，分给我们工厂的供货比例仅为 10%；但在当年 4 月，供货数量达 75% 的第一配套企业产品出现系统性质量问题，长安汽车面临停产的窘境。在刚正式进入长安汽车配套体系的时候，我考虑到要首先保证长安汽车的稳定供应，提前安排工厂多备了比正常供应量多的成品和半成品库存，当时工厂生产周期需要 28 天。当长安汽车配套处询问我能否满足供应时，由于已经有了一定的成品库存和半成品，我承诺我们工厂能够单独保证长安汽车满负荷生产需要。这就是产业集群能力保障生产稳定的例证。如果当年长安汽车没有选择我所在的单位进入配套体系，那么长安汽车就只有停产。四川绵阳汽车方向机总厂历时十余年都未能进入长安汽车配套体系，其中一方

面的原因就是当时长安汽车产量不够大，需要优先保障兵器
工业体系内部企业的供货量，无法向市场释放足够的采购
量。所以，在正式进入配套体系的第一年，长安汽车只给绵
阳汽车方向机总厂 10% 的采购量。20 年前，我国就建立起
来的汽车产业配套体系，为这 20 年国内汽车产量增长超过
10 倍打下了坚实基础。这成体系的产业集群，是很难搬出
去的，首要原因就是国外没有中国这么大的单一市场来承接
这么大规模的产业集群。

我国的珠三角和长三角已经成为全世界最强大的电子产品
配套基地，每一家工厂背后是成百上千家企业配套的供应链，
只迁出去一个工厂是没有用的。即使真迁出去了，配套企业没
有迁出去，迁出企业还是在同一个供应网络内，所需的大部分
零件还是在中国生产，反而会增加迁出企业的物流成本和管理
难度。

四川长虹集团总部附近有长虹多个总装厂，连成一片被
称为家电城。20 世纪 90 年代长虹是我国最大彩电生产企业，
销量占全国的 1/3，当时长虹主要的配套部件来自长三角和珠
三角，主要原因就是上游供应商在绵阳单独为长虹建配套工
厂，很不经济。国内 20 年前就是这样，现在让产业链上游企
业随主装厂全部搬到国外就更难了。20 年前做不到，现在更
难做到了。

从 2016 年开始，我多次到东南亚和南亚进行商务考察，对
比后发现，部分产业的综合生产成本还是国内更低，能够转移

出去的还是产业链中的劳动力密集型环节，国内的产业集群、配套能力和熟练工人，是东南亚和南亚目前还无法比拟的。经过 40 余年的高速发展，我国产业集群的强大能力，让我国脱虚返实的基础更牢。

第五节 以国内大循环为主体的双循环

2022 年 4 月 10 日，《中共中央 国务院关于加快建设全国统一大市场的意见》正式出台，提出我国将从基础制度建设、市场设施建设等方面打造全国统一的大市场。建设全国统一大市场是构建新发展格局的基础支撑和内在要求。经过改革开放 40 余年的发展，全国统一大市场建设工作取得重要进展，但在实践中还存在一些妨碍全国统一大市场建设的问题，条块分割和地方保护比较突出，要素和资源市场建设不完善。为落实双循环战略部署，必然要加快建设全国统一大市场，畅通全国大循环。

我国从 1949 年到改革开放前的 30 年时间内，出于历史的原因，造成国内经济以内循环为主；改革开放以后，外贸占比越来越高，甚至在前些年我国进出口贸易占 GDP 的比重高达 65% 左右；随着近年国内区域均衡发展，农村系统性扶贫增收，居民收入水平不断提高，我国内需得到极大释放，进出口贸易在 GDP 中的比重稳步下降，2021 年降到了 32%。过去 30 年我国长期依靠"国际国内循环"（外循环）实现了经济高速发展，暴露出诸多问题，例如"两头在外"，不仅包括产业位于价值链的中低端、能源资源消耗大、环境污染严重、国内经济发展方式粗犷，再加上贸易顺差带来的国际关系压力，而且造成"中国买啥啥贵，中国卖啥啥便宜"，更为主要的是产业安全受制于人。随着在世界经济活动中的融入程度越高，我国国民经济受世界经济环境变化的影响越大，增加了我国经济发展的不稳定性、不确定性。同时，在国内的内循环中也还存在一些"肠梗阻"，虽然经过 20 世纪八九十年代持续打破"地方封锁"，打破"条块分割"，打破"区域保护"，逐步形成了全球最大的单一市场，但是在我国部分地区和部分行业还存在"保护主义"，还存在阻碍经济自由流通发展的因素，隐隐作祟。在当前我国面临的全球风险挑战明显增多的情况下，加快建设全国统一大市场就显得尤为必要，这不仅是促进经济平稳运行的重要举措，也是提升供给质量创造更多市场需求、释放更大消费潜力、推动经济持续健康发展的重要保证。

从 2020 年 5 月 14 日，中央首次提出"构建国内国际双循环相互促进的新发展格局"，到 2020 年 5 月下旬"两会"期间，习近平总书记强调要"逐步形成以国内大循环为主体、国内国际双循环相互促进的新发展格局"，最后中共十九届五中全会通过《中共中央关于制定国民经济和社会发展第十四个五年规划和二〇三五年远景目标的建议》，将"加快构建以国内大循环为主体、国内国际双循环相互促进的新发展格局"纳入其中。构建基于"双循环"的新发展格局是我国在国内外环境发生显著变化的大背景下，推动我国开放型经济向更高层次发展的重大战略部署，在于利用好我国是全球最大单一市场的有利条件、我国具有全球最齐全的工业门类的优势，发展我国经济，提高居民获得感，提升我国经济在国际的竞争力。

"双循环"的提出是美国对我国极限施压，新冠肺炎疫情对世界经济的冲击，以及我国自身经济发展到一定阶段后的必然要求。从2018年中美贸易摩擦开始，美国将我国作为战略对手，不停打压我国高科技优势产业和企业。我国提出以国内大循环为主体，就是要努力增大内部市场规模，为这些优势产业和企业提供发展空间，并以更开放的姿态吸引外部投资者，应对美国的极限施压。连续两年的疫情对各国经济的冲击，让世界经济受到不同程度的影响；为我国经济长远健康发展考虑，也必须要以建设国内大循环为主体，未雨绸缪，降低对外部市场的依赖程度；同时，我国区域发展还很不平衡，发展国内经济的大循环还能够均衡国内区域的发展。

为提高我国内贸的占比，一方面需要提高我国居民的可支配收入，提高居民的消费能力，促进经济发展；另一方面需要提高我国城市化水平，提高城市人口占比，提升总体消费能力。目前我国城市化率为64%左右，未来还有一个缓慢增长的过程。我国城市化率是从我国加入世界贸易组织后加速提升的，并逐步形成十九大城市群，其中长三角、珠三角（现为粤港澳大湾区）、京津冀、长江中游和成渝，已具相当规模，但与世界级城市群比较，在发展程度上还有较大的差距；其余的城市群无论在规模上还是在发展程度上都还有很大的提升空间。加速城市群的崛起，能提高我国内循环经济的发展水平。

第6章　大变局新趋势新机遇

以国内大循环为主体的双循环战略，实质就是国家通过提升国内消费能力和建设国内消费市场的举措，扩大国内市场规模，带动国家经济的整体发展。全国统一大市场不是封闭的内循环，而是以国内循环为主，国内国际循环相互促进，以国内大循环和统一大市场为支撑，有效利用全球要素和市场资源，使国内市场与国际市场更好联通，推动制度型开放，增强我国在全球产业链上的影响力，提升我国经济在世界经济中的占比和影响力，从而早日把我国建成社会主义现代化强国。

第六节 "铁公基"走向"新基建"

基建是基本建设的简称，指的是国家增添固定资产的建设，如建设矿井、铁路、公路、桥梁、农田水利等。作为国家调剂经济发展的手段，当能够拉动经济增长的"三驾马车"中的出口和消费乏力时，不少国家就通过投资基建来拉动经济。历史上最早的例子就是《晏子春秋》中记载的齐景公建路寝之台。为了缓解齐国的饥荒，晏婴想到一个办法，用齐景公计划要建的路寝之台以工代赈，高额雇用灾民，延长工期，把路寝之台修建得高大华美，缓解了齐国当时的饥荒，成为我国最早有文字记载的"基建缓解经济危机"的案例。美国在20世纪30年代出现经济危机时，进行了大规模基建拯救国家经济。比较典型的例子就是至今屹立在科罗拉多河上的胡佛大坝，即胡佛总统当年为缓解经济危机兴修的水利。

进行基建所需要的原材料直接刺激了相关企业的生产，创造了大量的就业岗位，提高了人们的收入水平和消费能力，进而又促进了其他行业如休闲娱乐、餐饮、房地产等行业的发展。基建完成后能够长期利好经济发展。过去我国提出"要想富，先修路"，就是通过便利化的基础设施，促进经济流通，从而促进经济繁荣；通过完善的城乡基建体系便利了人们的生活，从长远来说还能够促进经济发展。比如我们熟悉的高铁，不仅改变了人们的出行频率，促进了经济交流，还改变了地理经济，促进了城市群的崛起。

因此，改革开放以后，我国一直非常注重基础设施的投资建设，而且每当经济遇到困难时就加大"铁公基"的投入，刺激经济的发展。例如2008年的"4万亿"就基本投向了"铁公基"。但是我国已经有16万千米高速公路，35000多千米高速铁路，还有城际铁路，各种各样的轻轨轨道，已经是世界之最。今后的基础设施建设，更多的是局部地区、局部领域的改造提升的建设，过去30余年全国遍地开花、大规模发展的阶段过去了，将迎来"新基建"的出现，改变过去投资的领域和模式。新基建指以5G、人工智能、工业互联网、物联网为代表的新型基础设施，本质上是信息数字化的基础设施。它涵盖了三个领域：信息基础设施、融合基础领域和创新基础领域。

"新基建"背后对应的正是世界范围内的信息技术产业革命。我国错过第一次和第二次产业技术革命；利用世界产业转移的机遇，跟上了第三次产业技术革命。现在第四次产业革命即将来临，我国第一次同世界站在了同一起跑线上，进行"新基建"是智能化时代的必然选择，也是经济发展的机遇。连续40余年的高强度投入，我国传统的基建带动经济发展的效应已经减弱，要想抓住第四次产业革命进行经济转型，我国就必须配套相应的智能化基础设施。从这个层面来说，"新基建"不仅可以刺激国内经济的增长，也可以加快产业结构的升级。

"新基建"虽然是近两年才出来的新名词，但是它同传统基建一样对经济发展的作用体现在建设中和完成后。"新基建"在短期内为相关行业创造了机会，其细分的七大领域中包括5G基建、特高压、城际高速铁路和城际轨道交通、新能源汽车充电桩、大数据中心、人工智能、工业互联网，在进行建设的过程中，每一个细分领域又对应着不同的材料、资源、行业、人才的需求，如5G领域直接带动直播行业的发展。在中长期，"新基建"为基于它发展的产业和行业提供了发展基础，就如同传统高速公路带动了物流运输、旅游观光等产业一样，"新基建"则将为中国进入智能化时代奠定基础。人工智能、工业联网等将促进产业结构升级，推动中国制造升级到"中国智造"和"中国创造"，提高中国产品在世界市场上的竞争力。

大国经济的优势就在于有着广大的市场规模和多样化的产品需求，发达的交通运输体系是保证这种优势能够发挥的重要因素。便利的交通降低了运输成本，使企业获利更多，进一步推动了企业扩大生产规模，刺激了消费者的购买欲望。"新基建"的快速布置，会促进新产业的迅速兴起，提升新兴产业在国际上的竞争优势，有利于我国抓住第四次产业革命的机遇，在未来的世界经济和技术竞争中处于有利地位。

因此，2018年12月19~21日的中央经济工作会议就把5G、人工智能、工业互联网、物联网定义为"新型基础设施建设"；随后"加强新一代信息基础设施建设"被列入2019年《政府工作报告》。2019年7月30日，中共中央政治局召开会议，提出"加快推进信息网络等新型基础设施建设"；2020 年 4月 20 日，国家发展改革委创新和高技术发展司司长伍浩在国家发展改革委新闻发布会上表示，"新基建"包括信息基础设施、融合基础设施和创新基础设施三方面，明确了"新基建"的定义范围。

2022 年 2 月 17 日，国家发展改革委等部门联合印发通知，同意在京津冀、长三角、粤港澳大湾区、成渝、内蒙古、贵州、甘肃、宁夏八地启动建设国家算力枢纽节点，并规划了 10 个国家数据中心集群。至此，全国一体化大数据中心体系完成总体布局设计，"东数西算"工程正式全面启动，这是继"南水北调""西气东输""西电东送"之后国家层面规划的重大工程。[1]

至 2022 年 3 月 9 日，我国已经建成全球最大规模光纤和移动通信网络，累计建成开通 5G 基站超过 142.5 万个，5G 手机终端连接数达 5.2 亿户，让我国新基建走上发展快车道。[2]

---

[1] 详见：严赋憬、安蓓：《正式启动！"东数西算"工程全面实施》，中国政府网，http：//www.gov.cn/xinwen/2022-02/17/content_5674322.htm，2022 年 2 月 17 日。

[2] 详见：王政：《我国制造业增加值连续 12 年世界第一》，《人民日报》，2022 年 3 月 10 日。

第七节　碳中和碳达峰机遇

2021 年 4 月 22 日，习近平总书记在北京以视频方式出席领导人气候峰会时正式宣布，我国将力争 2030 年前实现碳达峰、2060 年前实现碳中和（即实现 "3060" 目标）。这是我国基于推动构建人类命运共同体的责任担当和实现可持续发展的内在要求做出的重大战略决策。我国承诺实现从碳达峰到碳中和的时间，远远短于发达国家所用时间。郭朝先（2021）认为，2060 年前实现碳中和，要求我国经济系统必须进行彻底的绿色低碳转型发展，引发能源体系的革命性变革。其阐述了碳中和目标如何 "倒逼" 经济发展方式的根本转型。

为达成以上的目标，就需要大量资金投资在新技术和新产业上，为低碳、零碳、负碳技术创新和产业转型升级提供市场机遇。张希良等（2022）研究后认为，要实现 "2060 年前碳中和" 目标，我国需要提高能源利用效率，2060 年单位 GDP 能源消费相比当前需要下降 75% 以上；持续推进以新能源为主体的能源结构优化；2060 年非化石能源在一次能源消费中的比重要提高到 80% 以上；大力推进电气化和电力系统深度脱碳，2060 年电力在终端能源消费中的比重提高至 70% 以上，非化石电力在电力供应中的比重提升至 90% 以上，电力系统在 2045～

2050 年实现净零碳排放。

据中电联全口径统计，2020 年全国发电装机容量 220058 万千瓦，比上年末增长 9.5%。其中，火电装机容量（包括燃气轮机及生物质燃烧发电）124517 万千瓦（其中，煤电装机容量 10.8 亿千瓦，占比为 49.1%），同比增长 4.7%；水电装机容量 37016 万千瓦，同比增长 3.4%；核电装机容量 4989 万千瓦，同比增长 2.4%；并网风电装机容量 28153 万千瓦，同比增长 34.6%；并网太阳能发电装机容量 25343 万千瓦，同比增长 24.1%。

根据国家统计局发布的《国民经济和社会发展统计公报》，2020 年，全国发电量 77790.6 亿千瓦时，同比增长 3.7%。其中，火电发电量 53302.5 亿千瓦时，同比增长 2.1%；水电发电量 13552.1 亿千瓦时，同比增长 3.9%；核电发电量 3662.5 亿千瓦时，同比增长 5.1%。另据中电联全口径统计，风电、太阳能发电量分别为 4665 亿千瓦时、2611 亿千瓦时，分别同比增长 15.1% 和 16.6%；生物质发电量 1326 亿千瓦时，同比增长 19.4%。

通过以上两组数据可以看出，虽然近年绿色能源增长率比化石能源较高，但是从装机容量和发电量来看，火电依旧是大头，占了总体的 70% 左右。化石能源是碳排放的主要来源，为达到碳中和，在增加消碳纳碳的同时，更需要大力发展光伏、风能、氢能、核能、生物质等非化石能源发电，也需要减少燃油车使用。徐政等（2021）分别从国内大循环的供给端和需求端，以及国际大循环的角度阐释碳达峰、碳中和对高质量发展赋能的内在逻辑，表明"3060"目标与双循环战略的互融互通是实现经济绿色低碳升级的重要环节，也是高质量发展的重要支点，"双碳"政策能够赋能国家经济高质量发展。

据中电联全口径统计，2020年全国电源基本建设投资完成5244亿元，同比增长29.2%。其中，水电1077亿元，同比增长19.0%；风电2618亿元，同比增长70.6%；光伏2200亿元，同比增长60.1%；火电553亿元，同比下降27.3%；核电378亿元，同比下降22.6%。这体现了我国电源投资非化石能源的方向。

随着社会进步和人民生活水平提高，对电力的需求只会越来越大。如产业发展，对电能的需求会更大；云计算，工业智能化、产业数字化，现代服务业等，也都是建立在电能消耗的基础之上。因此，国家在风能、太阳能、氢能、水电、生物质发电等可再生能源上的投资还会大幅增加，这为绿色能源的投资提供了机会。根据国家电网的测算，2035年前，我国风、光装机容量规模将分别达到7亿千瓦、6.5亿千瓦，全国风电、太阳能日最大波动率预计分别达1.56亿千瓦、4.16亿千瓦，大大超出电源调节能力，迫切需要重新构建调峰、调频体系，以使电网侧具备应对新能源5亿千瓦左右的日功率波动的调节能力；水电的丰水期枯水期的季节差异，也需要调峰错峰；因此在储能、智慧电网等方面，都需要继续加大投资，壮大相关产业，为未来提供投资机会。

未来一段时间，火力发电依旧是无法退场的主要电力来源。在平抑风电、光伏、水电发电的波动方面具有非常大的优势；伴随国内用电量的增大，短期内火力发电的规模不会下降，因此开发更高效率的火力发电设备，依旧有市场。

公安部统计，2020 年，全国机动车保有量达 3.72 亿辆，其中汽车 2.81 亿辆；汽车中 90% 是燃油车。按照我国 14 亿人口估算，未来我国汽车保有量还有可能再翻一倍，超过 6 亿辆是完全可以预期的，因此燃油车不仅依旧还有市场，而且电动汽车市场增长会更快。同时，氢能源车也将逐步进入市场，不仅是载重货车，家用乘用车大规模使用氢能源在未来的一二十年内是可预期的。我国巨大的市场，已经为电动汽车后来居上提供了可能，电动汽车的产量已经位居世界第一，众多造车新势力加入了电动汽车这个新赛道。

在 2021 年前十个月全球新能源乘用车企业销量 TOP 20 榜单中，特斯拉位居第一，比亚迪位居第二，上汽乘用车、长城、广汽、东风、小鹏、蔚来、长安都跻身世界前 20；我国新能源车虽然起步较晚，但品牌占据世界近半壁江山，销量占世界 50% 左右，培育了蔚来、小鹏、理想、哪吒、威马等一众新品牌；后续的小米汽车、华为汽车也伺机待发，我国新能源汽车行业基本实现了弯道超车。可以说，我国的电动汽车品牌已经挑起了全球发展电动汽车的大梁，成为从传统燃油车转向电动汽车的主力军，并实现了从奋力追赶到引领的蜕变，抓住了以新能源为主线向汽车工业强国转变的战略契机。我国已经成为全球电动汽车的研发高地、创新高地、最庞大的制造基地、最完善的产业体系和最大的单一市场。

据中央电视台报道，2021年我国新能源汽车产销量均超过350万辆，同比均增长1.6倍，新能源车占汽车总量的15%，连续七年位居世界第一，占全球新能源汽车50%的比重。我国庞大的消费市场不仅吸引了美国的新能源汽车巨头特斯拉来到我国建厂，还孕育出一众国产品牌。在各大汽车厂和各国产新锐品牌的助推下，我国已经形成全球最完善的新能源汽车产业链。我国新能源汽车工业迅速崛起代表了我国制造业的未来和在世界制造业中的地位，也体现了在碳达峰碳中和背景下出现的新的投资机遇。

在我国电动汽车取得不俗业绩的同时，氢能源汽车在国内蓄势待发。2020年9月，国家财政部、工信部、科技部、国家发展改革委、国家能源局五部门联合发布《关于开展燃料电池汽车示范应用的通知》，得到各个城市的积极响应；共有18个城市群参与申报。各个城市见证了电动汽车近年的快速发展，带动地方产业转型升级和就业税收，包括北京这样要清退部分产业的城市，都积极争取纳入国家燃料电池汽车示范群。2021年8月16日，北京市正式发布《北京市氢能产业发展实施方案（2021—2025年）》。实施方案明确，2025年前，产业体系、配套基础设施相对完善，培育10~15家具有国际影响力的产业链龙头企业，建成3~4家国际一流的产业研发创新平台，京津冀区域累计实现氢能产业链产业规模1000亿元以上，减少碳排放 200 万吨。

上海市在已经有了特斯拉和上海汽车等电动汽车产业的情况下，还制定了氢能源汽车产业近期发展目标——"百站、千亿、万辆"，并牵头、协同苏州、南通、嘉兴、淄博、鄂尔多斯、宁东能源化工基地等组建城市群，发挥上海龙头带动作用，推动产业发展。按照规划，上海市牵头的燃料电池汽车示范城市群，通过四年的示范应用，推广 5000 辆燃料电池汽车，建设 73 座加氢站，同时加强城市群之间的协同，分年度推进电堆、双极板、膜电极、催化剂等八大零部件的技术发展。

2020 年，我着手将日本氢能相关专利、技术和产品引进到国内，进行合资合作，拜访了天津、济南、青岛、佛山南海、北京亦庄、上海等计划引进氢能的工业园区，了解了我国氢能的发展状况，应该说我国氢能的产业应用如同 2012 年前后的电动汽车，正蓄势待发。

2021 年我国二级市场的氢能源板块个股中，密封科技、浙江新能、厚普股份的涨幅都超过 200%；"摘帽"不久的海马汽车的股价涨幅亦达到 134.54%。与氢能源相关的龙头股潍柴动力、美锦能源、亿华通、全柴动力等也备受市场关注。

作为应用示范，2022 年冬奥会，氢能源汽车将作为奥运会乘用车。以此为起点，未来京津冀地区必将加快氢能源车的普及和应用。氢能源汽车产业也将作为一个新兴的产业在我国发展壮大，这也是碳达峰碳中和背景下出现的投资机遇。我国每年生产氢气超过 2500 万吨，氢气具有能量密度高、转化效率高等特点，是不错的能源储存介质，可以作为风能、太阳能的储能介质。因此，制氢、储氢、输氢、电堆等行业还有巨大的发展空间和投资机会。

在加氢站数量方面，从国家的角度来看，2020 年日本凭借 142 座加氢站位居全球第一；德国排名第二，总建成 100 座加氢站；我国凭借 69 座加氢站位居全球第三。但是到了 2021 年，我国加氢站数量已经超过德国，并呈现加速建设的发展势头。日、中、德三个国家加氢站数量占全球总数的 60% 左右，显示出三国在氢能与燃料电池技术领域的快速发展以及相对领先地位。

我国近几年在氢能源产业的快速发展，完全得益于政府的大力支持。在"十四五"规划中，氢能作为前沿科技和产业变革领域，首次在"五年规划"中被提及。规划指出，"十四五"期间要组织实施氢能产业孵化与加速计划，谋划布局一批氢能产业。在科教资源优势突出、产业基础雄厚的地区，布局一批国家氢能产业技术研究院，加强前沿技术多路径探索、交叉融合和颠覆性技术供给。实施产业跨界融合示范工程，打造氢能技术应用场景，加速产业形成。《新时代的中国能源发展》白皮书中提到要加速发展绿氢的制取、储运和应用等氢能产业链技术装备，促进氢燃料电池技术链、氢燃料电池汽车产业链发展。

氢能源作为技术密集型行业，有着极高的技术要求。早期，国内氢能源相关技术专利的研发较为缓慢，专利年申请量不足百件。自 2015 年开始，国内氢能源专利申请数量迅速攀升。其中 2020 年，我国氢能源技术专利申请数量为 269 件。为推进氢能技术发展及产业化，2018～2020 年，国家重点研发计划启动实施"可再生能源与氢能技术"重点专项。其中科技部通过"可再生能源与氢能技术"重点专项，部署了 27 个氢能研发项目。

从科技重产业化的角度来看，下游应用是氢能源研发的重点，其次是制氢和储氢。在 2018～2020 年国家重点研发项目中，燃料电池技术类有 14 个，制氢技术类有 5 个，储氢技术类有 6 个，加氢站技术类有 2 个。2021 年 2 月 1 日，科学技术部发布了《关于对"十四五"国家重点研发计划"氢能技术"等 18 个重点专项 2021 年度项目申报指南征求意见的通知》，其中，对氢能技术专项系统布局氢能的绿色制取、安全致密储存运输和高效利用技术进行重点突破。2021 年，制氢和储氢技术研发项目占比大幅提升。

得益于国家政策利好及支持，我国的燃料电池汽车技术已初步掌握了整车、动力系统与核心部件的核心技术，基本建立了具有自主知识产权的燃料电池轿车与燃料电池城市客车动力系统技术平台。在产业链配套方面，我国初步形成了燃料电池发动机、动力电池、DC/DC 变换器、驱动电机、供氢系统等关键零部件的配套研发体系，实现了小批量动力系统与整车的生产能力。

2019 年 6 月，由国家能源集团牵头，联合 17 家企业、高校和研究机构发起的中国氢能源及燃料电池产业创新战略联盟发布了《中国氢能源及燃料电池产业白皮书》，提出了我国氢能及燃料电池产业总体目标。根据白皮书公布的目标，氢能将成为我国能源体系的重要组成部分，预计到 2050 年氢能在我国能源体系中的占比约为 10%，年经济产值超过 10 万亿元，交通运输、工业等领域将实现氢能普及应用，燃料电池车产量达到 520 万辆/年，固定式发电装置 2 万台套/年，燃料电池系统产能 550 万台套/年。

不仅中央层面支持氢能的发展，北京、山东、河北、天津、四川、浙江、宁夏等省份也发布了氢能源相关专项政策或规划，明确了氢能源产业发展目标。其余省份通过氢燃料汽车等相关政策规划发布了氢能源产业建设目标。我国在电动汽车实现"弯道超车"的同时，开始储备氢能源技术、产业基础和终端应用场景，并逐步建立起全产业链，我们有信心中国未来会引领世界氢能源产业的发展。

汽车工业是一个国家从制造业大国走向制造业强国的标志，世界强国无一例外都是汽车制造业大国。世界上只有七个国家具有汽车工业的完整产业体系，分别是美国、德国、日本、韩国、法国、意大利和中国，全球汽车销量的多数来自这七个国家。在其他国家，英国的主要汽车厂已经被出售，基本退出汽车工业领域；印度、俄罗斯、巴西都没有年销量百万级别的汽车品牌。随着新能源汽车和自动驾驶汽车时代的到来，汽车工业格局还将发生巨变，一些适应不了时代发展的传统燃油车巨头将被新崛起的新能源汽车巨头替代,其中自动驾驶和电动汽车是中国和美国两国领先,电动汽车用动力电池由中国、日本和韩国三国领导,氢能源汽车目前是日本、德国和中国居前。

目前我国是世界上唯一同时在燃油车、电动汽车和氢能源车三个领域发展排名居前的国家。我国在传统燃油车上的发展是后来者,在电动汽车的发展上是跟随者,而在氢能源汽车的发展上可能就成为引领者。电动汽车已经为我国的汽车工业"弯道超车"提供了例子,氢能汽车将为我国提供新的投资机会,新增产业体系,为经济增添新的活力。

无论是电动汽车,还是氢能源产业,都是碳达峰碳中和背景下,国家鼓励、催生,提前于市场需求出现的投资机会和产业体系。这两个产业体系都是不直接使用化石能源的终端应用。在碳捕获碳封存领域还会出现新的商业机会和投资机会。

2021 年 9 月 24 日,中国科学院天津工业生物技术研究所在国际顶尖杂志《科学》上发表工作论文,其在淀粉的人工合成方面取得重大突破性进展,在实验室首次实现了二氧化碳到淀粉的全合成,这次合成将自然界生物从二氧化碳合成淀粉需要的大约 60 个生化反应,且需要复杂的生理调节,转变成 11 个步骤的人工合成。实验室合成的速率是玉米淀粉合成速率的 8.5 倍,理论上,1 立方米大小的生物反应器年产淀粉量相当于我国 5 亩玉米地的年产淀粉量。这条新路线使淀粉生产方式从传统的农业种植向工业制造转变成为可能,为二氧化碳合成复杂分子开辟了新的技术路线。将自然界合成淀粉的效率约为 2%

（玉米），提高到工业合成效率的 10% 以上。采用这种工业办法，不仅可以解决农业所需的耕地、淡水资源，也能够避免农药和化肥等的使用，改善粮食安全，还实现了碳中和。虽然该研究还处于实验室阶段，离应用还早，但这项技术是从 0 到 1 的突破，重要性不言而喻，未来畅想空间不言而喻。

据新华社报道[①]，我国科学家通过电催化结合生物合成的方式，将二氧化碳高效还原合成高浓度乙酸，进一步利用微生物可以合成葡萄糖和油脂。这一成果由电子科技大学、中国科学院深圳先进技术研究院与中国科学技术大学共同完成，2022年 4 月 28 日以封面文章形式在国际学术期刊《自然·催化》发表。

碳达峰碳中和目标，在短期内给我国经济发展带来压力，但长期来看给我国产业发展指明了方向。2021 年 9 月 21 日，习近平主席在北京以视频方式出席第七十六届联合国大会一般性辩论，并发表题为《坚定信心 共克时艰 共建更加美好的世界》的重要讲话，强调要坚持人与自然和谐共生。完善全球环境治理，积极应对气候变化，构建人与自然生命共同体。加快绿色低碳转型，实现绿色复苏发展。中国将力争在 2030 年前实现碳达峰、2060 年前实现碳中和，这需要付出艰苦努力，但我们会全力以赴。中国将大力支持发展中国家能源绿色低碳发展，不再新建境外煤电项目。

---

① 详见：王莹：《我国科学家实现二氧化碳还原合成葡萄糖和脂肪酸》，新华社，ht-tp：//www. xinhuanet. com/politics/2022-04/29/c_1211642449. htm，2022 年 4 月 29 日。

2020年我国的政策性银行向海外的能源行业提供了46亿美元资金支持，自2000年以来的20年，能源融资累计金额增加到2458亿美元，这些投资的大部分发生在2015~2017年，支持新兴经济体的煤电项目。此外，自2016年《巴黎协定》以来，参与全球煤电融资的前10家银行是以中国银行、中国工商银行和中信银行为首的中资银行。如今，在海外运营的所有燃煤电厂中，约有12%的燃煤电厂与中国的银行、公用事业、设备制造商和建筑公司有关。参与形式包括直接投资及并购；工程采购和施工（EPC）合同；锅炉、发电机和涡轮机技术销售。在水电发电不足的国家，煤电是目前建设周期短、成本低、发电稳定、安全性好的电力来源。我国不再新建境外煤电项目，必然在中短期内影响海外发展中国家的发电量，影响该国家电力对制造业的支持，也提高了该国制造业的成本。如果这些国家需要提高非化石能源的发电量，就需要加大风电、光伏、核电、水电等绿色能源的发展力度。而世界上风力发电设备和光伏发电第一的都是我国，装机容量和出口第一的也是我国。其他国家发展风电和光伏发电产业，很大可能离不开中国制造。

水电装机容量和发电量，我国也是全球第一。全球水电排名前十的发电站我国占4座，全球建成发电量居前的70座水电站有22座在我国。我国还在继续修建的大型水电站有白鹤滩水电站、土石坝水电站、两河口水电站、乌东德水电站；其中白鹤滩水电站媲美三峡大坝水电站，将成为我国第二大水电站；乌东德水电站意味着国内水电开发已经深入西南地区，建成后直接成为国内第四、世界第七大水电站。我国水力发电占全球水力发电总量的第一，但占我国发电总量的比例（17%）基本与全球平均水平（16%）持平。金沙江、雅鲁藏布江等西南腹地还有巨大的水电开发潜能，将为满足我国电力需求提供保障。

作为世界上两个排碳量最大的国家美国和中国，2021年11月10日，在联合国气候变化格拉斯哥大会期间达成并发布《中美关于在21世纪20年代强化气候行动的格拉斯哥联合宣言》，本次联合宣言在2021年4月上海《中美应对气候危机联合声明》以及9月天津会谈的基础上，进一步提出了中美双方开展各自国内行动、促进双边合作、推动多边进程的具体举措。这些举措为中国未来的产业发展明晰了方向，为化石能源的替代产业、终端应用、耗能产业的发展，以及新技术、新材料、新产业的发展提供了机遇。

2021年12月，国务院国资委印发《关于推进中央企业高质量发展做好碳达峰碳中和工作的指导意见》。加快发展新一代信息技术、生物技术、新能源、新材料、高端装备、新能源汽车、绿色环保以及航空航天、海洋装备等战略性新兴产业，推动互联网、大数据、人工智能、5G等新兴技术与绿色低碳产业深度融合。到2025年，中央企业产业结构和能源结构调整优化取得明显进展，重点行业能源利用效率大幅提升，新型电力系统加快构建，绿色低碳技术研发和推广应用取得积极进展；中央企业万元产值综合能耗比2020年下降15%，万元产值二氧化碳排放比2020年下降18%，可再生能源发电装机比重达到

50%以上，战略性新兴产业营收比重不低于30%，为实现碳达峰奠定坚实基础。

2021 年 11 月 16 日，全国政协常委、上海市政协副主席、中国工程院院士黄震在第三期陆家嘴"能源+金融"论坛上表示，"3060"战略目标是一场广泛而深刻的经济社会系统变革，要将 85% 的化石能源系统变成净零碳排放能源系统，实现"3060"战略目标是换赛道，将重新定义人类社会的资源利用方式，是挑战，更是机遇。

碳达峰是量变、碳中和是质变。面向碳中和的未来能源，其核心是由一系列颠覆性、变革性能源技术作为战略支撑形成的全新能源大系统。碳中和将引领构建全新的零碳产业体系，人类将从基于自然禀赋的能源开发利用，走向基于技术创新的新能源开发利用。未来，谁在零碳技术创新上占据领先地位，谁就是新赛道上的领跑者，谁就有可能引领下一轮产业革命，这是引发数百万亿元的投资与产业机遇，一批新技术、新行业、新商业模式将会诞生。

第八节 禁止虚拟货币交易

2021 年 9 月 15 日，中国人民银行、中央网信办、最高人民法院、最高人民检察院、工业和信息化部、公安部、市场监管总局、银保监会、证监会、外汇局十部门印发《关于进一步防范和处置虚拟货币交易炒作风险的通知》，指出虚拟货币不具有与法定货币等同的法律地位。比特币、以太币、泰达币等虚拟货币具有非货币当局发行、使用加密技术及分布式账户或类似技术、以数字化形式存在等主要特点，不具有法偿性，不应且不能作为货币在市场上流通使用。虚拟货币相关业务活动属于非法金融活动。国家将严厉打击涉虚拟货币犯罪活动。公安部部署全国公安机关继续深入开展"打击洗钱犯罪专项行动""打击跨境赌博专项行动""断卡行动"，依法严厉打击虚拟货币相关业务活动中的非法经营、金融诈骗等犯罪活动，利用虚拟货币实施的洗钱、赌博等犯罪活动和以虚拟货币为噱头的非法集资、传销等犯罪活动。

此前，2021 年 5 月 18 日，中国互联网金融协会、中国银行业协会、中国支付清算协会联合发布《关于防范虚拟货币交易炒作风险的公告》；5 月 21 日，国务院金融稳定发展委员会在第 51 次会议上强调"打击比特币挖矿和交易行为"，指出虚拟货币不具有与法定货币等同的法律地位，金融机构和非银行支付机构不得为虚拟货币相关业务活动提供服务，要严厉打击涉虚拟货币犯罪活动。

2021 年 9 月 24 日，国家发展改革委、中央网信办等 11 部门联合发布《关于整治虚拟货币"挖矿"活动的通知》（以下简称《通知》），指出虚拟货币"挖矿"活动通过专用"矿机"计算生产虚拟货币的过程，能源消耗和碳排放量大，对国民经济贡献度低，对产业发展、科技进步等带动作用有限，加之虚拟货币生产、交易环节衍生的风险越发突出，其盲目无序发展对推动经济社会高质量发展和节能减排带来不利影响。整治虚拟货币"挖矿"活动对促进我国产业结构优化、推动节能减排、如期实现碳达峰、碳中和目标具有重要意义。《通知》要求，全面梳理排查虚拟货币"挖矿"项目，严禁新增虚拟货币"挖矿"项目，加快存量项目有序退出，促进产业结构优化和助力碳达峰、碳中和目标如期实现。全面禁止与虚拟货币结算和提供交易者信息有关的服务。从事非法金融活动将被追究刑事责任。境外虚拟货币交易所通过互联网向中国境内居民提供服务同样属于被禁行列，相关部门将强化对与之相关的一切行为的监控。

2021 年 9 月 30 日，经国务院同意，国家发展改革委会同中央宣传部等 11 个部门联合印发《关于整治虚拟货币"挖矿"活动的通知》（发改运行〔2021〕1283 号），提出将虚拟货币"挖矿"活动增补列入《产业结构调整指导目录（2019 年本）》"淘汰类"。10 月 8 日，国家发展改革委就《市场准入负面清单（2021 年版）》向社会公开征求意见，其中提到对《产业结构调整指导目录》有关措施的修订，拟将虚拟货币"挖矿"活动纳入淘汰类产业。

至此，国内各地纷纷开始清退、关停虚拟货币"矿场"，国内矿场开始向境外转移。

第九节 投资硬科技成共识

由麻省理工学院创建的非营利投资机构 The Engine 与投资研究机构 Pitchbook 联合发布了一份名为《2019 硬科技图景》的研究报告显示，全球硬科技领域的风险投资从 2012 年的 490 起、投资额 29 亿美元，到 2018 年的 1600 多起、投资额 357 亿美元，实现了非常快速的发展，涉及新材料、纳米技术、微电子、量子计算、人工智能与机器学习、3D 打印、先进制造、机器人与无人机、自动驾驶、航天技术、清洁技术及新能源、农业科技、生命科学领域。中国科学技术信息研究所张楠和赵辉（2021）认为，硬科技具有科学家深度参与、创新性、战略性三个主要特点，与突破性创新、颠覆性创新既有联系又有区别。中国社会科学院吕政（2020）认为，硬科技是能够直接改进物质产品生产的材料、设备、工艺、零部件、元器件性能，提高物质产品生产效率的技术。

股权投资在我国的兴起，跟随互联网在我国的兴起和普及，网民数量上涨的过程也是我国股权投资兴盛的过程。伴随互联网出现的新浪、搜狐、网易，完成了对我国股权投资的教育；阿里巴巴、腾讯、百度的巨大成功，刺激了我国股权投资的兴起；当移动互联网普及时，抖音、快手、拼多多等代表性企业以更快的速度兴起，反过来再让我国迅速完成移动互联网的渗透，让我国的互联网消费主义发展到极致，也让流量获取成本越来越高，人们开始寻找价值投资的洼地，硬科技就成为人们关注的热点。

对于互联网巨头们来说，在享受了改革开放的制度红利、庞大规模的人口红利、国家投资的基础设施红利之后，如何维持住增长，对整个社会产生持续的价值呢？事实上，阿里巴巴让"世界没有难做的生意"，变成了"让世界的生意都难做"；腾讯的愿景"用户为本，科技向善"，却是"屠龙少年长大成了恶龙"。这是互联网"赢者通吃"，"只有 only one，没有 number one"的行业特性造就的。

过去互联网发展的 20 年，是互联网改变生活的互联网消费主义发展的黄金时期，也是通过互联网投资催生国内股权投资兴起的 20 年。过去 20 年最好的投资就在互联网领域，无论新浪、网易、搜狐、阿里巴巴、腾讯、百度，还是京东、抖音、美团、快手。网络游戏逐步发展成为虚拟空间里的消费主义，电子商务则发展成为现实空间里的消费主义。从经济学观点看，消费主义如果和资本主义联系在一起，则会体现为对财富的追求，对资本利润的获取。鼓励和扩大国民的消费需求，是资本主义良性运行的必要条件之一。以此为目的，消费者的欲望、需要和情感便成为资本作用、控制和操纵的对象，并变成一项欲望工程或营销工程。互联网行业不再对标科技行业。

我国互联网行业的市值排行榜，排在前面的不是卖货的，就是打游戏的，或者是送外卖的，唯独缺少卖高科技产品的。当"科技互联网"变成了"消费互联网"，这样的业态对社会文明进步是缺乏积极意义的。因此，有人开始呼吁从投资"互联网"，转向投资"科技"，但更为主要的是互联网红利带来的互联网消费走到了顶峰，流量红利基本结束。2021 年"双十一"结束，大家就惊呼"这个'双十一'静悄悄"。

2021 年"双十一"伊始，天猫管理层多次强调，此次"双十一"更加关注发展的质量：更好的客户体验、更友好的经营环境、更健康的商业生态。天猫事业群副总裁吹雪表示，增长质量和社会价值是天猫"双十一"关注的最重要的目标，"我们更看重消费者和商家体验的提升，以及更健康的商业生态"。天猫"双十一"是观察互联网发展脉络的维度之一。过去 20 年，互联网企业受益于我国经济的迅猛发展，实现了前所未有的高速增长。然而如今不只是天猫，放眼整个互联网行业，以增长为唯一导向的发展阶段已一去不复返。如何将自己的发展融入社会发展的切实需要，以实现与社会、客户共荣为基础的价值创造，成为互联网保持健康良性成长的关键。从 2020 年开始，"长期主义""硬科技"逐渐演变成了经济中的热门词汇。

2021 年，没有实际业绩支撑的泡沫企业、投机性的虚假高科技、掠夺性制造焦虑的行业，一个个原形毕露。资源重新回到了实体经济，重新投向了科技研发。由世界经济论坛和麦肯锡咨询公司共同选出的数字化制造与全球化 4.0 的示范者，被称为"灯塔工厂"。这项称号的评判标准为：是否有第四次工业革命的所有必备特征，包括自动化、工业互联网、数字化、大数据分析、5G等技术。因此，"灯塔工厂"就是指那些被评选出来，拥有足够的科技含量与创新性的"世界上最先进的工厂"。目前，全球"灯塔工厂"共计90家，我国"灯塔工厂"数量在2021年新增10家，达到31家，是拥有"灯塔工厂"最多的国家。

2021年11月10日，腾讯控股发布2021年第三季度财报，财报显示，2021年第三季度腾讯研发开支达到137.3亿元，创当年单季度新高；2021年腾讯前三个季度累计研发投入达378.59亿元，同比增加36%。腾讯还首次披露了三款芯片研发的实质性进展，分别为针对AI计算的紫霄、用于视频处理的沧海以及面向高性能网络的玄灵，未来它们将成为公司服务产业互联网的"尖端"武器。数据显示，腾讯产业互联网已经在30多个行业，与9000家企业合作，打造了超过400个行业解决方案。腾讯云成为中国首家运营服务器超过百万台的公司，是国内算力最强、日实时计算量最大的云厂商。腾讯正在从投资"互联网消费"，扩展到投资"硬科技"。

不仅是腾讯，美团、阿里巴巴、百度、京东等互联网电商、互联网游戏、互联网外卖等享受了时代红利，挣"快钱"的互联网巨头们开始投资硬科技。

投资硬科技不仅是互联网巨头的转型，也是其他企业的行为，还是国家的政策导向。2014年9月24日，国家大基金一期成立。首期募资1387.2亿元，为国内单期规模最大的产业投资基金。国家大基金二期已于 2019 年 10 月 22 日注册成立，注册资本为 2041.5 亿元。二期致力于打造自主可控的集成电路产业链。分析人士认为，自主可控将是未来投资主线。从这几年的投资导向上来看，"国产替代"仍是国内半导体板块最强逻辑，其核心元器件供应链在高性能运算、存储、模拟、射频芯片、EDA 工具等领域的本土企业有望得到更大力度的扶持。

在华软资本任职的清华师弟告诉我，华软资本投资的所有项目中，最后还是投资硬科技赚钱了，投资了 80 多个硬科技，已有 30 多个 IPO 上市，而过去追热点投资的互联网消费，基本全军覆没。

2020 年 3 月 16 日出版的第 6 期《求是》杂志发表了中共中央总书记、国家主席、中央军委主席习近平的重要文章《努力成为世界主要科学中心和创新高地》。文章指出，世界正在进入以信息产业为主导的经济发展时期。我们要把握数字化、网络化、智能化融合发展的契机，以信息化、智能化为杠杆培育新动能。要突出先导性和支柱性，优先培育和大力发展一批战略性新兴产业集群，构建产业体系新支柱。要推进互联网、大数据、人工智能同实体经济深度融合，做大做强数字经济。要以智能制造为主攻方向推动产业技术变革和优化升级，推动制造业产业模式和企业形态根本性转变，以"鼎新"带动"革故"，以增量带动存量，促进我国产业迈向全球价值链中高端。

2021 年 9 月，国家主席习近平宣布成立北京交易所，目的就是为"专精特新"中小科技企业提供融资平台，也为投资科

技的股权投资基金提供更多的退出通道，反过来再促进科技
投资。

2022 年 1 月 18 日，李彤炜发表《VC 围城中科院》一文，
文章讲述从 2021 年起，各种 VC/PE 机构在中国科学院扎堆寻
找并投资硬科技项目，现在是投资人到中科院找项目，而不是
中科院的项目找投资人，文章称"科学家创业的春天来了"。

投资硬科技成为了全社会的共识。

第十节　中小企业活跃经济

随着市场经济的深化，中小企业在中国经济的发展和进程中起着非常重要的作用，大家用数字"456789"来概括，指的是：中小企业用不到40%的社会资源，贡献了50%以上的税收，提供了60%以上的GDP，创造了70%以上的科技发明，解决了80%以上的新增就业，占有了90%以上的企业数量。这些数字从数量和质量上说明中小企业在我国经济中所处的重要地位。每年的6月27日被联合国定为"中小微企业日"，是全球对中小微企业作为经济发展主力军、促进就业主渠道、产业链供应链稳定的重要基础的认可。但是，近年来，大型企业对中小企业的掐尖并购、恶意收购层出不穷；市场竞争加剧后，由于资源劣势，中小企业在市场竞争中处于不利地位。

清华大学经济管理学院原院长钱颖一（2021）认为，新生的私营小企业是发展中国家增长的动力。过去人们往往喜欢把注意力放在大公司和百强企业上，因为它们体量大、引人注目，也容易获得数据。但是经验证据表明，新生的小企业、小的私营企业才是发展中国家、转轨国家经济增长的主要动力。无论中国还是俄罗斯、波兰、匈牙利，抑或秘鲁、印度，这些小的新生企业，而非国有企业或国有企业私有化后的大企业，才是经济增长的主力。即使在发达国家，中小企业也是创造就业的主要力量，是经济增长的主力。

彭博社经济研究团队，利用全球超过 5 万家上市公司的数据，梳理了主要公司市场份额的演变和各行业领军企业的更迭，分析 30 年来的全球市场和公司数据发现，全球大公司实力与日俱增，利润率不断上升，而这些公司缴纳的税款却不断下降。1990 年，全球 50 强公司的利润率中值为 7%，到了 2020 年，这一数字升至 18%；同期这些公司的实际有效税率中值却从 35% 降到 17%，并且减少了投资和用工。这就是资本集中带给社会的负面影响，不仅用工减少，而且通过税务筹划降低税赋水平。

韩国是"二战"后为数不多的几个通过工业化成为发达经济体的国家，过去五年，韩国在发达经济体中经济增长排第一位，五年平均增速达到了 2.47%，2020 年人均 GDP 达到 3.15 万美元，但是根据经合组织（OECD）的统计，韩国 65 岁以上老人还在继续工作的比例高达 34.1%，超过 70 岁的老年人中还有超过 30% 的人需要继续工作，位居经合组织国家的第一位，而 65 岁以上老人的贫困率高达 43.4%。之所以如此，根源为韩国朴正熙时代扶持大财阀垄断发展工业化，导致几家大财团垄断了工业和生活消费的方方面面，财富过于集中，多数人的收入被"平均"了。

我有一个韩国朋友是三星公司高管，十几年前被公派到清华大学经济管理学院进修，三星不仅让他全额带薪学习，还每月给他 2 万元人民币租房补贴等高福利，然而像他这样的高管，夫人也需要上班，而且还在首尔地铁口开了一家便当店，如此才维持家庭的体面生活。

2020 年，我协助北京大学一位教授进行产业化科技成果调研，到我国手机摄像头模组代表企业欧菲光和舜宇光学拜访，了解到韩国最大的摄像头模组企业是 LG。近年来电动汽车发展火热，动力电池公司方面，中国规模最大的是宁德时代和比亚迪，韩国规模最大的是 LG。手机用的锂电池方面，中国规模最大的是东莞 ATL、深圳欣旺达、惠州德赛等公司，韩国还是三星和 LG。显示面板公司方面，中国规模最大的是京东方和华星光电，韩国规模最大的依然是三星和 LG。智能手机销量中国最多的品牌是小米和 vivo 等，韩国前两位的智能手机公司还是三星和 LG。电视机公司方面，中国规模最大的是长虹、TCL 和康佳等，韩国依然是三星和 LG。三星、现代、LG、大宇等大财阀垄断了韩国经济的方方面面，大公司化带来的最大问题就是就业岗位减少，利润向大公司集中，导致社会总体福利降低。

2021 年 3 月 28 日，韩联社根据韩国全国百强企业经营报告发布的一项分析结果显示，提交报告的 53 家上市公司员工总数为 66.6254 万人，同比减少 1.1%。员工数居韩国之首的三星电子 2020 年新聘用员工 4223 人，创国内员工总数历史新高，为 10.949 万人。韩国超过 5000 万人口，在三星电子工作的达 11 万人左右，占韩国总人口的 0.2% 左右，而三星电子 2020 年营收为 236.8 万亿韩元（约合 2153 亿美元），净利润为 26.4 万亿韩元（约合 239 亿美元），按照增加值占到营收的一半计算，三星电子创造了大约 1050 亿美元的 GDP，占到 2020 年韩国 GDP 的超过 6%。三星电子雇用的人数和创造的 GDP 不成比例。

我在清华大学读研究生时，同一届有十来位韩国同学，当时中国学生都非常羡慕他们来自富裕的韩国，而且他们多数还是三星、LG 这样的大公司公派过来带薪学习的，但他们却感叹自己的人生缺乏选择。清华研究生毕业以后，一位韩国同学留在北京创业，他说只有在中国他才有"翻身"的可能；每当我和他谈到韩国经济的"汉江奇迹"时，他都是控制不住的愤怒，激动之情溢于言表。通过财阀垄断确实让韩国成为"二战"后为数不多的新晋发达经济体，但阶层固化，却让普通百姓失去上升的希望。

韩国政府过去采取不均衡的经济发展战略，重视大企业大财团，对中小企业的扶持力度相对有限。亚洲金融危机后，韩国意识到中小企业的发展韧性，采取大企业与中小企业和高附加值企业同时并重的方针。颁布了《小企业支援法》，在法律层面为中小企业发展赋能，成立专门性的服务机构和担保基金；设立了中小企业署、中小企业银行等政府服务机构，为中小企业发放专项贷款；设立中小企业振兴公团这一非营利机构，为中小企业提供资金援助、经营指导、技术培训和国际协作等；建立信贷担保基金，为无法正常成功融资的中小企业信用背书；设立优惠贷款利率，并制定再贷款考核指标。韩国中央银行为商业银行向中小企业贷款设定指定性规定，以此支持小型企业的融资活动。"官民合作"，充分提高民间机构的参与度，鼓励大小企业合作。王德侠（2005）认为中小企业在韩国经济发展中起着重要的作用；韩国政府为了支持和鼓励中小企业的发展，制定了相应的政策，很大程度上给中小企业创造了生存发展的空间。

韩国在政策上全方位加大支持中小微企业的力度。在创新政策上，政府提供"初创企业技术孵化器计划（TIPS）""创业领导者大学""智能创业学校"等技术创业平台。在人才政策上，量身定制职业培训计划，员工援助系统以及与管理和就业相关的高中/大学支持计划。在改善商业环境上，韩国改革阻止中小企业发展的歧视性制度，向有前途或有困难的中小企业提供政策性贷款，注重内需扩张和营销基础设施支持；降低税收，放宽对初创企业的监管。在协同业务上，搭建中小企业与大企业之间共享增长的生态系统，实施"企业社会责任（CSR）"项目，促进可持续经营。

根据 OECD 数据，截至 2017 年，韩国中小企业数量达 401 万家，在全国企业数中占比达 99.9%。10 人以下的微型企业达 369 万家，占比高达 91.9%。与上年相比，微型企业份额从 85.3% 上升到 91.9%，而小企业和中型企业份额均呈下降趋势。从就业贡献来看，中小企业 2017 年贡献了 85.4% 的就业岗位，其中微型、小型和中型企业各贡献了 40.9%、24.3% 和 20.2%。在附加值方面，韩国中小企业占所有商业部门 GDP 的 60% 以上，出口占 34%。

经过多年培育，韩国中小企业成为各行业的"就业引擎"。OECD 数据显示，韩国中小企业在服务业、建筑业和制造业的从业人员，分别约占该领域总就业人数的 90%、85% 和 80%。韩国中小企业在数量分布最少的行业也提供了六成以上的就业岗位。

"二战"后，在日本经济总量的扩大和产业结构的优化过程中，日本中小企业发挥了不可替代的作用，它与日本的大企业一起共同支撑了日本经济的振兴，与大企业形成分工和互补的合作关系。20 世纪 90 年代以后，日本中小企业更是利用其在生产经营上具有的机动性和灵活性特点，在吸纳劳动力就业、推动技术革新以及振兴地方经济等方面发挥积极作用，为日本经济的活力贡献了力量。特别是从 20 世纪 50 年代开始，日本中小企业进入快速增长时期，逐步成为拉动日本经济、促进就业、创新技术、稳定社会的基本力量。中小企业持续稳定的发展是日本国家制定、实施积极的中小企业政策的结果。日本政府在资金扶持、技术创新、社会服务、信息咨询等方面发挥了不可或缺的作用。但是随着日本综合商社的重新崛起，大型企业财团再次垄断日本民生的方方面面，日本近 30 年来工资仅增长了 4.4%，而美国平均工资增长 47.7%，英国增长 44.2%，我国的工资水平在这 30 年上涨了数十倍，甚至部分行业上涨百倍。日本年轻人看不到希望，"躺平"成为"平成废柴"；日本人不敢创业，让日本缺乏企业家，日本的投资持续外流；日本的现状就是资本无序扩张，形成大企业财团，挤压中小企业生存空间以后导致的社会后果。

　　传统工业强国德国拥有 350 万中小企业，占德国企业数量的 99.6%，不仅是德国经济的主力军，而且中小企业的出口贡献率高达 60%~70%。明星中小企业被誉为"隐形冠军"，占据全球性或区域性市场领袖地位，全球近一半的"隐形冠军"企业来自德国。德国推出一系列中小企业促进政策，改善中小企业和初创企业的经营条件，包括融资措施和资助计划，帮助中小企业实现稳定发展，成就了德国制造业的辉煌和在世界产业链上的持久竞争力。周长城和陈云（2004）发现德国政府从宏观调节入手，精心构筑了一个庞大、系统而全面的扶持网络，提供组织、法律、资金、信息技术等方面的服务，包括设立专门政府机构，完备中介组织，为中小企业发展提供全方位的服务；健全法律制度，保证促进中小企业发展的政策措施的组织实施与落实到位；提供全面的资金援助，改善中小企业生存发展的资本环境；创建先进技术支持体系，帮助中小企业实现科技进步和科研成果转化，全力推进中小企业发展。

　　不仅是韩国、日本和德国，美国和东南亚的中小企业在其国家经济中也处于重要地位，在应对经济危机和金融危机时都表现出极大的韧性。郑烨和王焕（2017）指出政府与市场关系理论、技术创新理论、资源基础理论及政府规制理论是政府支持中小企业创新的核心理论基础。政府支持中小企业创新的政策举措重点包括财税政策引导与创新环境营造两大层面；路径应围绕政府自身职能转变和简政放权展开，根据企业发展状况，因地制宜地提供多层次直接性财税政策，辅以税收抵减、政府采购为主的间接性财税政策引导，还要进一步发展和完善中小企业知识产权保护方面的法律法规并建立技术保障体系。

对于中小企业的重要性，美国政治学家约翰·邦泽尔认为："它似乎没有什么敌人，而且在某种意义上讲，实际上它是民族英雄，在它自身的行为方式中体现了长期以来一直与美国人行事特征相一致的独立、自由和忍耐。客观地讲，甚至当中小企业在财务方面未取得成功的时候，它也设法成为一种成功的象征。"

我国在社会经济转型时期，处于社会主义初级阶段，人均 GDP 刚过 12000 美元，刚实现整体"脱贫"，更需要合理地发展中小企业来帮助解决诸多社会问题。广泛借鉴日本、韩国、美国和德国中小企业的发展经验，制定关于中小企业的扶持、管理和监督政策，是我国发展中小企业，解决就业问题，推动经济发展和保障社会稳定的有效途径。

北京交易所不仅是给专精特新中小企业提供的融资平台，也是为中小企业发展提供融资保障。国务院办公厅于 2021 年 11 月 22 日发布《关于进一步加大对中小企业纾困帮扶力度的通知》（国办发〔2021〕45 号），通知指出，受原材料价格上涨、订单不足、用工难用工贵以及新冠肺炎疫情散发、部分地区停电限电等影响，当前中小企业的成本压力加大、经营困难加剧。作为国民经济和社会发展主力军，中小企业在促进增长、保障就业、改善民生等方面发挥着重要作用。从九个方面提出政策措施，明确提出要加大纾困资金支持力度。

保护中小企业的生存，防止大型企业恶意收购、掐尖并购，凭借巨大资本力量，大量投资并购初创平台和新兴企业，扼杀竞争对手、阻碍创新，就是为了保持国家经济活力，防止资本集中以后减少社会福利，减少就业岗位，降低国家经济活力。

第十一节 反垄断是久久为功

2021 年，国家工商总局先后对阿里巴巴、美团等进行了反垄断处罚。反垄断是为中小微企业生存留空间，也是防止资本无序扩张后绑架政府、操纵民意，形成利益集团，加剧社会冲突。王文泽（2021）认为平台经济反垄断是坚持和完善社会主义基本经济制度的内在要求，是我国社会主义市场经济高质量发展的必由之路，是防止资本无序扩张的必然选择。平台经济反垄断，反的不是平台型企业在市场中的优势地位，而是一些平台扰乱市场秩序的垄断行为。

2020 年 6 月 10 日，国家互联网信息办公室指导北京市互联网信息办公室约谈新浪微博负责人，针对微博在某些舆论事件中干扰网上传播秩序，以及传播违法违规信息等问题，责令其立即整改，暂停更新微博热搜榜一周。在这个信息爆炸的时代，无论怎么形容信息的重要性都不为过。信息太多了，根本看不过来，因此分发信息的平台就显得尤为重要。

2021 年 10 月 8 日，国家发展改革委就《市场准入负面清单（2021 年版）》向社会公开征求意见。其中包括，非公有资本不得从事新闻采编播发业务，公有资本不得投资设立和经营新闻机构，包括但不限于通讯社、报刊出版单位、广播电视播出机构、广播电视站以及互联网新闻信息采编发布服务机构等。这只是在行政许可方面进行限制。

2021 年 10 月 13 日，央行官网发布《中国人民银行关于加强支付受理终端及相关业务管理的通知（银发〔2021〕259 号）》，从支付受理终端业务管理、特约商户管理、收单业务监测三个方面入手，对收单机构和清算机构提出了一系列的管理要求。与此同时，条码支付也被纳入监管，对个人收款条码的使用规范做出具体规定，个人收款码禁用于经营性服务及禁止个人静态收款条码被用于远程非面对面收款，并将于 2022 年 3 月 1 日起施行。该规定将有效打破支付宝和微信在收款终端的垄断地位。

2021 年 11 月 18 日，国家反垄断局正式挂牌；11 月 20 日，国家反垄断局根据《中华人民共和国反垄断法》，对 43 起未依法申报违法实施经营者集中案件立案调查，涉及企业包括腾讯、阿里巴巴、京东、美团、滴滴、苏宁易购等多家公司，对涉案企业分别处以 50 万元罚款。2022 年 1 月 5 日，国家市场监管总局反垄断局公布 13 起行政处罚决定，其中涉及腾讯 9 起，阿里 2 起，哔哩哔哩和京东各 1 起。监管的风向变了，就需要投资布局跟上监管形势。

目前不仅互联网领域出现了垄断趋势，实体行业也出现头部集中，2020 年股市追逐的各种"茅"就是市场对头部集中的提前反应。当某个行业头部集中到一定程度，势必就会形成寡头竞争，最后出现垄断情形。一旦产生垄断，不仅不利于竞争，降低了社会福利，也不利于国家经济健康发展和科技创新。反垄断需要从源头开始，久久为功。

第十二节　资本向善才可持续

　　2022 年新东方的直播带货东方甄选突然火了，原因就在于东方甄选和其他直播带货的背景不同。2021 年新东方关闭各地义务教育阶段的学科教育校外培训以后，退租 1500 余个教学点，将近 8 万套学生桌椅捐给有需要的小学，并全部退还了家长缴纳的培训费，与其他部分培训机构形成了鲜明的对比，引发舆论对新东方和俞敏洪的高度称赞。因此，东方甄选开始直播以后，销售额就节节攀升。董宇辉等主播的正向价值观，更增加了直播间的粉丝量和销售量，新东方作为一家教育培训机构成功孵化出直播带货，而且这个直播带货的平台和其主播之间具有更良性的关系，由于新东方选择了向善，才让企业转型成功，持续经营。

　　反观趣店的罗敏，2022 年 7 月 17 日在抖音直播间凭着"一分钱酸菜鱼"和每五分钟送一部苹果手机，拿下了最高超过 2.5 亿元的 GMV，这场直播将趣店推至网络热度的巅峰。但第二天，罗敏在预制菜招商大会上提到了"加盟"，并表示可以通过贷款服务帮助 10 万用户开设线下预制菜门店①，则引来

---

　　①　详见：《第一批预制菜加盟店，已经开始亏钱了》，澎湃新闻，https：//www. thepaper. cn/newsDetail_forward_ 19335082，2022 年 8 月 6 日。

舆论哗然，不少互联网人进行反制，与罗敏一起参与直播带货的贾乃亮和傅首尔也先后宣布和趣店切割①。原因就是罗敏在2014年开始的"校园贷"上的"声誉"至今都影响大家对他的看法。

2014年，我帮助在Y证券公司工作的W先生和G先生募资创立北京LC国际资本管理有限公司，从始至终我都没有想过占有LC公司股份或获取任何利益，纯粹只为帮助朋友。因此，LC公司的人、财、物、项目全部都是我组织的，不断帮助他们募资。尽管我当时任SBI中国公司的首席投资官，兼任与新华社合资的上海新证财经公司副总、与清华大学合资的北京华汇通公司常务副总，还带领从四川农村来北京的亲戚们创业，忙得不可开交，但在半年多时间联系不上他们的时候，也不得不帮助他们代管公司，尽调项目。可是他们两人请我从中国投资公司和国家外管局招聘到的青年才俊放弃原国有金融单位年终奖，兴致勃勃地加入LC公司之际，在注册资本金到账、办公场所安排好、员工就位、公司开始经营的情况下，G先生和W先生却从2015年1月开始连续五个月联系不上。直到2015年6月底，有员工偶然在中国证券业协会网站上发现他们早于2015年2月初就从Y证券公司辞职，到R证券公司上班了。在这种情况下，我和出资人依旧全心全力帮助他们创业，但他们自己融了一笔钱后就觉得融资的难度降低，要"过河拆桥"。

① 详见：海宁：《合作艺人与趣店"切割"的双重警示》，搜狐网，https://www.sohu.com/a/572594569_121171493，2022年7月29日。

最后经他们同意，我和投资人于 2015 年底从 LC 公司撤资。从此后他们再也没有募到资金，于 2017 年将 LC 公司股份转让，至今都仍在 R 证券公司工作，失去了最好的创业机会。我则迫于无奈，将当时准备给 LC 公司投资的几个股权项目，留给了自己投资，至今账面收益已是两位数，DPI 已经超过 2 倍。

被称为"中国巴菲特"的段永平，一直强调做企业和做人都要本分。所谓本分，其实主要指的是价值观。我们到 OPPO 和 vivo，都随处可见"本分"这个企业文化。拼多多创始人黄峥也经常提及"本分"。在四川，人们说的本分，就是指做人做事要厚道、要善良，要守规矩。巴菲特和其合作伙伴芒格也一直强调不能与价值观不一致的人合作。

近年兴起的 ESG 投资，倡导在投资过程中考虑环境（E）、社会（S）和治理（G），它为投资者提供了社会化考察企业非财务指标的工具。ESG 考察的范围比社会影响力投资更精确、更可量化；ESG 投资注重对负面事件的预防，影响力投资更具主动性。

在"共同富裕""双循环"的大背景下，资本不能同底层百姓争利益，更不能和底层百姓争就业。大的资本要有大的格局、大的胸怀，要给中小微企业和基层百姓留条生路；否则，不仅是普通老百姓不答应，而且无论欧美还是国内的《反垄断法》也不会答应。特别是享受了改革开放的制度红利、庞大规模的人口红利、国家投资的基础设施红利的巨头，一定要坚信，资本向善才有未来！

　　汇添富基金前总裁林利军在《真正能成大事的人：简单、正直、没有私心并且坚韧不拔!》一文中说，到了40岁才明白，其实郭靖、阿甘和巴菲特都是同一类人。他们在年轻的时候就塑造了非常优秀的品质，那就是简单、正直、没有私心与坚忍不拔。他们的成功，绝不是因为聪明投机，比其他人更快、更高、更强，相反，是比他人更简单、更质朴、更坚韧的结果。在瞬息万变的资本市场中，有太多头脑聪明、反应机敏的优秀人才，但像巴菲特这样的人物却是凤毛麟角。回顾历史、环顾世界，我们发现，真正成功快乐的人都是如此。他们能够成功，都是因为他们的简单、正直、没有私心与坚忍不拔。

　　稻盛和夫说，人生就是一场修行，不论多么富有，多么有权势，当生命结束之时，所有的一切都只能留在世界上，唯有灵魂跟着你走下一段旅程。人生不是一场物质的盛宴，而是一次灵魂的修炼，使它在谢幕之时比开幕之初更为高尚！托马斯·杰斐逊说"每代人都需要新的革命"，指的是每代人有每代人的使命，每代人都需要完成对自己的革命，让自己具备优秀的个人品质，之后才是在他所属的那个时代抓住机遇，为国家和社会的进步、为他人的幸福做出努力。

　　资本向善才能持续！

第十三节　企业并购将成常态

　　我们将沪深两市发生并购行为的上市公司作为初始样本。剔除上市未超过三年的企业、经营业绩非正常亏损的 ST 企业、财务数据或财务报告异常的企业样本；同时，剔除具有明显行业特殊性的金融、房地产企业以及关键数据缺失的企业样本，通过研究发现多数企业在并购后的一段时期效益总体上处于上升水平。虽然有人研究发现并购在数量上多数不成功，但是从总体效益上看并购有正效益，说明并购成功后带来的正收益远大于并购不成功的负收益。

　　并购是企业快速扩大规模、增强行业竞争力的有效手段之一。我曾经工作过的新希望集团，无论是其位居我国第一的饲料产业（在 2021 年已经成为全球第一），还是乳业和化工产业，基本都是并购而来的。新希望六和最大的饲料板块来自 2005 年并购的山东六和集团，是新希望自身饲料产量的数倍。新希望乳业全部是并购各地的地方品牌，再整合成功后上市。上市后又并购了夏进乳业等地方品牌，新乳业成为了我国排名前列的乳业公司。

　　新希望于 2008 年参与宝硕股份的破产重整，当年计划以宝硕股份为平台，整合并购化工产业。后由于行业变化等，2016

年 1 月 14 日宝硕股份收购了华创证券，主业变成了证券，并改名为华创阳安。由此，新希望先后集齐了银行、保险、财务公司、保理公司、投资公司、信托和证券等金融牌照。蒋冠宏（2021）将 2003~2007 年汤姆森路透并购数据（SDC Platinum）与我国工业企业数据库合并，利用倾向得分加权估计方法，考察企业并购对市场势力的影响。研究后发现，我国企业并购显著地提升了并购企业的市场势力，与产业链上游的并购相比，企业在产业链下游的并购对市场势力的提升作用更强；企业并购通过规模经济和范围经济效应、市场营销资源协同、研发和创新协同、管理协同等传导机制，提升了企业市场势力；并购不仅增强了企业的市场势力，也显著提升了企业生产率，这表明我国企业并购一定程度上显著提升了资源配置效率。新希望集团 30 年的成长史，就是我国企业近年的并购史，说明并购确实提升了企业的市场势力。

产业并购不仅涉及产业的整合，也涉及技术和研发的合作，并购后是否会提高研发能力和创新能力呢？张雨等（2022）基于 2007~2020 年我国工业企业上市公司跨境并购数据进行研究，结果显示，跨境并购规模和跨境并购股权对并购企业研发国际化均存在显著正向影响，当东道国（地区）为发达国家（地区）时，跨境并购规模和跨境并购股权对并购企业研发国际化均存在显著正向影响；当东道国（地区）为发展中国家（地区）时，跨境并购对并购企业研发国际化的影响不显著。陈爱贞和张鹏飞（2019）利用 2007~2017 年我国 A 股制造业上市公司数据所做的实证检验表明，跨境并购和境内并购这两种模式的并购都能够促进创新，且跨境并购的创新效应更强；两种模式并购都提升了企业生产率和无形资产存量，该"效率提升"效应促进了企业创新。

并购不仅能够提升市场势力，也能够提升企业创新能力，而市场势力和企业创新能力是企业的核心竞争力，并购在未来必然依旧是企业发展壮大的路径之一。

2015年开启的并购元年，席卷了祖国大地，不仅有大型国企、跨国企业和民企参与，而且走出国门，开启中国企业在国际上的"买买买"。2015年，全球企业并购总额超过4.2万亿美元，创下2007年下半年金融危机以后的新高，让2015年成为并购势头最为强劲的一年。无论是美国，还是欧洲，或者亚洲，并购交易金额都创了新高。在国内，同行合并此起彼伏，例如，滴滴和快的，58同城和赶集网，美团和点评，世纪佳缘和百合网等，开启了我国的并购元年。

但是，伴随我国股市由牛市变熊市，以及股权投资市场的"资本寒冬"，在2015年并购高潮以后，国内的并购走向低潮。2020年，新冠肺炎疫情和国际环境变化，虽然影响并购的成交，但未上市企业并购的占比显著上升。2021年，我国并购交易数量较2020年增长了21%，交易金额比2020年下降19%至6374亿美元。近年，买方中的未上市企业并购出手更为频繁，这些未上市企业并购的目的是通过收购同业企业实现迅速扩大规模，提高市场占有率；或者通过收购实现扩大业务范围，甚至是为了获得许可性牌照资质。

纵使疫情持续在全球蔓延，海外大型并购依旧如火如荼。但是过去几年中资企业跨境并购的部分项目因"判断失误""盲目扩张""分散资产配置"等，以及部分企业动用了过高的杠杆，导致收购完成后，拖累了公司财务，开启了"卖卖卖"模式，导致部分上市公司的商誉"减值潮"来临，还使资本市场对并购，特别是大型并购降低期望，对并购所能创造的协同价值产生质疑。

2020 年初《外商投资法实施条例》正式出台，2020 年年中商务部起草了《外国投资者对上市公司战略投资管理办法（修订草案公开征求意见稿）》，大幅降低外国投资者对我国上市公司战略投资门槛，以及发布《外商投资准入特别管理措施（负面清单）（2020 年版）》进一步缩减负面清单，2020 年底中欧全面投资协议谈判完成，在中国经济高质量发展的过程中，可以预期越来越多的外国投资者参与我国企业的投资并购。

新冠肺炎疫情尚未平复，海外宏观环境仍不明朗，全球资本市场仍处于变局之中。展望未来，受疫情影响的行业，必将迎来并购潮；随着制造业留在国内，供给侧结构性改革和双循环的深入推进，也将催生并购。伴随市场经济机制完善和多层次资本市场建立，并购也必将规范化、专业化、持续化，并购将产生协同效应。

基数提高后，我国 GDP 的增速会逐年放缓，注册制下越发通畅的发行及退市制度，非市场化并购存量的清退，将使产业驱动的并购增加。股权投资基金经过 2015 年前后三四年的高潮，未来几年股权投资基金将逐步到期，如果不能通过上市退出，股权投资基金也越发接受通过并购退出。如同欧美，并购必然成为我国股权投资退出的主要通道，也必将成为企业外延式增长的主要方式。能够创造并购机会和整合并购产生协同效应的复合型人才，将是市场急需的高级管理人才。

第十四节　并购基金蓬勃发展

从 2003 年我国第一只并购基金成立，到 2015 年合计完成并购基金募集 245 只，又到 2016 年 10 月合计 833 只，管理规模 4640 亿元，再到 2020 年第二季度末并购基金机构数量达 2484 家，管理规模超 1.6 万亿元，都体现出并购基金近年来的快速增长态势。

回顾美国投资发展历史，美国控股型并购从 20 世纪 70 年代起步，并于 80 年代繁荣，以成长型投资为主的基金发展则明显滞后于控股型并购类基金。不仅如此，两者体量规模相差巨大，美国如今的控股型并购基金规模约为成长型投资基金规模的 15 倍。我国国内成长型投资基金规模占比为 90%，控股型并购基金占比不到 10%。这是由于中国尚处于经济高速发展阶段，适合作为控股收购的标的数量较少，加之资本市场退出途径限制，不够成熟的杠杆融资环境等因素，导致市场上控股型投资案例较少。但是，随着注册制全面推行与市场不断规范，Pre-IPO 套利模式风险越来越大，市场并购人才培育将有利于控股型并购投资；渐渐步入成熟期的各个行业，将有利于头部企业进行产业并购与整合，行业集中度提高会成为未来一段时间许多行业的发展趋势。并购基金可以在其中通过股权配置，优化产业结构，调整企业战略，提升企业的竞争力，最终达到加速产业整合与资源优化的目的。

深度了解行业，根据行业所处周期，以产业整合打造某个领域的并购基金，将是未来的趋势。并购基金控制的标的既可选择并购退出，也可以选择 IPO 退出。未来的并购基金纯财务投资将减少，围绕产业发展将增多。

并购基金不仅能够活跃并购交易市场，还能够为资本市场培养优秀的复合型并购管理人才。现在并购基金的活跃度不高，主要是市场上缺乏优质的、价格合适的标的和具有较高职业水平的复合型并购人才，这两个因素都是由我国现阶段生产力和经济发展水平决定的。随着市场经济的发展，从产业转到金融投资的人才越来越多，具有募资能力、行业与项目判断能力、产业资源配置与整合能力、项目赋能与管理能力等几方面的复合型人才增多，并购基金的产业并购整合能力也就会越来越强，并购基金的发展规模也会越来越大。并购基金中拥有多年产业运营和管理经验的人，也能够站在更高的维度对被并购标的进行赋能和管理。围绕被并购标的进行产业赋能，不光输出管理，还围绕被并购标的进行持续的产业并购，形成产业集群，以此来增强被并购标的的市场价值。

目前，我国并购市场不论是规模体量，还是并购效果都处于本轮并购浪潮的尾期。根据投中研究院数据，2022 年 1 月，中企并购市场交易活跃度和交易规模均大幅下降。2022 年 1 月披露预案 436 笔并购交易，环比下降 51.39%，同比下降

56.14%；披露金额 335 笔，交易总金额为 139.37 亿美元，环比下降 67.12%，同比下降 57.86%。2022 年 1 月共计完成 258 笔并购交易，环比下降 32.81%，同比下降 50.95%；当中披露金额的有 225 笔，交易总金额为 211.41 亿美元，环比下降 19.45%。中企并购市场完成并购案例数量下滑，交易规模下降，说明第四次并购浪潮进入尾声。

但我们可以预见未来一段时间，并购交易的活跃度会逐渐提升。随着中国经济进入高质量发展大潮、在全面推行注册制的大背景下、在国资从"管企业"到"管资本"的转型中、在资本从"自由竞争"进入"垄断竞争"的进程中……这些都不可逆地推动产业并购浪潮的诞生。并购基金作为并购市场的参与者将越来越活跃，在我国也必然会产生多个 KKR 和黑石这样的基金管理巨头。

2021 年 12 月 10 日，紫光集团破产重整管理人公告①，在法院的监督指导下，按照公开、公平、公正的原则广泛开展战略投资者招募工作，通过建立遴选机制开展多轮重整投资方案遴选工作，确定北京智路资产管理有限公司（以下简称"智路资管"）和北京建广资产管理有限公司（以下简称"建广资管"）作为牵头方组成的联合体（以下简称"智路建广联合体"），为紫光集团等七家企业实质合并重整战略投资者，依法与战略投资者推进重整投资协议签署及重整计划草案制定等

---

① 详见：崔亮亮：《声明及再声明：最新的清华紫光重整信息》，腾讯网，https://new.qq.com/rain/a/20211220a098iz00，2021 年 12 月 20 日。

相关工作。重整计划草案根据相关法律规定须提交债权人会议表决通过，并经人民法院裁定批准后方可生效。

智路资管和建广资管在市场上一直颇为低调，业外鲜为人知，虽然成立不过几年时间，但已经携手主导了一系列覆盖全球多个国家和地区的大型投资并购项目，涉及半导体、移动通信、智能制造、芯片设计等领域，累计投资额超过 600 亿元。智路资管成立于 2017 年，主要专注于 SMART 领域，投资人包括高科技公司、大型金融机构、家族基金，曾收购西门子旗下专业传感器公司"Huba Control"，并与奥地利半导体企业 am-sAG 成立合资公司。2021 年 12 月初，该公司还官宣拟以 14.6 亿美元收购全球最大半导体封测企业日月光控股在中国内地的四家封测工厂。

建广资管则成立于 2014 年，同样是一家专注于集成电路产业与战略新兴产业投资并购的私募基金管理公司，和智路资管是关联公司。2017 年初，智路建广联合体主导了对恩智浦旗下标准件业务（后更名为安世半导体）的收购，该笔交易金额为 27.5 亿美元（折合人民币约 180 亿元），智路资产和建广资产分别出资 4.5 亿美元和 16.3 亿美元，剩余资金为境外金融机构贷款。2019～2020 年，该资产由国内上市公司闻泰科技分阶段收购，最终交易价格超过 260 亿元人民币。

紫光集团重整由并购基金中标，应该是国内并购基金兴起的标志性事件。

第十五节　CEO 的作用更关键

据《2021 胡润百富榜》显示，中国民主建国会中央委员会企业委员会主任、四川通威集团刘汉元董事长以 1250 亿元身家，结束了新希望集团刘永好董事长 20 多年的"垄断"，成为新任四川首富。仅过去一年，刘汉元的个人财富就增长了大约 620 亿元。刘汉元和刘永好都是 20 世纪 80 年代辞去公职"下海"的，都是从饲料养殖业开始，后来都做了多元化经营。唯一不同的是，刘永好董事长多元化经营转向了食品、金融、地产、乳业、化工、资源等，刘汉元只转向了光伏产业。

2008 年金融危机时，光伏产业受到重挫，多晶硅变成了"烫手山芋"。此时，新希望正参与宝硕股份破产重整，宝硕股份有氯碱工厂，新希望有华融化工，均有副产品液氯。不少陷入困境的光伏企业找上门寻求合作，不少同事建议刘永好董事长借此契机控股并购单晶硅和多晶硅生产企业，进入光伏行业。当时新希望集团参与宝硕股份的破产重整，用半年时间都无法找到合适的 CEO，现场也无法派出足够的干部，刘永好董事长无奈地说道："光伏好是好，但谁来牵头负责呢？"

由于没有一位合适的 CEO 人选，新希望集团放弃进入光伏行业的机会。刘汉元 2004 年 9 月受让了永祥树脂 50% 的股份，

第6章 大变局新趋势新机遇

2006年12月宣布进军多晶硅产业，2007年5月与乐山市政府签署协议，与四川巨星集团在乐山设立四川永祥股份。2008年光伏行业受到重挫时，刘汉元也受到不小影响，不少工程被迫停滞。2011年美国启动了对中国光伏产品的"反倾销、反补贴"，2012年欧盟也加入了该行列。当时的光伏龙头无锡尚德、江西赛维相继破产重组。危机之时，刘汉元靠饲料行业的利润挺了下来。同时在中下游寻找机会，建立光伏电站，收购企业，并开创了渔光一体的发展模式，即水下养鱼和水面光伏发电。2015年，随着行业复苏，煎熬了数年的刘汉元终于挺了过来。这一年，他重新启动四氯化硅冷氢化技改项目，并在年底宣布多晶硅年产能突破7万吨。不久后又在包头投资建设了年产5万吨高纯晶硅及配套新能源项目，多晶硅年产能达到12万吨，跃居世界第一。2015年之后，单晶硅因为成本优势和政策优势后来居上，刘汉元再与单晶硅龙头隆基股份及天合光能组建合资公司，共同投资单晶硅棒项目。根据通威股份公布的消息，单晶料占比已达到98%。通威股份是全球硅片大户，但光伏产业只是通威股份的双主业之一，水产饲料业仍是其大力发展且有稳定现金流的当家产业。抓住光伏的发展机遇，虽然企业销售总额和资产总值远低于新希望集团，但财富升值让刘汉元问鼎了"四川首富"。

　　新希望经过20多年的多元化发展，2021年成为四川本土第一家世界500强企业，近几年最大的销售收入增量来自房地产。新希望从事房地产20多年，前十几年一直不温不火，销售额在十几亿元之间徘徊，让新希望房地产在最近六年时间迅速上台阶，冲上百亿和千亿销售规模的是张明贵先生。

张明贵于 2008 年中国地质大学研究生毕业，老家是四川省南部县，和我老家四川省盐亭县是紧挨在一起的两个贫困县。2008 年 6 月毕业离校前夕，张明贵找到我，希望留在新希望集团北京办事处工作。我带张明贵一起参加刘永好董事长的社会活动，将他引荐给刘永好董事长，并逐步将手上的工作移交给了他。当时新希望参与宝硕破产重整急需经营干部，我陪同刘永好董事长进行面试半年，都没有找到合适的人选，于是就于 2008 年 8 月向刘永好董事长提出到保定参与宝硕股份破产重整，为他分忧。张明贵除了 2009 年底到宝硕股份工作一段时间以外，在我到成都担任中日合资公司总经理期间，他从保定回到北京，一直都在刘永好董事长身边工作，直到 2014 年初直接出任新希望房产总裁。当时张明贵完全没有房产行业经验，但他有非常强的学习能力、组织能力和资源协同能力，以目标为导向，做事专注，通过几年的努力，他把握住了我国房地产高速发展的最后几年机遇，带领团队将销售规模做到了千亿元级别，位列我国房地产企业前 50 强。

如果张明贵没有出任 CEO，新希望房产就不可能有今天的销售规模和市场地位。如果再晚两年发力，无论是政策环境、市场竞争状况和融资条件都不再允许，也根本不可能达到千亿元的销售规模；特别是在 2021 年新希望的养猪业由于行业周期导致上百亿元巨额亏损的情况下，更无可能大力支持房地产的发展，就会错过房地产企业上台阶的"末班车"。

这些年我参与了清华大学、北京大学和中国科学院的个别科研成果的产业转化，与清华大学 X-Lab、北京大学科技开发部、中国科学院创新创业学院，以及中国科学院部分院所产业处的相关负责人沟通，大家一直认为科研成果产业化失败，在人的因素方面最大的问题就是没有合适的 CEO。如果有合适的 CEO 与技术发明人搭班子，不少科研成果转化项目是能够成功的。

以上案例说明无论是新兴行业，还是传统行业，抑或是周期性行业，CEO 的重要性。我于 2008 年参与宝硕股份破产重整，于 2010 年到成都出任中日合资公司总经理，都是在行业内没有找到合适人选的情况下，为领导分忧，应急跨界出任；虽然对我个人短期的职业发展来说都不是好的选择，但从长远来说，让我有切入不同行业、深度了解不同行业的机会，让我通过对比研究了不同行业的本质，更加理解了把握住行业本质、实践行业本质的重要性，锻炼了我跨行业的经营管理能力。

2020 年 9 月，刘永好董事长将张明贵从房地产总裁位置调任新希望六和股份总裁，从房地产行业转到农业行业，当时猪价达到历史高位，我分析后认为猪周期已达到了顶峰，猪价接下来就会大跌，而新希望六和股份之前发布公告要扩大生猪产能，扩张安排非常激进。若按照公告实施，新希望六和一定会巨额亏损，我当即与新希望集团多位高管联系，希望他们关心支持张明贵，防止在行业周期向下时，由于经营压力导致管理动作变形，也提醒张明贵注意动作一定不要变形。行业周期是任何人都无法抗拒的，只有在熟悉行业本质以后，在经营过程中通过产业链上下游的资源配置、调节和产业多元化来对冲行业周期带来的影响。

2021年1月10日，新希望六和发布的《2021年核心骨干员工持股计划》和《2021年度限制性股票激励计划》，是新希望总市值超过10亿元的系列股权激励计划，覆盖总计4000名核心骨干员工，要求公司2021~2023年的饲料外销量分别达到1955万吨、2210万吨、2550万吨；同期生猪出栏量分别不低于1658万头、3316万头、6632万头。当看到只有生猪出栏量和饲料销量指标，没有盈利考核指标时，我再次提醒张明贵，关注经营压力下的动作变形。随着猪价深度下跌，到2021年第二季度，新希望六和迅速减少猪苗投放，管理团队没有追求个人股权激励而不顾公司盈亏继续大幅投放猪苗。2021年，新希望出栏生猪997.81万头，远低于年初计划的1658万头。① 如果年中不及时调整计划，新希望六和公司2021年养猪产业亏损会比2022年1月29日预告的亏损金额多很多。

养猪已经不仅有从祖代、父代到育肥猪之间的养殖周期；更有规模化养殖后不容易降低的存栏量；还有养殖规模化后市场巨头的市场份额博弈，导致调整需要花更长的时间，这需要养猪行业的管理团队有更强的经营能力才能降低企业经营的风

---

① 详见：《新希望：2021年预计亏损86亿元~96亿元》，新浪财经，https：//baijiahao.baidu.com/s？id=1723333524647466275&wfr=spider&for=pc，2022年1月29日。

险。余浪等（2022）以沪深主板市场 A 股为研究对象发现，管理者能力越强，企业陷入财务危机的可能性越小；在宏观经济周期下行时，管理者能力对企业财务危机的影响更明显。周期性行业，经营比管理更重要；CEO 的经营能力尤为关键。

不仅是国有企业的 CEO，我国民营企业 CEO 多半是技术、销售出身，缺乏资本运作所必需的经验和知识结构，更没有多元化经营管理经验，担任 CEO 以后心态难免也会发生变化；其身边也会新增一批人，各种以前未曾听说的信息和知识，夹杂着各种真真假假的私货和吹捧，是否有能力分辨这些信息和吹捧，是否能够保持谦虚谨慎的心态，这是个巨大挑战。如果公司再是一家上市企业，就变成了实体公司和金融平台的混合体，这就要求公司 CEO 具备实业经营和资本运作的双重能力，也就是 CEO 需要变成复合型人才，才能真正利用资本市场的优势把上市公司的实业运营好。

能成为企业 CEO 的人都是人中翘楚，但在长期被吹捧的环境中，还能够坚守创业的初心与为人的谦卑，这是保持企业基业长青，不断适应外界环境变化的根本。魏峰等（2021）采用问卷调查法收集了创业企业 194 份 CEO 和 491 份高管数据，通过构建和检验第一阶段被调节的中介模型，研究了 CEO 谦卑对创业绩效的影响机制，探讨了任务分配有效性的调节作用以及被调节的中介作用。研究表明，CEO 谦卑和领导-成员交换显著正向影响创业绩效；任务分配有效性越低，CEO 谦卑对领导-成员交换的正向影响越强，领导-成员交换在 CEO 谦卑与创业绩效之间的中介作用越强。

我国资本市场"三十而立",大部分上市公司都比较年轻,还未形成自己完善的管理体系和稳定的企业文化,上市公司既要面对市场的竞争,还需要应对资本市场的各种挑战和诱惑,就更需要 CEO 有足够的战略定力、判断能力和经营能力。周期性行业,CEO 的经营能力比管理能力更重要。

第十六节　新形势新趋势新机遇

2022 年 9 月 1 日出版的第 17 期《求是》杂志发表了中共中央总书记、国家主席、中央军委主席习近平 2020 年 10 月 29 日在党的十九届五中全会第二次全体会议上的重要讲话《新发展阶段贯彻新发展理念必然要求构建新发展格局》。讲话指出，当前和今后一个时期，我国发展仍然处于重要战略机遇期，但机遇和挑战都有新的发展变化。新发展格局就是全面建设社会主义现代化国家、向第二个百年奋斗目标进军的阶段。进入新发展阶段，是中华民族伟大复兴历史进程的大跨越。我国现代化是人口规模巨大的现代化，是全体人民共同富裕的现代化，是物质文明和精神文明相协调的现代化，是人与自然和谐共生的现代化。要从全局和战略的高度准确把握加快构建新发展格局的战略构想。构建新发展格局是把握发展主动权的先手棋，是以全国统一大市场基础上的国内大循环为主体的国内国际双循环。

讲话指出，构建新发展格局必须坚定不移贯彻新发展理念，要把握好几个重要着力点：一是要加快培育完整内需体系。二是要加快科技自立自强。三是要推动产业链供应链优化升级。四是要推进农业农村现代化。五是要提高人民生活品质。六是要牢牢守住安全发展这条底线。讲话要求提高党领导贯彻新发展理念、构建新发展格局的能力和水平。

中华历史每千年轮回，走上人类文明繁荣的顶峰；3000 年前的周朝、2000 年前的汉朝、1000 年前的唐朝，都是至今称颂的中华文明大放异彩的时代。现在又到了一个新千年的开端，国家出台了一系列政策支持以制造业为代表的实体产业，这将为中华民族的伟大复兴奠定坚实的物质基础。经济发展由数量型增长转向质量效益型增长，经济由高速增长转向高质量发展，摆脱贫困转向基本实现现代化，创新成为第一动力。

新时代经济增长的动力定位在促进生产要素的内涵型供给，培育生产要素供给新动力；推进民生工程建设，继续加强基础设施投资，增强内需拉动力；加快推进对外开放战略，以扩大国际经济合作范围，培育新层次的比较优势，激发新一轮的经济全球化红利。在我国经济进入全面高质量发展阶段过程中，国内外环境发生复杂而深刻的变化，民间财富对于增强经济韧性和抗风险能力至关重要。

改革开放 40 余年以来，我国经济高速发展，经济和国力已经达到一定高度，成为世界第二大经济体；研发投入、科技发明数量、专利申请数量，一年比一年多，与美国一起成为世界两个主要的科技贡献国。我国是世界最大的贸易国，是世界100 多个国家和地区的第一大贸易伙伴。

进入中国特色社会主义新时代，过去推动我国经济高速增长的因素、增长道路、机制和国内外环境都已经发生了巨大变化，支撑经济增长的客观条件也发生了变化；但是我国经济向高质量阶段转变仍然具有阶段优势、大国优势和制度优势；转向高质量发展的关键在于技术创新、经济结构转型升级、新动能培育、生产要素的活力释放和发展方式创新。依据新时代经济增长要求、主要矛盾的变化，新时代要实现中国高质量发展，需要结合生产力方面的全面创新与生产关系方面的深化改革，推动高质量发展。

在经济新形势下，追求共同富裕的过程中，在经济地理调整、产业链重塑、新技术层出不穷之际，通过投资增加居民金融性资产收入在收入中的比重，也是财富再分配的重要方式。2021 年以来，国家通过一系列的政策，推动资本去无序化、平台去垄断化、娱乐去泛滥化、产业去空心化，促进科技重产业化、产业重安全化、产业升级数字化，赢得投资回流本土化，规划区域发展均衡化，最终实现共同富裕目标，未来必将出现新趋势、新机遇，让我们抓住新机遇，携手走向共同富裕。

参考文献

［1］SBI 中国．网络金融生态圈：SBI 集团发展历程［M］．上海：复旦大学出版社，2014.

［2］蔡跃洲，牛新星．中国数字经济增加值规模测算及结构分析［J］．中国社会科学，2021（11）：4-30+204.

［3］曹征，李润发，蓝雪．电商巨头下沉市场的消费驱动及发展战略——以阿里巴巴、京东、拼多多为例［J］．商业经济研究，2021（8）：39-41.

［4］常凯文，田晓林．中民投债务违约启示［J］．中国金融，2019（9）：91-92.

［5］陈爱贞，张鹏飞．并购模式与企业创新［J］．中国工业经济，2019（12）：115-133.

［6］陈金丹，王晶晶．产业数字化、本土市场规模与技术创新［J］．现代经济探讨，2021（4）：97-107.

［7］陈宇．风吹江南之互联网金融［M］．北京：人民东方出版传媒有限公司，2014.

［8］窦炜．"结构性"去杠杆与企业资产配置："脱实向虚"还是"脱虚向实"［J］．当代财经，2021（11）：125-137.

［9］杜勇，谢瑾，陈建英．CEO 金融背景与实体企业金融化［J］．中国工业经济，2019（5）：136-154.

［10］段军山，庄旭东．金融投资行为与企业技术创新——动机分析

与经验证据［J］．中国工业经济，2021（1）：155-173.

［11］樊文静，潘娴．平台经济领域的垄断逻辑与资本无序扩张——以社区团购为例［J］．吉林工商学院学报，2021，37（4）：30-34.

［12］冯素玲，许德慧．数字产业化对产业结构升级的影响机制分析——基于2010-2019年中国省际面板数据的实证分析［J］．东岳论丛，2022，43（1）：136-149+192.

［13］高立举．机构投资者、高管金融背景与企业投资效率［J］．国际商务财会，2020（2）：81-88.

［14］高云龙．中国民营经济发展报告（2019-2020）［M］．北京：中华工商联合出版社，2021.

［15］郭朝先．2060年碳中和引致中国经济系统根本性变革［J］．北京工业大学学报（社会科学版），2021，21（5）：64-77.

［16］蒋冠宏．并购如何提升企业市场势力——来自中国企业的证据［J］．中国工业经济，2021（5）：170-188.

［17］焦建美．基于DEA方法的我国高技术产业安全实证研究［J］．中国经贸导刊，2019（11）：35-39.

［18］李勃昕，白云朴，黄铖．从"引进来"到"走出去"：跨境投资的创新驱动方向转变了吗？［J］．现代财经，2021a（8）：35-51.

［19］李勃昕，韩先锋，李辉."引进来"与"走出去"的交互创新溢出研究［J］．科研管理，2021b，42（8）：122-130.

［20］李丹，董琴．全球价值链重构与"引进来""走出去"的再思考［J］．国际贸易，2019（9）：63-69.

［21］李刚，方堃，肖土盛.CEO金融背景与企业创新：促进还是抑制？［J］．会计与经济研究，2021，35（5）：43-61.

［22］李宏瑾，唐黎阳．明斯基时刻、金融不稳定性假说及中国数据的模拟分析［J］．上海金融，2021（3）：16-24.

［23］李华，许有志，佘元冠．高技术产业化政策对我国企业竞争能力的影响分析——以某五年规划期间的高技术企业实证数据为例［J］．

科技进步与对策，2012，29（14）：94-97.

［24］李井林．混合所有制改革有助于提升国有企业投资效率吗？
［J］．经济管理，2021（2）：56-70.

［25］李颖婷，廖淑萍．RCEP 区域数字经济的发展及前景分析
［J］．新金融，2022（2）：30-37.

［26］梁锐．基于电商下沉的农产品集聚与农村流通市场效率检验
［J］．商业经济研究，2021（8）：137-140.

［27］刘超，宋鑫，郭利锋．定向增发企业多元化扩张对"SEO 业绩
之谜"的影响研究［J］．管理学报，2022，19（2）：299-307.

［28］刘儒，张艺伟．数字经济与共同富裕——基于空间门槛效应的
实证研究［J］．西南民族大学学报（人文社会科学版），2022（3）：
90-99.

［29］刘晓梅，李远勤．CVC 母公司对创业企业获得后续风险投资影
响研究［J］．财会通讯，2020（18）：74-77.

［30］卢均晓．平台经济领域资本无序扩张的竞争法规制研究［J］．
价格理论与实践，2021（7）：58-64.

［31］罗慧林．从戏仿到恶搞：娱乐泛滥时代文学的价值危机［J］．
当代文坛，2007（4）：21-24.

［32］罗进辉，彭晨宸，刘玥．代际传承与家族企业多元化经营［J/
OL］．南开管理评论，https：//kns.cnki.net/kcms/detail/12.1288.f.20210
625.1453.012.html，2021.

［33］吕政．创新驱动必须以硬科技创新为本［J］．海南大学学报人
文社会科学版，2020，38（2）：1-11.

［34］宁振波．智能制造的本质［M］．北京：机械工业出版社，
2021.

［35］彭迪云．新常态下发展新经济与供给侧结构性改革的内在逻辑
和政策建议［J］．企业经济，2017，36（4）：5-11.

［36］钱爱民，吴春天，朱大鹏．民营企业混合所有制能促进实体经济

"脱虚返实"吗？［J/OL］.南开管理评论，https：//kns.cnki.net/kcms/detail/12.1288.f.20211201.0858.002.html，2021.

［37］钱颖一.走向好的市场经济［J］.中国经济报告，2021（4）：93-96.

［38］秦兵.日本企业的国际化与综合商社发展探讨［J］.商业经济研究，2016（11）：101-103.

［39］任保平，杜宇翔，裴昂.数字经济背景下中国消费新变化：态势、特征及路径［J］.消费经济，2022，38（1）：3-10.

［40］阮朝辉.警惕人工智能异化、伪知识泛滥和全民娱乐对人性与文明的危害［J］.科技管理研究，2016（8）：262-266.

［41］桑朝阳.如何理解国有资产监管从"管企业"到"管资本"的新转变［J］.理论月刊，2021（5）：59-65.

［42］盛亚，潘明明，李玉龙.科技企业孵化器利益相关者协调机制研究［J］.科技进步与对策，2022，39（10）：21-31.

［43］沓钰淇，傅虹桥.网络口碑对患者就医选择的影响——基于在线医生评论的实证研究［J］.管理评论，2021，33（11）：185-198.

［44］汪康，吴学琴.网络"泛娱乐化"引发的主流意识形态安全风险及其治理［J］.思想教育研究，2021（3）：56-60.

［45］王德侠.韩国政府在中小企业发展中的作用与启示［J］.经济师，2005（8）：81-82.

［46］王卉彤，刘传明，赵国钦.多层次资本市场支持高技术产业化的效率测度——基于SE-U-SBM模型［J］.宏观经济研究，2019（10）：49-61.

［47］王凯，马超宁，薛坤坤.CVC与IVC对初创企业双元创新的影响［J］.财会月刊，2022（3）：42-50.

［48］王立国，赵琳.产融结合与民营企业投资效率——基于A股上市公司的经验研究［J］.宏观经济研究，2021（7）：38-53.

［49］王鹏.日本综合商社模式分析及其对我国创业投资发展的启示

[J]．科技进步与决策，2010，27（18）：66-69．

［50］王钦敏．中国民营经济发展报告（2015-2016）［M］．北京：中华工商联合出版社，2017．

［51］王文泽．促进平台经济健康发展必须强化反垄断［J］．经济，2021（18）：33-36．

［52］魏峰，王艺霏，袁欣欣．CEO 谦卑和任务分配有效性对创业绩效的影响：领导-成员交换的中介作用［J］．科学学与科学技术管理，2021，42（1）：161-173．

［53］乌尔里希·森德勒．工业4.0：即将来袭的第四次工业革命［M］．邓敏，李现民，译．北京：机械工业出版社，2014．

［54］肖旭，戚聿东．产业数字化转型的价值维度与理论逻［J］．改革，2019，306（8）：61-70．

［55］解维敏．"脱虚向实"与建设创新型国家：践行十九大报告精神［J］．世界经济，2018（8）：3-25．

［56］徐玉德，陈旭．警惕资本无序流动强化资本市场科技创新支持［J］．财会月刊，2021（11）：22-26．

［57］徐政，左晟吉，丁守海．碳达峰、碳中和赋能高质量发展：内在逻辑与实现路径［J］．经济学家，2021（11）：62-71．

［58］姚立杰，李刚，程小可，陈小军．多元化经营、公司价值和投资效率［J］．科学决策，2010（12）：9-18．

［59］尹艳林．准确理解供给侧结构性改革——谈供给侧结构性改革的"两是"与"三不是"［J］．理论视野，2016（7）：1．

［60］尹振涛，陈媛先，徐建军．平台经济的典型特征、垄断分析与反垄断监管［J］．南开管理评论，2022，25（3）：213-226．

［61］余浪，李乐，李秉成，胡伟．管理者能力、宏观经济周期与企业财务危机——基于调节、路径与预警的分析［J］．软科学，2022，36（4）：118-124．

［62］曾蔚，沈亚宁，唐雨，阳欢欢．CVC 投资模式对大公司技术

创新绩效影响的实证研究［J］. 科技进步与对策，2020，37（7）：9-15.

［63］张德园，林宇，侯县平. 美国不确定性对中国经济的时变冲击——基于 QBLL-TVP-VAR 模型的实证分析［J］. 管理评论，2021，33（12）：71-86.

［64］张丽莉，赵善琛. 我国装备制造业产业安全问题研究［J］. 理论探讨，2020（2）：126-130.

［65］张楠，赵辉. 基于文献综述法的硬科技创新研究现状与识别方法研究［J］. 全球科技经济瞭望，2021，36（1）：68-76.

［66］张蕊. 当代中国泛娱乐主义：实质、特征及应对［J］. 思想教育研究，2021（10）：106-112.

［67］张少东，王道平，范小云. "去产能"与我国系统性风险防范［J］. 经济学动态，2020（10）：110-126.

［68］张希良，黄晓丹，张达，耿涌，田立新，范英，陈文颖. 碳中和目标下的能源经济转型路径与政策研究［J］. 管理世界，2022（1）：35-52.

［69］张雨，吴先明，周伟. 中国企业跨境并购促进了并购企业研发国际化吗［J］. 科技进步与对策，2022，39（18）：88-98.

［70］章慧南，卢雪梦. 企业集团非相关多元化经营对成员企业创新绩效的影响——基于技术多元化的中介作用、技术整合能力的调节作用［J］. 创业与投资，2021，32（21）：191-201.

［71］赵通，任保平. 新时代我国产业资本与金融资本结合的风险及其防范策略［J］. 人文杂志，2019（3）：40-47.

［72］郑烨，王焕. 政府支持中小企业创新：理论基础、政策表征与作用路径［J］. 现代经济探讨，2017（10）：126-132.

［73］仲伟周，邢治斌. 我国制造业"市场换技术"有效性分析——基于产业安全视角［J］. 科学学与科学技术管理，2012，33（12）：62-70.

［74］周长城，陈云．德国中小企业的作用及其扶持政策［J］．国外社会科学，2004（1）：48-53.

［75］朱恒源，杨斌，等．战略节奏［M］．北京：机械工业出版社，2018.

后　记

2022 年 8 月 3 日，《财富》世界 500 强排行榜发布。本年度的《财富》世界 500 强排行榜企业的营业收入总和约为 37.8 万亿美元，相当于当年全球 GDP 的 2/5，接近中国和美国 GDP 之和，比上年上涨 19.2%，为该榜单有史以来最大涨幅。所有上榜公司的净利润总和约为 3.1 万亿美元，与上年相比上涨 88%，是 2004 年以来最大的涨幅。说明即使在新冠肺炎疫情影响下，企业竞争体现出来"强者恒强"的趋势不仅没有被改变，反而得到了强化。

中国大陆（含香港地区）公司数量达到 136 家，加上台湾地区企业，中国共有 145 家公司上榜，继 2019 年超越美国后，上榜企业数量继续位居各国之首；这 145 家企业的营业收入占 500 家上榜企业总营收的 31%，首次超过美国占 500 家上榜企业总营收的 30%。中国大陆（含香港地区）企业的平均营业收入达到 809.8 亿美元，平均总资产 3580 亿美元，平均净资产 431.8 亿美元，均超过世界 500 强的平均水平。但是，中国公司盈利能力低于世界 500 强公司的平均水平，仅为美国上榜企业的 40% 左右。扣除进入榜单的 10 家中国银行利润占全部上榜中国大陆企业利润总额的 41.7% 后,中国大陆上榜的 126 家非银行企业平均利润只有 26 亿美元,与 117 家美国非银行企业平均利润近 92 亿美元的差距进一步拉大。

今年的排行榜显示,我国企业收入和资产规模跟随我国经济总体规模的增长而增长,企业总体依旧是"大而不强",不仅与美国上榜企业的平均利润相差 3 倍,与德国、日本、加拿大、英国、法国、巴西等国家上榜企业也都存在差距。在全球竞争最为激烈的信息和通信技术(ICT)产业领域中,美国 19 家上榜企业的平均营业收入为 1262 亿美元,平均利润为 237 亿美元;而我国 12 家上榜企业平均营业收入为 787 亿美元,平均利润为 77 亿美元。美国上榜企业的利润总体是我国上榜企业的 3 倍,体现了美国该行业的企业竞争力强于我国,我国企业还有很大的追赶空间。

2022 年 7 月 28 日,中共中央政治局召开会议,提出要发挥企业和企业家能动性,营造好的政策和制度环境,让国企敢干、民企敢闯、外企敢投。近年来,习近平总书记多次提到"国之大者",明确要求对"国之大者"要心中有数。"国之大者"是指关乎国家前途、民族命运的大使命、大方向、大格局、大利益、大战略,不仅是政府关注的最核心、最关键、最迫切的问题,也是企业的发展方向。"国之大者"事关人民幸福安康,事关中华民族的伟大复兴,事关国家前途命运。心怀"国之大者",就需要关注国家在关心什么、强调什么,深刻领会什么是国家最重要的利益。在当今世界科技竞争激烈、中美贸易摩擦尚未结束的时期，看清方向、选好行业、跟随国家需要，就是投资人和企业经营者的首要工作，也才容易获得更好的投资回报和更好的经营效果。

我国世界 500 强上榜企业相对于美国上榜企业"大而不强"，指明了我国企业的技术发展方向；美国牵头组织"供应链部长级论坛"、通过《芯片和科学法案》等，也为我国的投资人指明了行业选择的方向。

根据中国商务部统计①，2022 年 1~8 月，全国实际使用外资金额 8927.4 亿元人民币，按可比口径同比增长 16.4%，折合1384.1 亿美元，增长 20.2%。从行业看，服务业实际使用外资金额增长 8.7%；高技术产业实际使用外资增长 33.6%，其中高技术制造业增长 43.1%，高技术服务业增长 31%。从来源地看，韩国、德国、日本、英国实际对华投资同比分别增长58.9%、30.3%、26.8%、17.2%（含通过自由港投资数据）。从区域分布看，我国东部、中部、西部地区实际使用外资分别增长 14.3%、27.6%、43%。这充分表明，包括欧盟在内的外国投资者持续看好中国市场。在全球新冠肺炎疫情反复、俄乌冲突延续、经济复苏乏力、跨国投资疲软的背景下，中国接受的外部投资不减反增，足以体现国际资本对中国经济发展的信心。

---

① 详见：《2022 年 1-8 月全国吸收外资 8927.4 亿元人民币，同比增长 16.4%》，中华人民共和国商务部，http://www.mofcom.gov.cn/article/xwfb/xwsjfzr/202209/20220903349110.sht-ml，2022 年 9 月 19 日。

投资就是投趋势，在大变局中，跟随新趋势，选择大于努力！

2022 年 10 月 16 日，中国共产党第二十次全国代表大会在北京隆重召开，这是在全党全国各族人民迈上全面建设社会主义现代化国家新征程、向第二个百年奋斗目标进军的关键时刻召开的一次十分重要的大会。党的二十大报告指出，十年来，"我国经济实力实现历史性跃升"，"我国经济总量……稳居世界第二位"。要"加快构建新发展格局，着力推动高质量发展"。提出，要"建设现代化产业体系，坚持把发展经济的着力点放在实体经济上，推进新型工业化，加快建设制造强国、质量强国、航天强国、交通强国、网络强国、数字中国"。报告还指出，"加快建设高质量教育体系，发展素质教育，促进教育公平"，"建成世界上规模最大的教育体系、社会保障体系、医疗卫生体系"，"加快建立多主体供给、多渠道保障、租购并举的住房制度"。关于义务教育、医疗服务、房地产等方面内容的分析，笔者将在《投资新思路：左右存亡的行业本质（案例集）》一书中进行深入解读。

NEW
INSIGHTS INTO
INVESTMENT

左右存亡的
行业本质

Factors Vital to the
Survival of the Business

投资新思路

陈小军
朱 志
著

经济管理出版社
ECONOMY & MANAGEMENT PUBLISHING HOUSE

图书在版编目（CIP）数据

投资新思路. 左右存亡的行业本质/陈小军等著. —北京：经济管理出版社，2022. 12

ISBN 978-7-5096-8801-4

Ⅰ. ①投…　Ⅱ. ①陈…　Ⅲ. ①投资—研究　Ⅳ. ①F830. 59

中国版本图书馆 CIP 数据核字（2022）第 214813 号

组稿编辑：梁植睿
责任编辑：梁植睿
责任印制：黄章平
责任校对：张晓燕

出版发行：经济管理出版社
　　　　　（北京市海淀区北蜂窝 8 号中雅大厦 A 座 11 层　　100038）
网　　址：www. E-mp. com. cn
电　　话：（010）51915602
印　　刷：唐山玺诚印务有限公司
经　　销：新华书店
开　　本：880mm×1230mm/32
印　　张：7. 375
字　　数：102 千字
版　　次：2022 年 12 月第 1 版　　2022 年 12 月第 1 次印刷
书　　号：ISBN 978-7-5096-8801-4
定　　价：128. 00 元（全 3 册）

推荐序

　　"风险投资"这一概念在我国是由中国科学院大学经济与管理学院首任院长成思危先生率先提出来的。在成先生任中国民主建国会中央主席期间，民建中央于1998年在全国政协九届一次会议上提交了《关于尽快发展我国风险投资事业的提案》，该提案因立意高、份量重，被列为"一号提案"。该提案提出后受到中共中央、国务院的高度重视，并在各部委、各级地方政府和科技界、金融界引起强烈反响，揭开了我国风险投资大发展的序幕。成思危先生因此被誉为"中国风险投资之父"。成先生倡议举办的"中国风险投资论坛""中国非公有制经济论坛"已经成为我国投资界和经济界具有重要影响的年度盛会。

进入 21 世纪，特别是近 10 年来，我国风险投资得到极大发展。中国科学院大学经济与管理学院根据国家经济发展需要，在做好经济研究的同时，也开设了金融专硕等金融类专业，创立了虚拟经济实验室等专项研究室。但是相对于经济和金融的研究，我国学界对投资的研究还相对较少，甚至社会上一部分人将投资当成金融。事实上，经济、金融和投资这三者具有联系，也有区别；三者的理论基础、研究对象、研究方法，以及内涵与外延均不相同；三者的出发点、作用、指导思想也截然不同，在资本市场上只不过在融资这个方面上存在交叉。有人用一种形象的说法来说明三者的区别：经济是肌体，金融是经济的血液，投资是经济的造血中心。

小军工作数年，积累了一定的经验以后，考上清华大学经济管理学院的工商管理硕士，又从事企业经营和投资十余年，再考入中国科学院大学经济与管理学院攻读管理科学与工程博士学位。从产业经营和产业投资的实践中走过来，将过去的经验提升，创造性地提出了"行业本质决定企业盈亏数量级、左右企业存亡"的全新理念。

小军的《投资新思路》，首先分析了经济发展和行业选择的大趋势，再分析了部分行业的行业本质，最后以通俗的语言系统阐述了股权投资采用的一般方法。特别是将复杂的投资问题和企业经营的核心问题抽丝剥茧，总结成通俗易懂的一个词语，就是"行业本质"。认清行业本质，能够让投资人迅速抓住行业的要害，提高投资的成功率和回报率；同时能够让企业经营者迅速抓住经营的核心，围绕行业本质开展企业的研发、生产、营销和管理等，提高企业经营的效率和效益。本套书体现出了投资和企业经营"大道至简"的核心思想。

这套书创造性地提出了一个全新的投资视角和经营视角，根据"行业本质决定企业盈亏数量级、左右企业存亡"这个全新的理念，结合实证案例，能够启发投资人和企业经营者。不仅有益于投资机构，有益于企业，更有益于经济社会发展；还有助于减少社会浪费，引导资本有效投资，引导企业有效经营；更能为人们的投资理财拨开迷雾，增加人们的财产性收入，促进社会"共同富裕"。

小军在自身经历的案例基础上，总结出新方法、提出新理念，并和我国民间谚语相结合，在其攻读博士学位期间完成本套书，这是其从事企业经营和投资多年的心得体会，也是其攻读博士学位期间的学习成果。

《投资新思路：大变局中的行业选择》《投资新思路：左右存亡的行业本质》《投资新思路：新常态下的股权投资》构成了"投资三部曲"：明大势、辨行业、识企业。既适合投资从业者阅读，也适合企业经营者借鉴，还适合政府经济管理部门的工作人员参考。这不仅是一套关于股权投资的书籍，也是一套关于企业经营的书籍，还是一套关于人生投资的书籍。在投资期间感到迷茫时，在企业经营中感到彷徨时，在人生感到困惑时，不妨读读这套书，想必会给您带来有益的启迪。

我真诚地希望这套书对读者有益，对企业有益，对社会有益；更期待小军在以后的工作过程中，坚持思考，不断总结提炼，为经济繁荣、社会进步，再做新的贡献。

汪寿阳

发展中国家科学院院士

国际系统与控制科学院院士

中国科学院预测科学研究中心主任

上海科技大学创业与管理学院院长

中国科学院大学经济与管理学院原院长

2022 年秋于北京

作者简介

陈小军，中国科学院大学经济与管理学院博士研究生，师从中国科学院预测科学研究中心主任、中国科学院大学经济与管理学院原院长、中国科学院数学与系统科学研究院原党委书记汪寿阳院士。清华大学工商管理硕士。"行业本质决定企业盈亏数量级、左右企业存亡"理念创立人。现任中国民主建国会中央委员会企业委员会副主任、清华大学经济管理学院研究生校友导师、清华大学 X-Lab 创业导师、中央财经大学会计学院研究生校外客座导师。

20 岁大学毕业，先后获得汽车摩托车制造、工业企业管理、会计、工商管理、管理科学与工程五个不同专业不同层次的学历学位；由于单位需要，先后应急到汽车零部件、化工、农业、食品、国际贸易、电商等行业负责经营。虽得到不同教训，但均将每个企业某一方面的业绩做到国内同行业同期前三位。之后从事投资行业，历任中日合资公司总经理、日本 SBI（原软银投资）中国公司首席投资官、基金管理公司总经理等职。先后获得"四川绵阳汽车方向机总厂十大劳动模范""民建北京市优秀会员""SBI 中国 2014 年度最佳撮合奖""中国 2015 年度基础建设领域最佳产业投资人""2016 中国财资管理杰出贡献奖""民建中央 2020 年参政议政工作先进个人"等荣誉称号。

出生于四川省绵阳市盐亭县偏远农村，白手起家，连续创业。工作一年后，21 岁时将一家十余口从农村迁到城市，为不足初中文化程度的家人分别开办了至今都比较赚钱且适合他们的生意，22 岁时带领工作单位进入长安汽车集团配套体系，23 岁时送已有孩子的哥哥脱产学医五年，24 岁时被单位评为"十大劳动模范"，25 岁时带领工作单位成为长安汽车集团"十大优秀供应商",26 岁时将全部生意交给父亲和姐姐经营后脱产学习,考入清华大学与美国麻省理工学院联合开办的全英文授课硕士班。在校期间,任 MBA 同学会副主席,经主席团成员一致同意,将 MBA 新生入学义卖所得购买课桌捐赠到老家四川省绵阳市盐亭县麻秧乡小学;参加清华大学和美国斯坦福大学交换项目,与巴基斯坦友人结下一段国际交往的情谊。清华大学硕士毕业后留在新希望集团北京办事处任刘永好董事长的行政助理,后应急到保定、成都负责企业经营。

2014 年放弃了一家知名餐饮企业抛出的出资成立 10 亿元产业基金的橄榄枝。为更好地学习,出任日本 SBI(原软银投资)中国公司首席投资官,后担任基金管理公司总经理。基于当时国内股权投资乱象,思考什么是决定一个行业和企业存亡的要素,如何才能提高投资的成功率和回报率。自 2016 年开始,考察了十余个国家的多个行业发展,先后研究了国内 20 多个行业的本质。为深入探索经济与投资的内在逻辑,继续申请攻读中国科学院大学的博士学位,对比研究国内外宏观经济、行业本质对企业经营和投资的影响，以及股权投资未来的发展趋势，深入研究企业多元化和并购绩效的影响因素，寻找提高投资成功率和回报率的方法。创造性地提出"行业本质决定企业盈亏数量级、左右企业存亡"的全新理念。

加入中国民主建国会后，曾先后担任民建中央制造业组秘书长、副组长，民建北京市东城区稻香村支部副主任等职务。现兼任民建北京市西城区综四支部副主任、民建西城区企业家委员会副主任、中国中小商业企业协会志愿服务专家、中国管理科学学会创新管理专委会执行委员、北京市人民法院人民陪审员、中共中央党校（国家行政学院）新时代应急管理知识党员领导干部学习读本系列丛书编委。

已发表的部分文章：

1.《多元化经营、公司价值和投资效率》（合著），《科学决策》2010 年第 12 期。

2.《陈小军：九大变化呼唤新型 CFO》，《新理财》2017 年第 12 期。

3. 《改革开放让我心想事成》，载《忆往追昔话民建：北京民建会史资料汇编》，2018年10月。

4. 《建国七十忆思危　桃李不言已芬芳》，《北京民建》2019年第11期。

5. 《管理层能力与投资效率》（通讯作者），《会计研究》2020年第4期。

6. 《客户关系管理、内部控制与企业并购绩效测度综合评价——基于多元线性回归模型分析》，《管理评论》2021年第8期。

7. 《经济发展预期转弱会影响企业并购吗？——基于中国A股上市企业的经验证据》，已投稿核心学术期刊，待刊发。

朱志，私募股权基金管理公司股东、合伙人。本科毕业于哈尔滨工业大学自动化专业，中国科学院大学MBA，美国密苏里州立大学EMBA。

曾供职于多家大型生产型企业，对于公司战略规划、企业机制设立以及运营落实经营策略，具有高度专业的经验和相应的知识储备。工作期间对公司盈利模式的提炼，以及营销推广的精准定位显著提升了企业的盈利能力和经营绩效。

历任主板上市公司高管、人力资源总监、营销总监、海外公司董事长、总经理，拥有丰富的管理经验和创业经验。尤其在运营管理、国内外市场营销等方面，更是有着自己独到的见解和操盘经验。先后考察过110多个国家的不同体制下各类商业模式的运营状况，辨识其不同的特点和因地制宜的经营方式。加之具有多年的海外工作经验，拥有良好的国际化视野，进而能够深入研究、取长补短。

近年来，凭借20多年大型生产企业的运营经验，转型至创投行业，为所投标的公司的运营决策及执行贡献了积极的改革建议，使其得到有效的提升和促进。同时，多次主导和参与标的公司的公司治理、股权设置、业务重组等工作。目前已主导设立十几只基金，聚焦硬科技创业投资。为资本和科技牵线搭桥，助力科技自主创新。

总　序

　　近年来，人们经常谈起"股权投资的'寒冬'已来临，不知道下一步该如何办"。我也经常被人询问，家庭有一些存款，但是不知道投资什么好。不少中小企业主面对宏观经济环境已经发生的巨大变化，不清楚下一步应该怎么走。炒股的股民聚在一起，会讨论买哪只股票更合适；公募基金的基民聚在一起，会讨论购买哪位基金管理人的基金收益会更高……我们曾见证有人抓住一个机会就能创办一家成功的企业，但也看到不少企业在激烈的市场竞争中苦苦挣扎；我们曾见证有人参与一家企业的股权投资后就实现了阶层跨越，也曾听闻更多的股权投资项目失败；我们知道有人连续买对两三只股票就实现了财富自由，也看到更多的人从股市中铩羽而归，甚至因此背负债务……面对以上这些问题和现象，是否能够从中找到规律性的、可复制的投资方法来给我们做出指导呢？

改革开放40余年来，我国居民获得财富的主要途径在不同的年代是不一样的。20世纪80年代，财富主要来自贸易，人们利用信息不对称、价格双轨制，将海外的商品进口到国内，将沿海的商品销售到内地，就能够赚到钱。20世纪90年代，财富主要来自制造业，当时国内物质不丰富，只要能够将需求商品生产出来并销售出去，就能够赚到钱。自2001年我国加入世界贸易组织以后，财富主要来自自然资源及衍生的产业，比如煤炭、房地产及上下游相关产业等，利用我国生产规模急速扩大以后对生产资源的需求，以及在此过程中居民积累财富后对改善生活条件的需求，消费市场规模急速扩大。2010年以后，随着股权时代的开启，不少人的财富增长就主要来自投资。

总　序

　　我自己在汽车零部件、化工、农业、食品、国际贸易和电商等行业负责过企业的具体经营，尽管得到过各种教训，但在负责各个企业的经营期间，都曾将某一方面的业绩做到过国内同期同行业前三位；我也曾在外资投资公司担任首席投资官，还担任过国内管理规模靠前的基金管理公司总经理；我还先后在国有企业、民营企业、合资企业、外资企业等各类企业中工作过……在此过程中，我一直思考企业经营管理的要义，探索如何才能结合企业实际状况取得在行业中的比较竞争优势，创造可持续经营的能力，并赢得社会尊重。自己多次从零开始，白手起家，连续创业；在从事投资工作的多年里，我也一直思考投资的要义，分析如何结合自身资源条件选择合适的项目，获得满意的回报，并造福社会。

　　在不断求索的过程中，基于自己已经获得了汽车摩托车制造专业的文凭，在工作和创业之余，我先后获得了工业企业管理和会计两个专业的自学考试文凭。在将跟随我到四川绵阳的家人和亲戚全部安顿好以后，又脱

3

产考上清华大学的硕士研究生，希望自己能够深入研究企业经营管理之道。从清华大学硕士毕业以后，又经过几年的实践，从民营企业到中外合资企业，其间曾放弃一家知名餐饮企业抛出的出资成立 10 亿元产业基金的橄榄枝，出任外国投资企业的中国公司首席投资官，又担任国内规模靠前的基金管理公司总经理，随后再创业……但我始终还是认为自己的投资思想不成体系：浮于表面的财务数据分析，浮于自欺欺人的喧嚣，浮于细枝末节的"术"，未能找到冰山下深层次的本质的"道"。

　　相对于经济和金融，目前针对投资的研究较少。在日常经济活动中，不少人将投资当成金融，甚至用金融的方法来做投资。事实上，从学科上来讲，经济学、金融学和投资学具有很大的不同。用通俗的话来说，经济学是总结过去经济现象中的规律，讲述经济未来的理想状态，侧重解释过去；金融学是研究"钱"的融通，是调整现在经济的运行，侧重调整现在；投资学是研究

"钱生钱"，是描绘未来经济的状态，侧重预测未来。一个通俗的比喻就是，经济是肌体，金融是经济的血液，投资是经济的造血中心。用一个共性的词来描述三者之间的联系与区别，那就是：经济是由过去的养分组成，金融是承载现在经济的养分，投资是生产未来经济的养分。

　　全国人大常委会原副委员长成思危先生担任民建中央主席时，我在清华大学就读硕士研究生，被吸纳加入民建组织。成为民建正式会员不到一年，我就被任命为民建中央企业委员会制造业组秘书长，这让我对民建组织和相关人员深怀感恩之心。当自己痴迷于所研究的问题，但对研究方法感到困惑的时候，我了解到由成思危先生担任首任院长的中国科学院大学经济与管理学院联合科技部开办了科技创新管理博士班。于是便再度放下工作，脱离喧嚣，沉下心来，考察了 10 余个国家的多个行业发展脉络，研究了国内现阶段 20 余个行业的本质，申请攻读中国科学院大学的管理科学与工程博士学位。基于自己多行业的经营管理实践、多专业的系统理论学习，以及多年的投资经验，期望能从方法论上重新构建适合自己的、可复制的投资思想体系。

从 2016 年开始起心动念，不断构建、不断否定、不断验证、不断探寻，在我的博士研究生导师汪寿阳院士的一再鼓励之下，于 2021 年 9 月开始动笔撰写本套书，完全脱产写作一年有余，写作期间日夜颠倒，经过多次大幅度删减，才初成体系，创造性地总结出了"行业本质决定企业盈亏数量级、左右企业存亡"的全新经营理念。

本套书基于我国经济进入新常态，创造性地提出了用行业本质甄别行业，用行业本质筛选行业中的企业，用常识分辨系统性风险，用底层经营数据鉴别企业，从能否增加社会福利和企业能否持续盈利的角度，结合民间谚语，来思考决策的投资方法。

以一孔之见，从投资决策者的视角，检验提出的方法，引用核心学术期刊发表的最新研究成果，结合我国民间谚语和自身亲历的案例，验证如何把握行业本质，规避系统风险；研究如何快速筛选项目，提高投资成功率和回报率。

以一叶知秋，用亲身经历的数十个案例，对照提出的行业本质，阐述过去和现在我国部分行业和企业沉浮起落的缘由；管中窥豹，运用该方法指导企业如何在市场竞争中提高企业经营效益，增强竞争优势，促进企业经营事半功倍。

本套《投资新思路》的主要观点有：

行业本质决定企业盈利亏损的数量级，左右企业的存亡；

从事强周期性行业的企业，CEO 经营能力比管理更重要；

管理层能力影响投资绩效，CEO 的特质影响并购的效果。

产业资本转型金融资本，是向下俯冲；

金融资本转型产业资本，是向上仰攻。

金融资本渗透产业资本，若在产业中没有根基，注定要失败。

多元化成功的诀窍就是进入利润率更高的行业。

从低利润率行业转型到高利润率行业，是向下俯冲；

从高利润率行业转型到低利润率行业，是向上仰攻。

赚钱的生意都不苦，苦的生意都难赚钱。

股权投资是越老越吃香的"白发行业"。

创造项目的能力比抢项目的能力更重要。

投资需要理解产业、懂得经营、熟悉管理、了解趋势；不仅要摸准宏观经济的脉搏，还要进行中观的资源整合，做好微观的经营管理，又要抬头看行业发展的趋势，更要掌握行业的本质，从而提高投资的成功率和收益倍数。

投资的规范性或从业经验都是"术"，在从业的过程中都可以习得和完善；能否看见、看懂、判对、投准、赋能、协同、陪伴，才是"道"，这需要商业天赋、产业背景、管理经验、宏观判断、跨行业经验和社会资源的支撑。

评价投资能力，不能只看投资"明星项目"和 IPO 项目的个数和回报倍数，还要看投资人从业以来或者机构开业以来投资的总体成功率、回报率和投入资本分红率（Distribution over Paid-In，DPI）；投资在精不在多；复合背景比单一背景投资人的收益高 30% 以上。

在欧美和日本，从事投资的人们，多数都具有十数年甚至数十年的产业成功经历，在积累了一定的企业经营管理经验和产业背景之后，再从事投资。投资是他们职业生涯的最后一站，这与我国现阶段投资从业人员的状况有很大的不同。只有抓住行业本质、看清趋势、守住常识、利于社会，才能规避投资中的系统性风险。

人到中年，是做事的黄金时期。当看到部分企业经营存在无谓的浪费，个别投资走向歧途，不少投资者陷入迷茫，我再次毅然放下工作，将作息日夜颠倒，静下心来完成这套理论与实践相结合的书，在写作过程中进行深度思考，复盘自己经历的部分案例，不仅为自己以后的旅程开示，也为其他有缘人借鉴。

原计划写一本《投资虚实之间》，从 2016 年起即开始构思，酝酿五年，将自己日常观察到的现象进行总结，提炼观点，不断结合理论对照案例进行验证，再提炼投资理论体系。到 2021 年 9 月，感觉投资体系似乎成熟以后，开始撰写本套书。随性所至，完稿后字数过多，于是打破文章原有的逻辑和结构，拆分成现在的三本，又补充部分章节内容和案例，构成本套《投资新思路》。为了这套书的单本独立成册，存在部分案例从不同角度进行多次分析，部分章节逻辑不甚严密，甚至写作比较跳跃的问题，敬请广大读者谅解。为更好地探寻投资之道，提高投资收益和企业经营效益，欢迎朋友们参与《投资新思路》后续系列丛书写作，共同为提高投资收益和企业经营效益做一些有益的探索。

这些年我沉下心来做研究和攻读博士学位，考察了10余个不同发展阶段国家的几十个行业，对比研究了国内现阶段20余个行业的本质，自己投资的股权类项目数量不多，金额也不大，但至今没有投资失败的案例。从总体上看，自己投资的股权项目账面投资收益可观，近六年的投入资本分红率（DPI）超过行业一般水平。随着未来股权类投资项目退出的增多，我相信DPI将持续走高。

2022 年上半年，我在撰写本套书期间，依据本套书的研究成果，向有关部门提交了数份社情民意文章，其中《关于禁止融资企业参与金融投资促进经济"脱虚返实"的建议》《防止企业财团非理性多元化扩张阻碍创业创新并引发局部金融风险的建议》《关于停止执行房地产开发 70 90 政策的建议》《发挥政府引导基金作用，培育更多"专精特新"企业，提高我国经济竞争力和创新力》等文章已经被有关部门采纳。

本套书引用了大量例证、数据和学术研究成果，来说明现在部分经济现象背后的成因、未来可能出现的趋势，以及我们可以选择的应对策略。在市场经济条件下，资本没有寒冬，只是行业有周期，板块有轮动；只要我们能发现行业本质，看清行业周期规律，踩准板块轮动方向，就能够让资本持续造福社会。因此，我希望本套书对企业经营管理人员、投资机构从业人员和政府经济部门的有关人员有所裨益，希望能够增强大家对"赚钱"的信心，帮助投资人提高投资成功率和回报率，帮助企业经营者提高企业经营的效率和效益。

　　《投资新思路》回答了下列问题，希望其中有您所感兴趣的：

　　1. 为何说股权投资是"白发行业"？

　　2. 如何才能选准投资的行业和企业？

　　3. 为何说产业背景对投资人非常重要？

　　4. 为何多行业背景对投资人非常重要？

　　5. 如何才能规避投资中的系统性风险？

　　6. 新希望创业 40 年成为世界 500 强的秘密是什么？

　　7. 为何说并购将来是常态，并购基金将成主流？

　　8. 为何说"赚钱的生意都不苦，苦的生意都难赚钱"？

　　9. 为何说股权投资的"寒冬"还没有来临？何时来临？

　　10. 为何说未来投资人的最大价值在于创造项目的能力？

11. 为何至少经历一个完整的经济周期对投资人非常重要？

12. 为何说工程师是科学家与企业家之间最为关键的桥梁？

13. 股权投资未来退出主渠道为何是并购？如何才能并购成功？

14. 为何现在 IPO 破发成常态，不少公司市值低于其融资总额？

15. 为何两位数的热门生物医药公司市值低于其持有的现金数？

16. 评价投资机构的能力为何不能只看投出多少个 IPO 项目？

17. 评价投资能力为何要看总体成功率、总体收益率和 DPI？

18. 为何说周期性行业 CEO 的经营能力比管理能力更重要？

19. 为何说复合型 CEO 是并购（多元化经营）成功的关键？

20. 为何说 CEO 特质影响并购绩效、管理层能力影响投资收益？

21. 为何高管金融背景会导致企业的金融化？利弊各有哪些？

22. 什么样的高管背景组合，才能够最大化企业的经济效益？

23. 为何行业本质能够决定企业盈亏数量级、左右企业存亡？

24. 为何恒大、万达、融创、宝能等"阳春白雪"的房地产企业多元化多数会失败，而新希望、东方希望、通威等"下里巴人"的饲料企业多元化多数都能成功？多元化成功的诀窍是什么？

25. 企业转型成功的诀窍是什么？

26. 如何基于行业本质购买股票？

27. 如何基于行业本质购买公募基金产品？

28. 中民投不调整就会失败的原因是什么？

29. 放弃和某地方政府合作成立产业引导基金的原因是什么？

30. 瑞幸咖啡当年亏损的原因是什么？现在扭亏是做对了什么？

31. 传统企业最坏时刻还没有到来的原因是什么？为何认为政府收入高增长不可持续、股市不可救、市场规律不可违？该如何做？

32. 在猪价快速上涨时认为不应立即新建养猪场的理由是什么？

33. 现在一二线城市的社区生鲜团购失败的理由是什么？该如何做？

34. 为何认为 2022 年参与元宇宙投资，多数都会打水漂？

35. 2022 年起未来五年，认为将有数千家私募股权基金管理人被注销，原因是什么？

36. 为何说市场经济条件下资本无寒冬？如何让资本持续造福社会？

发现行业本质，掌握盈亏阀门；
认清行业本质，掌握财富密码。

前　言

　　第一次听说"行业本质"这个词语，是 2006 年我带领清华大学经济管理学院的研究生同学参加郎咸平教授的一次讲座，在讲座中他分析了三个行业的本质，完全打破了我对这三个行业经营的认知，有醍醐灌顶之感。其中郎咸平教授以 ZARA 举例说明服装行业的本质是周转率；ZARA 的设计、生产和营销都是以"周转率"作为基础，后来成为世界著名的快时尚品牌。可是在讲座结束之际，他专门说明这三个行业本质的研究是他的助理帮助完成的，研究每个行业的本质都需要有产业背景，他本人没有足够的产业背景，因此无法做更多行业的研究，期望抛砖引玉，有更多的人能够继续这项研究。这次讲座打开了我的认知局限。"我没有产业背景，无法做更多行业的本质研究，只能抛砖引玉开个头，寄希望于后来的学者"这句话不时回响在我脑海里。后来的十几年时间我在不同行业负责企业经营，一直在对比思考每个行业的本质到底是什么。

目前学术理论界对"行业本质"没有统一的定义，我粗浅地认为行业本质是决定行业中企业的盈亏数量级、左右行业中企业的存亡的一个关键因素；是行业的根本属性，或者是企业在行业存在的根据；是一个行业内在的必然性和规律性。行业本质可能不在产品上，也可能不在企业自身中，甚至不在本行业内；而可能在企业与消费者的连接上，也可能在行业内的企业之间的竞争状态中，还可能在行业外的其他因素里。对同一个行业的本质，不同的人有不同的观点。例如有人认为咖啡馆的行业本质是提供咖啡因服务（生理满足），有人认为咖啡馆的行业本质是提供体验消费（心理满足），也有人认为咖啡馆的行业本质是第三空间（租赁关系）。但我认为我国现阶段咖啡馆的行业本质是社交，这并不代表我的观点就是正确的，还需要大家一起进行研究。

2018 年，瑞幸咖啡成立，我认为当时瑞幸咖啡的商业模式如果不进行调整就必亏无疑，理由就是我认为我国现阶段咖啡馆的行业本质是社交。瑞幸咖啡当年的商业模式是减少咖啡店的营业面积，甚至不布置座位，实质就是去除咖啡馆的社交场景，只提供满足消费者咖啡因需要的生理满足，这让瑞幸咖啡很难盈利。现在，瑞幸咖啡经过"风波"后，不仅增加了门店座位，加大了网红产品的开发力度，还增加了奶茶类和糕点类产品，满足顾客对"甜味""能量"的需求，财务状况得到极大的改善。

2014 年我成功策划和组建了亚洲餐饮联盟。该联盟本来是刘永好董事长安排新希望集团时任副总裁牵头，但是半年过去毫无进展。2014 年春节后我接手这项工作，经过调研，我认为当时我国商务餐饮的行业本质是社交，因此设计了亚洲餐饮联盟的组织架构和盈利模式，并于 2014 年 6 月 29 日联合《经济参考报》在新华社礼堂成功举办了"发现中国好食材活动启动仪式暨亚洲餐饮联盟成立仪式"活动。在成立仪式上，首次见面的知名餐饮企业董事长听了我的介绍以后，主动向我提出他愿意出资成立10亿元的产业基金。

目前，据我分析，商务餐厅的行业本质不是菜品，不是服务，更不是低价，而是社交，需要基于社交进行选址、装修、服务、菜品开发、定价及营销。社区生鲜团购的行业本质不是低价策略，不是线下渠道，而是电商，需要社区生鲜团购的线上运营成本低于线下商贩的经营成本。现在左右我国养猪企业盈亏数量级和存亡的不是养殖技术，不是养殖成本，而是猪周期。新能源的行业本质不是规模领先，也不是技术领先，而是成本领先。城市环保行业的本质不是企业实力，不是企业规模，而是地方政府的支付能力。

在如今经济增长率下降、"内卷"加剧的情况下，不少企业选择低价策略来扩大市场规模和提高市场占有率，通过对我国超过20个行业的对比研究发现，目前仅有新能源行业的突围在于成本领先，其他行业均不适合长期采用低价策略。这就说明在这些行业本质不是成本领先的行业采取低价策略是难以持久的，这种情况下的低价策略很可能会导致企业经营不可持续，就如同现在一二线城市的社区生鲜团购。行业本质是企业经营中的根本性影响因素，企业的技术研发、产品设计、生产设备和生产工艺、生产组织、市场营销，以及企业管理等只有围绕"行业本质"展开，才能够在市场竞争中处于优势地位。

但是，行业本质是随市场环境和技术进步的变化而变化的；在行业的不同发展阶段，由于行业内竞争态势不同，消费者期望不一样，行业本质会随之变化。本书所列举的行业本质，是现阶段我国经济处于充分市场竞争条件下的行业本质。在非充分市场竞争条件下，行业本质可能就与本书所分析的不同。例如，在改革开放之前，我国养猪业的行业本质不是猪周期，而是养殖技术；通过养殖技术缩短养殖周期，提高料肉比，就能够在养猪业中胜出。这就是在 20 世纪八九十年代从事饲料生产的企业都"赚了大钱"的缘故，至今不少省份的首富都是通过饲料行业起家。但是现在养殖技术趋同、猪种趋同、饲料配方趋同、养殖成本趋同，销售市场完全统一，猪周期就成为养猪业的行业本质。中华人民共和国成立之前，我国服装业的行业本质不是周转率，而是成本领先，如果能够低成本生产出服装，就能够在服装行业中胜出；在纺织行业出现革命性技术改进以后，生产成本极度降低，行业的生产成本趋同，成本就不成为服装行业的本质，基于设计、成本、生产、渠道、营销等的同质化竞争，服装行业的本质就衍生成为周转率。因此，解析一个行业的本质需要根据技术、市场竞争状态的变化而进行调整。

在一个充分竞争的行业，只有少数企业能够成为行业中的头部企业，多数企业经营仅仅是一般，个别企业在竞争中会被淘汰出局；如果大家都围绕同一个行业本质做到趋同，必将改变这个行业的竞争态势，导致该行业的本质发生改变。就如同前文列举的服装业和养猪业在我国的变化一样。

回顾自己 10 余年在不同行业负责企业经营，豁然

明白行业本质对企业经营的关键性决定作用；总结自己
10余年的投资实践，深刻领悟行业本质决定投资成功
的概率和收益的倍数。我也才理解了郎咸平教授所讲的
这项研究需要产业背景的道理，也才侥幸在不同行业的
对比研究中似乎找到了部分行业的本质，也在行业对比
中找到部分行业的商业模式与其他行业不同的根源，也
才找到如何在一个行业中找到最具有发展潜力的企业的
方法。由于自身知识的局限性，我邀请中国科学院下属
投资公司的朱志同学撰写了第9章"工程机械行业的
景气度来自基建开工量"。由于自身能力有限，没有深
厚的学术功底，不能像郎咸平教授一样深入研究、细致
分析，只能通过对20余个行业的本质做简要分析，希
望更多的人参与到这项研究中来：减少社会资本的浪
费，提高投资收益的倍数；减少企业经营中的浪费，提
高企业经营的利润。

　　粗略计算，如果能够在全社会广泛应用行业本质的
研究成果，那么每年能够为我国企业和投资机构节约数
以千亿计的财富。对行业本质的研究不仅能让投资人有

效规避系统性风险，提高投资的成功率和回报率，还能在企业经营中帮助企业管理者抓住企业经营的主要矛盾，明确工作路径，减少浪费，提升企业在行业中的竞争力。诚然，我们强调行业本质的重要性，并不是否认研发、技术、生产、市场、营销等对企业经营的重要性，而是研发、技术、生产、市场、营销等这些工作如果围绕"行业本质"展开，企业就更容易取得更大的业绩，在市场竞争中更容易具有竞争优势。

2016年12月4日，我受邀到中央财经大学为在读研究生做了一场主题为"资本市场的春天（喧嚣）与就业（生活）的选择"的公开课，针对当时我国的经济状况、股市、公募基金、债市、房市、汇市、P2P等分别做了分析，并对未来几年的走势做了预测，为学生的职业选择提供建议。五年后回头看，基本一一印证。现在又到了转折的关口，再过五年又会变成什么样呢？

股权投资应该是穿越时空，基于全球视野，纵览世界经济，超越经济周期，透视行业未来，从高处向下俯视，才能在喧嚣的资本市场中保持清醒与冷静，最低以十年为期来审视投资机会。为此，我于 2014 年放弃了知名餐饮企业董事长出资成立 10 亿元产业基金的邀请，出任日本 SBI（原软银投资）中国公司首席投资官，向国际优秀公司学习。基于当时我国股权投资行业的乱象，自 2016 年开始我考察了 10 余个国家的多个行业发展脉络，研究了国内现阶段 20 余个行业的本质；为探索经济与投资的内在逻辑，申请攻读中国科学院大学博士研究生；沉下心来，对比研究国内外宏观经济、多行业的现状及成因，以及未来的发展趋势，深入研究影响企业多元化和并购绩效的因素。

我的博士研究生导师——中国科学院预测科学研究中心主任、中国科学院大学经济与管理学院原院长、中国科学院数学与系统科学研究院原党委书记汪寿阳院士，一直叮嘱我在有自己的观点时，需要及时写出来，形成习惯后，自己的知识体系才能够逐步完善，通过后期的验证来检验之前的判断，有助于未来的研究。因此我在攻读博士学位以后就开始思考如何撰写这套书。2021 年"五一"假期，在中国科学院下属投资公司工作的朱志同学对我说，是时候将前些年投资方面的心得整理出来，写成专著，供朋友们参考了。于是我便静下心来，以自己经历的几十个案例为线索，以自己在核心期刊发表的论文为指引，引用最近核心学术期刊发表的研究成果，结合我国民间谚语，整理思路，写出这套《投资新思路》。

完成谋划多年的人生第一本书之后，我于 2021 年 9 月开始启动本套书的撰写。《投资新思路：大变局中的行业选择》讲述我国宏观经济内外环境在大变局之下，叠加经济结构转型，带给我国主要行业的变化和投资机会，为投资者理清思路，选择"对"的行业；为企业经营者明晰方向，使其沉稳致远，保持企业的竞争优势。《投资新思路：左右存亡的行业本质》讲述决定企业盈亏数量级、左右行业内企业存亡的一个关键因素，帮助投资者辨别行业中的企业，提高投资成功率和回报率；帮助企业围绕行业本质开展研发、生产和营销，提高企业利润，增强市场竞争优势。《投资新思路：新形势下的股权投资》讲述我国股权投资的现状、未来发展趋势，依据我国经济步入新常态的形势，总结新的投资方法；提出并购是股权投资退出的主渠道，并且分析影响并购绩效的主要因素，提出企业多元化和并购成功的关键因素。这三本书构成投资三部曲：明大势、辨行业、识企业。由于自己缺乏深厚的学术理论功底、才疏学浅，分析经济的宏观层面可以说是坐井观天、以偏概全，敬请批评指正。

为了更好地理解行业本质的重要性，我将 20 余个行业的数十个案例编写成了《投资新思路：左右存亡的行业本质（案例集）》，用自己亲身经历的和引发社会关注的案例，讲述行业本质如何决定企业的盈亏数量级、左右企业的存亡；也计划在合适的时机编写《投资新思路：新形势下的股权投资（案例集）》，同样以自己亲身经历和引发社会关注的典型案例，介绍经济新常态下股权投资方法的有效性。

在我人生的不同阶段，先后得到杨昌俊、黄加伦、许雍弟、李富林、李忠田、刘明星、王正银、李泽云、黄远松、王俊义、李发红、余涵、杜瑞云、时玉林、李世杰、包瑞玲、潘惜晨、张和平、阮立平、余高妍、郭琨、刘永好、王航、李建雄、陈天庆、游红、Bilal Musharraf、藤井敦、陈超、吉富星、郑育健、李沛伦、周密、张玉川、陈明星、李为、陈永刚、曾元、何刚、王勇、董瑞芬、李昶等不能一一全部列举出来的老师、朋友、民建会友、同事、同学的无私的真诚帮助，让我在每个人生关口都能不断向前。感谢我生命中遇到的每位，是您让我的生命如此绚烂多姿。感恩生在一个充满机遇的好时代，感恩民建组织的培养；更感激我的博士生导师汪寿阳院士，不仅一再鼓励我写出这套拙书，而且在关键时刻的点拨和帮助，让我思想有了升华，坚定了出版的信心。

在本书即将付梓之际，我依旧无法接受李泽云先生已经离开我们快 20 年的现实。再过几年，我就到了您离开我们时的年纪，但我一直都觉得您就在我身边，默默地关注着我。李叔叔，这些年来，每当我想起您的时候，都是不由自主地泪如泉涌。您我无亲无故、萍水相逢，给予我们家不求任何回报的帮助，让我们家庭在绵阳站稳脚跟，让我有条件脱产补习英语并考上了清华大学的研究生，彻底改变了我的家庭命运和人生轨迹。这些年来，我最为伤心的是在我人生每个重要时刻，您都没能够出席，但我相信您一定都能看到：当我在清华大学经济管理学院参加硕士研究生新生入学典礼时，我仿佛看到您在主席台上空慈祥地俯视着我；当我在中央电视塔举办婚礼，等待婚戒从中央电视塔的塔尖降落时，我仿佛看到您在环绕中央电视塔的祥云里，微笑地看着我；当我在中国科学院大学参加博士研究生新生入学仪式时，我感受到您就在我身边……每当我想起您的时候，您总是慈祥地出现在我脑海里，还未等您说一句话，我便潸然泪下。让我感到宽慰的是，在您离开我们以后，胥爱琼嬢嬢对您的亲家和亲戚们讲，如果女婿算半个儿，小军就要算大半个儿。宽厚、善良、豁达、助人为乐的您，是我学习的榜样，也是我收获到的最宝贵的人生财富。

　　谨以此书深切怀念李泽云叔叔，您永远活在我的心中！

　　谨以此书献给我女儿，你的笑容是世间最甜的抚慰，你是我的天使和骄傲，让我的人生充满意义！

陈小军

2022 年 11 月 18 日

于北京

目　　录

第 1 章　决定养猪业盈亏数量级的猪周期

过去，我国农村不少家庭通过养猪脱贫致富，甚至成为当时让人羡慕的"万元户"。至今一些省份的首富依旧是"养猪大王"，比如河南省的首富秦英林夫妇，在没有暴发非洲猪瘟之前，其公司牧原股份 2019 年的净利润高达 61.14 亿元；到 2020 年，其净利润直接飙升至 274.5 亿元，其股票在资本市场直接被称为"猪茅"。2021 年在猪价狂跌至行业平均成本线以下的情况下，牧原股份 2021 年三季报显示，公司主营收入 562.82 亿元，同比上升 43.71%，公司归母净利润高达 87.04 亿元，超过所有人的想象。

可是，进入 2022 年年中，有一条新闻令人瞠目结舌：《经济观察报》报道正邦科技代养户代养的猪由于缺饲料，出现"猪吃猪"现象。① 报道指出，正邦科技断料情况并非个例，在广西南宁、四川江油、江西赣州、湖南湘潭等多地的正邦科技代养户均出现不同程度的断料问题，并且还面临结款难、退押金难等多重问题。从正邦科技的财务情况来看，正邦科技从 2020 年大赚 57 亿元，到 2021 年巨亏 188 亿元，2022 年第一季度又继续亏损 24 亿元。据正邦科技 2022 年半年度业绩预告显示，公司上半年预计亏损 38 亿~46 亿元，比上年同期亏损扩大 165.72%~221.66%。而该公司 2022 年一季报显示，公司总资产为 419.3 亿元，负债合计 406.87 亿元，即负债率高达 97%，如果再继续亏损，正邦科技很快就会资不抵债了。是什么让正邦科技经历如此过山车般的业绩波动呢？

曾经遭遇过现在正邦科技正在经历的经营大幅起落

---

① 详见：陈姗：《正邦科技陷"猪吃猪"和"董事长限高"风波 资金吃紧困局何解》，《经济观察报》，https://baijiahao.baidu.com/s? id=1739383574700904853&wfr=spider&for=pc，2022 年 7 月 26 日。

的是和牧原股份同在河南的雏鹰农牧集团，其已经倒在了养猪"黄金时代"的2019年。雏鹰公司的公告说，由于资金紧张，饲料供应不及时，公司生猪养殖死亡率高于预期。[①]

雏鹰农牧集团股份有限公司始创于1988年，起初是以养鸡为主业，在经历各种意外后，到2004年转型养猪。该公司采用"公司+基地+农户"的立体发展模式，颠覆了传统的独立养猪销售模式，从根本上解决了传统养猪投资大、产量小的短板问题。正是因为这种发展模式，养猪户的销量才得以保障，而雏鹰农牧通过这种模式很快积累了大量的资金，成为当时的河南首富。到了2010年，雏鹰农牧成功上市，成为我国养猪业的巨头，市值达70亿元，被誉为"中国养猪第一股"。雏鹰农牧上市后，2011年销售生猪102万头，2012年销售生猪149万头。到2015~2016年，雏鹰农牧净利润同比增长两倍以上。雏鹰农牧的发展似乎很顺利，一路高歌猛进。直到2018年8月，突然爆出财务问题，

---

① 详见：欧阳春香：《没钱买饲料饿死猪 *ST雏鹰跌破面值提示退市风险》，新华社，https://baijiahao.baidu.com/s? id=1639439685773960127&wfr=spider&for=pc，2019年7月19日。

3

雏鹰农牧因资产问题被银行扣押，其中，房地产和土地共 36 宗，占 2017 年净资产的 5.43%，占 2017 年总资产的 1.53%，涉及金额近 3 亿元。这个金额就雏鹰农牧的资产体量和营业收入来说，不算是大事，但让人意想不到的是，到 2019 年 8 月，在全国猪价"一飞冲天"之际，雏鹰农牧在深交所退市了，300 亿元的市值瞬间"归零"。

养猪行业的人说，如果 2016 年是"金猪年"，那么 2019 年可以称为养猪"铂金年"，2020 年被称为养猪"钻石年"。生猪价格在 2019 年 8 月达到 40 元每千克，到 2020 年上半年生猪价格超过 50 元每千克；一头生猪的利润超过 2000 元。然而到了 2021 年 9 月 6 日，不仅雏鹰农牧和创始人侯建芳分别被证监会罚款 60 万元和 90 万元，而且雏鹰农牧公司还申请了破产。雏鹰农牧经营急转直下，从高歌猛进到戛然而止，就在一瞬间。人们开始认真关注雏鹰农牧"折翼"背后的原因，那就是猪周期与雏鹰农牧商业模式的先天性缺陷共振，导致"雏鹰折翼"。

雏鹰农牧上市后，获得了各种融资，叠加 2016 年"金猪年"，企业利润不错，于是就开始肆意投资；过去成功的"公司+基地+农户"商业模式，未能根据养殖行业的发展变化调整，反而不断复制强化这个商业模式，当一个环节出现问题，就会出现"多米诺骨牌效应"，导致公司的资金链断裂，让公司倒在行业景气周期之中。

2017 年 5 月 12 日，雏鹰农牧发布公告称，随着深圳泽赋农业产业投资基金有限合伙企业（以下简称深圳泽赋）、兰考中聚恒通产业投资基金（以下简称中聚恒通）投资业务量逐渐加大，为满足合伙企业的经营发展需求，经全体合伙人同意，拟以自有资金 18 亿元、10 亿元分别对深圳泽赋、中聚恒通增加认缴额，用于其日常投资经营。为了加大产业扶贫力度，结合中证扶贫业务需要，雏鹰农牧拟以自有资金 2 亿元对中证扶贫增加认缴额，合计认缴中证扶贫有限合伙份额不少于 2.6 亿元。

对于 2016 年营收 60.9 亿元，归属母公司净利润为

8.69 亿元的雏鹰农牧来说，豪掷 30 亿元增资三只基金，确实超过其能力的承受范围，完全就是非理性的行为。2016 年雏鹰农牧已不再是一家纯粹的养殖企业，形成生猪养殖+深加工、粮食贸易、互联网以及产业基金四大业务板块。在 2016 年 60.9 亿元的营收中，粮食贸易板块收入 10.32 亿元，互联网板块收入 12.85 亿元。

在此之前，2016 年由于有朋友参与中证扶贫有限合伙筹备，我了解到雏鹰农牧当时要复制推广的"公司+基地+农户"商业模式，希望将这个养猪轻资产的商业模式平移到资本市场，通过财务投资实现投资收益，降低投资风险并增厚公司的净利润；计划按照这个商业模式在各地快速复制，成立多只产业基金，充分整合现有资源，实现资本增值。雏鹰农牧当时的这种商业模式，是将全部风险留给自己，还不能保证行情好能赚钱时从养殖户全部收回生猪，更要命的是雏鹰农牧对养猪户的银行贷款提供了全额担保。我当时就对这个商业模式提出了反对意见。这也就是 2018 年 8 月爆出近 3 亿元债务就涉及房地产和土地 36 宗的缘由，这笔仅占

2017 年净资产的 5.43%、总资产的 1.53% 的债务，就让企业面临生死存亡。核心原因就是这种可复制的商业模式，在行情好时不是事，进入到 2017 年猪周期的下跌阶段时，其连锁叠加效应就放大了企业的风险；到 2018 年，猪周期仍处于波谷阶段，猪价持续低迷，由于商业模式带来的"乘数效应"，导致企业的流动性枯竭；当一有风吹草动，就导致"多米诺骨牌效应"的发生。

雏鹰农牧"折翼"的原因之一，就是雏鹰农牧受 2016 年中报投资收益 6300 万元的鼓舞，公司大股东、实际控制人侯建芳为帮助其儿子创业，对儿子的电竞公司投资近 5 亿元，投资沙县小吃 1.6 亿元等。这让雏鹰农牧的钱相对其盈利烧得太猛，完全没有考虑养猪业的猪周期，在丰年要为歉年储备；更未考虑风险规避，将商业模式的全部风险敞口留给自己独自承担。到 2017 年猪周期下行时，猪价大跌，公司资金链出现问题，这时商业模式存在的瑕疵放大了企业的经营风险，导致雏鹰农牧迅速因流动性枯竭而破产。

在雏鹰农牧申请破产的同时，河南省的另外一家养猪企业牧原股份却成为我国出栏量最大的养猪企业，实控人成为了河南首富。牧原股份在 2020 年被二级市场称为"猪茅"，当年盈利超过 270 亿元；在行业大幅亏损的 2021 年，牧原股份盈利超过 69 亿元。在 2019 年、2020 年猪周期的波峰时期，养猪企业赚得盆满钵满，部分房地产企业、互联网企业等行业大佬都跨界进入养猪行业，加大了行业竞争的力度，让猪周期迅速逆转进入了波谷。到 2021 年，养猪上市公司除牧原股份实现盈利以外，温氏股份、新希望、正邦科技等养猪巨头亏损都超过百亿元人民币。2022 年第一季度，养猪上市公司出栏量前几名的企业，亏损金额都是以十亿元人民币为单位。

2022 年 10 月 25 日，据央广网新闻报道①，正邦科技公告称，公司被债权人申请重整及预重整，法院裁定对公司启动预重整程序并指定预重整期间临时管理人。在 10 月 25 日，正邦科技收到南昌中院送达的《决定

---

① 详见：金龙：《拖欠供应商 900 万到期不支付 正邦科技被法院启动破产预重整》，央广网，http://finance.cnr.cn/ycbd/20221027/t20221027_526043780.shtml，2022 年 10 月 27 日。

书》〔（2022）赣 01 破申 49 号、（2022）赣 01 破申 49 号之一〕，南昌中院决定对其启动预重整。2022 年至今猪肉价格已经翻倍；在 9 月和 10 月短短两个月内，国家投放储备猪肉 6 个批次，达数十万吨，来平抑快速上涨的猪肉价格。而此时正邦科技却被宣布破产预重整，确实让人唏嘘。

猪周期放大亏损的正邦

2022 年 1 月 29 日，正邦科技发布公告称，2021 年预计净亏损 182 亿元至 197 亿元①。正邦科技自 2007 年上市以来，归属净利润合计超过 98 亿元，这意味着正邦科技一年亏掉了 14 年的累计盈利，还多亏了近 100 亿元。有媒体说，正邦科技上市近 15 年，对猪周期认知几近盲目。由于严重亏损，不少人质疑：正邦科技会不会是下一个雏鹰农牧？

2018 年非洲猪瘟后，猪周期进入上行通道，生猪价格从最低 10 元每千克，上升到 30～40 元每千克。基

---

① 详见：王思炀：《正邦科技春节后连续两日跌停，预计 2021 年亏损超 182 亿元》，《新京报》，2022 年 2 月 8 日。

于环保整治，以及养猪模式从散养为主变为规模养殖为主，正邦科技开始大规模投资养猪产业，2019 年启动"万头引种"计划，引进全球多个种猪品系，通过新建和租赁方式扩大猪场数量。2020 年，正邦科技借助资本市场，发行可转债和非公开募资分别为 16 亿元、75 亿元，加码养猪业务；甚至定下了"四抢"战略——抢母猪、抢仔猪、抢栏舍、抢人才。在资本推动下，正邦科技养猪规模迅速扩大，2020 年销售生猪 955.97 万头，略微落后牧原股份，成为行业第二；营收、净利润分别达到 490 亿元、57 亿元，利润比其上市 13 年来的总和还多。

可是，刚强力推进"四抢"战略，就遇到猪周期下行。2021 年，生猪销售价格迅速降低，叠加饲料原料价格上涨，导致正邦科技将上市 14 年以来的盈利全部亏损掉，还多亏 100 亿元左右。

为了缓解资金压力，2021 年 12 月，正邦科技向控股股东正邦集团及其一致行动人江西永联紧急借款 50 亿元，并将旗下江西正邦食品有限公司 100% 的股权转让给了正邦集团。2022 年 2 月 9 日正邦科技对外透露，控股股东正邦集团已与江西铁路航空投资集团有限公司签署不低于 100 亿元的合作协议。江西铁路航空投资子公司已为正邦科技代采约 8000 万元的饲料。2022 年 2 月 28 日，正邦科技发布公告，拟向大北农出售部分饲料公司股权，交易标的为正邦科技旗下 8 家饲料公司，交易总额约为 20 亿~25 亿元，正邦科技预计从此次交易中获得 11 亿~19 亿元的投资收益。经估算，上述 8 家饲料公司 2021 年全年净利润约为 2.67 亿元。正邦科技将盈利不错的资产售出用来缓解流动性，说明正邦科技资金链确实异常紧绷。

在 2019 年猪价上行的时候，政府鼓励各地新建规模养猪场，土地是新建养猪场最大的约束。我有几个同学就计划回到老家征地修建 5 万头养殖规模的养猪场，向我征求意见时我表示坚决反对，原因如下：一是在猪周期上行时修建，建好就到猪周期下行的时间段，时间点不对；二是规模化养殖，除了有企业经营的所有风险外，还有疾病风险，一旦养殖场感染了传染性疾病，就很可能导致养殖场废弃；三是养猪场周边的环境处理，这将是一个长期的难题，对我们这些有其他投资机会的人来说，时间和机会成本太大。因此，养殖行业外的人和企业，最好不要参与大规模养殖场的投资。如果是养几头猪供自己食用，或者就是养猪消遣就另当别论了。

由于是回家乡，具备征地和处理当地关系的优势，当他们还在做土地平整的时候，新希望、正邦、双胞胎等养猪企业就主动上门联系合作，最后正邦科技在"四抢"战略指引下，以较高的租赁价格，一次性付了5年租金并签订10年租赁协议，将他们修建的养猪场改做了母代猪场。此时我依旧建议同学转让股权退出养猪行业，但是经算账，五年租金和政府补贴，就能收回全部投资款，看起来是一笔不错的投资。

可是，2022年1月底我与同学见面，他叫苦不迭，说现在宁可亏钱，也愿意将养猪场的股份全部转让。虽然正邦科技一次性支付了五年租金，但合同约定当地事务归他们处理；规模养殖场的污染、周边居民关系等处

理起来耗时费力；即使他们是本地人，在农村的辈分
高，处理这些关系方便一些，但确实太耗时间。过程中
遇到一次非洲猪瘟，母猪全部死亡，由于规模较大，对
死猪的处置来不及；周边村民投诉存在养殖环境污染等
问题，政府补贴就基本没有到位，现在还需要不断投入
资金完善养殖场的建设，现状完全就是被"套住了"。

对于正邦科技来讲，在猪周期上行阶段扩大生猪养
殖规模，最后导致在猪周期下行阶段不仅将上市 14 年
来的盈利全部亏损出去，还倒亏 100 亿元左右，让企业
陷入流动性困境，核心原因就是对猪周期把握不准，忽
视了猪周期对企业盈亏数量级的影响，叠加在猪周期上
行阶段的过度融资，更放大了亏损，导致企业经营在短
短的两年内出现急剧变化。

无论雏鹰农牧还是正邦科技遇到的流动性困境，都
是忽视了猪周期给企业带来的影响。猪周期对养猪业是
一个"乘数效应"，会放大养殖业的盈利和亏损数量级。
在 2020 年处于猪周期波峰阶段，所有养猪企业都赚得盆
满钵满，到 2021 年猪周期开始下行，各大养猪企业都巨

额亏损，直接影响部分养猪企业的存亡。到2022年第一季度主要养猪企业依旧是巨额亏损，这个亏损额远高于原料波动和养猪技术导致的经营成本变化。

猪周期是什么？如何形成的？

猪周期是指猪肉价格周期性波动的规律，是由供需变化导致养殖利润波动，反过来，养殖利润的波动又会调节供需的变化，并最终反映到猪肉价格波动上的一种周期性规律。猪周期存在的前提条件是养殖能力与市场需求总体平衡，养殖集中度较低，养殖动力来自利润驱使，核心是周期性的供需失衡，表现形式是价格波动的循环。"猪周期"一般遵循猪价下跌—大量淘汰能繁母猪—育肥猪存栏减少—猪价上涨—能繁母猪存栏上涨—生猪供应增加—猪价下跌的循环轨迹。市场养殖主体对养殖利润的追逐，"追涨杀跌"是对猪周期最通俗的解释。猪周期是以年为单位衡量猪价的大周期变化，但是在每一个猪周期内，猪价受季节性供需、国家收储、偶发事件等的影响，也会频繁地、周期性地波动。把大小

第 1 章　决定养猪业盈亏数量级的猪周期

两个周期叠加起来观察，会进一步看清猪价在周期内不同阶段的波动变化趋势，可以进一步将猪价分为"上涨年度""触顶年度""回落年度"和"触底年度"。我国真正严格意义上出现猪周期是在 2006 年以后，由于养殖能力总体大于市场需求，在遇到全国性猪流行病以后，供给在短期内急剧减少，导致猪肉价格迅速提高后促进养殖主体迅速扩大养殖规模，进而促进猪价迅速回落。我国至今主要经历了四轮猪周期，大致情况如图 1 所示。

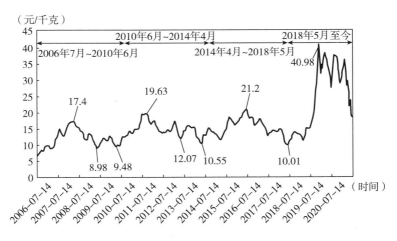

图 1　猪周期示意图

注：横轴表示时间，纵轴表示生猪单价。

资料来源：卓创资讯。

15

从 2006 年至今，我国经历了四轮明显的猪周期，下面对各轮猪周期做简要回顾，将经过每轮猪周期洗礼以后养猪行业的主要变化做简要总结。

1. 第一轮猪周期（2006 年 7 月至 2010 年 6 月，约 4 年）

第一轮猪周期从 2006 年 7 月开始，至 2010 年的 6 月，持续时间约 4 年。其中，上行周期至 2008 年 4 月，约 21 个月；下行周期约 27 个月。基于 2005~2006 年我国猪肉价格跌至多年来的低位，养殖户承受不了长时间和大幅度的亏损，迅速降低育肥猪存栏，大量能繁母猪被淘汰；2006 年全国能繁母猪的存栏量下降了 3.6%，育肥猪存栏量同比下降了 2.6%；产能的退出逐步传导至供应端并引起价格反弹，猪价在 2006 年 7 月触底后开始上涨，但在大量产能退出的同时，2007 年我国不少地区暴发高致病性猪蓝耳病，大量的育肥猪病死，导致供给进一步减少，令猪肉价格迅速上涨。到 2007 年底时，叠加 2008 年春节消费旺季，至 2008 年 3~4 月，猪价站上本轮猪周期的高峰——17.4 元/千克，较 2006 年 7 月生猪价格 6.76 元/千克的低点，上涨幅度达 157%。此后，随着养殖积极性的提高和猪蓝耳病被逐步控制，生猪供应逐步恢复正常，猪价见顶回落。2009 年暴发甲型 H1N1（猪流感）疫情，公众的消费信心受到打击，需求被进一步抑制，叠加供应偏大，价格进一步加速下行，至 2009 年 5 月达到本轮周期的低点，从 2008 年 4 月的高点跌幅达 48%，一直到 2010 年 6 月生猪价格才开启新一轮的上涨。各周期内疫病情况如表 1 所示。

表 1　各周期内疫病情况

周期	疫情
2006 年 7 月至 2010 年 6 月	2007 年猪蓝耳病 2009 年猪流感 2010 年瘦肉精、注水肉
2010 年 6 月至 2014 年 4 月	无
2014 年 4 月至 2018 年 5 月	2015 年猪丹毒
2018 年 5 月至今	2018 年非洲猪瘟 2020 年新冠肺炎疫情

本轮猪周期上行阶段，由于不错的利润，带动全国

规模化的养猪场逐渐增多。其中以温氏股份为代表的"公司+农户"规模化养猪模式在全国得到快速推广。到下行阶段，不少农村的家庭小型散养户由于防疫措施不足，抵抗风险的能力不强，开始逐步退出养猪市场，为中小规模化养殖提供了市场空间。

2. 第二轮猪周期（2010 年 6 月至 2015 年 3 月，约 5 年）

对于第二轮猪周期的结束时间不同的人有不同的观点，在本书中我们按价格启动计作新一轮猪周期的开始，第二轮猪周期之后的生猪价格抬高时间是在 2015 年 3 月，整个 2014 年到 2015 年 3 月之间，生猪价格都是低位震荡，我们就把这段时间划归到本轮周期之内（不同于图 1 和表 1 所示周期）。本轮猪周期上行时间是 15 个月，下行时间是 43 个月。本轮周期受到的外生性干扰（例如大范围流行性疾病等）较少，是相对纯正的猪周期，价格主要受内部的竞争因素影响。在上一轮猪周期，受猪价持续下跌影响，能繁母猪的存栏量自 2010 年初开始下降，并作用于生猪存栏，并对猪价产生明显影响，生猪价格在 2010 年 6 月触底后一路攀升，至 2011 年 8 月本轮周期的高点 19.63 元/千克，上涨幅度达 107%。随着 2010 年生猪价格的持续上涨，能繁母猪存栏在 2010 年 8 月触底后缓慢恢复，并在 2012 年 10 月达到近 5100 万头的历史新高，生猪价也在能繁母猪存栏增加以后一路下行，至 2014 年 4 月到周期性低点 10.55 元/千克，跌幅达 48%。在此期间，为了稳定猪肉价格，2013 年 5 月，商务部等三部委联合开启冻猪肉收储工作，虽然短期内稳住了生猪价格，但超过正常需求水平的能繁母猪存栏量导致 2014 年猪肉价格持续下行。2008~2015 年猪周期中生猪和能繁母猪存栏情况如图 2 所示。

本轮猪周期上行阶段，由于养殖利润可观，以温氏股份、雏鹰农牧为代表的"公司+农户"养殖模式得到快速发展，雏鹰农牧也成为我国养猪第一股，中大规模的养猪企业都得到快速发展。到了下行阶段，由于家庭散养户缺乏足够的流动性支持，散养户在这轮猪周期中快速退出养猪市场。

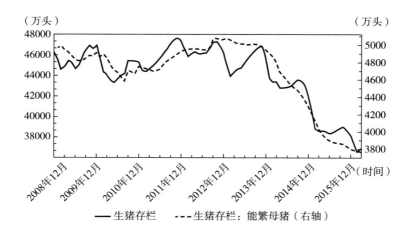

（万头）

48000
46000
44000
42000
40000
38000

（万头）

5000
4800
4600
4400
4200
4000
3800

2008年12月　2009年12月　2010年12月　2011年12月　2012年12月　2013年12月　2014年12月　2015年12月（时间）

—— 生猪存栏　　---- 生猪存栏：能繁母猪（右轴）

图2　2008~2015年猪周期中生猪和能繁母猪存栏情况

资料来源：卓创资讯。

3. 第三轮猪周期（2015年3月至2018年5月，3年）

第三轮猪周期从2015年3月开始，至2018年5月，历时3年多，其中上行阶段15个月，下行阶段23个月。这轮周期的下行时间更短，主要原因是这轮猪周期还未进行完，就被突如其来的非洲猪瘟疫情（2018年下半年开始暴发）打断，若是没有疫情干扰，恐怕这轮周期中下行时段持续的时间会更长。从2014年起，我国开始实施严格的环保禁养规定，并着力提升生猪养殖业的规模化程度，导致大量散养户退出养殖市场，育肥猪和能繁母猪的存栏量进入持续下降通道。生猪价格在 2014 年 5 月见底以后，横盘到 2015 年 3 月，再一路上行至 2016 年 6 月。2015 年上半年暴发的猪丹毒疫情对生猪价格走高起到推波助澜的作用，到 2016 年 6 月，生猪价格就达到 21.2 元/千克的历史高位，从最低点起算，上涨的幅度达到 103%。但随着养殖大户进入养殖行业，带来养殖效率的提升，一方面让出栏生猪的体重大幅增加，在存栏未变甚至下行的情况下，猪肉总的产出不降反升；另一方面是母猪生产效率提升，尽管能繁母猪存栏数量下降，但生猪存栏下降不明显，甚至部分时段上涨，总的生猪屠宰量未受明显影响。至 2018 年 5 月，生猪价格下跌至本轮周期的低点 10.01 元/千克，总跌幅达 53%，并于 2018 年年中，在非洲猪瘟的影响下完成筑底。其间出栏生猪均重如图 3 所示。

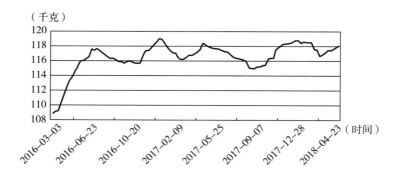

图3 2016年3月至2018年5月出栏生猪均重

资料来源：卓创资讯。

本轮猪周期启动以后，包括雏鹰农牧在内的养猪企业在周期上行阶段都赚得盆满钵满，但到2016年6月猪周期开始下行以后，雏鹰农牧不仅将前几年赚的钱全部亏掉，而且还走向退市，最后申请破产。

4. 第四轮猪周期（2018年5月至今）

从2018年5月至今的这轮周期被市场称为"超级猪周期"（见图4），其特点是涨跌的速度极快，波幅大，波动剧烈。本轮猪肉价格受到非洲猪瘟、环保限产政策、猪周期内生上涨动能、规模化养殖、新冠肺炎疫情、粮食价格暴涨等多重因素的影响，绝对价位和波动幅度都远超历次。本轮周期始于 2018 年 5 月，至 2019 年 2 月开始快速上涨，2019 年 11 月达到周期的最高点 40.98 元/千克，半年时间涨幅达 262%，此后在 2020 年价格重心虽有所回落，但仍以远高于往年的价位高位宽幅震荡。2020 年发生新冠肺炎疫情对消费造成了较大打击，价格在春节后一路走低，但受存栏恢复缓慢影响，2020 年下半年开始仍有可观的反弹，至 2021 年春节前，生猪价格反弹至前高位附近。但由于整体盈利处于高位，吸引大量资本进入，育肥猪的存栏在 2020 年下半年存在较为明显的增长，由此为 2021 年上半年的急剧下跌埋下了伏笔。自 2021 年初开始，受存栏恢复+周期因素+肥猪出栏+二次育肥以及替代、进口和消费下滑等多重因素影响，生猪价格一路急剧下跌，不到半年时间，由最高的 36.34 元/千克下跌至目前的 15.2 元/千克，跌幅达 58%，创下了历史上最快的下跌纪录。本轮猪周期现在基本接近尾声，后期横盘多久，就看大型养猪企业的扩展规模和扩展速度。如果保持前两年的高速扩展态势，势必就会延长本轮猪周期的时长。

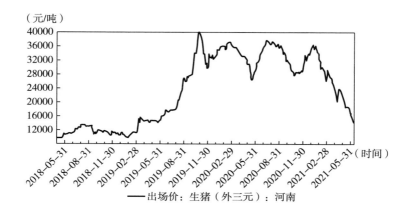

图4 2018年5月至2021年5月猪周期价格走势

资料来源：卓创资讯。

　　本轮猪周期在启动的前两年，养猪企业都赚取了不菲的利润，但是到2021年生猪价格跌破成本线以后，温氏股份、新希望、正邦科技等养猪巨头亏损都超过百亿元人民币，都将前两年赚取的利润全部亏光，正邦科技、天邦股份等养猪企业还出现了流动性困难。

猪周期的特点

1. 猪周期的时间特点

　　对这四轮猪周期进行简单归纳可以看出，一般情况下猪周期大约持续 4 年，下行时间长于上行时间，上行的速度较快，下行时持续的时间较长，在无疫情干扰的情况下，猪周期有越来越长的趋势，例如 2010~2015 年猪周期在无疫情的影响下就明显长于 4 年；假如没有非洲猪瘟，2015~2018 年这轮猪周期也不会在 2018 年年 5 月结束，因为 2018 年刚刚出现产能过剩，整个行业处于一个去产能的阶段。

2. 养殖利润决定猪周期的开始和结束

由于生猪养殖需要从增加能繁母猪的存栏量开始，到育肥猪出栏，产能从投入到产出有较长的时滞，这中间需要超过 1 年的时间和大量的资金投入，因此生猪新增的产能都需要一个时间周期，去除过剩的产能也需要一个时间周期。要大面积去产能，就一定要行业内大部分企业亏损，并且部分企业承受不起这种严重亏损时才会出现普遍性的去产能。我们对历次猪周期内的养殖利润进行分析，发现盈利时段的出现总是偏急偏快，对应于猪价的迅速飙升；新一轮上行周期的产生，总是先经历了多次普遍性的亏损，部分产能出局后才会出现。有人统计，新一轮猪周期产生前，自繁自养利润一般会出现两次或以上较大较明显的行业性亏损，并且两次亏损中间的盈利期持续时间短、盈利空间小，行业才会真正临近去产能的边缘，也才是新一轮猪周期的开启（见图5）。

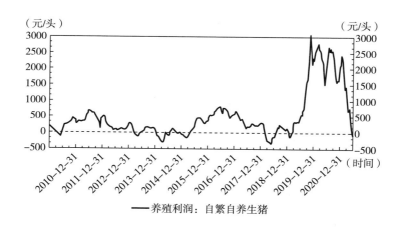

图5 2010~2020年自繁自养模式下的养殖利润

资料来源：卓创资讯。

3. 突发流行性疾病会加速猪价上行

分析历次猪周期还可以看到，流行性疾病等因素会加速猪周期的阶段转换。在历次猪周期中，虽然生猪的价格波动总是相对有规律，但是猪蓝耳病、猪丹毒、非洲猪瘟等突发疾病都加速了猪周期的启动。另外，养殖技术的发展、政府政策因素同样在猪周期中扮演重要角色。政府的收储、养殖环保政策等都对猪周期的变化产生影响。

随着生猪产业规模化和行业集中程度的提高，本轮猪周期持续的时间在拉长。如果没有猪的疫情影响，猪周期内的生猪价格和生猪供应波动的幅度也会越来越小，趋向于一个收敛型的蛛网。2010～2015年这轮猪周期是目前为止最长的一轮猪周期，其间既没有疫情来去产能，也没有其他的一些自然灾害来去产能，更没有政府的政策去产能，只是靠市场自身的规律调节这轮猪周期，经历了三年的亏损，整个周期接近五年。

对前面四轮猪周期淘汰养殖主体的分析可以看出，在第一轮和第二轮主要淘汰散养户，从2010年至2020年的短短十年间，年出栏99头以下的小散户，市场比重从85.1%下降到26.3%。在第三轮猪周期，规模养殖场迅速兴起。从2010年至2020年的十年间，相当一部分散养户"升级"成了小规模养殖场，年出栏 100~499 头的小猪场，市场主体比重从 6.2% 增长至 16.6%；年出栏 500~999 头的规模场，市场主体比重从 2% 增长至 10.8%；年出栏 1000~9999 头的大猪企，市场主体比重从 4.8% 增长至 28.2%。从第四轮猪周期启动开始，不重视猪周期的大型养猪企业处于存亡边缘，比如雏鹰农牧。部分大型养猪企业在 2021 年的亏损金额超过 100 亿元人民币。在没有偶发因素的情况下，我们可以预计未来猪周期会越来越长，主要原因就是每经过一轮猪周期，整个行业内就会淘汰一次落后产能和一批散养户，甚至一些不重视猪周期的大型养殖企业，剩下的都是优势企业和规模养殖企业，它们的抗风险能力远强于一般散户和小型养殖场；为维护市场渠道，保持市场占有率，这些主体在产生亏损时一般不会轻易地去产能。牧原股份、温氏股份、新希望、正邦科技等养猪企业，在近几年持续扩大养殖规模以后，整个养猪行业的集中度进一步提高，猪周期对养猪企业经营效益的影响将更大，对养猪企业的存亡就更为关键。

因此，养猪业在现阶段最重要的就是研究猪周期，紧随猪周期调整能繁母猪存栏数量和育肥猪存栏量，基于猪周期开发适应猪周期进行调整的养殖技术、繁育技术等，这是影响养猪企业盈亏数量级的关键因素。一般情况下，能繁母猪存栏量是猪周期提前 10 个月左右的先导性指标，通过观察全国能繁母猪存栏量的变化，就能够预知 10 个月以后猪价的走势。猪周期会影响养猪企业的盈亏数量级，如果养猪企业在猪价随周期波动的过程中没有足够的流动性支持，猪周期就会成为左右养猪企业存亡的一个关键要素。

猪周期一直都是养猪行业的行业本质吗？其实并不是。在改革开放之前，养猪业的行业本质是养殖技术，如果养猪主体能够提高料肉比，降低养殖成本，缩短养殖周期，就能够在当时的养猪业中胜出，这是基于当时猪肉市场不是完全充分竞争的市场条件，在当时人们没有做到"猪肉自由"，需要解决的是人们"有肉吃，吃得起肉"的需求。更为主要的是那时我国不同地区养殖的猪种不同，在四川养殖的可能是内江猪、荣昌猪，在东北养殖的可能是东北民猪，在广东养殖的可能是蓝塘猪，在西北地区养殖的可能是八眉猪，在安徽淮河流域一带养殖的可能是太湖猪……在我国不同区域都有适合当地气候条件、饲料种类等的猪种。每种猪种的育肥周期不同、每胎产崽数量各异、料肉比差异较大。在不同种类的猪只覆盖一个区域市场之时，养殖企业能够在养殖技术上胜出，提高料肉比、缩短养殖周期、降低养殖成本，就能够在区域养猪市场上胜出。因此，在改革开放初期，从事饲料生产的企业基本都发达了，至今不少省份的"首富"都是从事饲料业起家。但是随着竞争加剧，国内养猪企业基本上都是饲养养殖周期短、料肉比高的三元长白猪，让养殖的猪种趋同；在每家养殖技术一致的情况下，饲料配方趋同、料肉比趋同、养殖时间基本一致；在同一时期大家的养殖成本趋同，这样养殖利润也就趋同。因此养殖技术就不再成为养猪业的行业本质。反而由于激烈的市场竞争，让养猪行业在充分的市场竞争中形成了猪周期，由猪周期来决定养猪业的盈亏数量级和左右养猪企业的存亡。

第1章 决定养猪业盈亏数量级的猪周期

从 2006 年第一轮猪周期启动以来，包括新希望六和股份在内的养猪企业的利润和股价，都和猪周期高度相关。在猪周期上行阶段，股价向上走；在猪周期下行阶段，股价向下走。虽然其中有股市 2007 年、2009 年、2014 年、2020 年的大牛市与猪周期上行叠加，还有 2007 年猪蓝耳病、2009 年猪流感、2015 年猪丹毒、2018 年非洲猪瘟影响了出栏量和生猪价格，开启新一轮猪周期的上行，但是各种因素合力的结果就是养猪企业的股价波动周期与猪周期基本一致。股票投资人如果能够把握住猪周期，就基本能够把握住养猪企业的股价波动规律，在养猪企业股价的周期性波动中赚取价差。

到 2021 年 7 月，猪价跌破不少养猪企业的承受极限，不断有养猪行业的人和我探讨猪价什么时候能够跌到底。我当时就认为要在行业整体将前两年赚的钱全部亏光，行业总体欠债后才能触底反弹。养猪已经不仅有从祖代、父代到育肥猪之间的超越一年的养殖周期，更有规模化养殖后不容易降低的存栏量，还有养殖规模化后市场养殖巨头的市场份额博弈，导致猪周期的调整需要花更长的时间，让养猪行业的管理团队具备更强的经营能力才能降低企业经营的风险。**周期性行业，经营比管理更重要。**

生猪养殖中饲料成本占总成本的 60% 左右；其次是人工成本，占比 15% 左右；固定资产成本、医疗防疫成本和其他成本占比均在 10% 以下。这说明了生猪的价格是以饲养成本为基础的，猪粮比是衡量生猪养殖利润的一个直观指标。猪粮比是生猪价格和作为生猪主要饲料的玉米价格之间的比值。目前，生猪养殖盈亏平衡点为 7∶1，猪粮比处于 7∶1~9∶1 均为合理范围。猪粮比越高，说明养殖利润越好，反之则越差。

进入 2022 年，第一季度猪粮比持续下跌，3 月跌至 4.24∶1 的本年度最低水平，随后逐渐反弹。7 月以来，猪粮比最高达到 8∶1，7 月最后一周，每千克玉米价格在 2.9 元左右，猪粮比为 7.27∶1，养猪业处于略有盈利的区间。在此背景下，2022 年 4 月以来，又有大批企业入局生猪养殖，猪肉价格的上涨带动了生猪养殖户的积极性。据央视财经数据，2022 年 4~7 月，新增生猪养殖相关企业 3500 余家，新增注册企业月平均增速达 46.3%。猪价的持续上涨，带动了养猪相关上市公司的销售收入增长，生猪养殖企业总体实现扭亏为盈。在上市猪企披露的 2022 年 7 月产销数据中，牧原股份以 459.4 万头的销售量位居我国第一，生猪销量上升，生猪价格大幅上涨，销售收入同时上升。牧原股份的月度销售收入 2022 年首次破百亿元大关，达到了 104.91 亿元。除牧原股份外，多家上市猪企销售收入同比翻倍增长，2022 年 7 月生猪销售额环比增长最高的前三家公司是东瑞股份、新希望和唐人神。

　　至 2022 年 8 月 31 日，牧原股份、温氏股份、新希望、正邦科技等农牧上市公司都公布了 2022 年半年报。在 2022 年上半年，牧原股份的生猪销量为 3128 万头，同比大增 79.39%；温氏股份的销售量为 800.6 万头，同比大增 70.80%；新希望销售量为 684.82 万头，同比增长 53.51%；四家企业中只有正邦科技销售量减少了 30.75% 至 484.52 万头。2021 年上半年，牧原股份、正邦科技、温氏股份、新希望，生猪出栏分别为 1743.7

万头、699.68 万头、468.73 万头、446.11 万头，合计
3358.22 万头；2022 年上半年，这四家企业共销售了
5098 万头猪，合计同比增长 51.8%；而国家统计局数
据显示，2022 年上半年我国生猪出栏 36587 万头，同
比仅增长 8.43%。这意味着四家企业的出栏量合计增
长率显著高于我国总体增长率，并且已经占据了我国生
猪出栏总量的 14% 左右。生猪养殖的集中度进一步提
高，让猪周期对企业未来经营利润的影响更为显著。

我国居民生活水平提高以后，人均肉类消费中的猪
肉占比呈现逐年降低的趋势。2000 年，猪肉占我国家
庭肉类消费的比例，城乡分别为 65.3%、77.8%；2020
年，城乡分别降至 52.1%、53.8%。与此同时，猪肉进
口量也随国内生猪价格反方向波动，来调剂国内猪肉供
应。据海关数据，2022 年上半年我国猪肉进口量为 81
万吨，同比减少 65%，比 2020 年同期减少 62%，猪肉
进口量减少也带来我国猪肉供应阶段性减少，并成为扭
转我国养猪业盈亏的原因之一。但是，一旦国内猪肉价
格提高到一定水平，猪肉进口量势必就会大幅增加，来

平抑国内的猪肉价格。

2022 年 4 月以后，养猪行业整体实现扭亏为盈，新的玩家大规模入场，预示着再经过两三轮小周期的养猪企业盈亏波动之后，新一轮的猪周期即将开启。在行业集中度提高、参与者实力更强、养殖的猪种趋同、养殖的技术一致、饲料成本基本一样的背景下，在我国猪肉总体消费量平稳趋降的市场环境中，预示着新一轮的猪周期到来以后，必将又是一场惨烈的养猪同行之间的"囚徒困境式搏杀"，能否在下一轮猪周期中存活下来，就看企业能否掌握养猪行业的本质——猪周期，根据猪周期的节奏来调整企业自身的能繁母猪存栏量、育肥猪存栏量和以此为基础发展饲养技术。如果想尽量减轻猪周期的影响，就只有做地方特色的猪种或者小猪种群的特色养殖，形成差异化竞争策略，否则猪周期就是养猪企业头上的"魔咒"，决定养猪企业的盈亏数量级，左右养猪企业的存亡。

认清行业本质，掌握企业存亡。

第2章 主要作为社交场所的咖啡馆

2022年3月24日，中国网财经记者报道了瑞幸咖啡公布未经审计的2021年财报①，数据显示2021年瑞幸咖啡总净收入为79.653亿元人民币，较2020年的40.334亿元人民币增长了97.5%；净新开门店数2021年为1221家，同比增长25.4%。截至2021年末，瑞幸咖啡共有6024家门店，其中4397家为自营门店，1627家为联营门店；月均交易客户数在2021年为1300万，比2020年的840万增长了54.8%；自营门店收入2021年为61.927亿元人民币，较2020年的34.728亿元人

---

① 详见：肖飞：《瑞幸咖啡公布最新财报：2021年全年收入近80亿大涨97.5% 门店总数超6000家》，中国网财经，https://baijiahao.baidu.com/s? id=1728186550331066886&wfr=spider&for=pc，2022年3月24日。

民币增长了 78.3%；自营门店同店销售增长率 2021 年为 69.3%，2020 年同期该指标为 -7.8%；自营门店层面利润 2021 年为 12.528 亿元人民币，门店层面利润率为 20.2%，2020 年同期自营门店层面亏损为 4.347 亿元人民币，门店层面亏损率为 12.5%；联营门店收入 2021 财年为 13.061 亿元人民币，比 2020 年的 3.166 亿元人民币增长了 312.5%。在美国会计准则下运营亏损 2021 年为 5.391 亿元人民币，与 2020 年亏损 25.873 亿元人民币相比，营业亏损显著减少。至 2021 年 12 月 31 日，瑞幸咖啡门店总数达到 6024 家，成为我国最大的连锁咖啡品牌之一。

从 2018 年成立，瑞幸咖啡用了不到两年时间就在美国纳斯达克成功上市，到 2020 年 1 月就遭遇著名做空机构浑水连续发布做空报告，指责瑞幸咖啡财务造假。2020 年 4 月，瑞幸咖啡承认伪造财务数据，到 2020 年 6 月就在纳斯达克申请了停牌，并进行退市备案，到 2021 年 2 月在纽约申请破产保护，并于 2021 年 9 月与股东达成和解，提交了可转债债务重组方案。在此不平静的重整期间，瑞幸咖啡逆势实现了高增长。在三年时间内业绩经历了短期内的大幅起落，瑞幸咖啡在 2020 年 4 月以前做错了什么，在 2020 年 4 月以后又做对了什么？

　　四川人喜欢进茶馆，在一线城市生活的人喜欢进咖啡馆；但人们无论到茶馆喝茶，还是到咖啡馆喝咖啡，主要目的都是在一个场所与其他人进行沟通交流，即社交。如果将社交的功能从茶馆和咖啡馆剥离，只是将茶和咖啡作为满足个人生理需要的饮品，就会极大地减少顾客对茶馆和咖啡馆的需求，并与在家中和办公室里喝茶、喝咖啡形成竞争。茶馆和咖啡馆还有一处不同，就是四川的茶馆还是供客人打麻将的场所，四川人边打麻将边交流，麻将打完事情就沟通结束；而咖啡由于其特性，无法像泡茶一样无限续杯，就基本没有提供麻将这项服务，只能提供一定的座位。

　　对于我国现阶段的咖啡馆，有人认为行业本质是提供咖啡因服务（生理满足），也有人认为是提供体验消费（心理满足），还有人认为是第三空间（租赁关系），但我认为我国现阶段的咖啡馆行业本质是社交。

我于 2014 年筹办亚洲餐饮联盟时，顺带调查发现，当时不少咖啡馆经营困难；如果盈利，其利润主要来源是简餐。在我国，到咖啡馆喝咖啡的主要目的是社交。瑞幸咖啡自 2018 年成立后通过密集开店，高补贴营销推广，只不过是在培养顾客喝咖啡的习惯，一旦补贴取消，密集开店的固定成本，叠加销售量下滑，就很难盈利。瑞幸咖啡当年的商业模式是减少咖啡店的营业面积，甚至不布置座位，以降低房租成本，但实质就去除了咖啡馆的社交场景，让瑞幸咖啡当时的盈利模式不成立。按照当时瑞幸咖啡去除社交场景的商业模式，我认为如果不进行调整就必亏无疑。

2020 年 4 月以后，瑞幸咖啡不仅增加了门店的营业面积，而且增加了门店内的座位数，还提供了便餐、乳饮料等满足顾客"能量""甜味"需求的产品。在瑞幸咖啡官网上公布的 2022 年第一季度和第二季度经营业绩报告显示[①]，2022 年第一季度瑞幸咖啡总净收入为

---

① 详见：Luckin Coffee 官网，https：//investor.lkcoffee.com/。

24.046亿元人民币，较2021年同期的12.687亿元人民币增长了89.5%。自营门店收入17.147亿元人民币，同比增长66.2%；联营门店收入5.493亿元人民币，同比增长239.3%。2022年第一季度瑞幸咖啡净新增556家门店，环比增长9.2%。截至2022年第一季度结束，瑞幸咖啡门店数量为6580家，其中包括4675家自营门店和1905家联营门店。2022年第一季度瑞幸咖啡月均交易用户数1600万，同比增长83%。2022年第二季度，瑞幸咖啡总净收入为32.99亿元人民币，相较上年同期增长72.4%；在美国会计准则下，营业利润第二季度为2.42亿元人民币，2021年同期为亏损0.48亿元人民币。第二季度门店数净增615家，总数达到7195家。月均交易客户数达到2070万，同比增长68.6%。自营门店同店销售增长率达到41.2%，自营门店层面利润率达30.6%。

瑞幸咖啡现在的商业模式和盈利模式与日本的7-11便利店有相似之处，日本7-11便利店的主要盈利不是来自日用百货销售，而是来自简餐、烟酒销售和银行缴费；SKU 数量最多的百货只是充满货架，对顾客进行引流。日本 7-11 到中国以后，在香港地区也主要是靠简餐盈利；在北京，由于就餐方便，7-11 从 2004 年成立就多年亏损；到成都的前几年，只有最初开的 20 多家店由于在核心商务圈能够靠简餐赚钱，后面开的 100 多家店由于不在核心商务圈，经营也是亏损，后来就逐步关闭一些非商务区域的非盈利店铺，却在盈利区域加密开店数量，来提高盈利门店数量，提升区域总体收入规模；在重庆，由于重庆是立体城市，街边门店和小吃店更为密集，7-11 开业后靠简餐赚钱就变得更难，一直难以找到盈利来源。2020 年 4 月以后，瑞幸咖啡不仅将咖啡店的经营调整回行业本质——社交，而且在咖啡以外拓展简餐、乳饮料等市场更大的商品作为店铺的盈利来源，企业总体上实现了扭亏为盈。

　　2021 年度和 2022 年上半年，瑞幸咖啡的财务报告就有了很大的改善，我到瑞幸咖啡北京部分店铺进行实地观察，发现这些店铺不仅扩大了门店面积，增加了桌椅供堂食，添加了顾客"社交"所需的硬件设施，而且在产品类别上增加了不少市场规模更大的奶茶类饮料满足顾客对"甜味"的需求，提供糕点等简餐食品满足顾客对"能量"的需求，以期留住顾客在店消费的时长；同时也不断做跨界营销，不断推"网红爆品"，吸引客流。这和 2018 年瑞幸咖啡刚成立时的商业模式有了很大的不同。

现阶段在我国开咖啡馆，要充分考虑到咖啡馆是用于"社交"的行业本质属性，而且还需要拓展咖啡以外的盈利来源，才能支撑咖啡馆的运营。

理解行业本质，掌握存亡密匙。

第 3 章　商务餐厅的社交属性

　　与咖啡馆的功能相似的还有商务餐厅，商务餐厅不仅是满足生理的需要，更多是满足人们沟通和社交的需要。在人们的日常生活中，无论是家庭聚餐、同事同学聚会，还是商务宴请，在一起吃饭的主要功能是社交。

　　从事餐饮业如果将社交的场景剔除就只剩下"吃"，仅仅满足个人的生理需要，那么客单价和消费总金额就会急剧下降，这也就是外卖的客单价难以提高的根本原因。如果餐厅将商务餐饮大幅减少，剩余的客均消费金额会远低于商务餐饮的客均消费水平。例如在城市繁华景区的餐厅，虽然环境好、交通便利、客流量大，但是客单价不高。我曾调研过北京后海、成都宽窄巷子、上海新天地、福州三坊七巷的餐饮，发现这些繁华地方的餐饮客单价显著低于该城市同档次的其他餐厅，原因就在于这些地方缺少了社交需要的私密性，导致本地高客单价的商务宴请较少选择这些地方的餐厅就餐。

由于气候、纬度、种植条件、社会礼仪、传统文化、民族习惯、地方习俗等不同，导致我国餐饮不仅与西方餐饮存在很大差别，而且我国各个地区之间也存在较大差异。随着 2000 多年来儒家文化在我国的深入普及，我国各地的餐饮礼仪基本是以儒家思想为基础，形成了部分全国一致的餐饮文化，既注重伦理道德，又强调礼仪秩序。虽然餐饮礼仪的主旨是强调人与人之间的区别，但其目的是实现人与人之间有效的沟通与恰当的融合，避免由于认知不一致导致的误解。

从中餐礼仪的实用性和社会学功能来看，其实是为了增进人与人之间的关系，促进人与人之间的交流，这就与欧洲的餐饮礼仪文化有着本质的区别。例如，从就餐方式上看，我国从魏晋南北朝时期的分餐制逐步走向了合餐制，演变至今，中餐基本就是以合餐制为主，大家共坐一桌，一起分享，餐桌基本采用圆桌或者方桌，围坐在一起，分而食之，坐而议之；通过共同分享食物，创造面对面交流的机会，增进就餐人员相互之间的了解。在我国，人们说"请客吃饭"，主要不是为了"吃"，而是创造条件坐在一起"交流""增进了解""提升感情"。人们也经常通过就餐来判断和观察一个人的家庭教养和个人素质。

在我国传统文化中，通常通过宴请来创造交流的条件，达到充分交流的目的。我国的商务餐饮从 20 世纪 90 年代开始得到突飞猛进的发展，到 2012 年中央颁布"八项规定"以后，湘鄂情、俏江南、净雅、小南国等高端商务餐饮走向衰落，核心原因就是高端社交的需求急剧减少；但同期我国餐饮市场规模总体持续增长，其原因就是普通大众的社交需求随着人民生活水平提高而快速增加，以海底捞、西贝、玉林烤鸭为代表的中档商务餐厅得到迅猛发展，带动我国餐饮行业总体增长。

2022 年 8 月 3 日，中国连锁经营协会联合华兴资

本共同对外发布的《2022 年中国连锁餐饮行业报告》①
显示，中国餐饮市场规模从 2014 年的 2.9 万亿元增长
至 2019 年的 4.7 万亿元，年复合增长率达 10.1%。即
使 2020 年受新冠肺炎疫情影响，餐饮市场规模下滑
15.4%至 4 万亿元，但随着疫情防控常态化，国民消费
热情被点燃，2021 年餐饮市场规模已恢复至 4.7 万亿
元。这就说明了社交会影响餐饮行业的总体发展。在我
国居民社交需求不断增加的情况下，商务餐厅需要以社
交为基础来选址、装修、服务、定价和营销。

前些年有一家风靡一时的 O2O 公司，是专业提供
品牌餐外卖服务的网上订餐平台，为顾客提供多种口味
的网上订餐、快速配送的外卖送餐服务；通过顾客登录
网站、手机 App 定位，寻找就近的品牌商务餐馆，以
保证各菜系的菜品品质，再给予网上订餐的免单和折扣
优惠，通过专门的外卖配送物流团队配送，并注重商户
服务以及客户体验；收购外卖搜索引擎、外卖 O2O 网

---

① 详见：王田：《直接拉动 GDP 超 5000 亿元，〈2022 年中国连锁餐饮行业报告〉发布》，红星资本局，http：//k. sina. com. cn/article_ 6105713761_ 16bedcc61020014iko. html，2022 年 8 月 4 日。

站、点评预订平台等，布局餐饮 O2O 生态。但在生态还没有建立起来的时候，该企业就消失在市场大潮之中，其根本原因就是该商业模式违反了商务餐饮的本质，去除了社交的场景。

近年来兴起的外卖属于快餐，不属于商务餐饮。北京部分商务餐饮企业在 2015 年后转型提供外卖，挤占了堂食客源，导致企业效益下滑，就在于放弃了"社交"这个行业本质。而北京玉林烤鸭坚持不做外卖，营业收入每年都有两位数的增长，在新冠肺炎疫情暴发前，每年都在北京新开餐厅。多年来我坚持随机调查外卖配送员平均每天能够配送的单数，基本都在 35～40 单，但是配送人员的人工成本刚性上涨，随着《中华人民共和国劳动法》执行到位，社保等用工成本叠加，可能导致公司获取的抽成无法覆盖经营成本，而提高抽成比例，又会导致顾客和商家流失。

通过观察身边的人群可以得知，点外卖主要是两类情形：一类是应急的，不方便到饭店、食堂就餐；一类是图便宜的。应急就餐的顾客数量有限；而图便宜的，一旦涨价顾客就流失了。餐饮企业经过团购洗礼，已经深切体会到有团购券时顾客爆满，没有团购券时门可罗雀。团购不仅导致备菜浪费极大，而且透支了潜在顾客。团购在事实上让餐饮企业客单价降低、盈利下降，总体收入却没有增加。在"千团大战"的后期，更多的餐饮企业不再愿意参与团购。参与团购亏钱，不参与团购，顾客数量急降还是亏钱。外卖行业门槛不高，如果盈利很好，潜在进入者就会迅速加入，从而注定了这是一个辛苦的行业。经过"千团大战"留下来的美团外卖，不停地四处投资，就是在不断利用已有的数据、渠道和网络优势，寻找新的利润增长点。赚钱的生意都不苦，苦的生意都难赚钱。

理解行业本质，掌握赚钱密码。

第4章　线上运营成本要低于线下经营成本的电商

消费互联网是我国 20 年以来财富来得最快、最多的行业，不少创业者迅速跻身"富豪榜"，带动了不少创业者想在某个领域实现"＋互联网"，其中"卖货"无疑是最容易切入的行业。特别是在电商红利时期，引流成本低，做到线上运营成本低于线下经营成本，就能取得相较于线下实体店的比较优势，从而获得成功。

我国电商起步于互联网的兴起，电商爆发是来自移动互联网的普及，技术进步让消费者随时随地都能够用手机下单购物。在我国电商发展的几个典型时期，都可以看到电商是随着我国基础网络的发展而快速壮大，并呈现几个明显的发展阶段。

第一阶段，1998~2003 年，电商起步阶段。随着互联网进入我国，诞生于美国的电子商务于 1998 年前后开始在我国萌发，在此期间诞生了许多日后在市场大放异彩的公司，如阿里巴巴、当当网等。这段时期的探索和启蒙，为我国电商的大发展打下了坚实的市场基础、顾客基础和社会基础。1998 年 3 月，我国第一笔互联网网上交易成功。1998 年 7 月，中国商品交易市场正式宣告成立，被称为"永不闭幕的广交会"。

在此阶段，我国物质总体比较缺乏，只要生产出来的东西基本都能够卖掉，而且销售的各个环节给各级经销商都留有一定的价差空间，从而为电商的发展提供了足够的利润空间。此阶段的电商直接跨越了多层经销商，将中间的批零价差全部留在了电商一个环节。在此阶段虽然电商平台竞争惨烈，多数没能存活下来，但电商低运营成本留下的高毛利率，吸引了不少商家入驻，为后续电商的大发展提供了商家基础和社会共识。

第二阶段，2003~2008 年，快速发展阶段。我国于

2001 年加入世界贸易组织后，经济持续高速发展，我国政府实行的"三金工程"逐渐产生社会效益和经济效益，不仅互联网基础设施建设得到飞跃式的投入和快速普及，而且各项政策和配套措施也快速出台落地，在政治和经济层面为电商的快速发展提供了优良土壤。电子商务在这个时期得以快速发展，阿里巴巴陆续推出淘宝网和支付宝。国家相继出台法规，如《电子商务发展"十一五"规划》等支持电商规范发展。

随着我国个人计算机普及，电商销售量逐年增长，壮大了电商购物的顾客群体，培养了网上购物的意识，也促进了与电商配套的物流、信息技术、仓储等基础设施的投资和发展。"从网上买更便宜"逐渐成为消费者的共识。在线下门店选好型号和尺寸，再到网上下单，逐渐成为不少消费者的购物方式。同样的商品网上更便宜，就在于线上销售减少了中间几层批发环节，线上运营成本更低，从而能够让利于消费者。

第三阶段，2009～2018 年，流量红利阶段。2008 年美国的金融危机席卷全球，我国为振兴经济，进行了

"4万亿"投资，除去传统的"铁公基"，也投资了网络基础设施，网速得到极大提高，4G网络迅速遍及城乡，4G手机迅速普及，我国网络用户数量飞速增长，与电子商务所连接的快递行业在此阶段也得到迅猛发展。在这个时期，智能手机得到极大的普及，电商从PC端发展到了移动端。虽然各电商公司之间竞争激烈，市场逐渐被几大电商巨头瓜分，电商平台出现寡头垄断格局，但每家电商公司都获得了迅速的发展。

在这个阶段，电商公司热衷于制造各种购物节，"双十一"就是从2009年开始的，引发全民的购物狂欢。"电商造节"的实质就是告诉消费者当天购物的价格是近期最低，甚至是全年最低，吸引大家下单购物。也就是在这个时期，电商体现出对线下销售渠道的极度挤压，"让世界没有难做的生意"变成了"让世界的生意都难做"。核心原因就是在这个阶段线下运营成本随人工费、房租等经营费用刚性上涨，丧失了与线上电商竞争的能力。在4G移动互联网的加持下，电商的顾客数量也得到了指数级的增长。这段时间是电商销售数量和销售金额提高最快的时期，称为电商发展的流量红利期。

第四阶段，2019 年至今，大数据算法阶段。2019 年以来，依托于大数据的算法技术被广泛运用于各大社交平台，电子商务由此衍生出社交电商的概念，利用用户的社交网络扩展商品的传播渠道，而且利用消费者的消费习惯和偏好，通过算法向消费者精准推荐产品，刺激消费者下单购买。不仅是社交电商，社区电商和直播也都有了快速发展。

在以上四个阶段，电商能够得到快速的发展，不仅是因为消费者从线上购买比线下购买更便宜、更方便，售后更便利，更主要的是电商经营者在线上的运营成本低于线下经营者的运营成本，让销售方有足够的价差空间让利给消费者。特别是在第四阶段，各平台和"大V"直播都要求不仅是全网最低价，而且还要求包括线下渠道，让这几年以"大V"直播为代表的网络带货销售迅速崛起。罗永浩创业手机留下的数亿元债务，通过直播带货迅速还清的"真还传"，成为激发各路明星、"大 V"和普通民众投身直播的澎湃动力来源，这样也将电商的销售价格降至最低，让线下渠道完全丧失了与电商竞争的能力。

在 2018 年以前的电商红利期，不仅电商平台得到急速的发展，比如阿里巴巴、京东、拼多多等，在电商平台销售货物的商家也赚得盆满钵满。但是 2018 年以后，电商时代逐步改变，电商红利开始消退，流量变得越来越贵，获客成本越来越高，电商"内卷"加剧，此时再切入电商卖货，就难以获得比较优势。如果线上的运营成本还高于线下的经营成本，就必亏无疑；即使坚持亏损经营，最终也未必能够赢得和线下经营的竞争，比如现在红火的社区生鲜团购。

现阶段的社区生鲜团购的线上运营成本高于线下经营成本，导致其盈利模式不成立，注定未来必定是一地鸡毛。对于传统的阿里巴巴、京东电商平台，由于自身商业模式给平台自身的盈利年年增高，平台上的商家经营却一年比一年吃力，就导致这些传统电商平台增长率下降，运营成本更低的新电商平台崛起。

第 4 章　线上运营成本要低于线下经营成本的电商

2022 年 8 月 29 日，拼多多发布 2022 年第二季报[1]，拼多多 2022 年第二季度总营收为 314.4 亿元，与上年同期的 230.462 亿元相比增长 36%。归属于拼多多普通股股东的净利润为 88.963 亿元，与上年同期的 24.146 亿元相比增长 268%。不按美国通用会计准则，归属于拼多多普通股股东的净利润为 107.763 亿元，与上年同期的 41.253 亿元相比增长 161%。拼多多 2022 年第二季度成本为 79.62 亿元，同比仅增长 1%；运营费用 148 亿元，费用占比短期内降至 47%。而京东集团于 2022 年 8 月 23 日公布的第二季度财报显示[2]，净收入为 2676 亿元，同比增长 5.4%；经营利润为 38 亿元，非公认会计准则下经营利润为 58 亿元。阿里巴巴于 2022 年 8 月 4 日公布了 2022 年第二季度财报[3]，集团的收入为 2055.55 亿元，与去年同期持平；第二季度净利润同比下降 53% 至 202.98 亿元，经营性利润同比下

---

[1]　详见：《拼多多（PDD）股票股价_股价行情_财报_数据报告》，雪球网，https：//xueqiu.com/S/PDD？from=status_stock_match。

[2]　详见：《京东发布 2022 年二季度及中期业绩：净收入 2676 亿元，同比增长 5.4%》，中国日报网，https：//caijing.chinadaily.com.cn/a/202208/24/WS6305d116a3101c3ee7ae558b.html，2022 年 8 月 24 日。

[3]　详见：《阿里巴巴发布 2022Q2 财报，营收与去年同期持平，净利润下降 53%》，飞书深诺营销学院，https：//academy.sinoclick.com/article/1000000409，2022 年 8 月 19 日。

降 19%，为 249.43 亿元，是阿里巴巴上市之后下滑幅度最大的季度之一。

拼多多能够在五年时间内用户数超过阿里巴巴、市值超过京东，就在于其自身运营成本比阿里巴巴、京东更低，平台上商家的经营成本比在阿里巴巴、京东更低。拼多多是如何做到将自身平台运营费用和商家运营费用双双降低的呢？首先，在时机上，利用 2015 年国内 4G 网络普及带来智能手机的大量应用，将社交流量转变为电商流量。其次，在方法上，拼多多成为专注于 C2M 拼团购物的第三方社交电商平台，购买方通过发起和朋友、家人、同事、熟人等的拼团，达到更低的获客成本，以更低的价格拼购商品，提高销售量。凝聚更多的人，用更低的价格，获得更多的实惠。再次，通过分享形成的社交理念，形成了拼多多独特的社交电商模式，再利用算法，将价格低的同类产品自动呈现到消费者的手机页面前列，降低了商家的推广成本。为了将自家商品呈现在同类商品前列，商家就更有动力尽可能地降低商品价格，让利于消费者，最后形成良性循环。因此，拼多多的用户数和商品交易总额（GMV）连年快速增长，至今其用户数已经超过京东和天猫，其经营就更加体现了电商行业的本质。

但是，拼多多的这套降低获客成本的推荐算法产生了一个巨大的副作用，就是"假冒伪劣"商品由于标价低，就更容易出现在同类商品排名展现的前列，让大家感觉拼多多假货"泛滥"。最为典型的就是盗版图书，由于比正版图书的标价低，顾客搜索时其展现的位置就处于正版图书的前面，叠加同样的书籍和内容，盗版价格更低，在不影响阅读体验的情况下，顾客就更容易选择盗版图书，这让正版图书的销售受到很大的影响。这是拼多多在后期的算法推荐中需要解决的问题，不仅是通过算法识别盗版图书后，不再令其展现在顾客搜索的页面，而且要通过算法系统识别盗版图书，让其自动下架。这样可以体现企业的社会责任和法律责任，也是拼多多自身和相关产业健康发展、行稳致远的基础。

掌握行业本质，保持竞争优势。

第5章　现阶段社区生鲜团购的
实质是电商

2021 年 11 月 12 日，国家市场监管总局公布了人大代表李国伟对于"防止大型互联网公司利用网络团购形成市场垄断进入市县基层地区，严重影响群众利益"建议的复文。国家市场监管总局指出，随着各大互联网平台企业大举进入社区团购市场，规则不健全、秩序不合理、操作不合法等问题也日益显现，引起了社会各界高度关注和强烈担忧。下一步，国家市场监管总局将加快推动《反垄断法》修订工作，完善相关配套立法，细化平台经济领域垄断行为规制规则。

第5章　现阶段社区生鲜团购的实质是电商

2020年"双十一"前，国家市场监管总局会同中央网信办、税务总局组织召开规范线上经济秩序行政指导会，督促企业依法经营，履行主体责任；2020年12月，联合商务部组织召开规范社区团购秩序行政指导会；2021年4月，会同中央网信办、税务总局召开平台企业行政指导会，分析指出平台企业强迫实施"二选一"等一系列问题，要求有关平台企业全面自查，逐项彻底整改。2021年2月，国务院反垄断委员会印发《关于平台经济领域的反垄断指南》，充分考虑平台经济领域特点，准确把握监管尺度和标准，针对社会各方面反映突出的"二选一""算法共谋""大数据杀熟"等问题做出系统规定，为市场主体明确底线，为行业发展建立规矩。同时称，市场监管总局将做好持续强化平台经济监管执法。依法查处平台经济领域滥用市场支配地位排除限制竞争、低价倾销、价格欺诈等违法行为，有力维护市场公平竞争，保持创新动力和发展活力。2021年3月3日，国家市场监管总局依法对橙心优选、多多买菜、美团优选、十荟团、食享会五家企业的低价倾销、价格欺诈行为作出行政处罚，共计处以罚款650万元；同年5月27日，再次针对社区团购平台"十荟团"的低价倾销、价格欺诈行为，对平台顶格处罚150万元，并责令其停业整改。

政府介入社区生鲜团购的管理，是由于这个商业模式未来的前景非常好，吸引各路资本奋不顾身切入吗？答案显然不是这样，是他们将低价策略当成了行业本质，企图通过产品低价和小商小贩竞争，占领市场；为维持高增长和提高渗透率，通过"烧钱"来维持流量，最后通过垄断市场来获取利润。但是，基本可以断定，一旦停止烧钱，现在的社区生鲜团购企业经营就会终止。因为，现阶段的社区生鲜团购行业本质是电商，不是低价策略。

● 现阶段一二线城市社区生鲜团购盈利模式不成立

蔬菜水果的买卖不是高壁垒的行业，虽然通过低价将小商小贩挤出市场，但一旦行业毛利恢复，小商小贩就会回来重操旧业，顾客依旧会选择同样水果蔬菜中销售价格低、性价比高的经销商。电商成功的前提是线上的运营成本要低于线下的经营成本。刘洋和刘精博（2021）从恶性价格竞争难以持续和垄断触碰监管两个角度研究显示，社区团购从价格战转向垄断存在战略路线上的选择错误，通过价格战迫使线下商贩退出，市场垄断地位侵害消费者利益，垄断地位再侵害供应商利益，就必然会受到监管部门的喝止。[①]

社区生鲜团购的蓬勃发展，有人说不该是一场"赶尽杀绝式"的资本掠夺。商业向善，才能持久。无论是现在已经销声匿迹，但十年前火热的团购网站的"千团大战"，还是现在的社区生鲜团购。要有正向的社会价值，以伤害基层百姓的就业和利益为目标的企业都不会长久。社区生鲜团购从商业模式上讲是成立的，但是其盈利模式不成立。理由如下：

第一，目前的社区生鲜团购替代的是小商小贩，但小商小贩是将工资当利润，他们要求的工资收入低于社

[①] 刘洋，刘精博. 社区团购发展战略批判——反垄断视角分析［J］. 湖北工业大学学报，2021，36（6）：67-70.

区团购的年轻人要求的工资收入，因此在经营成本上目前的社区生鲜团购不占优势，社区团购的经营成本高于小商小贩。例如，阿里巴巴的淘菜菜致力于以数字赋能产业链上下游，缩短流通环节，将原有社区小店发展成为社区团购终端的模式，那么社区小店的小商小贩未来是阿里巴巴的员工还是合作伙伴呢？如果是员工，阿里巴巴的运营成本必然上升，如何和小商小贩在成本上竞争？如果是合作伙伴，仅是顾客多了一个可供选择的购买渠道，社区小店依旧会选择其他有优势的进货渠道，供顾客再选择，这实质上和阿里巴巴还是存在业务竞争，那么阿里巴巴的优势在哪里？除非向上游的种植端发展，建立自己的农产品品牌或者做特色农产品，但是这两个的市场规模会降低很多。20 年前在一线城市兴起的有机蔬菜配送，至今没有一个品牌突出重围成为全国品牌。

第二，总体上小商小贩的责任心高于社区团购从业者的责任心。小商小贩是在创业，社区生鲜团购从业者多数是就业，在对待工作的态度上社区生鲜团购不占优势，而生鲜是高损耗的品类，不仅需要高度的责任心，还需要灵活的营销手段，以及能够及时处理不良品的权限，这就提高了社区生鲜团购的管理难度。

第三，水果蔬菜的购买既有计划性，也有随机性，还有社会性。消费者去菜市场购买水果蔬菜，一般是有了计划之后才去，但是到市场后看到蔬菜水果的新鲜程度、备货情况、价格等因素，会促成临时改变部分计划。同时，出门买菜，是普通人，特别是居家老人走出家门的一个社会性需要，社区小店或者社区菜市场就成为一个社交场所和社区信息枢纽，这种社会属性就决定了社区团购并不能完全代替社区小店或者社区菜市场的线下社会性功能。

第四，目前社区团购主打的蔬菜水果保鲜期和保质期短，无法同时保证商品到家质量和合理损耗。我国有句俗话"菜卖鲜粮卖干"，蔬菜水果具有保鲜期和保质期短的特性，在流通过程中的损耗比较大，需要在新鲜时销售，因此要尽可能地缩短中间环节，减少中间流通时间。公司化运作势必会增加内部控制环节，让运营成本和流转时间都难以降低到小商小贩控制的程度，而且小商小贩可以随时灵活处理尾菜和不是非常新鲜的蔬菜水果，公司化经营后这部分产品的处理势必需要经过一定的程序，必然让决策流程变长，时间变长，而且运营成本势必提高，无形中就降低了社区生鲜团购的竞争力。2022年3月17日，北京市海淀区市场监管局对北京不姜就电子商务有限公司（叮咚买菜）总部相关负责人进行行政约谈，就《新京报》报道的死鱼冒充活鱼、"烂菜"换标签继续售卖等现象，要求企业切实落实疫情防控和食品安全主体责任，指导企业对124个前置仓开展全面自查，主动发现风险、消除隐患①。

第五，现有的蔬菜水果流通渠道已经高度专业化，没有足够的利润空间支持互联网行业的高成本运营。前十年我国电商快速发展，基本都是在工业消费品领域，这是因为工业消费品保质期长，线上运营成本低于线下经营成本，存在利润空间；在近两年电商竞争激烈后，

① 详见：于琦：《叮咚买菜"死鱼冒充活鱼"等问题属实遭监管调查 公司股价应声下跌近11%》，央广网，http://finance.cnr.cn/ycbd/20220318/t20220318_525769857.shtml，2022年3月18日。

获客成本提高，推广费用增高，让不少电商企业陷入亏损。农产品经过几十年甚至几百年的市场化发展，建立起了完善的流通体系。比如，在北京新发地批发黄瓜的商贩只批发黄瓜，批发萝卜的商贩只批发萝卜；做到了全国货源，全国分销，已经极大地减少了中间环节，做到了运营成本最低化。社区生鲜团购目前可以挖潜的只有最后一个零售环节，和小商小贩来比拼运营成本和服务，显然目前的社区生鲜团购不具有这样的竞争优势。

第六，小商小贩流通环节的中间库存，是社区应急灾备的救急库存。如果一味地消灭小商小贩，一旦遇到突发的自然灾害，高效配送和订单配送的社区团购，缺乏必要的日常流转库存，就存在断货的可能。更为重要的是，此时巨头们基于寡头垄断地位，很大的可能就是涨价，就如同美国暴风雪中缺电的得克萨斯州，短期内让能源价格飙升。也如同 2021 年我国的煤炭，单价从年初 600 元每吨，到 10 月超过 2000 元每吨，甚至部分地区达到 3000 元每吨；我国煤炭涨价不是因为供应减少了很多，而是煤矿整合后形成寡头垄断，寡头们一旦有了机会，就会非理性涨价；最后国家发改委在一个月内将煤炭价格降到 1000 元以内。社区生鲜团购形成寡头垄断，也将会是这样的情形。以小商小贩为主体的终端零售，基于熟人社区和人情社会，基本不会在应急时发社区居民的"灾难财"。

第七，我国农产品上游种植是极度分散的，如果流通环节被垄断，势必就会用信息优势和采购规模优势来压制农产品收购价格，获取垄断利润，这与"共同富裕"的时代潮流相违背。

第八，目前的社区生鲜团购，没有从降低运营成本的角度规划全产业链的经营，反而新建前置仓、中转仓等增加经营成本，导致其经营成本走高，违背"电商"的行业本质。现有的线下批发和零售环节，都在尽量减少中间环节。在北京，蔬菜一级批发商在凌晨一点前将蔬菜运到新发地交易市场，就在卡车上交易，卖给二级批发商或者零售商，一般情况下在早上五六点交易完毕，到早上七八点时这些蔬菜就到达了北京各社区蔬菜销售网点，中途没有使用任何仓库进行中转，极大地减少了中间环节，降低了运营费用。这也就是北京的蔬菜价格比国内不少三四线城市还低的原因。水果基本也一样，只是多了一道一级批发商的中间仓环节。现有的社区生鲜团购，却多了几道中转仓，不仅增加了中间转运的人力成本和仓储成本，还增加了损耗。

在终端销售价格被管制、上游采购价格被约束、中间利润有限的情况下，与将工资当利润的底层百姓，在劳动力密集型领域竞争的现阶段社区生鲜团购，其盈利模式势必就不成立。该行业的销售毛利也不支持互联网行业的高运营成本。胡阳等（2022）发现现在的社区团购未建立起盈利屏障，是盈利模式缺乏可持续性的主要原因。①

社区团购的未来在哪里？我认为在本地生活服务 O2O。社区团购应该只是平台，将社区小店、小商小贩和菜市场组织起来成为供应商，让顾客在平台下单后，由线下供应商或平台配送；就如同美团外卖一样，将线下餐厅组织成为供应商，在平台开店，美团做好推广和

---

① 胡阳，张萍萍，郑晓娜. 社区团购可持续盈利模式问题与对策［J］. 商业经济研究，2022（1）：77-80.

订单跟踪服务。社区团购将周边小店和菜市场摊贩组织起来，在社区团购平台上开店和配送，做成蔬菜水果优化供应链的服务平台，将小商小贩组织起来，成为现有生鲜农产品分销渠道的补充，才有生存的可能；就如同现在的外卖商业模式一样，社区团购才有未来；而不是社区团购平台亲自下场做采购、物流和配送。例如，2022 年 4 月初至 5 月底，因发生新冠肺炎疫情，上海各个社区团长组织团购蔬菜水果等就是本地生活服务团购 O2O 的实践。

诚然，在劳动力成本和房租相对较低，生鲜蔬菜水果流通量不是足够大，菜价相对较高的三四线城市，社区生鲜团购目前会有一定的市场，这是在于线上运营成本相对于线下经营成本更低，以后如何演变还将拭目以待。但是在一二线城市，通过非理性补贴的低价策略来拉人头维持流量，几年后，目前商业模式的社区生鲜"团购大战"一旦结束，必定是一地鸡毛。做蔬菜配送的"美菜网"，从成立至今都一直亏损，就是与现在社区生鲜团购相类似的案例。

第 5 章　现阶段社区生鲜团购的实质是电商

　　由于商业模式的缺陷，现阶段一二线城市的生鲜社区团购无法实现盈利。叮咚买菜发布了截至 2021 年 9 月 30 日的第三季度业绩报告。该季度叮咚买菜营收为 61.9 亿元，相较上年三季度同比增长 111%；GMV 为 70.2 亿元，同比增速高达 107.7%。不过，此季度叮咚买菜净亏损为 20.1 亿元，上年同期的净亏损为 8.29 亿元。经调整净亏损为 19.76 亿元，上年同期的经调整净亏损为 8.27 亿元。

　　我于 2014 年牵头策划和组建了亚洲餐饮联盟，参与发起"寻找中国好食材"活动，深知这个行业的痛点和难点。基于现阶段我国社会、经济、人口结构，资本现在切入蔬菜水果的社区分销，显然还不是一个好主意。只有等到中国人口老龄化达到一定程度，并且农村转移到城市的人口红利消失以后，才有切入的可能。

　　由于生鲜农产品的特性，目前的社区生鲜团购会有一定的市场，但是规模不会大于现有线下分销渠道的规模，会是现有线下分销渠道的补充，不会像保质期较长的工业消费品电商一样迅速替代线下门店。20 年前出现的城市有机蔬菜种植和配送，就是现阶段社区生鲜团购创立自有品牌的雏形，但是至今没有出现全国性的知名品牌，这就实证说明了现在一二线城市的社区生鲜团购的商业模式成立，而盈利模式不成立。

掌握行业本质，把握盈亏阀门。

第6章　企业成长预期的股票投资

比亚迪股份是巴菲特长期持有的第一只中国股票，从 2008 年每股 8 元左右上涨至今的 330 元左右，持有13 年时间，获得超过 30 倍的账面投资收益。巴菲特入股后，比亚迪在 2009 年的净利润是 37 亿元人民币，到2021 年的净利润仅为 30.45 亿元人民币；虽然营业收入从 2009 年的 411 亿元上涨到 2021 年的 2113 亿元，增长超过 5 倍，但企业的净利润率从 9% 下降到 1.4%，处于微利边缘。比亚迪的股价为何在企业利润和利润率都降低的情况下还上涨了 30 多倍，总市值一度超过 1万亿元呢？而同样生产汽车的上汽集团，2021 年销售收入为 7798 亿元，归母净利润达到 245 亿元，净资产收益率超过 9%，净资产超过 2773 亿元，其中持有现金超过 2100 亿元，但是其总市值不到 2000 亿元。在上汽集团的燃油车销售数量远高于比亚迪，电动汽车的销量也稳步上升的情况下，为何经营更好的上汽集团总市值只有比亚迪的 1/5？股价到底和什么相关？是企业营收？是净利润？还是其他因素？

我国经济界一直有个说法——股市是经济的"晴雨表"。股市反映国家经济的兴旺程度，可是 15 年前我国沪市就超过 3000 点，15 年后的今天还在 3000 点徘徊。我国 GDP 从 2000 年的不到 10 万亿元人民币，到 2007 年的不到 25 万亿元人民币，增长到 2021 年超过 110 万亿元人民币；按年平均汇率折算，2021 年我国经济总量达到 17.7 万亿美元，占世界经济的比重超过 18%，对世界经济增长的贡献率超过 25%。我国货物贸易额、外汇储备均居世界首位，服务贸易、对外投资、消费市场规模稳居世界前列，但是我国的股市大盘在这 15 年中却是总体不涨。

2000 年，我国的人均 GDP 不足 1000 美元，位于全球第 133 位，低于世界人均水平；随着我国于 2001 年加入世界贸易组织，经济飞速发展，经济总量在不断上升的同时，如今人均 GDP 已经超过 12000 美元，高于世界人均水平。但现在沪市与 2007 年 10 月 31 日的最高点 6124.04 点相比较，基本处于"腰斩"状态。从沪市大盘这个角度看，"股市是经济的'晴雨表'"这个说法好像并不那么准确。那么股市到底是什么？股市的行业本质是什么呢？

2017 年 4 月 25 日，深圳东方港湾投资管理股份有限公司董事长但斌在微博称[1]，对于贵州茅台股价年底高度，按 2018 年预估业绩 25 倍市盈率，年底 500 元以上，不排除 600 元以上概率；在没有动荡、没有大的经济危机的前提下，茅台给 30 倍估值是非常正常的。这还没有考虑提价等因素，所以到 2017 年底 600 元收市，一点不惊讶。那时茅台股价从 2016 年的 200 元左右，已经上涨突破 400 元。

彼时，53 度飞天茅台酒的价格曾一度达到 2300

---

[1]　详见：《但斌：贵州茅台年底上 600 一点不惊讶 30 倍估值非常正常》，雪球网，https://xueqiu.com/1191579772/84631499，2017 年 4 月 26 日。

元/瓶，后来又跌至900元/瓶以下。为避免重蹈五年前的历史，贵州茅台开始了一轮渠道管控和价格稳定行动。2017年3月，茅台渠道管理部逐家对贵州专卖店、特约经销商2017年茅台酒销售价格、产品流向、店面及公司基础管理进行实地调研后，发现16家经销单位出现违约行为，并进行了处罚，体现茅台规范市场的决心。

可是，到2017年10月，茅台的股价提前两个月就突破600元；到2019年7月1日突破1000元大关；到2020年底，茅台股价接近2000元；到2021年2月10日甚至突破2600元大关。时至今日茅台股价虽有下跌，但也在1800元左右波动。在茅台股价连创新高的过程中，茅台的经营并没有数量级或根本性的变化，其股价却连续数年持续走高，甚至在2020年下半年开始带动部分行业龙头企业的股价快速提升，市场将各行业的龙头股命名为各种"茅"。其原因何在呢？

我们仔细分析发现，但斌在2017年4月提出茅台股价年底将突破600元，是基于他对茅台未来成长的预期，就茅台当时的市盈率、股息率、存货数量、销售增长率、产品提价空间，得出茅台的股价上涨到 30 倍市盈率才合理，即 600 元。不仅茅台业绩存在增长预期，而且股价也给投资者形成上涨预期，两者叠加就让茅台的股价完全突破但斌的预期，最高达到 2600 元。

根据 WIND 数据，2020 年京东方税后利润超过 50 亿元，市值超过 2000 亿元；2021 年税后利润超过 250 亿元，2021 年年底市值跌破 2000 亿元；进入 2022 年，第一季度税后利润超过 43 亿元，但市值却跌破 1500 亿元。公司利润增长了，但股价却下跌了，这是为何？

炒股的盈亏来自不同投资人对同一企业的估值差。当人们对同一只股票存在不同估值时，才有投资人对该股票的不同定价；这个不同的估值就来自对企业的不同成长预期。因此，股市的行业本质就是企业的成长预期。当存在有持续增长的预期时，股价就会上涨；当持续增长的预期消失时，股价就可能横盘和回落。这些年不少银行股的股息率高于银行存款利率，甚至个别银行的市值低于净资产的 70% 以上，就在于银行股没有了成长预期。

京东方这两年利润持续增厚，股价却不断下跌，就在于市场上不少机构认为京东方是周期股，存在业绩周期波动，现在是利润高峰，接着就会迎来利润低谷，投资就需要在高峰时减持，导致股价连续下跌。即使我们调研京东方后了解到，京东方近几年都会有计提结束的资产折旧，每年增厚企业利润数十亿元，新投产的生产线已经达产，利润增长可期；但是市场上不少投资机构依旧认为，京东方的显示屏生产是技术革新快的科技行业，当企业赚钱后就需要投入资金进入下一轮技术研发和生产线建设，周而复始，循环往复，就成为了周期股。即使京东方属于高科技，寡头垄断，世界第一，当它被认为是周期股之后，就需要按照周期股来估值。

2020年下半年开始的各行业龙头股普遍大幅上涨，就在于市场认为行业集中度会越来越高，会越来越有利于行业龙头，大家都给龙头股更高的估值，形成市场各种"茅"；但到2021年国家反垄断，市场对相关企业增长的预期变了，叠加公募基金的"抱团""赌赛道""比跑得快"的行业本质进入"比跑得快"这个环节，导致各种"茅"股价跌得"惨不忍睹"，不少明星基金经理的业绩更是不忍直视。

2021 年不少中概股的市值跌破上市前融资总额，港股中有近十家生物医药公司的市值低于该公司持有的现金总额，就在于投资者对这些公司的成长预期持消极态度，导致公司股价持续走低。在这些公司的成长预期没有明显改善之前，股价不会有根本性的变化。进入 2022 年，沪市基本在 3100 点附近震荡，就在于以下主要原因：

一是我国企业目前总体上还是"大而不强"。在核心技术、产业引领方面还需要继续培育"领头雁式"的企业，这还需要一定的时间，让企业的成长预期有限。股市不仅看企业当前的盈利性，还要看企业的成长性和在全球的竞争优势。在我国实体产业的核心技术没有整体上一个台阶之前，我国股市不容易整体再上一个台阶，这样就会在一个区间内反复波动。市场会由于情绪、短期政策或板块轮动偶尔爆发，最后都会回归到其应有的合理区间；只有 A 股上引领世界的科技公司越来越多，颠覆性科技创新公司在国内上市越来越多，我国 A 股未来才有可能通过这些领头企业的带动整体上台阶。未来我国最有机会成为全球优势产业的是新能源汽车、光伏、风电、集成电路等实现弯道超车的新兴制造业。

二是我国 A 股目前缺少美国苹果、亚马逊、微软、特斯拉等这样挺进"无人区"的高成长性科技公司带动产业链上下游和股市集体向上。苹果、特斯拉、微软、Meta 等公司做的是全球业务，我国 A 股缺少这样做全球业务的上市公司；我国有这样业务的华为没有上市，腾讯、阿里巴巴没有在 A 股上市。

三是我国 GDP 基数提高以后，增长率会降低，企业的成长预期会减弱。就如同银行股，业绩并没有下降，但是没有成长预期，导致现在不少银行股的股息率都高于银行存款利率。投资者购买股票就当成在银行存款收取"股息"。

四是注册制实施后，上市公司数量增多，新上市公司中投资基金的渗透率超过 70%，大量的股权投资基金在标的上市后需要退出变现，分流了大量二级市场的资金。

五是市场各方每年从股市抽走上万亿元的资金，支持股价向上的流动性有限。仅在 2021 年，IPO 发行新股募资 5367 亿元，定增募资 9796 亿元，印花税 2478 亿元，交易佣金约 990 亿元，融资融券利息约 1360 亿元，原始股东减持约 6400 亿元，公募基金认购费赎回约 700 亿元，合计超过 2.7 万亿元；为维持股市正常运行，需要每年新增万亿元以上的资金流入股市，才能维持 A 股现有的点位；在我国经济增长率趋缓的背景下，短期内有数倍于常年的资金涌入股市的条件暂时不成立，除非再次出台 2008 年的经济刺激计划，让市场流动性富裕起来，或者让企业整体的盈利水平得到显著提高。

六是我国民间能够参与股市投资的资金数量和活跃主体数量相对减少。虽然头部富豪的数量和资金量同时增多，但基数更大的中产阶层减少得更多，能够参与股市交易的活跃投资人减少，让股票的活跃交易主体数量随之减少。

基于以上六点原因，我国短期内股市的预期出现降低。我国股市未来几年的投资机会主要在于新产业和新技术兴起的领域，以及周期轮动的行业；其次是股市横盘震荡带来的区间交易机会。股市是以企业基本面作为基础，以企业的发展预期来定价。

股票需要遵守价格围绕价值波动的一般经济规律，通过短期的供需失衡来拉动股价，并没有改变股票的价值。事实上，股价跌多了，其投资的价值自然就会出现，新的投资者自然就会涌入；股价高了，无论如何"救"，都无法挽回下跌的趋势。我们需要遵守基本的经济规律，用资金救股市不如救企业，救股市最好的方法就是给上市企业良好的成长预期。

股市总体上是少数人赚钱、多数人亏损的企业估值差博弈。企业估值是企业成长预期的现金流折现，不同的投资者对企业成长预期的不同，导致对企业估值的差异。对于一般"散户",建议投资自己熟悉的周期明确的行业,或者熟悉的企业。对于周期性行业,在行业景气到顶点前开始减持,在行业最低迷时增持,用闲钱坚持波段操作,长期盯住一个确定能长期存在的企业和所在行业的波动周期,在"戴维斯双击"和"戴维斯双杀"之间,享受"戴维斯双击"的倍增效应,或许是一种比较省心的投资方式。

在股市中,如果能够判断准方向,连续抓住高成长预期的三四只股票,基本就可以实现财富自由。段永平被称为"中国的巴菲特",他投资股票 20 余年,但自己说他真正投资的公司就五六家,一般同时持有的公司股票就三家左右。巴菲特同时持有的股票数量也不多,都是投自己看得懂、看得明白、顾得过来、具有成长预期的公司。

认清行业本质,掌握财富密码。

第7章　新能源的突围在于成本领先

在碳达峰、碳中和的大背景下，新能源成为近年投资的热门，无论是光伏、风力、氢能、储能，抑或电动汽车、蓄电池，还是上游的原料金属锂、金属镍或者硅料。2022年4月，《东方希望刘永行：老首富，新硅王》[①]一文火爆全网，讲述刘永行进入了光伏上游的多晶硅生产，而且一跃成为我国产能最大的"硅王"。

到2021年底，东方希望多晶硅产能虽然仅约7万吨，低于保利协鑫、通威永祥、新特能源、大全的11万吨、10万吨、8.1万吨和8万吨，但东方希望作为后来者，来势凶猛。2022年3月18日，宁夏第一批重大

---

① 详见：谢泽锋：《东方希望刘永行：老首富，新硅王》，国际太阳能光伏网，https：// msolar. in-en. com/html/solar-2402033. shtml，2022年4月19日。

项目集中开工，就包括东方希望砸下 1500 亿元的新能源材料项目，其中一期规划年产 12.5 万吨多晶硅、14.5 万吨工业硅、10GW 单晶、10GW 切片、10GW 电池、25GW 组件等，并且将建成年产高达 40 万吨高纯晶硅、49 万吨工业硅的产能。如果再加上在新疆扩产的 12 万吨多晶硅项目投产，东方希望不仅将超越通威永祥、保利协鑫等行业龙头，成为新的"硅王"，还会成为全产业链的光伏巨头。

为何刘永行在此时大张旗鼓涉足光伏产业呢？因为他发现多晶硅料是一个受下游景气度影响巨大的产业，周期波动十分剧烈。在过去近 20 年的时间里，硅料价格经历几轮"过山车"般的行情起伏，不少硅料企业在行业的波动中轰然倒塌。当多晶硅单价达 500 万元每吨时，他只观察不行动；当多晶硅价格断崖式下跌，单价从 300 万元跌到 30 万元时，他还是不为所动；当跌到单价 20 万元时他才开始考虑切入；最后在单价 14 万时进入了硅料行业。此时刘永行的考虑就是多晶硅单价跌到 7 万时企业能够长期活得好，跌到 5 万时企业还能盈利，跌到 3 万时企业能够盈亏平衡。经过前期漫长的观察、等待和论证，直到 2013 年，东方希望才决定进入多晶硅生产领域，但过了三年才做出产能 20 万吨/年、一期 3 万吨/年的规划；又过三年后才真正落地，2019 年东方希望在新疆准东的 12 万吨多晶硅项目（一期 3 万吨）才正式投产运营，这是刘永行大规模布局多晶硅的开始。到 2020 年底，东方希望多晶硅产能也仅达 4 万吨。

但从 2020 年开始，东方希望先后在云南丽江、广西北海、河南三门峡、宁夏落地光伏项目。刘永行计划在"十四五"期间成为硅料第一、组件前十。他本着"小数据做到极致"的原则，让竞争对手先去探索，他在后面观望，努力降低自己的生产成本，同时总结经验教训，做大量的设计和优化，在行业格局基本定型之际，以较高的竞争力进入多晶硅行业，从而有比竞争对手更强的成本优势。据称，东方希望新疆自备电厂的用电成本只有 0.07 元/度，每年发电 500 亿度；而且自备电厂还向多晶硅项目提供了便宜的蒸汽。2019 年其生产成本只有 25 元/千克。同期，国内只有新建项目才有可能将成本降至 40 元/千克以下。通威乐山一期及包头一期项目的平均生产成本才降至 33.7 元/千克，东方希望具有比竞争对手明显的成本优势，再依托巨大产能，规模效应带来的折旧递减，综合化工企业的资源循环利用优势，使东方希望具备了后发先至的底气，无疑将对其他竞争者造成"降维打击"。

此种手法在十几年前就已经在铝产业板块上用过，并取得了优异的业绩。今年随着国际铝价连创历史新高，铝业迎来"暴赚时刻"，行业吨均利润超过 6000元。氧化铝全球第一、原铝第二的中国铝业，2021 年氧化铝产量 1623 万吨，电解铝 386 万吨，归母净利润 50.80 亿元，同比增长 5.6 倍，"A 股亏损王"一跃成为盈利大户。东方希望到 2021 年底，氧化铝产能超过500 万吨，电解铝及铝材加工产能超过 200 万吨，位居全球前十。但是东方希望同等产能工厂占地面积只是中铝的 1/10，用工是中铝的 1/10，固定投资只是中铝的1/3。因此，在行业寒冬期的 2012 年，东方希望铝业板块的利润高达 10 亿元，而当年中铝巨亏 82 亿元；当行业其他企业都盈利时，东方希望的铝业板块盈利几十亿乃至上百亿元。这就在于成本的控制，将成本降低做到极致，赢得市场竞争的比较优势。

东方希望在重庆的千万吨级产能的水泥厂，通过细化流程管理，将过程节点细化，派遣的总经理只是一位具有初中学历的司机，他做好不折不扣地执行和过程控制，就能控制住成本，让该水泥厂方圆两三百千米范围的其他水泥厂毫无招架之力。

纵观刘永行 40 余年的从商经历，他的产业投资一向是小心求证，大胆行动。当商业机会来临时，总是先静心观察，耐心等待，一旦时机成熟便大手笔投入。"甘而后进，反而先进"，无论是电解铝、水泥，还是多晶硅，刘永行从"起意"到行动都用了近 10 年左右的时间来不断反复分析论证，求得生产成本成为行业最低，从而赢得比较竞争优势；也才有东方希望基本靠自有资金发展，不融资不上市，40 年时间就使刘永行成为全球排名前 100 位的富豪。

第7章　新能源的突围在于成本领先

新能源是相对旧能源（传统能源）来定义的。从大的宏观角度来看，人类经历了三次工业革命，现在正在经历第四次工业革命。第一次工业革命的机器是蒸汽机，它的能源是煤。第二次工业革命的机器是内燃机和电力机器，它的能源是石油和电力。从第二次工业革命至今，煤、石油、天然气是全球主要的一次能源，是不可再生的化石能源。煤电和天然气电是全球主要的二次能源（经一次能源加工），以上统称是传统能源。第三次工业革命主要是信息技术的发展，能源上没有大的变化，对电力的需求极度增加。现在人类正在经历第四次工业革命，从2000年开始，全球科技创新进入空前密集期，新兴的产业基本都是建立在电力需求的基础之上，无论是以人工智能、量子信息、移动通信、物联网、区块链为代表的新一代信息技术，以合成生物学、基因编辑、脑科学、再生医学为代表的生命科学技术，还是以融合机器人、数字化、新材料为代表的先进制造技术，都加速推进制造业向智能化、服务化、绿色化转型，甚至以清洁高效可持续为目标的新能源技术，都是以电力作为基础。区别于传统能源，新能源的特点就在于清洁（低碳）和可持续（可再生）。

为什么要发展新能源？首先，传统能源成为全球气候变暖和大气污染的主因。在 20 世纪 80 年代，南极臭氧层空洞曾经是个全球性大问题，应对全球气候变暖、减少碳排放，成为国际社会的共识。2021 年，《巴黎协定》实施细则通过决议，国际社会的目标是要把全球平均气温升幅控制在工业化前水平以上低于 2℃ 之内，并努力将气温升幅限制在工业化前水平以上 1.5℃ 之内。而且传统能源导致严重的空气污染，排放到空气中的工业废气、燃煤烟尘以及逐渐增加的汽车尾气是大气污染物的主要来源，我国燃煤对全国 PM 2.5 排放量贡献率达 60% 以上，是雾霾的元凶。应对全球气候变暖、减少空气污染，关键就在于减少传统化石能源的消费。

其次，传统能源是不可再生资源，特别是我国能源结构中传统能源资源匮乏，石油、天然气对外依存度极高。虽然我国煤资源储量和产量位居世界第一，但近些年来生产量大，消费量更大，进口量逐年增高，甚至在

2019 年进口量就已经超过 3 亿吨。我国煤资源开采条件差、生产成本高。到 2018 年，我国矿井平均开采深度已达 510 米，最深 1450 米，导致开采成本高，煤炭出矿价是美国的 1.7 倍以上。同时，我国煤炭储量相对于使用量而言并不是很充足，如果不提前未雨绸缪，我国未来会面临煤炭资源不足的局面。但煤炭却恰恰是我国的主要消费能源，也是我国减碳的主力。要达成以上目标，最重要的手段就是减少煤电发电量，增加绿电（清洁电力）发电量。

我国的石油资源储量和产量相对用量而言也都比较小。2021 年进口原油 5.1 亿吨，对外依存度超过 70%；而且我国石油资源开采条件差、成本高，单井平均日产 2 吨，仅为中东地区高达 685 吨的单井日产量的千分之三左右；我国石油开采成本超过 50 美元/吨，是中东地区的 10 倍左右。天然气资源的情况和石油资源差不多，2016 年我国管道天然气市场价为 2.04 元/立方米，是美国的 3.5 倍。从我国能源安全和可持续发展的角度看，新能源作为可再生能源，是取代传统不可再生能源的重要发展方向。全球能源变革尤其是我国能源变革的主因有国际政治、环保主义的因素，但更重要的因素是国家能源安全，这是推动我国能源产业变革、推广新能源的主要动力。

我国能源变革是由我国能源资源禀赋所决定，再由政策所推动，主要方向是减少煤、石油、天然气等化石能源的消费，增加非化石能源的消费，尤其是增加电力在终端的消费。非化石能源主要是电力和氢能，此处的电力是指清洁电力，主要是可再生的风电、光伏、水电和不可再生的核电。我国新能源主要指风电、光伏、地热能、海洋能，其他清洁能源并没有归入新能源。经过国家政策扶持，产业链上的企业持续技术攻关，我国陆上风电度电成本基本控制在 0.2~0.3 元，海上风电度电成本基本控制在 0.4~0.5 元。也就是说，陆上风电项目已经实现了正收益，海上风电项目已经非常接近正收益门槛。未来，随着风电度电成本进一步下降（几乎是必然事件），风电项目的经济效益进一步提升，产业前景看好。与风电对应的光伏，2021 年，全投资模型下分布式光伏发电系统在 1800 小时、1500 小时、1200 小时、1000 小时等效利用小时数的平准化度电成本（Levelized Cost of Energy，LCOE）分别为 0.19 元/千瓦时、0.22 元/千瓦时、0.28 元/千瓦时、0.33 元/千瓦时，已经实现了正收益，不再需要国家的上网补贴。这样一来，风力和光伏发电就已经有了和传统能源的竞争优势；如果要持续提高新能源的竞争优势，就需要风电和光伏企业持续降低度电成本，为扩大新能源在能源结构中的占比提供可能。

在过去 20 年，我国光伏企业的存亡，基本就是由度电成本所决定。第一代光伏企业没有随技术发展保持度电成本领先，在第二代光伏企业崛起后就纷纷倒下。欧美的光伏企业，即使有"双反"保护，但由于度电成本远高于中国企业，在竞争中处于劣势，在 2011 年前后也纷纷倒闭。至今，随着我国光伏技术的持续进步，不仅实现了光伏发电平价上网，而且使我国光伏发电的成本全球领先，最后使欧美国家不得不放弃对我国光伏产品的"双反"，在与我国的光伏产业竞争中彻底"躺平"，让我国光伏产品在世界市场的占有率迅速超过 65%。2020 年全球光伏企业 20 强中，15 家是中国企业。

2021 年，通威的刘汉元由于在光伏行业的成本领先优势，首次成为四川首富。但是东方希望于 2021 年横空进入光伏硅料行业，对刘汉元的通威来说将是不小的压力；只有做到成本更低，才能更快替代传统能源，也才能在市场上立于不败之地。

不仅是光伏，还有氢能、风力、储能、电动汽车、电池，以及产业链上的配套企业，比拼的都是谁能够通过技术迭代、厂址选择、运营管理做到成本更低，才更有竞争优势。为使成本更低，可以通过技术路线选择、工艺选择、厂址选择、能源选择等来实现，但对新能源来说最核心的还是要通过技术迭代，这是参与新能源投资时就需要考虑到的，在经营过程中随时需要根据技术的发展更新改进。新能源车是目前各路资本大力竞争的赛道，目前分为电动汽车和氢能车，未来何种技术路线能够胜出，就是看最后的综合成本。目前是电动汽车的成本更低，其发展就优于氢能车；但是随着燃料电池技术的突破，以及储氢输氢成本的持续降低，由于氢能的高转化率、使用条件更宽、输出扭矩更大，其就有可能在部分场景代替电动汽车。

电动汽车比燃油车具有更少的零部件、更低的使用成本、更低的污染，目前已经在与燃油车的竞争中逐渐处于优势地位；也导致未来电动汽车生产企业之间的竞争必然就会加剧，谁能在同等情况下成本更低，谁才有可能在激烈的市场竞争中胜出。在过去的燃油车时代，李书福以"一个沙发+四个轮子"的理念生产吉利汽车，利用成本领先优势，不到 20 年的时间就发展起来，并收购了世界著名的车企沃尔沃等。地处河北保定的长城汽车，1997 年年产不足 3000 辆，经过 20 余年的发展，现在年产超过 100 万辆，靠的是成本领先；长安、奇瑞、比亚迪等国产品牌汽车，依靠的都是同等配置下成本领先战略，最后在国内激烈的市场竞争中胜出。在同期中追求技术领先、设计极致、高配置的汽车品牌，多数已经消失在历史的长河中。现在小米董事长雷军以"一个手机+四个轮子"来定义电动汽车，进入了电动汽车行业，也预示着在未来电动汽车市场的惨烈竞争格局中，成本领先就显得更为必要。

回顾世界汽车工业史，就是一部不断降低汽车生产成本和使用成本的激烈市场竞争史。汽车工业最先是在德国发展起来，然后在欧洲各个工业国兴起，但到了20世纪30年代就被美国的汽车工业所超越；到20世纪70年代，美国的汽车工业再被日本的汽车工业超越。在这个变迁的过程中最根本的原因就在"成本"两字。

德国最初的汽车生产是传统的手工打造，不仅效率低，而且成本高；汽车工业传到美国以后，福特汽车公司受芝加哥屠宰场生产线的启发，创新性地发明了流水线生产模式，并被广泛应用到美国汽车生产中，使得生产效率提升很快，生产一辆车所需的工时大大缩短，效率的提升带来了成本的急剧下降，汽车就从奢侈品变成普通老百姓都能消费得起的代步工具，进一步刺激人们购买，反过来又促进工厂提高效率、扩大生产规模，再进一步降低成本，最终形成良性循环。这是20世纪世界工业发展史中最重要的里程碑事件：通过生产流程再造，提升效率，降低成本，通过销量的提升，获得更大的商业利益。就这样，美国成功超越了欧洲的汽车工业。

到了 20 世纪 70 年代，石油危机爆发，日本车在世界舞台崭露头角。日本车胜出的原因，和当年美国胜出的原因如出一辙，就是在"成本领先"上。以丰田为代表的精益生产模式击败了美国的大工业流水线生产模式，体现在两个方面：一是在生产成本上胜出。丰田的精益生产模式是在福特创造的流水线基础上进一步发展而来，是福特生产模式的升级版。福特模式中可以继续优化的地方，日本车企继续优化一下；福特模式中可以继续降低成本的地方，日本车企继续降低一点；福特模式做得不够极致的地方，日本车企努力做极致一点。在已经做好的地方再继续好上加好，不尽如人意的地方再改好一点，最后形成了丰田的精益生产模式。日本车企不仅在生产工艺和生产流程的全过程降成本，而且将工厂的半成品和成品库存尽可能降低，通过准时制生产，降低生产全过程中的资金占用成本；还从设计的源头，去掉一切富余的安全系数和冗余的零部件。二是在使用成本上胜出。日本车省油、维修费用低，不仅成为消费者的共识，还成为世界上的消费者购买日本车的原因之一。日本车企在全过程中降低成本，达到"成本领先"。

世界汽车工业围绕"成本"这两个字，从德国到美国，从美国到日本。随着电动汽车的兴起，现在汽车工业又面临新的变革。首先是电动汽车比燃油车的结构更简单，使用的零部件数量更少，降低成本的预期空间更大。燃油车，单单就发动机、变速箱、前后桥、离合器、制动系统、转向系统等，不仅涉及高成本的精密制造，还涉及复杂的组装调试和后期高昂的维修成本。而电动汽车，就是底盘上放电池，后轮放驱动电机，前轴放转向器，仪表台板下放电子电器设备。在零部件数量上，电动汽车更少，生产标准化程度更高，组装技术更简单，用机械臂代替了流水线上的工人，用一体化压铸成型零部件，省下的时间、材料和成本，都非常可观，这是燃油车囿于自身的技术路线限制，无法做到的。其次是使用成本。电动汽车百公里耗电仅十几度，而燃油车百公里油耗是6~12升不等，在能源使用上的成本相差数倍，甚至十余倍。在维修成本上，不仅是电动汽车的零部件少，故障率更低，而且可以预期的是在电动汽车普及以后，养护成本还会持续降低。

电动汽车在技术路线上的革命性变革，带来生产技术的创新，使得汽车生产迎来了新的变革，不仅提升了生产效率，降低了生产成本，也降低了使用成本。在电动汽车的渗透率进一步提高以后，必然还有很大的成本下降空间，这就让成本领先成为电动汽车等新能源汽车竞争的核心和基石。

近年我国电动汽车造车新势力崛起，是在传统燃油车企"打盹"的间隙迅速发展起来的。造车新势力虽然已经初具规模，但我国传统燃油车企已经开始涉足电动汽车。传统燃油车企的研发能力、生产能力、销售渠道、售后服务、品牌号召力和供应链体系等，都强于电动汽车造车新势力。现在，传统燃油车企走到前台，和造车新势力短兵相接，未来必然是越来越激烈的市场竞争，新势力就更需要在降成本方面下功夫，否则，之前的先发优势很容易就功亏一篑。在 20 年前，我给长安汽车集团配套零部件时，长安汽车每年召开两次配套供应商大会，主要目的就是降价，一个零部件每年都要被长安汽车降价一两次。可是，现在部分造车新势力喜欢把重心放在宣传上，营造电动化、智能化、网联化这些很酷的噱头，如果制造出这些噱头后，做不到成本领先，那么迎接它的依旧是市场份额的下降。

2022 年 9 月 30 日，网易汽车报道①，浙江吉利控股集团有限公司（以下简称吉利控股）宣布，已完成对英国超豪华性能品牌阿斯顿·马丁·拉贡达国际控股（以下简称阿斯顿·马丁）7.60% 的股份收购。阿斯顿·马丁创建于 1913 年，总部设在英国，是世界著名的超豪华轿车、跑车生产工厂。1987 年被美国福特公司收购了 75% 的股份，1994 年 7 月被美国福特又收购了剩余的股份。2007 年，英国的赛车厂 Prodrive 以 9.25 亿美元的价格从福特手中购得阿斯顿·马丁。2021 年阿斯顿·马丁全球销量达 6178 辆，同比增长

---

① 详见：《吉利控股集团收购阿斯顿·马丁·拉贡达 7.60% 的股份》，网易汽车，https://auto.163.com/22/0930/14/HIH6G4B0000884ML.html? clickfrom＝w_auto，2022 年 9 月 30 日。

82%。其中，亚太区域销量达 1815 台，同比增长 131%，占品牌全球销量近 30%。中国是其增长最快的市场，同比增长 206%。得益于 2021 财年销售量的提升，阿斯顿·马丁在 2021 年度的亏损才有所收窄，但是营业亏损也高达 7650 万英镑（折合 1.04 亿美元）；而 2020 年亏损则为 3.23 亿英镑。为迎接电动汽车时代的来临，在 2022 年 4 月，阿斯顿·马丁宣布了其首款插电式混合动力型超跑——Valhalla 将在 2024 年初开始交付；并在 2025 年推出该品牌首款纯电动车型；到 2026 年，阿斯顿·马丁旗下所有全新车型都将提供插电式混合动力或纯电动选择；而 GT 跑车以及 SUV 将在 2030 年实现全部电气化转型，但是这依旧改变不了其股份被转让的"命运"，即使它是世界著名的超豪华轿车、跑车生产企业，由于没有做到成本领先，即使销售价格很高，它也无法实现经营盈利，达到可持续经营。

以"一个沙发+四个轮子"定义汽车的吉利，在 2010 年，就以 18 亿美元收购了沃尔沃汽车；2017 年，吉利收购了宝腾 49.9% 的股份和英国品牌路特斯 51%

的股份；2018 年宣布再以 90 亿美元的价格收购了美国戴姆勒集团 9.69%的股份，成为戴姆勒汽车公司的最大股东。2022 年 5 月，吉利汽车控股与法国雷诺集团的韩国子公司雷诺韩国汽车签订股份认购协议，通过其子公司 Centurion Industries Limited 持有雷诺韩国汽车 34.02%的股份。

通过成本领先在中国市场取得了巨大成功以后，吉利一直在推动其自身成为全球性汽车公司，围绕这个目标，吉利这些年一直不断在并购世界高端汽车品牌。为成为全球性汽车公司，2019 年，吉利与戴姆勒成立合资公司，联合运营和推动 Smart 品牌转型，在中国制造，并准备利用合作伙伴的销售网络销往全球。通过与雷诺合作，吉利再进入韩国市场。此次吉利收购阿斯顿·马丁 7.60%的股份，或将通过资金与技术支持，帮助阿斯顿·马丁缩窄亏损，加快实现智能化与电气化转型；同时也极大地提高了吉利汽车的品牌形象和市场地位。

在创业初期，通过成本领先策略，吉利汽车用不到

30 年的时间，在我国惨烈的汽车竞争市场中，就成为我国销售数量排名前列的民营汽车生产厂家；再通过在中国市场获得的极大成功，向上并购全球知名汽车品牌，获得技术、品牌、渠道和市场。我坚信，通过这个商业策略，吉利汽车一定会在不远的将来成为世界上最重要的汽车生产厂家之一。

加入世界贸易组织后的 20 年来，我国汽车工业基于急剧增长的国内市场，不仅建立了具有竞争力的、完备的产业体系，而且以"成本领先"为基础的经营模式，让我国汽车产量在 2021 年超过 2600 万辆，超过了美国、日本、德国、加拿大、意大利、英国和法国等 G7 国家生产量的总和，接近第二名美国汽车产量的三倍；我国从汽车净进口国成为了净出口国。

据中国汽车工业协会统计，2022 年 8 月，我国汽车出口再创历史新高，首次月出口超过 30 万辆，我国汽车出口量首次超过日本，成为全球月度出口汽车数量最多的国家。2022 年 1~8 月，燃油车出口 181.7 万辆，同比增长 52.8%。2022 年 1~8 月，电动汽车出口 34 万辆，同比增长 97.4%。2021 年我国电动汽车渗透率为 13.4%，产销突破 350 万辆大关；2022 年上半年渗透率进一步提高至 21.6%，累计产销分别为 266.1 万辆和 260 万辆，同比均增长 1.2 倍。中国汽车工业协会副秘书长陈士华预测，2022 年全年电动汽车销量规模有望达到 550 万辆，同比增长 56% 以上[①]。我国电动汽车能够迅速取得如此成绩，就在于我国已经建立了世界上规模最大、体系最完整的电动汽车产业体系，生产成本在全球范围内具有极强的竞争力，让我国未来很可能替代日本成为全球出口汽车数量最多的国家。

《中国汽车报》于 2022 年 9 月 22 日在线上发布了《2022 全球汽车供应链核心企业竞争力白皮书》，2021 年全球汽车零部件百强中，有 14 家中国企业入围，其中 2 家为新增企业，分别是福耀集团和万丰奥特；有 6 家较上年排名有所提升，其中宁德时代、中信戴卡和东风零部件分别提升 27 名、27 名和 12 名。经过多年的积累与沉淀，我国已经成为动力电池领域的领先者，目

①　详见：《中国汽车工业产销快讯》2022 年第 9 期。

前已形成涵盖基础材料、电芯单体、电池系统、制造装备的完整动力电池产业链，三元锂电池、磷酸铁锂电池的系统能量密度处于国际领先水平，全国建成 1 万多个回收服务网点。在车用动力电池方面，2022 年上半年我国动力电池装车量 110.1GWh，同比增长 109.8%，保持全球领先。完整的产业体系和完善的渠道网络，使生产成本和使用成本都得到极大的降低，让我国电动汽车工业在全球的竞争力得到快速提升，占据了全球半壁江山，但这也就预示着给我国电动汽车造车新势力留下的时间不多了，他们需要在"成本领先"上下足功夫，才有可能在未来惨烈的市场竞争中站稳脚跟。

2022 年 10 月 3 日，比亚迪股份披露的最新一期的销量数据显示[①]，2022 年 9 月，比亚迪实现单月销量 20.13 万辆，同比增长超过 183%。1~9 月，比亚迪累计销量超过 118 万辆，同比增长 249.56%。按照比亚迪设立的 120 万辆年销量目标来看，比亚迪前三季度已经累计完成超 98% 的年度目标。作为一个新能源汽车企

---

① 详见：《比亚迪 9 月再创销量新高，突破 20 万辆，即将完成 120 万目标》，搜狐网，https://www.sohu.com/a/589988534_115542，2022 年 10 月 3 日。

业，无论是单月销量还是前三季度累计销量，比亚迪已经基本锁定年度全球新能源汽车销售冠军的位置，已经超越特斯拉。比亚迪公布的海外市场销量数据显示，9月比亚迪海外新能源乘用车销量合计为7736辆。9月28日，比亚迪刚在欧洲市场首发了三款新车，即元PLUS、汉EV以及唐。这三款车型在欧洲市场的售价分别是3.8万欧元、7.2万欧元和7.2万欧元，按照当时汇率，约合人民币分别为26.3万元、49.8万元和49.8万元，比国内市场的售价更高。从一定程度上说，这样定价，比亚迪不仅提升了中国制造的形象，而且让中国汽车品牌首次到欧洲和欧洲本土品牌媲美，能够迅速提升欧洲消费者对中国汽车品牌的观念和印象，有利于后期我国车企在欧洲市场开疆拓土。

比亚迪能够在新能源汽车上快速取得如此之大的成就，就在于比亚迪坚持"成本领先"为基础的技术研发、生产、工厂选址和企业管理。例如在技术方面，刀片电池DM-i超级混合动力技术、CTB电池车身一体化等代表性技术开发，就让比亚迪在成本上领先于同行企业，赢得市场竞争的比较优势。即使比亚迪企业总体利润和利润率在近十余年不升反降，但是企业的总市值上涨了 30 多倍，曾一度超过万亿元，即使近一年多大盘持续下跌，至今比亚迪也仍有超过 7000 亿元的市值，是销量和利润都更高的上汽集团的数倍。

2021 年下半年开始煤炭紧缺、煤价飞涨，国内 20 多个省份电力供应紧张。煤是高碳的一次能源，在气候变化和低碳发展背景下，逐步降低煤炭在能源使用中的占比是全球的大势所趋。在 2016 年开始的供给侧结构性改革中，我国累计退出煤炭产能 10 亿吨，淘汰和关闭了大量煤矿。无论如何"发展才是硬道理"，发展是解决一切问题的前提和基础，要在保障能源稳定安全供给的同时，均衡有序推进低碳转型，就需要发展新能源。

2021 年，中共中央、国务院出台了《关于完整准确全面贯彻新发展理念做好碳达峰碳中和工作的意见》，国务院出台了《2030 年前碳达峰行动方案》以及《中国应对气候变化的政策与行动》白皮书。我国以实际行动表明了对实现碳达峰碳中和的决心，并再次明确将出台煤电、煤化工等产能控制政策，加快煤炭减量步伐。"十四五"时期严控煤炭消费增长，"十五五"时期煤炭消费逐步减少。统筹煤电发展和保供调峰，严控煤电装机规模，加快现役煤电机组节能升级和效率改造。

更重要的是，在确保低碳的前提下经济等发展所需的能源也必须得到保障，这势必要强调新能源的建设。常规能源在技术上已经发展得相对成熟且已被大规模利用，而新能源虽然正在积极研究开发，但尚未大规模利用。因此，煤、石油、天然气以及大中型水电等常规能源持续进行技术升级的同时，需要对太阳能、风能、现代生物质能、地热能、海洋能、小水电、化工能（如醚基燃料）、核能以及氢能等新能源持续投资发展。

在选择新能源技术路线时，就需要比较以上各种新能源的成本优势，选择成本最低的技术路线，才有可能在未来的竞争中存活下来。新能源企业的一切经营核心都要围绕"成本领先"，无论是研发方向、技术路线选择，还是生产设备的选择、工艺的确定，抑或是生产组

织和选择厂址，一切都需要以"降成本"作为经营的
首要考虑前提。

2021 年，在股权投资市场，钠电池突然火热，就
是因为钠的成本比锂更低，取得更容易，未来有代替锂
电池的可能。但是我们都知道锂比钠更活泼，在技术上
更适合做储能电池，但是在成本上钠比锂更有优势，从
而导致钠电池的研发进入热门赛道。2022 年 3 月华为
投资了中科院下属企业中科海钠①，估值超上年同期的
8 倍，达到 50 亿元。在这之前，2021 年 5 月，宁德时
代创始人曾毓群在股东大会上表示，宁德时代研究的钠
电池技术已经成熟；到了 7 月，宁德时代推出钠离子电
池，并表示已经进行钠离子电池产业化布局，计划
2023 年形成基本产业链。坐拥万亿市值，宁德时代的
举动具有行业标杆意义，此后钠电池开始遭到疯抢。

根据媒体报道②，2022 年 8 月 17 日华润电力公示
第五批光伏组件集采候选人，通威、亿晶光电、隆基入

---

① 详见：《华为投了中科海钠：估值涨了 800%》，搜狐网，http://news.sohu.com/a/
535740819_439726，2022 年 4 月 7 日。
② 详见：《光伏内卷开始，通威拿下 58 亿大单，机构开始调仓》，网易，https://
www.163.com/dy/article/HF6PMBM005198RSU.html，2022 年 8 月 20 日。

围本次集采。根据招标公告，华润电力本次集采规模为3GW，其中双面545W组件2.9GW，单面545W组件100MW。据了解，此次3GW集采将选择一家组件供应商，如无异议，通威将独获华润3GW大单，这将是通威首次获得业内大单，不仅标志着通威强势进军组件板块，也意味着光伏组件价格"内卷"增加，价低者得，将促使光伏产业参与者持续不断从技术、生产、运营等方面降低生产成本和使用成本，以在市场上取得竞争力。从华润电力公示的价格来看，通威报价最低为1.942元/瓦，投标价格58.27亿元，其次为亿晶光电1.995元/瓦，隆基报价最高为2.02元/瓦。

光伏产业链由上至下分为硅料、硅片、电池片、组件四大环节，最下游为终端电站。手握硅料、电池端巨大产能的通威若大举进军组件环节，无疑将拥有显著的成本竞争优势。在终端价格不断下降的同时，通威的企业销售收入和利润增长率却不断上升。2022年8月17日，通威股份发布公告称①，2022年上半年净利润

---

① 详见：《通威股份2022年半年报：净利润122亿，同比增长312%!》，中国电力网，http://www.chinapower.com.cn/tynfd/qybd/20220818/163445.html，2022年8月17日。

122. 24 亿元，同比增长 312. 17%；营业收入 603. 39 亿元，同比增长 127. 16%；每股收益 2. 7155 元，同比增长 312. 19%。通威股份在光伏产业主要涵盖上游硅料以及中游的太阳能电池片生产，已经布局硅料、电池片和切片等业务。硅料方面，通威 2022 年上半年实现高纯晶硅产量 10. 73 万吨，同比增长 112. 15%，产能利用率为 119%，国内的市场占有率接近 30%，较 2021 年中国光伏行业协会披露的 22% 的市场占有率进一步提高。在全产业链上的布局和技术的进步，让通威的成本具有领先优势，具有了更强的市场竞争力。

与风电、光伏等新能源相对应需要发展的配套产业就是储能。据彭博新能源财经测算，2050 年风光发电将提供全球 56% 的发电量，而化石燃料占比将降至 24%（见图 1）。2021 年全球风光发电量约为 10%（光伏约 4%，风能 6%），较 2050 年的预测，在占比上仍有 5 倍以上的增长空间，在发电量上就有远高于 5 倍的增长空间。

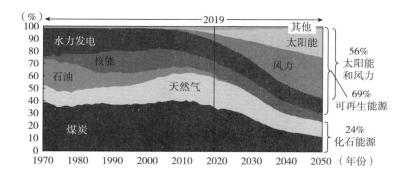

图1　全球能源迭代历史

资料来源：彭博新能源财经最新发布的《2020年新能源市场长期展望》。

　　未来随着大规模可再生能源电力接入电力网络，整个电网将发生颠覆性的变革，以火电为主体的传统电网系统无法同时处理电源与负荷侧两端的高度波动。储能的发展就提上了议事日程。储能一方面在放电侧配套可以大幅提升新能源的并网友好性，减轻电源侧对电网的冲击；另一方面可通过调峰调频等应用，参与电力系统的整体调度，为电网系统提供关键的灵活调节能力。从未来新型电力系统的全局角度考虑，储能是新能源产业不可或缺的"刚需"和同步配套产业。

　　根据我国的实际情况和后续分析需要，我们采取国内常用的分类方式，把应用场景分为发电侧、电网侧和用电侧三类，储能技术在不同的位置有不同的技术路径、用途和经济性。不同应用场景下储能的经济性与市场空间如表 1 所示。

表 1　储能在不同场景下的经济性和市场空间

	安装位置	用途	经济性	2025 年市场空间
发电侧	新能源电站	消纳弃风弃光，促进可再生能源并网	电价在 0.3 元/kWh 以上，设备成本降至 100 万元/MWh 以内，光伏+储能具备明显的经济性	138GWh
电网侧	电站	调峰	测算度电成本 0.745 元/kWh，仅在部分高报价范围省份（如东北三省）具备经济性	20GWh
	电站	调频	测算里程成本 3.848 元/MW，基本具备经济性。以山西为例，1MWh 储能系统静态回收期 3 年	6.9GWh
用电侧	家庭	自发自用错峰用电	·仅安装储能：峰谷点差增大后具备经济性 ·光伏+储能：全生命周期内可达到成本优势	70GWh
	工商业	自发自用节约容量电费	降低容量电价经济性突出，1MWh 设备投资回收期 4~5 年	43GWh
		峰谷套利	峰谷价差高于 0.7 元/kWh，IRR 高于 6.64%，具备经济性	12.2GWh

资料来源：中国科学院理化所。

随着我国近年风电、光伏的快速发展，储能行业发展增速明显。我们预测，2025年全球储能新增装机将超过290GWh。其中，用电侧的家庭储能会迎来快速增长，家庭储能设备新增装机容量将达到70GWh，光伏配套的工商业储能新增装机容量为55.2GWh。发电侧集中式可再生能源配置储能拉动需求，预计全球2025年集中式可再生能源发电配套储能电站新增装机容量为138GWh，其中光伏配套99GWh，风电配套39GWh。电网侧调频需求带动的全球新增装机容量空间预计为6.9GWh，调峰带动的容量空间为20GWh。

储能的发展不仅是风电、光伏发电受自然因素影响导致发电量波动的结果，也是电价催生的结果。2021年7月29日，国家发改委发布了《关于进一步完善分时电价机制的通知》，主要内容包括分时电价机制的优化、执行和实施保障三个方面。这一政策在能源消费、能源生产、能源技术和能源体制方面都具有重要意义，通过优化分时电价机制，引导用户改变用电习惯，提升电网友好性；峰谷电价差增大会推动用电侧储能等分布式灵活资源的发展，储能利用峰谷电价差盈利的空间增大。

　　针对用户侧的家庭用户和工商业用户，发电侧的风力、光伏主体，以及电网侧的电力输配送主体，均有不同的技术路线来实现储能。我们按照中国科学院理化所提供的四种不同储能方式的对比分析（见表 2），发现近年我国主要发展抽水蓄能和压缩空气蓄能，原因就在于这两种大容量储能方式的成本相对更低，其发电的度电成本甚至可以做到低于用电波峰和波谷之间的价差，让储能产生正的经济效益。

表 2　不同储能技术的经济性指标等对比

储能技术	功率等级（MW）	放电时间	储能效率（%）	寿命（年）	功率成本（元/kW）	容量成本（元/kWh）	度电成本（元/kWh）	环保安全问题
液态空气储能	1~1000	4小时~数天	50~80	30~40	6000~12000	600~1200	0.2~0.38	无
压缩空气储能	10~1000	4小时~数天	50~80	30~40	6000~15000	600~1500	0.19~0.5	无
抽水蓄能	10~1000	4小时~数天	70~75	40~60	5500~7000	1200~1700	0.21~0.3	无

续表

储能技术	功率等级（MW）	放电时间	储能效率（%）	寿命（年）	功率成本（元/kW）	容量成本（元/kWh）	度电成本（元/kWh）	环保安全问题
锂电池储能	0.1~100	0.25~4 小时	80~90	8~10	3000~4600	1500~2300	0.55~0.9	有

资料来源：中国科学院理化所。

举个例子来说明度电成本会影响技术路线选择。如果投资一个功率为 50MW、每天可以持续输出 12 小时的压缩空气储能设施，设备资产总投资 4.6 亿元（9200元/kW），每年运维费用 4%，每天可发电 600MWh，年发电量 2 亿度，30 年的使用寿命，设备总发电量为 60亿度，度电成本 0.17 元，就低于峰谷电价差；如果加上 5 年的融资成本，每年按照贷款利率 5% 来算，度电成本为 0.19 元，同样是低于峰谷电价差，让储能有利可图。但是如果选择锂电池储能，其度电成本就高于峰谷电价差，导致项目没有经济效益，在被选择时处于劣势地位。因此，储能企业要在市场中具有竞争力，产品不仅需要具有生产成本的优势，还需要具有使用成本的优势。

这两年开始引起人们关注的储能介质——氢能，是国家鼓励发展的新能源产业。国家能源局《氢能产业发展中长期规划（2021－2035 年）》提出，到 2025 年，我国要基本掌握核心技术和制造工艺，初步建立较为完整的供应链和产业体系。燃料电池汽车保有量约 5 万辆，部署建设一批加氢站。可再生能源制氢达到 10 万~20 万吨/年。到 2030 年，形成较为完备的创新体系、供应体系，可再生能源制氢广泛应用。到 2035 年，形成氢能产业体系，构建涵盖交通、储能、工业等氢能应用生态，可再生能源制氢在终端消费中比重明显提升。

目前，我国氢能产业发展处在初级阶段。站在现阶段看，氢能问题不少，比如制氢不环保、不经济，用氢成本高、存在安全隐患，产业体系建设刚开始，行业企业多数处于亏损状态等。不过站在发展角度看，以上问题都不是问题。比如合理利用弃水、弃风、弃光的富余电量，用于制氢，既储能，又环保，还节约了能源。氢能现在所面临的问题都可以通过发展来解决，发展是解决一切问题的基础和关键，但是这个基础和关键是建立在氢能利用具有成本优势的基础之上。因此，氢能技术的发展要以"成本领先"为基础来设计技术路线、生产工艺和使用成本，才能在日趋激烈的新能源产业竞争中占据一席之地。

我国火热的电动汽车厂商和零部件企业，都要以"降成本"作为首要考虑因素。在技术水平趋同，车企基本就是总装厂的情况下，成本领先就成为企业的核心竞争力。对零部件企业来说更是如此，在 20 年前，总装厂每年至少对零部件降一次采购价格，让汽车走进普通百姓家庭，全国汽车产量增长了 15 倍以上；通过激烈的市场竞争，整车厂数量少了不少，零部件企业数量减少得更多，存活下来的都是靠同等配置下的成本领先。在电动汽车部件大幅减少，以及设计和配置趋同，都是新品牌的情况下，如何做到成本领先就更为关键。而新能源车零部件企业能否做到成本领先，就更攸关企业存亡。

2022 年 9 月，港交所公告，中创新航科技股份有限公司（以下简称中创新航）通过了港交所上市聆讯，拟在香港主板挂牌上市。中创新航即将成为港股第一家动力电池制造商。2022年上半年，中创新航以8.35GWh装机量位居中国第三位、全球第七位，是行业内近年来增长最快的动力电池企业之一。根据胡润研究院发布的《2022年中全球独角兽榜》，中创新航凭借"其在新能源动力电池领域的创新性和高成长性"位列全球百强，排名第57位，较上年大幅上升53位，最新估值为640亿元。中创新航的崛起，其秘诀就在于"低价"。

纵览整个电动汽车产业链，动力电池是成本占比最高的零部件之一，占整车制造40%～60%的成本。动力电池的成本决定电动汽车整车厂的盈利水平，甚至有"新能源车企只是在为动力电池制造商打工"的说法。作为赛道"黑马"，中创新航在竞争初期选择的成本领先策略，精准击中了下游电动汽车企的痛点，凭借其远低于宁德时代的售价，在竞争初期加速抢占了市场份额。仅三年间就成为广汽、长安、吉利等国内主要电动汽车厂家的主要电池供应商，并陆续与小鹏、零跑等造车新势力开展合作。三年的装机量分别为 1.49GWh、3.55GWh、9.05GWh，电池销量复合年增长率高达139.7%，装机量排名在国内从第六快速升至第三，仅次于宁德时代和比亚迪。

2019 年，中创新航首先在长安汽车的电池装机量上超过宁德时代。据《财经》杂志统计，2019 年长安汽车使用中创新航和宁德时代动力电池的数量分别为0.785GWh 和 0.592GWh。与广汽埃安开始合作后，到2020 年下半年，广汽埃安新申报的车型供应商名单中就不见宁德时代的踪影，由中创新航取而代之。根据中创新航招股书，截至 2021 年底，公司产品在广汽埃安系列上的渗透率已经达到 70%。根据中国动力电池产业创新联盟的数据，2022 年上半年，宁德时代在国内的市场占有率是 47.67%，排名第三的中创新航为7.58%；而在 2021 年全年，两者这一数据分别是52.1% 和 5.9%。尽管头部公司的优势依旧明显，但在高速增长的国内市场，中创新航正呈现出逐渐拉近与宁德时代距离的趋势。

在市场拓展初期，中创新航通过"低价"撬动主要客户来抢占市场，因此客户相对集中。根据其招股说明书，2019 年至 2021 年，中创新航前五大客户的收入占比分别是 80.7%、83.2% 和 82.9%。其中，来自第一大客户广汽的收入占比分别达 39.6%、55.1% 和 51.9%。要进一步缩小跟宁德时代的差距，中创新航要面临的真正考验不是产能规模和"低价"，而是通过技术创新持续降低成本的能力。2019 年至 2021 年，中创新航毛利率分别为 4.8%、13.63% 和 5.5%。而宁德时代电池业务 2021 年的业务毛利率则是 22%。2021 年，中创新航才实现 1.12 亿元盈利，前两年则分别亏损 1.56 亿元、0.18 亿元；而宁德时代 2019 年至 2021 年归母净利润分别是 45.6 亿元、55.83 亿元和 159.3 亿元。从财务指标上来看，宁德时代更具有持续竞争的底气和实力。

通过"低价"策略快速扩大了市场份额，能否通过技术创新、经营改进、生产成本降低带来"成本领先"，就成为中创新航未来能否持续保持"低价"策略的关键。如果企业连年低利润，甚至亏损经营，"低价"策略就不可持续。只有通过以"成本领先"为基础进行技术开发、工厂选址、能源选择和工艺路线确定，才能长久保持"低价策略"。

因此，新能源行业的本质目前就是成本领先。未来如何变化，还要看是否随时间、技术以及市场竞争等的发展变化而变化。

掌握行业本质，企业基业长青！

第8章 买卖关系的共享经济

2014年滴滴和快的打车竞争，让我国民众明白，4G网络的普及可以改变人们的生活。共享经济成为人们热议的话题。OFO创始人戴威2014年与四名合伙人创立小黄车OFO，提出了"以共享经济+智能硬件，解决最后一公里出行问题"的理念，创立了国内首家以平台共享方式运营校园自行车业务的新型互联网公司。

2015年1月，新闻记者胡玮炜在蔚来汽车创始人李斌的帮助下，创办北京摩拜科技有限公司，成立摩拜单车。2015年10月，摩拜募集A轮数百万美元，愉悦资本投资领投，2016年4月22日摩拜单车正式上线，并在上海投入运营，9月1日正式进入北京。到2016

年底以后，国内共享单车就火爆了起来，在街头，仿佛一夜之间，共享单车已经到了"泛滥"的地步，各大城市路边排满各种颜色的共享单车，"红橙黄绿青蓝紫"基本都被共享单车占齐了。

在互联网4G网络的加持下，"吃""行"等行业的业态迅速被互联网改造，成为共享经济的载体，如共享厨房、共享汽车、共享单车等。"穿"和"住"也出现了共享，共享衣服、共享沙发、共享住房等，不一而足，能够想到被分享使用的，都能贴上共享经济的标签，成为创业的风口。在北京、广州、杭州等城市，继共享单车、共享汽车之后，共享充电宝、共享篮球、共享雨伞等共享经济新形态不断涌现，并成为新一轮资本蜂拥的"风口"。共享充电宝出来，在短短40天时间就获得11笔融资，近35家机构介入，融资金额达12亿元人民币。

无论是共享服装，还是共享汽车、共享沙发、共享厨房、共享住房等，有形资产共享实质都是"使用权买卖"，将闲置物品的"使用权""卖"出去获取收益。

一些明显不存在"使用权"共享理由的项目，也被作为了创业的"风口"，比如共享服装、共享厨房。这类项目只存在短期尝鲜，或者消费次数有限的场景，不可能做成规模化的商业模式。

共享服装在演出服、礼服、婚纱等特定低频消费方面存在需求，但在大众消费领域就很难做大。因为从长期发展来看，无论是从生产还是消费的角度，"共享服装"的模式都会与服装行业的发展趋势和消费心理出现悖论。服装行业的发展一直追求个性化，强调穿衣者的个性；共享服装的主要核心是满足希望用更低的价格穿更多样式的消费者，或是临时对服装的类型有特定要求，但无购买必要的消费者，但这部分的消费人群并不大众，也与服装向个性化和时尚化发展的方向背道而驰。共享服装还存在一个悖论，能够接受共享服装的人，是追求服装个性化的人，但平台提供共享的衣服要满足多数人的使用和穿衣风格，就难以摆脱同质化趋势。因此，这些共享模式，就是伪商业模式。因此，初期各种打着"共享经济"旗号的创业项目其实是"鱼龙混杂"。

在共享经济中，有形资产的共享，闲置资源是第一要素，也是最关键的要素。它是资源拥有方和资源使用方实现资源共享的基础。随着 Uber、Airbnb 等一系列有形资产共享平台的出现，共享开始从纯粹的无偿分享、信息分享，走向以获得一定报酬为主要目的，基于陌生人且存在物品使用权暂时转移的"共享经济"。从某种意义上讲，共享经济是指以获得一定报酬为主要目的，基于陌生人且存在有形资产使用权暂时转移的一种商业模式。使用权共享经济的五个要素分别是：闲置资源、使用权、连接、信息、流动性。共享经济关键在于如何实现最优匹配，实现零边际成本。

因此，有形资产的共享经济本质就是整合线下的闲散物品或服务者，让他们以较低的价格提供产品或服务。对于供给方来说，通过在特定时间内让渡物品的使用权或提供服务，来获得一定的经济回报；对需求方而言，不直接拥有物品的所有权，而是通过"使用权买卖"的方式使用物品或服务。除了闲置资源外，较低价格、特定时间、所有权、使用权、让渡等也是共享经济的关键词。有形资产的共享经济从两个方面创造价值：一方面是资源拥有方利用闲置资源获得收益；另一方面是资源使用方以较低成本获得资源，满足需求。

但国人对拥有"有形资产"的传统观念，成为制约我国有形资产共享经济的一道"无形之手"。所有权的"众筹"随时应运而生，在北大"杨众筹"的布道推广下，在国内不少城市发展得风生水起。

与"使用权共享"伴生的是"所有权众筹"异军突起。2015 年 10 月 24 日，世界众筹大会在贵阳举办。本届大会由贵阳市人民政府联合中国银行业协会、中国保险业协会、中国互联网金融协会等共同主办。以"世界为你我众筹——众联、众创、众包、众享，大众创业、万众创新"为主题，围绕"创业、创新、创客"，展开全民众筹大赛。大会汇聚了全球 12000 多名嘉宾，1000 多家企业参展，1500 个项目参赛。而在2015 年 6 月 9 日，总部位于杭州的互联网金融服务企业蚂蚁金服从上海黄浦区工商局拿到了股权众筹的营业执照，编号为 001，成为上海首家获得股权众筹营业执照的公司。2015 年 7 月 9 日，中国首个由政府指导、企业自发形成的股权众筹联盟在"中国硅谷"北京中关村成立。"中关村股权众筹联盟"是行业自律社团组织，由天使汇、京东众筹、牛投众筹、众筹网、中关村股权交易服务集团、大河创投等 80 家股权众筹及相关机构组成。据该联盟相关负责人介绍，联盟的重要任务之一就是要建立行业自律的技术标准，推动合格投资人、项目备案与登记确权、信息公开、操作流程、标准法律文件等制度和规范的建立，进而规范行业发展、规避行业系统性风险。

2015 年 7 月 18 日，中国人民银行等十部委发布《关于促进互联网金融健康发展的指导意见》（以下简称《指导意见》），针对股权众筹，《指导意见》指出，股权众筹融资主要是指通过互联网形式进行公开小额股权融资的活动。股权众筹融资必须通过股权众筹融资中介机构平台（互联网网站或其他类似的电子媒介）进行。股权众筹融资中介机构可以在符合法律法规规定前提下，对业务模式进行创新探索，发挥股权众筹融资作为多层次资本市场有机组成部分的作用，更好地服务创新创业企业。股权众筹融资方应为小微企业，应通过股权众筹融资中介机构向投资人如实披露企业的商业模式、经营管理、财务、资金使用等关键信息，不得误导或欺诈投资者。投资者应当充分了解股权众筹融资活动的风险，具备相应风险的承受能力，进行小额投资。股权众筹融资业务由证监会负责监管。由此可见，与股权众筹的定义和门槛不同，《指导意见》对国内股权众筹定义为：多层次资本市场有机组成部分，是服务于创新创业的小微企业。

据网贷之家联合盈灿咨询发布的《2015 年全国众筹行业年报》统计[1]，截至 2015 年 12 月 31 日，全国共有正常运营众筹平台 283 家（不含测试上线平台），同比 2014 年全国正常运营众筹平台数量增长 99.30%，是 2013 年正常运营平台数量的近 10 倍。其中，非公开股权融资平台最多，有 130 家；其次是奖励众筹平台，有 66 家；混合众筹平台为 79 家；公益众筹平台仍然为小众类

---

[1]　详见：《2015 年全国众筹行业年报》，搜狐网，https://www.sohu.com/a/54247368_372392，2016 年 1 月 13 日。

型，仅有 8 家。2015 年全年，全国众筹行业投资人次达 7231.49 万人次。其中，公益众筹投资人次最多，为 3957.22 万人次，占总人次的 54.72%；其次是奖励众筹，占比为 45.14%，达 3264.06 万人次；非公开股权融资投资人次最少，为 10.21 万人次，占全国总量的 0.14%。在 2015 年，全国众筹行业共成功筹资 114.24 亿元，同比 2014 年全国众筹行业成功筹资金额增长 429.38%。据统计，2014 年众筹行业成功融资 21.58 亿元，而在 2013 年及之前全国众筹行业仅成功筹资 3.35 亿元。

在 2014 年之前，众筹更多是一种商品的预售和营销行为。无论是小米手机还是"三个爸爸"空气净化器、小狗除螨仪等，都通过众筹做"饥饿营销"。但众筹行业得到大发展是在 2015 年，将众筹的范围扩大以后，对 2015 年整个众筹行业的定义和重点，已不再局限为预售与营销，而是扩大到"所有权""使用权"等无形资产的"买卖"上。在 2015 年全年，全国众筹行业累计筹资金额近 140 亿元。

自 2015 年，"使用权共享""所有权众筹"的共享经济成为社会服务行业内一股重要的力量，在吃、穿、住、行、教育服务、生活服务、旅游、办公等领域不断涌现，如宠物寄养共享、车位共享、专家共享、社区服务共享、充电宝共享、导游共享、办公场所共享，甚至移动互联强需求的 WiFi 共享等。新模式层出不穷，在供给端整合线下资源，在需求端不断为用户提供更优质体验。共享经济模式开始影响人们的观念和生活，但是万变不离其宗，这类共享经济的实质还是"买卖关系"，是"使用权""所有权"关系转移的有偿让渡。

共享经济未能激活服装、厨房等使用权共享，却激活了金融业。"钱"的共享让供给和需求两端的信息打通，让金融基于互联网提供的平台，消除资金提供方与资金需求方之间冗长的中介环节，让双方最直接地交易成为可能。

经过几年的酝酿培育，借助互联网经济深入人心，互联网金融作为互联网经济的五种主要业态之一，就切入到广大百姓的日常投资理财，并成为 P2P 爆发式增长的社会基础。

2022 年 10 月 8 日，《财经天下》周刊报道[①]，京东众筹业务将于 2022 年 10 月 10 日起暂停运营。京东众筹入口已于 2022 年 9 月 30 日 10 点下线，已经上线的项目将继续众筹，成功后正常发货。京东众筹为京东金融旗下业务板块之一，2014 年 7 月 1 日被推出。截至 2016 年 7 月，京东众筹共创造了 47 个千万级项目，500 余个百万级项目，总项目量达 5000 多个，总筹资超 24 亿元，为国内最大众筹平台。2018 年 4 月，京东众筹宣布与综艺节目《非凡匠心》第二季合作，助力非物质文化遗产传承。节目中出现的龙泉宝剑、吉州窑木叶盏、内蒙古马头琴、云南扎染等非遗产品在京东众筹上线。2020 年 1 月，因通过众筹帮助贫困地区推广、销售农副产品，促进贫困户脱贫增收等贡献，京东数字科技集团获得中国红十字会总会授予的"中国红十字奉献奖章"和证书。

掌握行业本质，规避系统风险。

---

① 详见：郑浩钧：《运营 8 年后，京东金融这项业务即将停运》，《财经天下》周刊，https：//www.163.com/dy/article/HJ6AF0PF0519AT9B.html？clickfrom＝w_money，2022 年 10 月 8 日。

第9章 工程机械行业的景气度来自基建开工量

在我国经济中有不同的"宏观指数"来表达我国经济发展状况，其中就有挖掘机指数这样的指标来衡量经济活跃状态。改革开放以来，"要想富先修路"深入人心，我国在经济好时投资基础建设，在经济疲软时更是加大对基础建设的投资来拉动经济，而基础建设的投资势必会加大工程机械的使用数量。因此，工程机械的使用数量就成为我国经济活跃度的一个先导性指标。

一、挖掘机指数——经济的"晴雨表"

作为项目动土的信号，《人民日报》于 2022 年 8

月 29 日发表的《从"挖掘机指数"感受经济动能（人民时评）》[①]，引用之前发布的"挖掘机指数"指示：7月全国工程机械单月平均开工率为 65.4%，高于 1～6月的 60.37%；上半年，挖掘机总工作时长同比增长6.86%……不断上扬的指数，显示出 2022 年以来我国各项基础设施建设活跃度持续回升、新建项目密集落地，成为稳投资、稳增长的生动注脚。"挖掘机指数"反映的趋势，可与相关统计数据互相印证。国家统计局公布的数据显示，2022 年 1～7 月，基础设施投资同比增长 7.4%，增速比 1～6 月加快 0.3 个百分点。从投资先行指标看，2022 年上半年，新开工项目 13.4 万个，比 2021 年同期增加 2.6 万个；新开工项目计划总投资同比增长 22.9%；投资项目（不含房地产开发投资）到位资金增长 18.8%。文章认为，小小挖掘机的背后，是基础设施建设的快速推进，更是投资效益和信心的持续提升。

而 2021 年上半年挖掘机累计工作量与 2020 年同期

---

① 详见：李心萍：《从"挖掘机指数"感受经济动能（人民时评）》，《人民日报》，2022 年 8 月 29 日。

相比持续增长，2021 年 1~6 月，挖掘机累计工作量从 2020 年同期的 603.2（小时）上升至 606.7（小时），同比增长 0.6%；随着全国工期整体加快，项目进度由第一阶段迈入二、三阶段，作业主力也从挖机设备转向混凝土设备、起重机设备。2021 年 7 月，挖掘机开工率、工作量（小时）分别从 2020 年同期的 81.27%、112.9（小时），下降至 70.6%、92.8（小时），降幅为 10.67%、17.8%；从 2021 年 7 月设备开工率排名来看，挖掘机依然处于第一梯队。具体来看，依次为汽车起重机（81.61%）、泵车（74.24%）、挖掘机（70%）。

据报道，中国工程机械工业协会发布对 25 家挖掘机制造企业的统计数据，2021 年 10 月，我国工程机械制造商共销售各类挖掘机 18964 台，同比下降 30.6%。其中国内 12608 台，同比下降 47.2%；出口 6356 台，同比增长 84.8%。这说明了未来短期内我国经济的大致走势。

"挖掘机指数"，是指借助大数据和物联网技术，将每台机械通过机载控制器、传感器和无线通信模块，与一个庞大的网络连接，每挥动一铲、行动一步，都形成数据痕迹。大数据精准描绘出基础建设开工率等情况，成为观察固定资产投资等经济变化的风向标。2015年，三一重工基于树根互联工业互联网平台创立的"挖掘机指数"，后来成为政府部门制定宏观政策的依据之一，被称为中国经济"晴雨表"。

2021年8月16日，由央视财经联合三一重工、树根互联共同打造的"央视财经挖掘机指数"正式发布，其中主要由挖掘设备（挖机）、路面设备（压路机等）、混凝土设备（搅拌站、搅拌车等）、吊装设备（起重机等）等五大类设备的开工率、平均开工时间等数据组合而成。通过观察数值的高低、增幅的快慢，可判断全国各地基建投资、固定资产投资等火热程度。已连接超过50万台各类工程机械设备，并形成每月定期发布机制。

二、认识工程机械

如果我们继续深思就会涉及一个问题：如此庞大的

第9章　工程机械行业的景气度来自基建开工量

基础建设是怎样展开的？"万丈高楼平地起""千里之行始于足下"，所有的基础建设工程都是靠工程机械一砖一瓦地累积起来的。类似于机床等工业加工中心被称为制造业的"母机"，可以说工程机械是基础建设的"母机"。

工程机械是我国装备工业的重要组成部分，是重工业的重要组成部分，可谓是"大国重器"。中国工程机械行业产品范围主要从通用设备制造专业和专用设备制造业大类中分离出来。1979年由国家计委和第一机械工业部对中国工程机械行业发展编制了"七五"发展规划，产品范围涵盖了工程机械行业18大类产品，并在"七五"发展规划后的历次国家机械工业行业规划中都确认了工程机械这18大类产品，其产品范围一直延续至今。

这18大类产品，包括挖掘机械、铲土运输机械、工程起重机械、工业车辆、压实机械、桩工机械、混凝土机械、钢筋及预应力机械、装修机械、凿岩机械、气动工具、铁路路线机械、军用工程机械、电梯与扶梯、工程机械专用零部件等。概括来说，工程机械包含几个大的门类，主要有土方设备、路面建设与养护设备、混凝土设备、起重搬运设备以及其他特种机械。工程机械主要用于能源基础建设、交通运输建设、国防工程建设、水利建设、城市建设、采矿及环境保护等领域。

全球范围内，虽然受各地的经济条件、地理环境、施工习惯等因素影响，不同国家及不同发展阶段的经济体对工程机械的需求种类和数量有所差别，但整体的使用状况和发展基本相似。

人类最早使用的工程机械应该是采用杠杆原理的简易起重工具，以此代替体力提升建设效率和起重负载。人类在其几万年使用工具的活动中，从人工运河的开凿到诸如金字塔、长城等伟大工程的建造，如何使用机械一直是衡量人类科技文明发展的主要指标。使用原始的人力、畜力机械和车辆能够大大提高人类改造自然的能力，"把车辆和机械结合在一起"则是工程机械最基础的要求，人类有记载的最早做这件事情的人就是达·芬奇，他设计的挖泥船就是将滑轮、杠杆、绳索、挖斗等工作装置和船舶（行走装置）结合在一起，产生了人类历史上第一个工程机械的设计雏形。

近代工程机械的发展，始于蒸汽机发明之后，19世纪初，欧洲出现了蒸汽机驱动的挖掘机、压路机、起重机等。此后由于内燃机和电机的发明，工程机械得到较快的发展。第二次世界大战后发展更为迅速。其品种、数量和质量直接影响一个国家生产建设的发展，故各国都给予高度重视。而如今，在各种工程机械上都可以看到无线控制功能，实现了无人操作。

三、我国工程机械行业的发展概况

依据《中国工程机械行业"十二五"发展规划》数据，我国工程机械行业经过 50 年的发展，已形成能生产 18 大类、4500 多种规格型号的产品，基本能满足国内市场需求的、具有相当规模和蓬勃发展活力的重要行业。2005 年是我国工程机械行业初具雏形的年代，当时我国生产工程机械产品规模以上的企业约有 1000 家，其中外商独资合资企业 130 家；年销售额 1000 万元以上企业有 300 家；亿元以上企业有 100 家，年销售额仅有 940 亿元，占全行业的 75%；10 亿元以上的企业有 23 家，年销售额占全行业的 50%。

工程机械产品需求及增长幅度与 GDP、基本建设投资规模具有较强的相关性，行业景气度与固定资产投资的增幅基本上呈同步正相关的关系。"十五"期间（2000~2005 年）中国工程机械消费额平均每年占全社会固定资产额的 1.9%，"十一五"时期（2006~2010 年）固定资产投资增速变缓，市场容量扩充相对不足，行业发展趋缓。

"十一五"期间，机、电、液一体化技术基本普及，部分产品在机、电、液一体化技术基础上，又提升为智能化控制，缩短了与国际先进水平的差距。高端产品的整机技术水平与国际先进水平逐步接近，许多产品用于开拓国际市场、替代进口和满足国家重点工程需求；中端产品的国产化率达到 85% 以上，整机可靠性与国际先进水平差距逐步缩小；低端产品由于技术配置较低，故障率高，能耗高，排放不达标，存在安全隐患，在结构调整中，正逐步改造或淘汰。

代理商体制初步形成，售后维修服务体系逐步建立。"十一五"期间，随着境外一些品牌和代理商进入我国市场，新的营销理念和代理商运行体制与机制逐渐被中国代理商接受，促进了工程机械行业代理商群体的兴旺和蓬勃发展。国际化步伐加快，出口贸易转向顺差。"十一五"期间，工程机械领域对外开放程度不断提高，外商投资企业迅速发展。到 2009 年，外商投资企业数比 2001 年增长 200%以上。其中小松、斗山、日立、神户制钢、卡特彼勒、特雷克斯、马尼托瓦克、沃尔沃、现代等外商投资企业已经成为我国工程机械行业的重要力量。

依据《中国工程机械行业"十二五"发展规划》数据，"十一五"期间，我国工程机械进出口实现了由逆差到顺差的大转折，2005 年行业进口额为 30.64 亿美元，出口额为 29.4 亿美元，由逆差转为基本持平。2006 年进口额为 39.31 亿美元，出口额为 50.12 亿美元，顺差超过了 10 亿美元。到 2008 年，进口额上升到

60.16亿美元，增长1倍；出口额上升到134.22亿美元，增长了356%；2008年出口额占当年销售总额的33%。2009年由于受国际金融危机影响，出口额为77.1亿美元，占销售总额的17%，比上年下降42.6%，但保持顺差25亿多美元。2010年出口达到100亿美元，实现同比约30%的恢复性增长。其中，包括挖掘机、装载机、推土机、平地机、筑路机械等在内的17种机型成为出口创汇的主打产品。

2008年爆发了全球性的金融危机，国内工程机械行业受到了不同程度的影响，然而我国政府随后出台了十大投资措施和4万亿元投资规划，极大地刺激了工程机械的国内需求，工程机械增长迅速。在国家经济政策的支持下，国内各类工程项目大规模开工建设，工程机械的需求明显回升，特别是内销需求，形势好于出口。2009年4月，起重机日均产量比3月增长4.1%，装载机、输送机、挖掘机、压实机械增幅在12.6%～50.6%。相关数据显示，工程机械行业销量持续回升，其中表现最为突出的是挖掘机，2月销量同比增长

36%，环比增长 2.9 倍；3 月总销量 13314 台，环比增长 61%。挖掘机行业呈现出的稳定增长态势向我们展示了机械行业较好的市场前景，内需表现出了明显的回升。公路、铁路、城轨等相关建设工程的招标、中标信息在相关网站的公布明显增多，专注于公路铁路工程建设的"筑路网"每日发布的招标、中标信息可达上百条，可见工程建设项目开工量增多，国内工程机械销量也随之增多，说明工程机械的行业本质就是基础建设项目的开工量。

经济危机之下，出口下滑，部分企业对外出口依赖程度高，转而在国内寻求市场，就成为这些工程机械企业的一个主要发展方向，在此种情况下，工程机械内需回升趋势势如破竹，工程机械发展回暖迹象明显。随着市场需求的变化，工程机械操作技术需求提升，工程机械无线控制系统普及化，而大力神工业无线遥控器，成为工程机械行业的一个主要控制配套产品。

国家统计局在中华人民共和国成立 60 周年系列报

告①中发布："1950 年我国进出口总值占世界进出口总额的 0.9%，到 2008 年达到 8%以上。其中，我国的出口总值在 1950 年全球名列第 27 位，经过 30 年徘徊到 1980 年上升到第 26 位，此后排名直线上升，1990 年列第 15 位，2001 年列第 6 位，2004~2006 年稳居第 3 位，2007~2008 年上升到第 2 位，我国已成为全球重要的制造业加工生产基地。"根据国家海关总署 2009 年 2 月 6 日发布的 2008 年我国进出口数据显示，2008 年机电产品进出口总额达到 1.36 万亿美元，占我国进出口总额的 53%。②

经过 2008 年的金融危机之后，2011 年全球工程机械迎来强劲增长，2011 年全球工程机械前 50 强企业的销售额较 2010 年增长 25%，达 1820 亿美元，创行业最高纪录，超过了 2008 年全球金融危机前的 1680 亿美元的纪录，显示了全球销售旺盛的势头，全球在经济危机后都加大了基础设施的建设，让工程机械的需求激增。

---

① 详见：《统计局：去年中国出口总额位居世界第二》，中国新闻网，https://news. ifeng.com/c/7fYOdAU9IJ7，2009 年 9 月 16 日。

② 详见：《海关总署公布 2008 年我对外贸易总体情况》，中国轻工工艺品进出口商会，http://www.cccla.org.cn/ShowHotNews.aspx? NewsID=1576，2009 年 2 月 18 日。

　　进入"十二五"时期（2011~2015年），稳健向上
的我国经济为工程机械行业的发展提供重要而持续的动
力，受益于此，加之企业创新能力及综合竞争力的不断
提升，我国工程机械行业继续保持高位运行。根据中国
工程机械行业"十二五"发展规划，到"十二五"期
末，我国工程机械行业销售规模将达到9000亿元，年
平均增长率约为17%，相比于过去五年27.5%的平均
增速以及过去十年23.8%的平均增速而言，随着行业
总体规模的不断增长，增速逐步回落，行业中长期将进
入稳健增长。

四、全球工程机械行业回望

　　回望"十二五"收官之年的2015年，这期间我
国GDP增速放缓，但在全球GDP总量的占比依然逐
年提升，从2010年的9.2%到2015年的14.7%。这
期间全球的工程机械市场也从2012年的最高点1862
亿美元逐年下降，2016年进入谷底1302亿美元，如
图1所示。

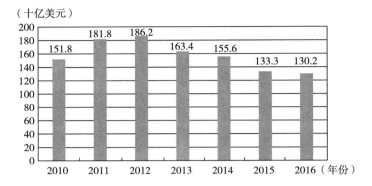

（十亿美元）

图1 2010~2016年全球工程机械制造商Top 50总销售额

资料来源："全球工程机械Top 50销售排名"——英国KHL《国际工程》杂志。

相应地，全球工程机械的销售总台量也在2015年跌入69.06万台的谷底，不过随着2016年之后全球经济的逐步复苏，工程机械市场也逐步反弹（见图2）。

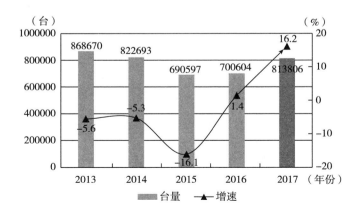

图2 2013~2017年全球工程机械总销量

资料来源："全球工程机械Top 50销售排名"——英国KHL《国际工程》杂志。

五、我国工程机械行业的国际竞争力

全球工程机械制造商成千上万家，但最有影响力的应该是进入"全球工程机械制造商 Top 50"排行榜的企业，该排行榜由英国 KHL Group Publication 公司所出版的《国际工程》（*International Construction*）杂志每年公布一次，每年编撰的 Top 50 排行榜是以上一年各制造商的营业收入为标准进行的排名。

通过这个排行榜不仅能够了解哪些企业是世界工程机械的主要制造商，同时也能了解到不同国家和区域的制造商进入排行榜的数量和名次，从而反映出该地区工程机械制造业的竞争力。比如 2003 年度榜单上中国工程机械制造商仅有四家企业跻身 50 强，分别是徐工、柳工、厦工和常林；2004 年度排行榜上我国制造商又有三家公司入围，分别是山推股份名列第 39，三一重工名列第 43，临工名列第 48。根据 2009 年营业收入编撰的 2010 年度 Top 50 排行榜，是体现当时全球工程机械制造商规模的最新名录，其中我国企业有 9 家，虽然名额没有太多的增加，但是排名和销售总额已经大幅提高了，这是由于2008年经济投资计划投入带来的市场需求增加。

　　以2009年销售额来分析，我国制造商的总营业收入达132亿美元，与2008年的112亿美元相比增加了18%，在全球经济衰退的情况下这个增幅还是非常可观的。要知道2009年Top 50的1080亿美元总营业额较2008年的总营业额足足下跌了23.6%，所以我国制造商的营业收入总额所占的比重较2008年几乎翻了一番，从6.7%增加到12.2%。在逆势中持续上扬的我国工程机械制造商，使老牌的北美及欧洲制造商的业绩相形见绌，市场占比不断下滑。2009年度世界工程机械制造商50强的排行榜中列出前25位的企业（见表1），可以看出相关变化。

表1　2009年销售额排名前25位的工程机械制造商名录

排名	公司名称	国家	2009年销售额（百万美元）	在总销售额中的比率（%）
1	卡特彼勒	美国	18148	16.8

续表

排名	公司名称	国家	2009年销售额（百万美元）	在总销售额中的比率（%）
2	小松	日本	12532	11.6
3	日立建机	日本	5815	5.4
4	利勃海尔	德国	5667	5.2
5	沃尔沃建筑设备	瑞典	4658	4.3
6	山特维克矿山工程机械公司	瑞典	4262	3.9
7	特雷克斯	美国	4043	3.7
8	阿特拉斯·科普柯	瑞典	3385	3.1
9	美卓矿机	芬兰	2882	2.7
10	徐工	中国	2825	2.6
11	三一重工	中国	2781	2.6
12	中联重科	中国	2781	2.6
13	神钢建机	日本	2672	2.5
14	约翰·迪尔	美国	2634	2.4
15	斗山	韩国	2404	2.2
16	马尼托瓦克起重集团	美国	2285	2.1
17	JCB	英国	2182	2.0
18	CNH	美国	2120	2.0
19	维特根集团	德国	1639	1.5
20	奥什科什高空作业设备公司	美国	1499	1.4
21	柳工	中国	1490	1.4
22	普茨迈斯特	德国	1166	1.1
23	多田野	日本	1141	1.1
24	龙工	中国	1034	1.0
25	山推	中国	1016	0.9

资料来源：笔者整理。

从全球范围内来讲，工程机械行业应该说是一个市场集中度较高的行业。"2009年全球工程机械制造商Top 50"中50家企业的总营业额（包括非主营收入）为1080亿美元，其前四名收入分别是卡特彼勒181亿美元、小松125亿美元、日立建机58亿美元、利勃海尔57亿美元，前四名收入合计约为422亿美元，为Top 50总收入的39%；而前十名市场集中度便到达59%，集中度很高，基本上属于寡头垄断的行业。

从表1中可以看出，在2009年全球有影响力的工程机械制造商主要分布在北美、西欧、中国和日本，这些地区的制造商集中度很高，基本占据了全球80%以上的市场份额；另外，在巴西、俄罗斯、印度等地区分布了少数工程机械制造商。与制造商的分布相似，工程机械的市场也主要分布在北美、欧洲、中国和日本，这些地区的市场几乎达到了全球总销售额70%的比重。工程机械行业是投资拉动型的行业，根据英国KHL咨询公司的统计，从全球范围来看，金融危机中由于投资减少，流动性不足，内外需求降低，导致2008~2009

年除中国之外的其他各区域市场出现了不同程度的萎缩（见表 2）。

表 2　各地区销售额及变化情况

地区/国家	2008 年销售额（亿美元）	2008 年增长率（%）	2009 年增长率（%）
北美	247	-23	-28
欧洲	177	-10	-32
中国	141	+26	+4
日本	36	-22	-6
印度	20	-5	-19
其他	255	-32	-16

"十三五"期间，我国工程机械行业得到了长足发展，无论是我国本土市场容量还是我国本土制造商的竞争力和市场表现都是异军突起，逐步追赶并超越传统的洋品牌，撑起了"中国制造"的脊梁。

2020 年，新冠肺炎疫情的暴发使全球面临着第二次世界大战以来最严重的经济衰退，各大经济板块历史上首次同时遭受重创。全球产业链运行受阻，贸易和投资活动持续低迷，各国虽然出台数万亿美元经济救助措施，但世界经济复苏势头仍然很不稳定，前景存在很大的不确定性。我国有针对性地推出一系列政策举措，加速企业复工复产，推进基建项目持续落地，经济加速复苏。我国经济活动率先复苏一定程度缓解了全球工程机械的下滑趋势，加之各国的经济活动重铸，我国工程机械行业的竞争力进一步得到巩固和发展。2020 年中国工程机械销售额达到 381.1 亿美元，同比增长 10.4%。

未来随着全球经济逐渐好转，以及"一带一路"项目合作的持续深入，工程机械恢复性增长趋势必将保持延续，这一趋势从 2021 年数据得到了印证。

案例：工程机械行业并购和基建开工量相关

2008 年的金融危机给全球绝大多数经济体带来了危机和严峻的负面影响，但对于工业体系完备、"内循环"市场充裕的经济体来讲或许是个"弯道超车"的机会。

我国政府历来就支持优秀企业的产品和资本"走出去"，尤其是当时在国际金融危机打击下，国外竞争对手陷入困境，我们的竞争力相对增加，国外制造商和配件供应商缺乏资金，就为我国企业外并购提供了好时机，这样可较便捷地获得完备的产品线、高水平的技术、分销网络和高认知度的品牌。换句话说，金融危机实际上是企业兼并、优胜劣汰的催化剂，我国工程机械行业在多年的发展中，已经有一批优秀企业脱颖而出，它们在规模、人才、技术、管理、营销等各方面都具备了进一步做强、做大的条件，应该积极主动地寻求并购扩张的机会。

回望 2008 年之后的几年，全球工程机械行业的兼并、重组日益加剧。我国工程机械制造商以资本运作的模式，"走出去"的决心和实力也日益显示出来，当年全球工程机械行业的几个跨国并购案例举世瞩目，同时也彰显出我国工程机械行业的崛起。

1. 中联重科收购意大利 CIFA

2011 年 11 月 15 日，由中央电视台财经频道和香港中国商会联合主办的"中国海外投资年会首届中国海外投资经典案例评选揭晓及颁奖典礼"在香港会议展览中心隆重举行，"中联重科联手弘毅资本等全盘收

购意大利 CIFA""中远太平洋获得希腊比雷埃夫斯港
35 年特许经营权""联想集团收购 IBM 个人电脑业务"
"TCL 收购汤姆逊""华凌集团收购澳大利亚 FMG 公司
17%股权"等近年来广受各方关注,并且已经过实际和
时间检验的五大并购合作案例,荣获"首届中国海外
投资经典案例"。

据悉,中联重科是中国装备制造业中唯一获得此项
荣誉的企业。与中远、联想集团等共同跻身"中国海
外投资经典案例",意味着中联重科对 CIFA 的收购,
及其数年以来不断深化的国际化拓展,从国家层面,在
经济界和产业界,赢得了认可与肯定。中联重科对 CI-
FA 的收购,已经成为中国企业海外整合过程中的重要
里程碑和路标。

2007 年 10 月,世界工程机械知名企业意大利 CIFA
控股股东因为需要现金偿还一部分债务,决定出售 CI-
FA 的股权。2008 年 9 月,中联重科与 CIFA 签署收购
交割协议,完成对 CIFA 的全额收购。根据并购协议,
中联重科与 CIFA 总额达 5.11 亿欧元的收购案,2.71

亿欧元由投资各方注入，余下的 2.4 亿欧元则通过意大利联合圣保罗银行牵头的银团贷款筹集。现金支付部分中，中联重科以 1.626 亿欧元（约合人民币 17 亿元）间接获取 CIFA 60% 股权，共同投资方弘毅持股 18.04%、高盛持股 12.92%、曼达林持股 9.04%。按照中联重科与三家共同投资方的约定，在并购完成三年之后，中联重科可以随时以现金或中联重科股票的方式购买共同投资人手中的 CIFA 股份，价格为投资价格加一定溢价。这相当于用 40% 的股权空间换取了三家共同投资方对其在未来三年的全力支持。

当时的 CIFA 资产负债率高达 83%，基本面不好，盈利能力也一般。但是，作为历史悠久的国际一流混凝土机械制造商，全球混凝土机械行业为 CIFA 开具的"身世证明"颇为抢眼。一份关于全球知名品牌市场布点的分析报告显示，CIFA 产品最具影响力的市场主要分布于欧洲。在意大利本土，CIFA 混凝土搅拌车、混凝土泵车拥有超过 70% 的份额；在比利时、希腊、罗马尼亚和马其顿等国，CIFA 也是市场领导者的角色；

在西班牙、丹麦、比利时、芬兰、爱尔兰、瑞士、俄罗斯、阿尔巴尼亚、克罗地亚和斯洛伐克等国，CIFA 掌控超过 15% 的市场份额。根据最新公布的一份统计，CIFA 旗下的独立经销商及代理机构，对 70 多国混凝土机械市场具有影响力。

此外，中联重科收购 CIFA 的意义还在于双方具有很大的互补性。首先，双方的业务覆盖区域和产品线互补。中联重科能够带来制造业的丰富经验和雄厚实力，这将为 CIFA 创造良好的机会，更好地满足客户需求。同时，中联重科还能带来充足的资源，帮助 CIFA 进入新的市场。其次，CIFA 具有品牌知名度优势。我国混凝土机械产品在品牌知名度、用户认可度方面，在中国以外区域还落后于欧洲同业的领先制造商。中联重科收购后将继续利用 CIFA 品牌知名度优势，实施"Zoomlion"与"CIFA"双品牌战略，细分客户群，更好地满足客户不同的需求。再者，在采购成本方面，两者规模采购降低成本；在产品技术方面，CIFA 可以提高中联重科的技术水平；在产品制造方面，中联重科的巨大产能促进 CIFA 规模和利润的同步增长。

正如国内媒体对此次并购的解读，"中联重科收购 CIFA 和其他国内企业在国外开设海外工厂有着本质区别：一方面，立足了国际市场和走在了技术开发的最前沿，解决了我国工程机械产品很难进入欧美市场的问题；另一方面，在欧盟实施贸易壁垒的时候，作为欧盟国家的企业却可以大大方方地规避贸易壁垒带来的阻隔。除此之外，还可以运用欧美企业多年建立的信用体系赢得市场的广泛信任"。

2. 广西柳工收购波兰锐斯塔（Dressta）

2011 年初刚刚完成增发募集 30 亿元的广西柳工披露，其于 1 月 18 日在北京与波兰 HSW 集团公司签订了收购对方工程机械业务单元的初步协议。柳工收购 HSW 公司下属工程机械事业部的全部资产（包括无形资产），并承担该工程事业部的债务，以及收购 HSW 旗下全资子公司锐斯塔 100% 的股权。交易价格介于 1.00 亿~2.65 亿兹罗提（约相当于 2.28 亿~6.05 亿元人民币），具体交易价格取决于交割日时交易目标的财务状况，包括净资产、银行负债、对 HSW 的负债及债务重组情况。公告称，HSW 公司下属工程机械业务单元生产和销售推土机、吊管机、挖掘装载机等工程机械产品和配件。

HSW 公司成立于 1937 年，随后发展成为中欧最大的工程机械制造商之一，向超过 80 个国家出口其产品。近年来，波兰政府实施了国有企业的私有化进程，通过报纸公开招标出售其工程机械业务锐斯塔公司。柳工认为，这一收购将直接获得其全部知识产权和商标，大幅度节省海外建新工厂的费用与时间，快速把东欧市场建设成柳工第二本土市场，将推土机等产品直接销往整个欧洲和北美等高端市场，对促进柳工推土机等业务快速发展，实现柳工的跨国战略具有重要意义。

最终柳工以 1.7 亿兹罗提（约 3.35 亿元人民币）收购了中东欧最大的工程机械制造商、全球六家拥有完整推土机生产线制造商之一的波兰 HSW 公司下属工程机械事业部，以及旗下全资子公司锐斯塔 100% 的股权。这是柳工在海外市场的首次并购，也是迄今为止中国在波兰最大的投资项目。

柳工从 2010 年 2 月开始与 HSW 接触商议，到 2012 年 2 月 1 日正式接管这个企业，形成了一个比较漫长的谈判过程。2011 年 1 月，签署初步协议，到 2012 年 1 月，完成整个交易，再到 2012 年 5 月 9 日，在波兰 HSW 生产柳工牌的装载机和挖掘机，柳工用了三个月完成了产品当地化的组装。

五年后，锐斯塔焕发新生，从连年亏损重回企业上升期，成功打入了欧美高端市场，并以点带面地推动了斯塔洛瓦沃拉这个以工业为主的欧洲城镇的经济发展，收购后其失业率从 15% 降至 7%。

3. 三一重工收购德国普茨迈斯特（Putzmeister）

2012 年 1 月 31 日，一场将对混凝土机械行业产生深远影响的新闻发布会在长沙召开，现场三一重工正式宣布收购混凝土机械行业第一品牌德国普茨迈斯特（市场上俗称"大象"）。三一重工作为混凝土机械全球销量第一的保持者，与拥有 50 多年历史的同行巨头普茨迈斯特强强联合，上演"龙象共舞"，使三一重工本已占据强势地位的混凝土机械产品在全球的竞争优势更为明显，必将改变全球混凝土机械行业格局。

据三一重工总裁向文波介绍，2012 年 1 月 21 日，德国普茨迈斯特控股有限公司与三一重工股份有限公司以及中信产业投资基金（香港）顾问有限公司签订了合并协议，三一与作为少数股东的中信产业基金共同收购普茨迈斯特 100% 股权。但是，此次交易仍需获得相关部门审批并满足一定成交条件，交易预计在 2012 年第一季度完成。美银美林在本次交易中担任三一重工独家财务顾问，谢尔曼·思特灵和竞天公诚律师事务所担任三一重工法律顾问，摩根士丹利担任普茨迈斯特独家财务顾问。整个交易得到了中信产业基金的专业指导和大力支持。

普茨迈斯特在业内有着"大象"之称，是全球最知名的工程机械制造商之一，尤其在混凝土泵车制造领域，该企业市场占有率长期居于世界首位。1994 年正式进军重工行业的三一重工成为近年来普茨迈斯特最强劲的竞争对手。2009 年，三一重工超越普茨迈斯特，成为世界销量最大的混凝土泵制造商。

三一重工股份有限公司由三一集团投资创建于 1994 年，总部坐落于长沙经济技术开发区。自公司成立以来，三一重工每年以 50% 以上的速度增长，2003 年 7 月上交所实现 PIO。2010 年，公司实现营业收入 339.55 亿元，同比增长 78.94%；净利润 56.15 亿元，较上年同期增长 112.71%；每股收益 1.11 元，同比增长 112.71%。2011 年 7 月，三一重工以 215.84 亿美元的市值，首次入围财富全球 500 强，成为唯一上榜的中国机械企业。

德国普茨迈斯特在全世界范围内开发、生产、销售建筑设备机械，尤其是用于建筑、采矿、隧道建设及大型工业项目的混凝土泵。普茨迈斯特是全球混凝土机械行业第一品牌，是行业技术与品牌影响力的绝对典范，主要从事开发、生产和销售各种形式的混凝土泵及辅助设备，是混凝土设备世界第一品牌。创立 54 年来，公司已在美国、英国、法国、意大利、中国等十多个国家建立了子公司，拥有全球性的销售网络。在混凝土泵车制造领域，普茨迈斯特的全球市场占有率长期高达40%左右，且90%以上的销售收入来自德国之外的110多个国家和地区。2011年普茨迈斯特的销售额约为5.7亿欧元。

三一总部位于湖南长沙，是我国的建筑机械大型生产商，也是我国混凝土泵行业的领军企业。我国是全球最大、增长最快的混凝土及其他工业设备市场。普茨迈斯特与三一的业务在地域上高度互补。两家公司作为中国混凝土泵行业领军企业与海外混凝土泵领先供应商，其合并符合了明确的战略和产业目标：创造全球混凝土泵行业领导者。

4. 徐工集团收购德国施维英（Schwing）

2012年7月6日，徐工集团收购德国机械公司施维英的消息终于落定。当天，双方在德国赫恩举行股权合作项目交割仪式，徐工将拥有施维英有限公司52%的控股权。继成功收购德国FT公司、荷兰AMCA公司后，这次再度拿下施维英已是徐工第三次出击海外。相比三一重工收购德国普茨迈斯特、中联重科买下意大利 CIFA 等项目，徐工这次收购施维英显得更加低调一些。

前两大工程机械公司的收购伙伴包括了曼达林、高盛、弘毅投资、中信产业基金等，而且，都是通过上市公司来完成相关收购协议，因而需要对外公开相关细节。但徐工拿下施维英是通过徐工集团层面来操作的，因而并不需要公众了解更多的详细情形。不过，有知情人士透露，这次收购之后，双方仍会有更多动作。"两家公司正在商议成立一家合资企业，徐工可能会以现有资产入股，而施维英则是会以技术参股，徐工仍会是这家合资企业的控股企业。"合资企业的主要方向就是做混凝土机械产品，虽然徐工在国内有众多的混凝土设备投放市场，但相对于施维英而言还是少了一些。

总部设立在德国赫恩的施维英，已在美国、德国、奥地利、印度、巴西等多个国家和地区都建立了生产基地，在法国、荷兰、奥地利、捷克、瑞典、韩国等地设有自己的销售和售后服务中心，同时还拥有 100 多个国家的代理商队伍。对徐工来说，使用施维英的西南欧、美国等市场的开发能力，也能弥补其国际市场及渠道的相关短板。在施维英公司生产的工业设备中，"盾构注浆泵"大量用于我国的轨道交通设施内，近几年来在国内销量增速很快。

此外，施维英的搅拌运输类、搅拌输送类车型，在中国也有较好的发展趋势，因而今后这些新车型的开拓，都将会为徐工的混凝土机械业务带来更大的利润增长。整合后，徐工还打算与施维英加强技术研发。当时徐工在德国设立的研发中心开始正式运转，其将通过这一中心提高自己的液压与传动高端技术、整机技术能力等。而这也会为两大公司寻找更多新产品和突破性技术带来便利。而且并购后徐工在推出混凝土机械新品且做市场推广时，也有可能会使用双品牌战略，即"徐工集团施维英"品牌。当然，这一品牌一定是在借助两家公司技术之上而形成的产品线。

如果向前追溯，徐工介入混凝土设备领域的时间点是 2008 年，当时公司的泵车和履带式起重机刚刚从徐重集团剥离出来，而此前泵车并没有在徐工内部引起足

够的重视，在人才和营销策略上都不够到位，导致失去
了大幅增长的第一次机会，拱手将市场让给了三一重工
和中联重科。而当徐工现在回过神来再发力混凝土机械
的时刻，整个市场行情已经不能同日而语了。2012 年
三一重工和中联重科在上半年的总体市场占有率估计在
85%左右，中联重科的市场份额有所提高，但仍略低于
三一重工。而徐工的混凝土机械，当时全国占有率大约
在 10%，后来徐工在混凝土设备方面的市场份额充分
证明了收购施维英是正确的战略抉择。

　　通过以上结构典型案例，我们可以清晰地看到国外
工程机械企业出售多数是在 2008 年金融危机以后，相
关国家没有相应的基础建设开工量，导致相关企业陷入
财务危机；而我国并购海外工程机械企业基本都是在
2008 年经济刺激计划实施两年以后，说明经过大量开
工的基础建设，我国工程机械企业赚得盆满钵满，才有
了财力收购海外同行。这充分说明了工程机械的行业本
质是基础建设开工量。

六、企业跨国并购的整合问题

这一系列的并购充分证明了我国工程机械行业在全球市场的崛起和影响力，也体现出我国在机械装备领域的进展，2008 年金融危机给了我们机遇。我国工程机械制造商在海外市场并购后都寄希望于能够快速整合产品线、直接获取高水平技术、拥有健全的营销网络，同时获取本地化的管理人才。但并购同样存在一些负面的影响，最主要的是三个方面：一是资金使用量大，财务管理复杂；二是管理风格和企业文化不易融合；三是战略规划存在分歧。

人力资源的合理配置以及人才的充分利用，决定了企业并购的最终效果。思科总裁钱伯斯讲："衡量兼并成功与否，最重要的是看两到三年之后是否留住了被兼并公司的人才。"

组织机构的整合也是并购是否完成的一项重要标志，如果并购后两个企业的组织结构还处于游离状态，说明并购还没有真正意义上完成。而且组织机构的整合也是下一步企业战略整合的重要前提，战略整合一般包括各业务层和职能层战略，主要是指产品机构战略、市场营销战略、经营发展战略等方面的重建和协调。

企业文化和核心价值观的整合是相对于其他方面更深层次的整合，需要更长的时间和更多的沟通磨合逐步做到，因为企业文化是各自企业在长期生存和发展中逐步沉淀而形成的。只有得到企业价值观的认可和实践，才能说并购从两个企业人员的心理层面实现了成功。它需要相关企业的文化相互接触、交流、吸收、包容，并逐步融合成为不可分割的一个整体。

通过机械工程近些年的发展脉络和并购案例，都能厘清工程机械行业的本质就是基础建设开工量。当开工量降低时，工程机械的销售量就下降；当开工量增加时，工程机械销售量就上升；当国内开工量远高于国外时，我国企业就"走出去"并购海外工程机械企业。

掌握行业本质，发掘商业机会。

第 10 章　民用电工行业
要具备可靠性

民用电工产品通常指在家庭和办公等场合使用的用于电源连接、传输、存储、转换、控制等作用的产品，包括转换器、墙壁开关插座、断路器、配电箱、灯具等。民用电工产品不仅关系到连接的电器安全，也关系到使用人员的安全，而且产品使用寿命一般较长，但用户对产品质量缺乏足够的辨别能力，因此用户不仅重视产品的外观质量，还重视产品品牌带来的安全感，在购买时还考虑便捷性和从众性，对价格的敏感度不高；但是在这个行业经营的企业效益千差万别，是什么原因导致的呢？

第10章　民用电工行业要具备可靠性

从技术角度来讲，民用电工产品的技术壁垒不高，但要在终端用户极度分散，用户对产品知识极度不足的市场竞争中脱颖而出，就需要经营者在产品设计、产品质量、产品生产、分销渠道、品牌认知等各个环节，给用户以"可靠"，并需要围绕"可靠"这个中心展开，才有可能在激烈的市场竞争中生存下来。过去，采用成本领先战略、高密度广告促销策略、低价策略的企业，多数已经被淘汰出民用电工市场。

民用电工行业在我国的市场规模在3000亿元左右，其中转换器市场规模为100亿元左右，墙壁开关插座市场规模300亿元左右，LED灯（家居照明）市场规模1100亿元左右，断路器市场规模200亿元左右，浴霸市场规模100亿元左右，智能锁市场规模400亿元左右，数码配件市场规模900亿元左右。我国民用电工产品生产厂家众多，通过3C认证的转换器与墙壁开关制造商数量就分别超过400家和1400家；连同未通过3C认证的墙壁开关生产企业在2000家左右，以中小企业居多，行业CR4为33.8%，是典型的低集中寡占型

（30%＜CR4＜35%）产品市场。在这样的市场竞争中，却有一家企业用十年时间，厚积薄发，成为行业翘楚，其转换器产品市场份额多年都位居第一，其中线上市场份额超过60%，原因就在于抓住了行业本质，在设计、生产、质量、分销、终端、品牌等环节都紧紧围绕"可靠"这个行业本质展开。在电工行业实践"可靠"这个行业本质，就需要从以下各个方面来贯彻落实：

第一，在理念上。企业经营的核心理念上就要选择"可靠"，让"可靠"这个观念贯穿产品设计、生产、营销、售后的全过程；在企业的管理过程中，都要以"可靠"作为一切行为的基本准则之一，内化于心，外化于行。

第二，在技术上。在设计上要留足安全系数，在原材料上选择优质原料，在部件上选择优质部件，在工艺上选择生产质量稳定、产品一致性高、运行平稳的工艺路线，让产品从源头上就"可靠"。

第三，在生产上。不仅要通过工艺路线来保证产品质量稳定可靠，更要通过建立专业的流水线和自动化生产线，保持产品质量的一致性和稳定性，更需要具备高度责任心的高素质员工，做到生产的"质"和"量"都"可靠"。

第四，在销售上。鉴于民用电工产品目前依旧主要通过线下渠道销售，分销层级相对较多，通过保证各级分销商的合理利润，让分销商愿意分销，让分销的渠道网络"可靠"。

第五，在终端上。保证销售终端的合理利润和销售量，让终端选择销售的动力源持续且"可靠"。

第六，在配送上。随时补足各层级分销体系和终端的库存，让各层级的用户能随时买到，让用户决策购买时感受到其决策"可靠"，从而促进销售。

第七，在宣传上。通过高频次的展现，在消费者心中对低频次购买的电工产品树立"安全""可靠"的产品认知，提高转化率。

第八，在管理上。基于民用电工产品的特性，不仅要让产品全生命周期中的设计、生产、销售、售后等环节可靠，还需要让企业管理全过程的各个环节可靠。

"可靠"，不仅是电工行业的本质，也是电工行业商务合作的基石，还是成本最低的交易方式。

掌握行业本质，掌握竞争优势。

第 11 章　家电行业的势能不可小觑

在 20 世纪 90 年代，人们常说的是长虹彩电、海尔冰箱、美的风扇、格力空调、小天鹅洗衣机等，每个家电品牌都对应一类家电产品；当时的消费者很难将长虹与电风扇联系起来，将海尔与电视机联系起来，将美的与冰箱联系起来，将格力与洗衣机联系起来。而现在这些品牌基本都已经实现了多元化，长虹不仅有彩电，还有空调、电风扇、冰箱、厨电等家电；海尔不仅有冰箱，还有空调、厨电、洗衣机、电视机等家电；美的不仅有电风扇，还有电视机、空调、厨电、冰箱等家电；格力不仅有空调，还有电风扇、洗碗机、油烟机等家电；甚至格力和长虹都曾生产和销售手机。这些家电企业都通过第一步的专业化，在一个特定产品类别形成知名度，得到消费者的认可后，再通过第二步的低价高质量的高性价比，扩大市场规模和市场占有率，成为行业翘楚。在这个环节最为典型的就是当年的长虹彩电大战，长虹通过垄断显像管和价格战等手段，迅速提高了销售规模和市场占有率，成为当时我国的"彩电大王"。第三步是通过在一个产品品类上建立起来的知名度、渠道、销售团队和顾客口碑，利用这些资源渠道，渐进多元化发展相关类别的产品，从而实现了多元化发展。

我们习惯将家电分为大家电和小家电，从市场需求来看，我国大家电的普及已经基本完成；从生产端来看，我国不仅具备强大的大家电生产能力，也具备了强大的小家电生产能力；从消费习惯来看，居民通常会先购买作为生活必需品的大家电，然后再去购买品类繁多的小家电。与传统的彩电、空调、冰箱、洗衣机等大家电相比，大部分小家电具有一定的享受性需求，其消费建立在一定的收入水平基础之上。在城镇居民的大家电保有率超过了 100% 的市场情况下，我国已经具备了小家电普及的居民消费条件，因此，近年来我国小家电市场的规模和品类都得到了突飞猛进的发展。

我国小家电行业市场规模已经超过 4000 亿元，近些年的年均增长率均超过 10%。随着人们生活水平的提高，家庭拥有的小家电件数逐年增多，欧美户均拥有的小家电数量超过 30 件，我国目前还低于 10 件，在三四线城市还较低，广大下沉市场渗透率就更低，尚有较大的市场提升空间。同时，小家电研发周期短、更新快、品类多，购买频次高，不仅引来传统的大家电企业进入小家电行业，而且新的品牌也如同雨后春笋般涌现，例如已经在全国知名的小狗、小熊、九阳、德尔玛、小米、石头、科沃斯、追觅、新宝等小家电新品牌。特别是我国电商发展起来以后，新的小家电品牌更容易通过互联网营销成为爆款，迅速形成"品牌"认知的"势能"，最后利用"势能"适度多元化做大做强，成为全国知名品牌。

目前，我国小家电 80% 以上是通过线上销售，对爆款和高性价比的产品就变得更为有利。例如，近年新出来的家电品类——扫地机器人就是通过电商推广，迅速进入普通消费者视野的家电类目，线上销售占总体销售的90%以上。其中把握住了行业本质的科沃斯、小米、石头、云鲸这四个扫地机器人品牌，市场占有率合计就超过80%。

小家电能够迅速进入家庭，首先是基于居民可支配的消费支出增加；其次是基于小家电多半是享受型的产品，适合操作演示，通过网上直播和创作有趣的短视频，通过互联网迅速传播，完成消费者教育、产品知识推广和品牌树立，将行业本质"势能"的前两步——出爆款、高性价比的形成时间大为缩短。这就是近几年网红小家电和新品牌层出不穷的根本原因。

但是，部分品牌推出爆款后，通过高性价比提高了爆款的市场份额和销售规模，却在渐进式多元化做大企业的过程中，没有坚持对"势能"的持续利用，没有在产业链上的设计、生产、分销、渠道、品牌树立等不同环节采取不同的利用"势能"的策略，最后导致企业有了大相径庭的发展态势。特别是近几年来，部分新进入小家电行业的新品牌，由于利用"势能"的程度不同，让企业的发展出现了明显的两极分化。

坚守行业本质，守住竞争优势。

第 12 章　技术标准左右未来
我国元宇宙的发展

2021 年，美国著名的互联网公司 Facebook 改名为 Meta，开启了世界和我国的元宇宙热潮。涉及元宇宙概念的上市公司股价连续大涨一二十个交易日，不少公司的股价翻了数倍，甚至部分地方政府也跟风，成立了元宇宙产业园区和元宇宙产业基金，支持元宇宙的投资和创业。但是，几年以后，这一切或许将是一地鸡毛。因为，元宇宙实现的条件是所有企业产品在同一技术标准基础上的互联互通。而目前元宇宙还没有技术标准，未来能够参与制定技术标准的只有少数企业，现在如此之多的企业、政府、基金涉足元宇宙，就决定了未来多数人的投资会打水漂。元宇宙的技术标准是左右我国未来元宇宙发展的基础。

在 2015 年前后，虚拟现实（Virtual Reality，VR）和增强现实（Augmented Reality，AR）火爆时，就有不少公司涉足其中，最后都落得不尽如人意。今天再提元宇宙，在技术还没有取得突破性进展的前提下，就是七年前 VR 和 AR 的升级。元宇宙未来最大的应用场景是在游戏领域，要建立一个完全的虚拟世界，需要各个参与公司的产品统一在同一个技术标准之下，如同安卓文件无法在苹果操作系统上运行一样，需要在世界范围内建立统一的技术标准，这不仅需要时间，还需要龙头企业投入大量的资源搭建基础技术平台，更需要得到世界同行的认可。只有掌握了标准，才能掌握未来元宇宙的主动权，这就注定了元宇宙是一场竞争激烈的角逐，不仅在于人力资源投入，更在于资金投入和技术标准的提前研发。因此，此阶段参与元宇宙的企业，就需要围绕技术标准的制定开展相关工作，才可能在最后取得成功。

我国通信行业经历了"1G 空白、2G 跟随、3G 突破、4G 同步、5G 引领"的艰辛历程。在 2G 时代，我们跟随欧美技术，国内相关产业得到快速发展；到 3G 时代，我们在部分标准上实现突破；到 4G 时代，我们能够和欧美同步研发；到 5G 时代，我们走到欧美的前面，就导致中兴和华为被美国打压至今。现在又迎来 6G 新挑战：针对 6G 后续研究乃至标准化，虽然我国相继发布了面向 2030＋系列白皮书，提出了"数字孪生，智慧泛在"的 6G 愿景、6G 网络六大特征、"三层四面"6G 网络逻辑架构，中国移动还积极推动构建 6G 产学研协同创新平台，但未来如何，就看我国相关企业取得标准制定权以后在产业链上的主导权，以及产业体系的整体竞争优势。如果只是参与了标准制定，没有掌握产业链上的主导权，没有产业体系的整体竞争优势，就如同现在的华为一样，还是会被"卡脖子""断芯片"。

元宇宙也一样，未来发展之路要取得竞争优势，不仅要参与技术标准的制定，还要确保整个产业链的安全，才能完全掌握行业标准制定的主动权，也才能维护产业体系的安全。根据现在业界对元宇宙发展和应用的畅想，我们预测未来元宇宙的技术标准之争、产业体系主导权之争、产业体系的安全之争会比现在的 5G 产业更为激烈。那么，现在和未来没有标准制定能力的企业能否承担这样的竞争后果呢？

依据元宇宙的描述，其依旧还是 IT 产业，以后我国的元宇宙产业是否会遇到 5G 产业一样的激烈竞争情形，就看我们在元宇宙的技术标准制定上能否足够领先，是否足够早地建立起安全的元宇宙产业体系，否则未来必然就又是一场恶仗。现在参与元宇宙产业，就是在与时间赛跑，就是在比拼研发能力和资金实力，更是在比拼元宇宙的产业体系能力。因此，我国现阶段从事元宇宙基础研究更合适的企业是腾讯、阿里、字节跳动、百度这样的互联网大厂，以及华为这样具有超强研发能力的科技型企业，中小企业更适合做一些应用开发，当未来行业的技术标准确定以后，才能够迅速在新的行业标准基础上开发新的应用。地方政府没有华为、腾讯、阿里这样的强技术企业支撑，参与元宇宙投资，更多就只是引导，投资效果如何，就具有高度不确定性。

20世纪90年代，曾经一度占全国销量1/3以上的彩电大王四川长虹，在后来彩电有背投和液晶技术路线之分时，选择了当时画面显示质量更高的背投技术，背投彩电实现没有闪烁的稳定图像，观众长时间看电视不会有视觉疲劳，但是彩电行业其他多数企业选择跟随韩国液晶电视技术线路，导致长虹在产业链组织、市场销售等方面受约束，让长虹错过了液晶时代，至今都未能恢复当年的市场地位。这20年来影响长虹彩电经营绩效的不是产品质量，不是生产组织，不是技术领先程度，更不是销售能力和管理能力，而是在选择技术路线时是否选择和行业多数厂家一样的液晶技术线路。

未来元宇宙到底将如何发展，我们只能拭目以待。现在面对元宇宙热潮，对于普通投资人来说，最好就是冷静观察，当投资时间窗口出现时再相机而动。现在参与元宇宙投资，多数人的投资大概率会打水漂；对我国元宇宙行业来说，现在就是与美国同行在进行技术和应用标准制定权的争夺赛跑，哪个国家能够先建立起来完整的元宇宙技术标准、应用场景和安全的产业体系，这个国家才有可能在未来的标准竞争中处于有利地位，也才能够引领未来元宇宙产业的发展。

理解行业本质，把握产业未来。

后 记

    2020 年以前在国内没有什么知名度的 SHEIN，到 2022 年融资估值就超 1000 亿美元①，成为我国资本市场异军突起的一匹"黑马"，这意味着成立于 2008 年的 SHEIN 估值将超过欧美快时尚巨头 H&M 与 ZARA 的总和。放眼观察我国未上市的新经济公司中，超千亿美元估值的仅有字节跳动、蚂蚁金服和阿里云三家，而且这三家具有显著的技术优势和寡头垄断的市场地位，而 SHEIN 凭什么成为千亿美金估值的未上市公司呢？

    这两年来，SHEIN 的估值一直以火箭般的速度上涨。在 2020 年 SHEIN 完成 E 轮融资时，其估值约为

---

    ① 详见：《SHEIN 公司的百亿美金难题》，网易财经，https：//www.163.com/money/article/HG41LQFK00258105.html？clickfrom＝w_money，2022 年 8 月 31 日。

150 亿美元；2021 年 6 月，SHEIN 的估值就约为 470 亿美元；现在不到一年就又翻了一倍，成为我国为数不多、崛起最快、估值过 1000 亿美元的独角兽公司。

据统计，在 2021 年 SHEIN 是美国下载量第二大的购物应用 App，仅次于亚马逊；但在应用程序安装量同比增速方面，SHEIN 是 68%，亚马逊则是下降 2.4%；甚至在 2021 年 5 月 17 日，SHEIN 一度超越了亚马逊，在美国安卓、苹果商店内购物应用程序下载排行榜内位居榜首。2022 年 3 月，SHEIN 的下载量再度超越亚马逊。SHEIN 的营收也从 2016 年的 6 亿美元攀升到 2021 年的 157 亿美元。

SHEIN 取得这么快速成功的秘诀是什么呢？快时尚模式发明者 ZARA 的服装周转时间是 20～30 天，SHEIN 只需要 10～14 天就可以完成设计和生产全过程，每日上新款式超过 3000 款，每周上新款式已经超过 2 万款，遥遥领先 ZARA。2022 年 4 月 5～7 日，SHEIN 独立站上女装全品类上新数量分别为 6854 款、6850 款、7291 款。2021 年 1 月到 10 月这段时间，SHEIN 的上新量是 ZARA 与 H&M 之和的 20 多倍。业内人士透露，SHEIN 一直都将速度放在供应商评价体系的首位，90%的 KPI 都关乎速度与产能。

SHEIN 打造了一套强大的供应链信息系统，接入各大浏览器，探查时下任意地区的流行趋势，通过该系统收集信息提供给 SHEIN 的供应商，以此指导其设计产品，对消费者偏好做出即时反应。正式售卖开始之后，一般首单只有 200～300 件，数据验证畅销之后多次翻单补货，甚至在一天之内多次下单，以确保足够低的库存和足够高的周转率。虽然 SHEIN 对供应商的采购价压得很低，但是付款非常及时，不会超过一个月，使得供应商的配合意愿度非常高，随时响应下单需求。按照就近原则，SHEIN 在广东组织起了一张庞大的供应商网络，其中 SHEIN 在距离番禺总部两小时车程的区域内，发展了 300 多家核心服装厂供应商，其全部供应商超过了 2000 家；并计划投资 150 亿元，在广州新建供应链总部。相较于 ZARA 等快时尚品牌从欧洲设计，到东南亚和中国生产，发回总部仓储后再统一发货的长流程，SHEIN 在效率上明显更具优势。

SHEIN 能够在这么短的时间取得这么大的成就，就在于 SHEIN 理解并掌握了服装行业的本质是周转率。利用我国强大的制造能力和最完备的服装供应链，将周转率做到极致。围绕周转率，在全链路都围绕提高周转率来减少浪费：无效款式的浪费、流量的浪费、库存的浪费、在途时间的浪费、设计时间的浪费、生产时间的浪费等。SHEIN 的一张设计稿出来，就有几百家工厂待命，迅速将产品生产出来后通过网络销售投放市场。而 ZARA、H&M 和优衣库等快时尚品牌依旧主要通过线下门店销售，不仅需要支付越来越高的门店租金和人工费，而且降低了周转率。SHEIN 没有线下门店，只有纯线上运营，这种极致短流程缩短周转时间的模式造就了 SHEIN 极强的竞争优势。掌握了行业本质，就围绕行业本质做研发、设计、生产和营销，是 SHEIN 快速崛起的核心原因。

对行业本质的研究不仅能让投资人有效规避系统性风险，提高投资的成功率和回报率，还能帮助企业管理者抓住企业经营的重心和主要矛盾，明确工作路径，减少浪费，提升企业竞争力。用行业本质甄别行业，用行业本质筛选行业中的企业，能够高效地找到行业中更有发展前途的企业。这些年取得巨大成功的企业，都是有意或者无意中按照其所在行业的行业本质为基础经营企业，与行业的发展同频共振，取得事半功倍的经营效果，最后在激烈的市场厮杀中脱颖而出。与他们同时期的同行企业，若未按照行业本质为基础来经营企业，即使采取低价策略，在短期内取得一定的市场份额，最后多数还是销声匿迹。

对行业本质的研究，由郎咸平教授发起，启迪了部分人的成功；但是对行业本质的总结，需要积累行业的经营经验，特别是跨行业、多产业的比较经营经验。因此在其发起该项研究之后的近 20 年时间里，跟进的人寥寥无几。我从产业经营转到投资以后，愈发感到认清行业本质对投资成败的关键性作用。我国股权投资已经走过了"捡钱"时代和"抢钱"时代，进入了靠专业能力的"挣钱"时代；"投得进、能上市"的渠道能力终将会被"可赋能、会赚钱"的专业能力所取代。

本书列举了十余个行业的行业本质，希望通过触类旁通的方法启迪读者研究其他行业的行业本质。为了更好地理解行业本质的重要性，我将20余个行业的数十个案例编写成《投资新思路：左右存亡的行业本质（案例集）》，用自己亲身经历的和引发社会关注的案例，来讲述行业本质如何决定企业的盈亏数量级、左右企业的存亡。同时，还开通了"左右存亡的行业本质"和"传立世说"两个微信公众号，以便能够站在行业本质的角度，解读最新发生的热门案例，与大家分享讨论。

认清行业本质，掌握财富密码！

NEW
INSIGHTS INTO
INVESTMENT

投资新思路

新形势下的
股权投资

**Equity Investment Adjusting
to the New Normal**

陈小军 著

经济管理出版社
ECONOMY & MANAGEMENT PUBLISHING HOUSE

图书在版编目（CIP）数据

投资新思路 . 新形势下的股权投资/陈小军等著 . —北京：经济管理出版社，2022. 12

ISBN 978-7-5096-8801-4

Ⅰ. ①投…　Ⅱ. ①陈…　Ⅲ. ①投资—研究　Ⅳ. ①F830. 59

中国版本图书馆 CIP 数据核字（2022）第 214812 号

组稿编辑：梁植睿
责任编辑：梁植睿
责任印制：黄章平
责任校对：张晓燕

出版发行：经济管理出版社
　　　　　（北京市海淀区北蜂窝 8 号中雅大厦 A 座 11 层　100038）
网　　址：www. E-mp. com. cn
电　　话：（010）51915602
印　　刷：唐山玺诚印务有限公司
经　　销：新华书店
开　　本：880mm×1230mm/32
印　　张：7. 875
字　　数：143 千字
版　　次：2022 年 12 月第 1 版　　2022 年 12 月第 1 次印刷
书　　号：ISBN 978-7-5096-8801-4
定　　价：128. 00 元（全 3 册）

推荐序

"风险投资"这一概念在我国是由中国科学院大学经济与管理学院首任院长成思危先生率先提出来的。在成先生任中国民主建国会中央主席期间,民建中央于 1998 年在全国政协九届一次会议上提交了《关于尽快发展我国风险投资事业的提案》,该提案因立意高、份量重,被列为"一号提案"。该提案提出后受到中共中央、国务院的高度重视,并在各部委、各级地方政府和科技界、金融界引起强烈反响,揭开了我国风险投资大发展的序幕。成思危先生因此被誉为"中国风险投资之父"。成先生倡议举办的"中国风险投资论坛""中国非公有制经济论坛"已经成为我国投资界和经济界具有重要影响的年度盛会。

进入 21 世纪,特别是近 10 年来,我国风险投资得到极大发展。中国科学院大学经济与管理学院根据国家经济发展需要,在做好经济研究的同时,也开设了金融专硕等金融类专业,创立了虚拟经济实验室等专项研究室。但是相对于经济和金融的

1

研究，我国学界对投资的研究还相对较少，甚至社会上一部分人将投资当成金融。事实上，经济、金融和投资这三者具有联系，也有区别；三者的理论基础、研究对象、研究方法，以及内涵与外延均不相同；三者的出发点、作用、指导思想也截然不同，在资本市场上只不过在融资这个方面上存在交叉。有人用一种形象的说法来说明三者的区别：经济是肌体，金融是经济的血液，投资是经济的造血中心。

小军工作数年，积累了一定的经验以后，考上清华大学经济管理学院的工商管理硕士，又从事企业经营和投资十余年，再考入中国科学院大学经济与管理学院攻读管理科学与工程博士学位。从产业经营和产业投资的实践中走过来，将过去的经验提升，创造性地提出了"行业本质决定企业盈亏数量级、左右企业存亡"的全新理念。

小军的《投资新思路》，首先分析了经济发展和行业选择的大趋势，再分析了部分行业的行业本质，最后以通俗的语言系统阐述了股权投资采用的一般方法。特别是将复杂的投资问题和企业经营的核心问题抽丝剥茧，总结成通俗易懂的一个词语，就是"行业本质"。认清行业本质，能够让投资人迅速抓住行业的要害，提高投资的成功率和回报率；同时能够让企业经营者迅速抓住经营的核心，围绕行业本质开展企业的研发、生产、营销和管理等，提高企业经营的效率和效益。本套书体现出了投资和企业经营"大道至简"的核心思想。

这套书创造性地提出了一个全新的投资视角和经营视角，根据"行业本质决定企业盈亏数量级、左右企业存亡"这个全新的理念，结合实证案例，能够启发投资人和企业经营者。不仅有益于投资机构，有益于企业，更有益于经济社会发展；还有助于减少社会浪费，引导资本有效投资，引导企业有效经营；更能为人们的投资理财拨开迷雾，增加人们的财产性收入，促进社会"共同富裕"。

小军在自身经历的案例基础上，总结出新方法、提出新理念，并和我国民间谚语相结合，在其攻读博士学位期间完成本套书，这是其从事企业经营和投资多年的心得体会，也是其攻读博士学位期间的学习成果。

《投资新思路：大变局中的行业选择》《投资新思路：左右存亡的行业本质》《投资新思路：新常态下的股权投资》构成了"投资三部曲"：明大势、辨行业、识企业。既适合投资从业者阅读，也适合企业经营者借鉴，还适合政府经济管理部门的工作人员参考。这不仅是一套关于股权投资的书籍，也是一套关于企业经营的书籍，还是一套关于人生投资的书籍。在投资期间感到迷茫时，在企业经营中感到彷徨时，在人生感到困惑时，不妨读读这套书，想必会给您带来有益的启迪。

我真诚地希望这套书对读者有益，对企业有益，对社会有益；更期待小军在以后的工作过程中，坚持思考，不断总结提炼，为经济繁荣、社会进步，再做新的贡献。

汪寿阳

发展中国家科学院院士

国际系统与控制科学院院士

中国科学院预测科学研究中心主任

上海科技大学创业与管理学院院长

中国科学院大学经济与管理学院原院长

2022 年秋于北京

作者简介

陈小军，中国科学院大学经济与管理学院博士研究生，师从中国科学院预测科学研究中心主任、中国科学院大学经济与管理学院原院长、中国科学院数学与系统科学研究院原党委书记汪寿阳院士。清华大学工商管理硕士。"行业本质决定企业盈亏数量级、左右企业存亡"理念创立人。现任中国民主建国会中央委员会企业委员会副主任、清华大学经济管理学院研究生校友导师、清华大学 X-Lab 创业导师、中央财经大学会计学院研究生校外客座导师。

20 岁大学毕业，先后获得汽车摩托车制造、工业企业管理、会计、工商管理、管理科学与工程五个不同专业不同层次的学历学位；由于单位需要，先后应急到汽车零部件、化工、农业、食品、国际贸易、电商等行业负责经营。虽得到不同教训，但均将每个企业某一方面的业绩做到国内同行业同期前三位。之后从事投资行业，历任中日合资公司总经理、日本 SBI

（原软银投资）中国公司首席投资官、基金管理公司总经理等职。先后获得"四川绵阳汽车方向机总厂十大劳动模范""民建北京市优秀会员""SBI 中国 2014 年度最佳撮合奖""中国 2015 年度基础建设领域最佳产业投资人""2016 中国财资管理杰出贡献奖""民建中央 2020 年参政议政工作先进个人"等荣誉称号。

出生于四川省绵阳市盐亭县偏远农村，白手起家，连续创业者。工作一年后，21 岁时将一家十余口从农村迁到城市，为不足初中文化程度的家人分别开办了至今都比较赚钱且适合他们的生意，22 岁时带领工作单位进入长安汽车集团配套体系，23 岁时送已有孩子的哥哥脱产学医五年，24 岁时被单位评为"十大劳动模范"，25 岁时带领工作单位成为长安汽车集团"十大优秀供应商"，26 岁时将全部生意交给父亲和姐姐经营后脱产学习，考入清华大学与美国麻省理工学院联合开办的全英文授课硕士班。在校期间，任 MBA 同学会副主席，经主席团成员一致同意，将 MBA 新生入学义卖所得购买课桌捐赠到老家四川省绵阳市盐亭县麻秧乡小学；参加清华大学和美国斯坦福大学交换项目，与巴基斯坦友人结下一段国际交往的情谊。清华大学硕士毕业后留在新希望集团北京办事处任刘永好董事长的行政助理，后应急到保定、成都负责企业经营。

2014 年放弃了一家知名餐饮企业抛出的出资成立 10 亿元

产业基金的橄榄枝。为更好地学习，出任日本 SBI（原软银投资）中国公司首席投资官，后担任基金管理公司总经理。基于当时国内股权投资乱象，思考什么是决定一个行业和企业存亡的要素，如何才能提高投资的成功率和回报率。自 2016 年开始，考察了十余个国家的多个行业发展，先后研究了国内 20 多个行业的本质。为深入探索经济与投资的内在逻辑，继续申请攻读中国科学院大学的博士学位，对比研究国内外宏观经济、行业本质对企业经营和投资的影响，以及股权投资未来的发展趋势，深入研究企业多元化和并购绩效的影响因素，寻找提高投资成功率和回报率的方法。创造性地提出"行业本质决定企业盈亏数量级、左右企业存亡"的全新理念。

加入中国民主建国会后，曾先后担任民建中央制造业组秘书长、副组长，民建北京市东城区稻香村支部副主任等职务。现兼任民建北京市西城区综四支部副主任、民建西城区企业家委员会副主任、中国中小商业企业协会志愿服务专家、中国管理科学学会创新管理专委会执行委员、北京市人民法院人民陪审员、中共中央党校（国家行政学院）新时代应急管理知识党员领导干部学习读本系列丛书编委。

已发表的部分文章：

1.《多元化经营、公司价值和投资效率》（合著），《科学决策》2010 年第 12 期。

2.《陈小军：九大变化呼唤新型 CFO》,《新理财》2017 年第 12 期。

3.《改革开放让我心想事成》,载《忆往追昔话民建：北京民建会史资料汇编》,2018 年 10 月。

4.《建国七十忆思危 桃李不言已芬芳》,《北京民建》2019 年第 11 期。

5.《管理层能力与投资效率》（通讯作者),《会计研究》2020 年第 4 期。

6.《客户关系管理、内部控制与企业并购绩效测度综合评价——基于多元线性回归模型分析》,《管理评论》2021 年第 8 期。

7.《经济发展预期转弱会影响企业并购吗?——基于中国 A 股上市企业的经验证据》,已投稿核心学术期刊,待刊发。

总　序

　　近年来，人们经常谈起"股权投资的'寒冬'已来临，不知道下一步该如何办"。我也经常被人询问，家庭有一些存款，但是不知道投资什么好。不少中小企业主面对宏观经济环境已经发生的巨大变化，不清楚下一步应该怎么走。炒股的股民聚在一起，会讨论买哪只股票更合适；公募基金的基民聚在一起，会讨论购买哪位基金管理人的基金收益会更高……我们曾见证有人抓住一个机会就能创办一家成功的企业，但也看到不少企业在激烈的市场竞争中苦苦挣扎；我们曾见证有人参与一家企业的股权投资后就实现了阶层跨越，也曾听闻更多的股权投资项目失败；我们知道有人连续买对两三只股票就实现了财富自由，也看到更多的人从股市中铩羽而归，甚至因此背负债务……面对以上这些问题和现象，是否能够从中找到规律性的、可复制的投资方法来给我们做出指导呢？

1

改革开放 40 余年来，我国居民获得财富的主要途径在不同的年代是不一样的。20 世纪 80 年代，财富主要来自贸易，人们利用信息不对称、"价格双轨制"，将海外的商品进口到国内，将沿海的商品销售到内地，就能够赚到钱。20 世纪 90 年代，财富主要来自制造业，当时国内物质不丰富，只要能够将需求商品生产出来并销售出去，就能够赚到钱。自 2001 年我国加入世界贸易组织以后，财富主要来自自然资源及衍生的产业，比如煤炭、房地产及上下游相关产业等，利用我国生产规模急速扩大以后对生产资源的需求，以及在此过程中居民积累财富后对改善生活条件的需求，消费市场规模急速扩大。2010 年以后，随着股权时代的开启，不少人的财富增长就主要来自投资。

我自己在汽车零部件、化工、农业、食品、国际贸易和电商等行业负责过企业的具体经营，尽管得到过各种教训，但在负责各个企业的经营期间，都曾将某一方面的业绩做到过国内同期同行业前三位；我也曾在外资投资公司担任首席投资官，还担任过国内管理规模靠前的基金管理公司总经理；我还先后在国有企业、民营企业、合资企业、外资企业等各类企业中工作过……在此过程中，我一直思考企业经营管理的要义，探索如何才能结合企业实际状况取得在行业中的比较竞争优势，创造可持续经营的能力，并赢得社会尊重。自己多次从零开始，白手起家，连续创业；在从事投资工作的多年里，我也一直思考投资的要义，分析如何结合自身资源条件选择合适的项目，获得满意的回报，并造福社会。

在不断求索的过程中，基于自己已经获得了汽车摩托车制造专业的文凭，在工作和创业之余，我先后获得了工业企业管理和会计两个专业的自学考试文凭。在将跟随我到四川绵阳的家人和亲戚全部安顿好以后，又脱产考上清华大学的硕士研究生，希望自己能够深入研究企业经营管理之道。从清华大学硕士毕业以后，又经过几年的实践，从民营企业到中外合资企业，其间曾放弃一家知名餐饮企业抛出的出资成立 10 亿元产业基金的橄榄枝，出任外国投资企业的中国公司首席投资官，又担任国内规模靠前的基金管理公司总经理，随后再创业……但我始终还是认为自己的投资思想不成体系：浮于表面的财务数据分析，浮于自欺欺人的喧嚣，浮于细枝末节的"术"，未能找到冰山下深层次的本质的"道"。

相对于经济和金融，目前针对投资的研究较少。在日常经济活动中，不少人将投资当成金融，甚至用金融的方法来做投资。事实上，从学科上来讲，经济学、金融学和投资学具有很大的不同。用通俗的话来说，经济学是总结过去经济现象中的规律，讲述经济未来的理想状态，侧重解释过去；金融学是研究"钱"的融通，是调整现在经济的运行，侧重调整现在；投资学是研究"钱生钱"，是描绘未来经济的状态，侧重预测未来。一个通俗的比喻就是，经济是肌体，金融是经济的血液，投资是经济的造血中心。用一个共性的词来描述三者之间的联系与区别，那就是：经济是由过去的养分组成，金融是承载现在经济的养分，投资是生产未来经济的养分。

全国人大常委会原副委员长成思危先生担任民建中央主席时，我在清华大学就读硕士研究生，被吸纳加入民建组织。成为民建正式会员不到一年，我就被任命为民建中央企业委员会制造业组秘书长，这让我对民建组织和相关人员深怀感恩之心。当自己痴迷于所研究的问题，但对研究方法感到困惑的时候，我了解到由成思危先生担任首任院长的中国科学院大学经济与管理学院联合科技部开办了科技创新管理博士班。于是便再度放下工作，脱离喧嚣，沉下心来，考察了 10 余个国家的多个行业发展脉络，研究了国内现阶段 20 余个行业的本质，申请攻读中国科学院大学的管理科学与工程博士学位。基于自己多行业的经营管理实践、多专业的系统理论学习，以及多年的投资经验，期望能从方法论上重新构建适合自己的、可复制的投资思想体系。

从 2016 年开始起心动念，不断构建、不断否定、不断验证、不断探寻，在我的博士研究生导师汪寿阳院士的一再鼓励之下，于 2021 年 9 月开始动笔撰写本套书，完全脱产写作一年有余，写作期间日夜颠倒，经过多次大幅度删减，才初成体系，创造性地总结出了"行业本质决定企业盈亏数量级、左右企业存亡"的全新经营理念。

本套书基于我国经济进入新常态，创造性地提出了用行业本质甄别行业，用行业本质筛选行业中的企业，用常识分辨系统性风险，用底层经营数据鉴别企业，从能否增加社会福利和企业能否持续盈利的角度，结合民间谚语，来思考决策的投资方法。

以一孔之见，从投资决策者的视角，检验提出的方法，引用核心学术期刊发表的最新研究成果，结合我国民间谚语和自身亲历的案例，验证如何把握行业本质，规避系统风险；研究如何快速筛选项目，提高投资成功率和回报率。

以一叶知秋，用亲身经历的数十个案例，对照提出的行业本质，阐述过去和现在我国部分行业和企业沉浮起落的缘由；

管中窥豹，运用该方法指导企业如何在市场竞争中提高企业经营效益，增强市场竞争优势，促进企业经营事半功倍。

本套《投资新思路》的主要观点有：

行业本质决定企业盈利亏损的数量级，左右企业的存亡；

从事强周期性行业的企业，CEO 经营能力比管理更重要；

管理层能力影响投资绩效，CEO 的特质影响并购的效果。

产业资本转型金融资本，是向下俯冲；

金融资本转型产业资本，是向上仰攻。

金融资本渗透产业资本，若在产业中没有根基，注定要失败。

多元化成功的诀窍就是进入利润率更高的行业。

从低利润率行业转型到高利润率行业，是向下俯冲；

从高利润率行业转型到低利润率行业，是向上仰攻。

赚钱的生意都不苦，苦的生意都难赚钱。

股权投资是越老越吃香的"白发行业"。

创造项目的能力比抢项目的能力更重要。

投资需要理解产业、懂得经营、熟悉管理、了解趋势；不仅要摸准宏观经济的脉搏，还要进行中观的资源整合，做好微观的经营管理，又要抬头看行业发展的趋势，更要掌握行业的本质，从而提高投资的成功率和收益倍数。

投资的规范性或从业经验都是"术"，在从业的过程中都可以习得和完善；能否看见、看懂、判对、投准、赋能、协同、陪伴，才是"道"，这需要商业天赋、产业背景、管理经验、宏观判断、跨行业经验和社会资源的支撑。

评价投资能力，不能只看投资"明星项目"和 IPO 项目的个数和回报倍数，还要看投资人从业以来或者机构开业以来投资的总体成功率、回报率和投入资本分红率（Distribution over Paid-In，DPI）；投资在精不在多；复合背景比单一背景投资人的收益高 30% 以上。

在欧美和日本，从事投资的人们，多数都具有十数年甚至数十年的产业成功经历，在积累了一定的企业经营管理经验和产业背景之后，再从事投资。投资是他们职业生涯的最后一站，这与我国现阶段投资从业人员的状况有很大的不同。只有抓住行业本质、看清趋势、守住常识、利于社会，才能规避投资中的系统性风险。

人到中年，是做事的黄金时期。当看到部分企业经营存在无谓的浪费，个别投资走向歧途，不少投资者陷入迷茫，我再次毅然放下工作，将作息日夜颠倒，静下心来完成这套理论与实践相结合的书，在写作过程中进行深度思考，复盘自己经历的部分案例，不仅为自己以后的旅程开示，也为其他有缘人借鉴。

原计划写一本《投资虚实之间》，从 2016 年起即开始构思，酝酿五年，将自己日常观察到的现象进行总结，提炼观点，不断结合理论对照案例进行验证，再提炼投资理论体系。到 2021 年 9 月，感觉投资体系似乎成熟以后，开始撰写本套书。随性所至，完稿后字数过多，于是就打破文章原有的逻辑和结构，拆分成现在的三本，又补充部分章节内容和案例，构成本套《投资新思路》。为了这套书的单本独立成册，存在部分案例从不同角度进行多次分析，部分章节逻辑不甚严密，甚至写作比较跳跃的问题，敬请广大读者谅解。为更好地探寻投资之道，提高投资收益和企业经营效益，欢迎朋友们参与《投资新思路》后续系列丛书写作，共同为提高投资收益和企业经营效益做一些有益的探索。

这些年我沉下心来做研究和攻读博士学位，考察了 10 余个不同发展阶段国家的几十个行业，对比研究了国内现阶段 20 余个行业的本质，自己投资的股权类项目数量不多，金额也不大，但至今没有投资失败的案例。从总体上看，自己投资的股权项目账面投资收益可观，近六年的投入资本分红率（DPI）超过行业一般水平。随着未来股权类投资项目退出的增多，我相信DPI将持续走高。

2022年上半年，我在撰写本套书期间，依据本套书的研究成果，向有关部门提交了数份社情民意文章，其中《关于禁止融资企业参与金融投资促进经济"脱虚返实"的建议》《防止企业财团非理性多元化扩张阻碍创业创新并引发局部金融风险的建议》《关于停止执行房地产开发70 90政策的建议》《发挥政府引导基金作用，培育更多"专精特新"企业，提高我国经济竞争力和创新力》等文章已经被有关部门采纳。

本套书引用了大量例证、数据和学术研究成果，来说明现在部分经济现象背后的成因、未来可能出现的趋势，以及我们可以选择的应对策略。在市场经济条件下，资本没有寒冬，只是行业有周期，板块有轮动；只要我们能发现行业本质，看清行业周期规律，踩准板块轮动方向，就能够让资本持续造福社会。因此，我希望本套书对企业经营管理人员、投资机构从业人员和政府经济部门的有关人员有所裨益，希望能够增强大家对"赚钱"的信心，帮助投资人提高投资成功率和回报率，帮助企业经营者提高企业经营的效率和效益。

《投资新思路》回答了下列问题，希望其中有您所感兴趣的：

1. 为何说股权投资是"白发行业"？

2. 如何才能选准投资的行业和企业？

3. 为何说产业背景对投资人非常重要？

4. 为何多行业背景对投资人非常重要？

5. 如何才能规避投资中的系统性风险？

6. 新希望创业 40 年成为世界 500 强的秘密是什么？

7. 为何说并购将来是常态，并购基金将成主流？

8. 为何说"赚钱的生意都不苦，苦的生意都难赚钱"？

9. 为何说股权投资的"寒冬"还没有来临？何时来临？

10. 为何说未来投资人的最大价值在于创造项目的能力？

11. 为何至少经历一个完整的经济周期对投资人非常重要？

12. 为何说工程师是科学家与企业家之间最为关键的桥梁？

13. 股权投资未来退出主渠道为何是并购？如何才能并购成功？

14. 为何现在 IPO 破发成常态，不少公司市值低于其融资总额？

15. 为何两位数的热门生物医药公司市值低于其持有的现

金数？

16. 评价投资机构的能力为何不能只看投出多少个 IPO 项目？

17. 评价投资能力为何要看总体成功率、总体收益率和 DPI？

18. 为何说周期性行业 CEO 的经营能力比管理能力更重要？

19. 为何说复合型 CEO 是并购（多元化经营）成功的关键？

20. 为何说 CEO 特质影响并购绩效、管理层能力影响投资收益？

21. 为何高管金融背景会导致企业的金融化？利弊各有哪些？

22. 什么样的高管背景组合，才能够最大化企业的经济效益？

23. 为何行业本质能够决定企业盈亏数量级、左右企业存亡？

24. 为何恒大、万达、融创、宝能等"阳春白雪"的房地产企业多元化多数会失败，而新希望、东方希望、通威等"下里巴人"的饲料企业多元化多数都能成功？多元化成功的诀窍是什么？

25. 企业转型成功的诀窍是什么？

26. 如何基于行业本质购买股票？

27. 如何基于行业本质购买公募基金产品？

28. 中民投不调整就会失败的原因是什么？

29. 放弃和某地方政府合作成立产业引导基金的原因是什么？

30. 瑞幸咖啡当年亏损的原因是什么？现在扭亏是做对了什么？

31. 传统企业最坏时刻还没有到来的原因是什么？为何认为政府收入高增长不可持续、股市不可救、市场规律不可违？该如何做？

32. 在猪价快速上涨时认为不应立即新建养猪场的理由是什么？

33. 现在一二线城市的社区生鲜团购失败的理由是什么？该如何做？

34. 为何认为2022年参与元宇宙投资，多数都会打水漂？

35. 2022年起未来五年，认为将有数千家私募股权基金管理人被注销，原因是什么？

36. 为何说市场经济条件下资本无寒冬？如何让资本持续造福社会？

发现行业本质，掌握盈亏阀门；

认清行业本质，掌握财富密码。

前　言

　　为了探讨在经济新形势下如何做好股权投资，本书创造性地提出了按照行业本质甄别行业，用行业本质筛选企业，用企业底层数据识别企业，用常识鉴别系统性风险，从能否增加社会福利观察企业，从能否持续盈利来决定投资，在趋势变化中创造投资机会的方法，并详细研究了影响并购成功的主要因素。

　　找到行业本质是做好投资和企业经营的关键。当前，我国处于百年未有之大变局，新一轮科技革命和产业变革与我国加快转变经济发展方式形成历史性交汇，国际产业分工格局正在重塑，不仅需要我们紧紧抓住这一重大历史机遇，更需要我国经济由"脱实向虚"转向"脱虚向实"，把我国建设成为引领世界制造业发展的制造强国，为实现中华民族伟大复兴的中国梦打下坚实基础。对社会中的个体来说，就是要增加金融性财产收入；对企业来说，就是要提高经营效益，提升企业竞争力；对投资者来说，就是要提高投资成功率和投资回报的倍数——

这都需要准确把握行业本质。

2016年12月4日，我受邀到中央财经大学为在读研究生做了一场主题为"资本市场的春天（喧嚣）与就业（生活）的选择"的公开课，针对当时我国的经济状况、股市、公募基金、债市、房市、汇市、P2P等分别做了分析，并对未来几年的走势做了预测，为学生的职业选择提供建议。五年后回头看，基本一一印证。现在又到了转折的关口，再过五年又会变成什么样呢？

股权投资应该是穿越时空，基于全球视野，纵览世界经济，超越经济周期，透视行业未来，从高处向下俯视，才能在喧嚣的资本市场中保持清醒与冷静，最低以十年为期来审视投资机会。为此，我于2014年放弃了一家知名餐饮企业抛出的出资成立10亿元产业基金的橄榄枝，出任日本SBI（原软银投资）中国公司首席投资官，向国际优秀公司学习。基于当时我国股权投资行业的乱象，自2016年开始我考察了10余个国家的多个行业发展脉络，研究了国内现阶段20余个行业的本质；为探索经济与投资的内在逻辑，申请攻读中国科学院大学博士研究生；沉下心来，对比研究国内外宏观经济、多行业的现状成因，以及未来的发展趋势，深入研究影响企业多元化和并购绩效的主要因素。

我的博士研究生导师——中国科学院预测科学研究中心主

任、中国科学院大学经济与管理学院原院长、中国科学院数学与系统科学研究院原党委书记汪寿阳院士，一直叮嘱我在有自己的观点时，需要及时写出来，形成习惯后，自己的知识体系才能够逐步完善，通过后期的验证来检验之前的判断，有助于未来的研究。因此我在攻读博士学位以后就开始思考如何撰写这套书。2021年"五一"假期，在中国科学院下属投资公司工作的朱志同学对我说，是时候将前些年投资方面的心得整理出来，写成专著，供朋友们参考了。于是我便静下心来，以自己经历的几十个案例为线索，以自己在核心期刊发表的论文为指引，引用最近核心学术期刊发表的研究成果，结合我国民间谚语，整理思路后，写出这套《投资新思路》。

完成谋划多年的人生第一本书之后，我于2021年9月开始启动本套书的编写。《投资新思路：大变局中的行业选择》讲述我国宏观经济内外环境在大变局之下，叠加经济结构转型，带给我国主要行业的变化和投资机会，为投资者理清思路，选择"对"的行业；为企业经营者明晰方向，使其沉稳致远，保持企业的竞争优势。《投资新思路：左右存亡的行业本质》讲述决定企业盈亏数量级、左右行业内企业存亡的一个关键因素，帮助投资者辨别行业中的企业，提高投资成功率和回报率；帮助企业围绕行业本质开展研发、生产和营销，提高企业利润，增强市场竞争优势。《投资新思路：新形势下的股权投资》讲述我国股权投资的现状、未来发展趋势，依据我国经济步入新常态的形势，总结新的投资方法；提出并购是股权投资退出的主渠道，并且分析影响并购绩效的主要因素，提出企业多元化和并购成功的关键因素。这三本书构成投资三部曲：明大势、辨行业、识企业。

为了更好地理解行业本质的重要性，我将20余个行业的数十个案例编写成了《投资新思路：左右存亡的行业本质（案例集）》，用亲身经历和引发社会关注的案例，讲述行业本质如何决定企业的盈亏数量级、左右企业的存亡；也计划在合适的时机编写《投资新思路：新形势下的股权投资（案例集）》，同样以亲身经历和引发社会关注的典型案例，介绍经济新常态下股权投资方法的有效性。

如今国家正处在推动资本去无序化、平台去垄断化、产业去空心化、娱乐去泛滥化，促进科技重产业化、产业重安全化、产业升级数字化，规划区域发展均衡化的大变局过程中，探寻我国经济的走向和部分行业的沉浮，便于追逐下一个投资风口。

由于自己缺乏深厚的学术理论功底、才疏学浅，分析经济的宏观层面就是坐井观天，又因为是以亲身经历的案例来讲述投资的策略，在行文过程中难免以偏概全，甚至谬误百出，还请各位读者批评指正。

在我人生的不同阶段，先后得到杨昌俊、黄加伦、许雍弟、李富林、李忠田、刘明星、王正银、李泽云、黄远松、王俊义、李发红、余涵、杜瑞云、时玉林、李世杰、包瑞玲、潘惜晨、张和平、阮立平、余高妍、郭琨、刘永好、王航、李建雄、陈天庆、游红、Bilal Musharraf、藤井敦、陈超、吉富星、郑育健、李沛伦、周密、张玉川、陈明星、李为、陈永刚、曾元、何刚、王勇、董瑞芬、李昶等不能一一全部列举出来的老师、朋友、民建会友、同事、同学的无私的真诚帮助，让我在每个人生关口都能不断向前。感谢我生命中遇到的每位，是您让我的生命如此绚烂多姿。感恩生在一个充满机遇的好时代，感恩民建组织的培养；更感激我的博士生导师汪寿阳院士，不仅一再鼓励我写出这套拙书，而且在关键时刻的点拨和帮助，让我思想有了升华，坚定了出版的信心。

在本书即将付梓之际，我依旧无法接受李泽云先生已经离开我们快20年的现实。再过几年，我就到了您离开我们时的年纪，但我一直都觉得您就在我身边，默默地关注着我。李叔叔，这些年来，每当我想起您的时候，都是不由自主地泪如泉涌。您我无亲无故、萍水相逢，给予我们家不求任何回报的帮助，让我们家庭在绵阳站稳脚跟，让我有条件脱产补习英语并考上了清华大学的研究生，彻底改变了我的家庭命运和人生轨迹。这些年来，我最为伤心的是在我人生每个重要时刻，您都没能够出席，但我相信您一定都能看到：当我在清华大学经济管理学院参加硕士研究生新生入学典礼时，我仿佛看到您在主席台上空慈祥地俯视着我；当我在中央电视塔举办婚礼，等待婚戒从中央电视塔的塔尖降落时，我仿佛看到您在环绕中央电视塔的祥云里，微笑地看着我；当我在中国科学院大学参加博士研究生新生入学仪式时，我感受到您就在我身边……每当我想起您的时候，您总是慈祥地出现在我脑海里，还未等您说一句话，我便潸然泪下。让我感到宽慰的是，在您离开我们以后，胥爱琼嬢嬢对您的亲家和亲戚们讲，如果女婿算半个儿，小军就要算大半个儿。宽厚、善良、豁达、助人为乐的您，是我学习的榜样，也是我收获到的最宝贵的人生财富。

　　谨以此书深切怀念李泽云叔叔，您永远活在我的心中！

　　谨以此书献给我女儿，你的笑容是世间最甜的抚慰，你是我的天使和骄傲，让我的人生充满意义！

陈小军

2022 年 11 月 18 日

于北京

目　　录

1

第1章　如日方升的股权投资

改革开放 40 多年来，我国居民获得财富的主要途径在不同年代的路径都不一样。20 世纪 80 年代，财富主要来自贸易，利用信息不对称、"价格双轨制"，在国际和国内、沿海与内地之间进行贸易获取财富。20 世纪 90 年代财富主要来自制造业，利用国内物质的匮乏，只要生产出市场需求的商品，就能够销售出去来获取财富。2001 年我国加入世界贸易组织以后，第二产业迅速发展，社会财富主要来自自然资源及衍生的产业，比如煤炭、房地产等，主要是利用我国生产规模急速扩大以后对生产资料的需求扩大，以及进入第二产业人数增多，人们积累一定财富后对改善居住等生活条件的需求。2010 年以后，随着股权时代的开启，人们财富的增长方式逐渐开始来自股权投资。

为了实现扩大再生产，投入再生产的资金来源主要有以下四种方式：第一种，用自己的钱投资自己，实现内生性增长、滚动式发展；第二种，用别人的钱投资自己，借助外部的资源壮大自己；第三种，用自己的钱投资别人，借助别人事业增加自己的财富，比如我国的段永平；第四种，用别人的钱投资别人，"借鸡生蛋"发展自己，比如私募股权投资，代表性企业是日本软银。

我国处在转变经济增长方式、促进经济转型升级的时期，需要大力发展直接融资，提高金融资源配置效率，推动战略新兴产业发展和国家经济可持续增长。与其他国家相比，我国直接融资比重相对较低，这就为我国发展直接融资奠定了市场基础。

1996年，中国人民银行提出"扩大直接融资规模"并首次将直接融资概念引入中国。我国加大通过IPO发行等证券交易方式，鼓励企业提高直接融资比例。我国股权融资在企业融资中占比逐步提高，经过2000年互联网革命带来的财富启蒙，2010年创业板高估值带来的财富效应，引发我国股权投资机构如同雨后春笋般出现，到2015年就成为"全民皆PE"的爆发之年，股权投资理念在我国迅速推广和普及。

第一节 我国股权投资的兴起

股权投资起源于美国。在 19 世纪末，美国不少富人通过律师、会计师等中介人员介绍，将资金投资于风险较大的石油、钢铁、铁路等新兴产业。这类投资完全是由投资者个人决策，没有专门的机构进行组织，这就是近现代股权投资的开端。国际上，股权投资经过 50 多年的发展，成为仅次于银行贷款和 IPO 之后的重要融资手段。股权投资基金规模庞大，投资领域广阔，资金来源广泛，参与机构多样。西方国家股权投资基金占其 GDP 份额已达 5% 左右。淡马锡、黑石、KKR、凯雷、贝恩、得州太平洋、高盛、美林等机构是其中的佼佼者。

我国股权投资以 1998 年 3 月在全国政协九届一次会议上，民建中央提交的《关于尽快发展我国风险投资事业的提案》为标志，代表着股权投资正式进入我国，其经历了以下主要发展阶段：

第一阶段：行业提出萌芽期。我国首批成立的股权投资基金的投资人是外资投资基金，投资风格以风险投资（Venture Capital，VC）模式为主。受当时全球 IT 行业蓬勃发展的影响，外资基于我国人口基数和 IT 行业的快速发展，对我国 IT 业青睐有加，投资项目主要集中在 IT 行业。但是 2001 年开始的互联网危机，使人们对 IT 行业发展过热重新审视，国内 IT 业的风险投资受到重创，这批最早进入中国的股权投资基金大多都没有存活下来。

第二阶段：行业快速发展期。2004 年我国股票市场改革实现全流通以后，股权投资进入了快车道。一是上市公司股权分置改革基本完成，二级市场的高估值使 A 股成为国内公司优先选择的上市平台，内资股权投资基金在 A 股上市中具有本土优势，使得内资股权投资基金发展迅猛。二是政策对外资基金的限制。2006 年 8 月由商务部牵头，六部委联合发布《关于境外投资者并购境内企业的规定》，限制内资企业在海外上市，外资股权投资基金的发展受到限制。此后的三年，国内货币政策相对宽松，外资基金的发展又受到抑制，就给内资股权投资基金腾出了快速发展的空间和机会，大量人民币股权投资基金出现，并取得快速发展，机构数量迅速增加，基金规模逐渐放大。在该阶段，市场整体入股价格在 6～10 倍市盈率。国内目前主要知名的股权投资机构多数都是在这个时期成立的。

第三阶段：行业发展狂热期。由于创业板设立，从 2009 年下半年开始，一级市场持续高温，市场整体入股价格在 10 倍市盈率以上，甚至出现了 20 倍市盈率入股的项目，偏离了市场理性。该阶段的非理性发展主要由以下原因造成：一是二级市场的关联效应。2009 年下半年，随着金融风暴渐渐平息，我国股票市场开始有所复苏，IPO 发行价格和发行速度都十分有吸引力，加速了一级市场的非理性发展。二是宽松的货币政策。为度过金融危机，国家推出了 4 万亿元的经济刺激计划，央行多次下调存贷款利率和准备金率，市场上钱多，企业贷款环境宽松，大量产业资本投向了股权投资市场，既抬高了股票市场的价格，又推高了股权投资市场行情。三是股票发行制度改革和创业板推出，助推了市场波动。在实行上市窗口指导发行价政策阶段，30 倍 PE 是上市公司不能越过的红线。创业板经过 10 年筹备酝酿，一朝放开就引发市场报复性反弹，两者一起放开的叠加效应使反弹幅度更大。2010 年创业板上市的企业超过 10 家，发行市盈率超过 100 倍。二级市场的火爆反过来点燃一级市场的欲望，拉升了股权投资市场的价格。特别是九鼎这样的 PE 工厂出现，更助推了一级市场价格。

在这一阶段，内资股权投资基金数量快速增加，基金规模不断放大。市场赚钱效应使地方政府和国有企业也纷纷参与其中，成立产业基金、引导基金等。由于人民币不断升值，限制企业海外上市的政策没有任何松动，外资基金在我国市场上持续低迷，内资股权投资基金得到了迅猛的发展，到 2015 年，就达到"全民皆 PE"的热度，股权投资管理公司数量暴增，直接导致 2016 年初工商行政管理局不得不暂停带"资本""投资""基金管理"等投资相关名称的企业核名①。

中国证券投资基金业协会于 2016 年 2 月 5 日发布了《关于进一步规范私募基金管理人登记若干事项的公告》，对私募基金管理人持续信息报送、法律意见书、高管人员基金从业资格等方面提出了规范要求。根据中国证券投资基金业协会发表的《2016 年私募基金登记备案情况综述》②，截至 2016 年 12 月底，中国证券投资基金业协会已登记私募基金管理人 17433 家，同比减少 7572 家；备案私募基金 46505 只，同比增加 22451 只；基金实缴 7.89 万亿元，同比增长 95%；私募基金从业人员 27.20 万人，同比减少 10.74 万人。共注销 12834 家私募基金管理人，其中，因未按期完成整改要求而被注销的机构 10957 家，因在办结登记手续之日起 6 个月内未完成备案首只私募基金产品而被注销的机构 86 家，1791 家机构主动注销登记。一大批无展业能力的空壳机构被注销。

---

① 详见：张品秋：《北京停止注册投融资类公司》，《北京晚报》，2016 年 1 月 13 日。

② 详见：中基协：《2016 年私募基金登记备案情况综述》，新浪财经，http://finance.sina.com.cn/money/smjj/smdt/2017-01-13/doc-ifxzqnip1025875.shtml，2017 年 1 月 13 日。

第二节　狂飙突进的股权投资

2014 年年中启动的二级市场，不仅带动了证券投资，也带动了股权投资公司如雨后春笋般不断涌现。已经存在的股权投资机构加大融资规模，一些新人也不断加入这个行当，尤其是"春江水暖鸭先知"的证券公司、银行、会计师事务所、律师事务所等与一二级市场有接触的中介服务人员，他们"近水楼台先得月"，迅速成立股权投资公司，转型成为投资人。

但是这些金融服务背景人员转型创业，存在过度自信和过度投机，在经营上有明显的短期行为。姚德权和付晓菲（2022）考察经济政策不确定性对企业金融化的影响机制以及 CEO 金融经历所发挥的调节效应，研究发现经济政策不确定性的上升对企业金融化抑制效应显著，但具有金融经历的 CEO 可以缓解该抑制效应，并且在非国有企业中更显著。李刚等（2021）的研究也表明 CEO 金融背景加剧了企业"脱实向虚"，进一步区分银行和非银行金融背景后发现，CEO 非银行金融背景对企业创新的抑制作用更明显。因此，金融背景人员担任高管，就非常有必要完善高层管理人员的约束机制，建立背景互补的高管团队。

管理者需要正确认识自身的优势与不足，避免盲目自信导致的过度投机。

例如，我于 2015 年初帮助创立的北京 LC 国际资本管理有限公司，就出现了非银金融背景人员盲目自信导致的过度投机行为。在 W 先生求助我一年多后，我组织了公司的全部投资资金、人员，完全没有想过自己占股份、要利益，就让在 R 证券公司工作的 G 先生和 W 先生处于控股地位，考虑到我仅是帮助他们创业，于是没有设置约束机制；在 LC 公司成立以后，员工到位、投资人钱到位的情况下，G 先生和 W 先生近半年时间联系不上。那时我任 SBI 中国公司的首席投资官，兼任与新华社合资的上海新证财经公司副总经理、与清华大学教育基金会合资的北京华汇通公司常务副总经理，还带着从四川农村来北京的亲戚创业，我就不得不代管 LC 公司。在这种情况下，G 先生从 H 公司融资到一笔钱后，就失联了，这促使我和投资人选择退出 LC 公司，第二年 G 先生和 W 先生不能再融到资金，就将 LC 公司转让出去，至今依旧在 R 证券公司工作。

杜勇等（2019）选取 2008~2016 年中国沪深 A 股上市公司为样本，研究发现，CEO 金融背景对企业金融化具有显著的正向影响，其中，非银行金融背景产生的正向作用更为强烈。这从另外一个角度说明了，金融背景人员从事企业管理，无论是在实体企业还是投资公司，存在延续金融行业从业习惯的惯性，导致企业金融化，看重短期收益，经营行为短视。

在股权投资狂飙突进时期，不仅金融服务的从业人员进入股权投资，演艺明星、教师、酒店前台、医生、翻译、律师、记者、财务等也纷纷涉足。北京 LC 资本管理公司的遭遇，就是 2015 年股权投资市场狂飙突进、大量新人涌入的一个缩影，狂热的市场情绪煽动了每一颗不安分的心，让 2015 年股权投资市场发展如日中天，叠加"双创"、国企改革、政府引导基金，以及 VC/PE 机构纷纷抢滩挂牌新三板，都刺激了 2015 年股权投资市场的飞速发展。

2015 年通过基金业协会备案的股权投资管理公司超过 13000 家，还有更多没有经过备案的股权投资管理企业。企查查数据显示，2011 年我国共注册股权投资管理企业 0.34 万家，2015 年注册企业 2.97 万家，为十年来注册量和增速的最高峰，同比增长 116%。由于股权投资公司的乱象，在 2016 年初，国家工商总局不得不暂停注册投资类公司以后，股权投资管理企业注册量才逐年递减。

2015 年不仅成为我国股权投资狂飙突进的一年，也是股权投资注册企业数量最多的一年，这就为后来非理性发展埋下伏笔，为 O2O、P2P、社区生鲜团购、存悖论的共享经济、虚拟货币等行业投资，浪费了大量的社会资源；投资大量不适合资本化的项目，以及许多没有持续盈利能力、没有未来的项目，为股权投资"退出难"带来了隐患，促进了如今股权投资行业的分化。

以 1998 年 3 月民建中央在全国政协九届一次会议上提出《关于尽快发展我国风险投资事业的提案》为起点，我国股权投资经过 20 余年的发展，走完了国外 60 年走过的路，这快速发展之路，成为投资行业乱象的根源，通过对根源的回顾，能够更好地探索投资的本质和投资的内在逻辑。

第三节　股权投资行业的困境

到 2022 年，不少新上市公司跌破了发行价，部分上市公司的市值低于其融资总额，甚至高达两位数的公司市值低于其账上持有的现金额，股权投资的收益总体持续下降。围绕近年来股权投资收益下降，有人总结为：供给过剩、套利失效、管理机构无核心能力、头部集中、资金周期太短、宏观经济失速、政策变化等原因。但我们需要认识到，我国一级市场已经有超过 14 万亿元的库存，每年还会新增 1 万亿元以上的库存，意味着这些资金都会谋求优先在二级市场卖出，但是二级市场显然没有足够的流动性去支持这么庞大的资产变现，必然导致股权投资行业整体收益率走低。那么我们是否有办法提升股权投资的收益率呢？

在股权投资都热衷于上市退出的情况下，我国股权投资对企业的业绩提升是否有帮助呢？特别是在前些年流行上市前突击入股大量存在的情况下。蒋序怀等（2015）动态分析 PE 机构对企业绩效的影响，研究发现过去 PE 机构在提升企业绩效方面的作用有限。无论是 PE 机构参股当年至企业上市当年，还是锁定期后 PE 机构的减持期间，对企业的绩效影响都不显著；甚至 PE 机构在企业董事会、监事会中所派驻席位比例对企业的绩效影响也不显著。在上市前突击入股，就只是参与了 Pre-IPO 上市套利，并没有赋能企业经营。股权投资既然不能赋能，还要热衷于 Pre-IPO，是不是赚了很多钱呢？

事实上，从总体上看我国 VC 行业是亏损的，不少 PE 投资机构是不赚钱的。越来越多的股权投资基金、政府引导基金，甚至是阳光私募、定向增发基金都普遍出现盈利能力下降，甚至是亏损。因此，有人说是股权投资的"寒冬"来了。但据我判断，股权投资行业的"寒冬"还没有真正来临，2015 年前后成立的大量股权投资基金，在其到期后不能退出之时，或者当这些基金投资的项目大量彻底失败的时候，行业的冬天才真正来临。

有人觉得股权投资近几年遇冷是经济周期性现象，但我们需要知道从 2015 年股权投资非理性跃进式暴增以来，大量没有投资能力的人进入股权投资行业，投资了大量并不适合资本化的项目，或者没有持续盈利能力的项目，甚至是商业模式不成立的项目，提高了一级市场的存量，拉低了整个股权投资行业的收益率，让社会对股权投资行业产生一定的非议，导致我国股权投资行业存在一些问题。

目前我国股权投资存在的问题分析如下：

第一，投资的多数项目无法退出。从 2010 年开始火热，再经过 2015~2016 年的股权投资狂热，投资机构投了不少不适合资本化的项目，或者没有持续盈利的项目，导致普遍性的 IPO 退出率低，很多投资资金被积压，有些项目投了十余年也无法退出，甚至不少投资的项目已经失败。项目通过并购退出，却又缺少并购渠道和能够整合管理并购项目的人才。近年来虽然 S 基金兴起，但是成交一直不活跃。从 S 基金募集金额上看，我国为美国的 2%左右，仅数百亿元人民币。

第二，即使成功上市的项目投资收益率也逐步降低。在股权投资非理性繁荣时，过高估值透支了企业估值的增长空间，导致即使上市后投资回报率也逐年降低。一些"明星项目"经过几轮融资，成功上市后股票套现退出的收益比预期低了很多，甚至有的项目上市后投资收益是负数。部分机构参与"明星项目"是为了提高投资成功率和提升自身在投资圈的名气，为抢这些"明星项目"，大家将估值抬得非常高；甚至为了入局，没有做尽调，就跟着其他机构一起跟投，最后只是赚吆喝不赚钱；还有一些项目融资估值太高，根本不敢上市，一旦上市势必跌破最后一轮募资时的估值；即使上市，个别公司的市值还低于 IPO 前的融资总额。但更严重的是多数标的公司在基金到期后都无法顺利退出。

第三，机构都有大量投资失败的项目。部分机构通过个别

13

"明星项目"或者个别盈利特别高的项目，赢得了市场声誉，但我们更要看该机构的项目总体投资成功率、投资总体回报率和投入资本分红率（DPI），这样才能客观评价该机构的投资能力，而不是看单个成功项目和单个项目的投资回报率。也可以根据投资失败的项目来判断投资机构是否真正具有投资能力，也就是过去是否投资过商业模式或者盈利模式不成立的项目，如果有，就说明该投资机构缺乏投资判断能力。

第四，数量不少的投资机构没资金，也募集不到后续资金。股权投资经过 2010 年的启蒙，再到 2015～2016 年的狂热，在 2017 年行业募资达到顶峰以后，2018 年整个一级市场募集资金量同比下降超过 30%，很多中小投资机构出现全员募资，依旧难以募集到位。现在的情况越来越严重。资金是投资机构生存的基础，没有钱，投资机构就无法持续经营。

第五，股权投资影响了不少企业。一些企业经营得不错，但并不适合资本化，经过投资人鼓动，筹划融资上市，经过几个回合的折腾，企业就倒闭了。如果不向市场融资，自身稳健发展，或许还能够持续经营；融资后有了富余的资金，叠加投资方的鼓动和业绩压力，经营动作就开始变形，走上发展歧路，导致经营失败。

第六，过高估值实质上阻碍了企业健康发展。市场出现一个好的商业模式或者好的项目，投资机构一窝蜂跟进，抬高估值。甚至有项目被威胁，不接受该机构的投资就会去投资竞争对手，让竞争对手处于竞争优势地位，以至于在前些年流行"烧钱"，让一些行业快速催生和部分企业被快速"烧死"，这在"共享出行"等领域最为明显。估值虚高不仅让投资人难以挣钱，而且可能让被投公司下一步无法融资，甚至给项目实际控制人错觉，进而经营动作变形，导致企业现金流断裂。曾有不少项目就是前期估值太高，后期再也无法融资，导致项目最后失败。因此，估值一定要合理，要有融资的可持续性，不能一味地为了好听，虚高估值，最后断送自身的发展之路。

第七，部分投资机构将股权投资当成金融来运行，过滥地采用了对赌、质押等金融手段，扭曲了股权投资市场。金融和投资两者本来不是一回事，股权投资应该采取不同于金融的运营模式，两者的区别体现在：首先，理论基础不同。金融是建立在市场"无风险"的基础上，而投资则是建立在"风险计算"的基础上。金融学的理论基础是有效市场理论和理性人假设。例如，金融学研究利用数学工具为金融行为建模，只有在市场理性等假设成立的情况下，这种分析才可行，如果假设条件不成立，这种分析就缺乏价值。而投资学的理论基础是市场非理性，如果没有市场反复的狂躁不安和情绪极端低落，价值投资者就不可能有机会投资成功。其次，研究对象不同。金融学的研究对象是金融工具的价格，而投资学的研究对象是金融工具的价值。金融学认为风险来自价格的波动程度和波动过程；对投资学而言，价格的波动程度和波动过程是与风险无关的，他们只关心价值是多少，市场提供的买家是否具有足够的安全边际和利益。再次，研究方法不同。金融学已经将学科引入到复杂的数学工具应用上，而投资学的研究方法是，基于公司财务数据和管理能力采用现金流贴现方法的理性价值计算。巴菲特讲过，如果计算一家企业的价值复杂到需要使用电脑的话，那他早就失业了。最后，内涵和外延不同。金融学注重研究"钱"的融通，调整经济发展机理。投资学研究"用钱生钱"，除了研究金融概念上的投资，还研究投入实体经济等。投资和金融两者在资本市场上基本是交易对手，只是在融资这一方面有交叉。一种形象的比喻就是，金融是经济的血液，投资是经济的造血中心。

2020 年后，股权投资行业下行，叠加新冠肺炎疫情影响，股权投资行业处于分化调整状态。部分机构倒闭，不少机构没有资金，更无法再融资，实质是 2015 年前后股权投资非理性发展的后遗症。非理性发展导致了今天股权投资行业的困境。

第一，2015 年开始的股权投资非理性狂热，投资了不少不该投资的项目，导致行业投资回报率降低，甚至在狂热期"抢"的投资项目已经失败。2015 年，在中国基金业协会备案注册的私募基金管理人超过 2.4 万家，其中股权投资超过 1.3

万家；在 2016 年要求律师事务所出具法律意见书后，股权投资降到 1 万家以内。到 2021 年，基金业协会注册私募管理人又超过 2.4 万家，备案基金产品超过 8 万只，合计管理规模超过 15 万亿元，其中一级市场超过 13 万亿元，备案从业人数超过 23 万。基本可以确定投资行业从业人员过剩，僧多粥少，过剩的人员势必要找事情做，就会投资一些并不适合资本化的项目去赌概率，导致行业整体收益率持续降低。

第二，传统的 IPO 套利模式失效。过去在 IPO 之前突击入股，通过证监会审核后上市就能赚钱，因此出现了不少 Pre-IPO 基金；人们为抢夺优质项目导致估值上涨太快，甚至出现为了能够投进去，将估值成倍报高，让投资机构的盈利非常依赖上市后的股价上涨。方红艳和付军（2014）经研究发现基于成熟资本市场的信息不对称和声誉假说并不能很好地解释我国 VC/PE 的退出方式；相反，源于中国市场的数据反映了近年来我国 VC/PE 行业较为普遍的突击入股短期套现现象。但随着国内 A 股流动性变化和估值整体下降影响，以及注册制改革，投资套利空间开始失效。整个一级市场超过 13 万亿元的投资库存，每年还新增超过 1 万亿元的库存，这些资金都希望在二级市场卖出而获利，不仅是为了收益，也为了投资机构的声誉。如此大规模的一级市场库存要在二级市场变现，二级市场却没有足够的流动性去支持这么庞大的资产变现，势必导致供给

17

过剩。

从另外一个角度来看，我国一级市场投资的企业数量已经超过 5 万家，每年在国内 A 股上市的企业就几百家，如果加上到境外上市的公司数量，在最好的年份也没有超过 1000 家；我国每年新增投资的企业超过 2000 家；国内股权投资退出路径又主要是 IPO，势必导致大量项目无法通过 IPO 退出。据统计，能够通过 IPO 退出的投资项目不到 10%，这就让过去 IPO 套利的投资模式逐步失效。

更为重要的是，2021 年开始频频出现 IPO 破发，打破了 IPO "只赚不赔" 的神话。2021 年 10 月 26 日，中科微至在科创板上市首日开盘就破发；在此之前的几天（22 日），中自科技开锣上市，这家头顶 "燃料电池催化剂第一股" 光环，自带亮点的高新技术企业，上市当天就破发了。在 2021 年，IPO 首日破发新股达到 10 只，打破了人们的 "IPO 信仰"，进一步降低了人们对一级市场的回报期望。在 2021 年上市的科创板企业，到 2021 年底就有 40 多只股票破发；在 2022 年第一季度不少在美国上市的中概股市值跌破了自身上市前的融资总额，在中国香港地区上市的超过十家生物医药企业市值跌破其账上持有的现金数额；2022 年第一季度 A 股有超过 30% 的新股破发，说明即使成功 IPO，也未必能够赚钱，甚至可能亏钱。

第三，国内投资机构普遍缺乏产业能力。到目前为止，国内多数投资机构都以抢夺优质项目为第一要务，通过各种资源渠道去发现优质项目，再想办法投进去。指导思想就是"投得进"和"能上市"。这种指导思想在我国股权投资行业发展初期即"跑马圈地"时代是有效的，这就导致大多数股权投资基金没有产业能力，没有企业鉴别能力，更没有做到在某个产业内精细选择项目、精细化管理以及精细化投后服务。通过"抢项目"这种渠道能力取得成功的投资机构，往往投资的项目多；但是抗周期能力、投后管理能力、给被投企业赋能的能力，反而比较低。这种模式就是强调投得进去，投进去之后能搭"上市"的顺风车，基本上无法赋能被投企业经营能力的提升，在 IPO 套利失效的情况下，这种投资模式就难以持续。因此，现在优质的项目都要求投资机构能够提供"钱"以外的资源，能够赋能企业发展。

投资机构在不能赋能的情况下，就更关注企业当前的盈利性，而不是企业长期的发展潜力。孙洁（2014）研究发现私募股权对于企业盈利性的重视超过对于成长性的重视，企业引入的私募股权投资对业绩盈利性和成长性均没有显著的影响。在股权投资机构之间竞争激烈以后，被投企业就越来越看重投资机构的产业资源和赋能能力。张林郁和刘平（2019）发现专业知识水平越高的私募股权投资机构越容易获得企业的信任和依赖，在股权交易的谈判中议价能力越强，从而获得对自身有利的结果。同时，我国民营企业已经进入新老交接时代，如果民营企业的家族代际传承越集中、参与企业经营管理的家族成员越多、家族成员持股比例越高，家族成员对企业的控制力越强，越会削弱私募股权投资机构的议价能力。

鲁银梭和张月莉（2022）比较研究了摩拜和 ofo 这两家共享单车行业的早期布局者，发现两家企业的成长性和盈利性相似，但管理团队的能力和经验差异明显。李斌是摩拜的发起人之一，也是摩拜第一个天使投资人，有连续成功创业和丰富的资本市场经验，王晓峰曾任 UBER 上海总经理，胡玮炜曾是极客汽车创始人。ofo 的创始人和管理团队的创业经验和管理能力略显不足，基本都是北大还未出校门的学生。在投融资关系方面，摩拜表现为投资者对管理者的认可、信任等强关系，ofo 则表现为校友等弱关系。上述差异性影响了两家企业早期的融资便利性和融资难度，摩拜较容易获取融资且拥有较强的融资主动权，而 ofo 在早期融资过程中主导权略弱。

更为重要的是，李斌不仅是创始人，带给了摩拜第一笔天使投资，还赋能摩拜各种钱以外的能力。摩拜需要技术时李斌找来了"技术牛人"，需要管理时找来了行业优秀管理者。ofo 基本就靠戴威几位学生合伙人左冲右突，虽然是我国第一家从事共享单车的公司，却没有守住进入行业的先机。在企业最后的结局上，胡玮炜能够采纳李斌的建议全身而退；戴威却没有李斌这样的天使投资人帮助和指点，至今深陷 ofo 的旋涡。

2021 年底，登记在册的基金管理机构中，超过 100 亿元管理规模以上的超过 200 家，而 10 亿元管理规模以下的总计超过 8000 家。基金的头部聚集和规模效应已经非常明显，行业里 2% 的头部机构，拿到了市场上超过 30% 的资金；在我国股权投资市场投资规模前 100 名中，1% 的企业融资额占整个市场融资总额的 48%；主要原因就在于投资机构为降低风险，将大量资金投向头部项目，特别是能看得懂、看得到、有人抢的项目。

2018 年高瓴资本第四期募集资金达到 106 亿美金，创造了整个亚洲的募集资金规模之最，这种基金规模可以导致其投资项目的资金成本以及时间周期的选择范围会比中小型基金大得多。而且，从整个投资行业过去 10 年时间来看，头部效应产生的行业内差距在逐渐拉大，越是头部的公司越容易募资和"投得进去"；越是中下游的投资机构，越是难以募资和难以"投得进去"，收益的波动性和不确定性也就越大，亏损风险也随之变大。

同时还出现一种现象，伴随头部机构管理规模的快速扩张，开始往全资管发展，让小型投资机构在局部行业的竞争优势被头部机构消解，只能寻求差异化发展路径。投资机构间竞争加剧，促使寻求差异化发展策略；甚至头部投资机构通过自有资金出资成为自己管理基金的 LP，进一步扩大和完善自身生态版图。小型投资机构在渠道、能力、资金、资源等方面均无法与大机构抗衡，部分逐渐成为专项基金。在投资策略上也出现分化，大型机构开始往企业全生命周期延伸，从项目早期覆盖至中后期，甚至在二级市场，投资领域也不断拓宽；小型机构则越来越聚焦垂直领域，在具有专业认知及资源的领域深耕细分赛道。

我国刚兴起的前几批股权投资基金多数是以五年期为主，就是为了迎合当时的"IPO 套利模式"。这个时间周期不仅短于一个经济周期，也短于多数企业成长所需要的时间，就让这个时长的基金处于尴尬之中。这种中短周期投资基金强调短期利益的兑现机制，但投资本身又带有比较强的不确定性，导致整个投资环节都急功近利，反过来又催生基金在短期内有可能实现上市的项目上扎堆竞争，都在抢 PRE-IPO 项目，而不是沉下心来孵化项目，陪伴项目自然成长。急功近利地拔苗助长，往往欲速则不达，甚至让一些被投企业走向歧途。

一位清华校友，毕业后到某著名基金做行业研究。由于业务能力突出，他多年笔耕不辍，行业研究文章颇多，职务不断上升。从业十年，蓦然回首，一直勤勤恳恳做的行业研究报告，用他自己的话说，只制造了"市场的噪声"，没有为投资贡献真正的价值。他痛定思痛，入职一家实体企业的投资部门，重新开始做投资。

投资不仅需要理解产业、懂得企业经营、了解行业趋势、摸准宏观经济脉搏，还要熟悉技术发展趋势，才能做好投资。依靠抱团赌赛道、赌概率，是投机，不是投资。

第四，我国投资行业现阶段还缺乏并购整合人才。在国外，股权投资的主要退出路径是并购，国内股权投资的主要退出路径是 IPO，这样就让退出渠道严重不足。据《证券日报》报道，2021 年 A 股市场并购重组按首次公告日并剔除交易失败案例来看，截至 10 月 24 日，A 股市场共发生 1945 起公司并购事件，较 2020 年同期的 1640 起增长 19%。就企业性质而言，有 640 起参与方为国有控股上市公司，占比 33%。2021 年已有的 13 起百亿元以上并购事件，国有控股上市公司参与了 10 起。以上报道说明了国内并购市场在稳步扩大，但是并购还没有成为股权投资的主要退出渠道，未来还有很大的增长空间。

第五，也是最重要的原因，我国投资行业的一部分人没有掌握行业的本质，对影响行业和行业中的企业存亡的关键因素不了解，只注重企业的财务指标、市场指标和盈利性；对企业在行业中和市场中存在的理由认识不足，缺乏对项目的真正判断能力，甚至抱着侥幸的心理，跟风投资一些明显不着边际的项目，例如 P2P、虚拟货币等，热捧一些明显和社会效益冲突的项目，例如，综合医疗服务、义务教育阶段的校外学科教育培训等，以及一些违背社会常识的项目，例如部分共享经济项目等，还有大量违背行业本质的项目，导致股权投资行业的总体收益率降低。

第四节　创造项目将更为重要

　　股权投资从业者具有相对较多的企业信息、较多的行业知识，以及跨行业比较能力，如果能够将这些信息、能力和知识整合出来，就有可能产生新的商业机会，摩拜单车就是这样的典型例子。蔚来汽车创始人李斌知道，定位锁的技术解决以后共享单车的定位、远程智能开锁就能够解决。李斌测算好盈亏平衡点和共享单车四年"零"维修就可以盈利后，动员胡玮炜创业共享单车，并支付了首笔天使投资。摩拜单车就是李斌作为有产业背景、有创业经历的投资人，发现几种关键技术难题解决后整合出来的商业机会。在摩拜单车连续融资导致估值过高，企业价值低于企业融资估值、企业持续经营存在问题时，李斌决定将摩拜单车股权转让给美团，实现了投资人和创始人的良性退出。

　　摩拜单车的案例，很好地诠释了具有整合并购能力的投资人的重要性。同时期的 ofo 单车，是创业最早、规模最大的共享单车经营主体，在企业价值低于企业融资估值的时候，也有企业愿意并购，但是 ofo 创始人戴威没有李斌这样具有整合并购能力的投资人帮助，终究错过数次别人伸出的橄榄枝，企业深陷旋涡。

　　根据企查查信息，到 2021 年底，ofo 单车的管理公司北京东峡大通管理咨询有限公司共计涉及 265 条终本案件信息，总执行标的 6.71 亿元，未履行金额 6.45 亿元。从 2018 年 ofo 爆发资金危机之后，曾开启上线退押金系统，那时申请退押金的用户达到 1600 万人次；到如今，被 1600 万人追债的 ofo 基本上已经消失在大众的视野中；但是鉴于押金未退，ofo 时不时因此登上微博热搜，受到消费者的广泛讨论。

　　对行业本质认识不足、供给过剩、套利失效、无核心能力、头部集中、存续时间不足、缺乏具有整合并购能力的投资管理人等，导致国内一级市场出现普遍性、趋势性的盈利能力下降。这种盈利能力下降的情况持续下去，不仅会对经济周期产生影响，而且标志着整个中国一级市场投资行业的暴利时代结束。

　　股权投资行业同样存在"二八法则"，少数人挣了大多数人的钱，让这个行业从外部看起来容易暴富，导致部分从业人员急功近利，特别是我国现阶段股权投资从业人员主要以没有产业背景的年轻人为主体，就加剧了不成熟的、急功近利的投资行为。但是，未来股权投资行业寒冬来临以后，对于投资人来说，更为重要的是创造项目的能力，要将不同的技术、跨行业的知识整合起来，创造一个新的投资机会，从而提高投资的成功率和回报率。

第五节　股权投资是"白发行业"

股权投资职业如同医生，是一个典型的"白发行业"，越老越值钱。从业人员的从业经历、投资经验、项目判断能力、渠道资源、行业人脉、管理经验、多行业的比较经验，以及跨越经济周期的经历等都非常重要。股权投资行业不仅强调人的商业天赋、产业背景、技术背景、整合能力和社会资源，也强调"人的勤奋"和"经历"。"多听、多问、多跑、多看、多思、多学、多请教、多经历"，放下身段、谦卑地见识各种各样的项目，经历各种各样的事情，积累多个行业的经验，总结出行业的本质，掌握行业的规律，熟悉宏观经济，不断复盘，形成自己的经验和方法。在这个过程中不断总结，建立个人品牌、人脉和渠道，整合可控资源，发现和创造投资机会，而不是通过广撒网、赌概率。

股权投资最后都会深深打上投资人的个人烙印，成为个人的名片、机构的成功，就如同巴菲特之于伯克希尔哈撒韦、孙正义之于软银、张磊之于高瓴、沈南鹏之于红杉、徐新之于今日资本、徐小平之于真格……股权投资进入的门槛低，但做好的门槛高。随着 IPO 套利失效，股权投资行业进入寒冬，如果还不掌握行业本质，做好股权投资的难度将会越来越大。

　　基于股权投资行业出现的变化，如果没有企业管理经验、没有产业背景、没有技术专长、没有资源整合能力，延续以前"赌概率"和 PRE-IPO 套利的"渠道能力"投资模式，未来将很难再获得好的投资回报。股权投资需要具有产业背景、懂技术的产业整合者。2021 年 10 月 27 日，刚好看到报道，红杉基金摒弃过去"成功"的投资模式，着眼于未来，创造项目。红杉资本认为优秀的创业者希望对世界产生持久的影响，他们的雄心并不局限于 10 年。红杉资本的有限合伙人将投资红杉基金，红杉基金依次将资金分配给一系列封闭子基金，用于每个阶段的风险投资。这些风险投资的收益将以一个持续的反馈循环回流到红杉基金，让投资不再有"到期日"。

　　红杉资本将消除所有人为设定的时限，使红杉管理人员能够加入被投企业的董事会，帮助被投企业在未来几十年的时间里实现他们的发展潜力；允许红杉在被投企业 IPO 以后依旧长期持有标的股份，并为红杉的有限合伙人寻求长期回报，这增加了红杉的灵活性，还进一步增加了对新兴资产的投资。

　　根据欧美历史数据统计，复合型背景基金管理人的投资收益比单一背景的管理人高出 30% 以上。我国目前的股权投资从业者多数都是单一背景，而且多数还没有实体企业的经营管理经验，这是股权投资行业初期发展的必经之路，但经过一段时间的发展之后，我国必将逐步发展成为以具有产业背景投资人为主体的基金管理人市场。

股权投资管理的规范性或者从业经历都是"术"，在管理的过程中可以学习和完善；能否看懂项目、判对项目、投准项目、赋能项目、有利润地退出，才是"道"，需要商业天赋、产业背景、企业管理经验和社会资源赋能。多产业背景、多行业经历将是成熟市场优秀股权投资人无法绕过的一段职业履历。如同欧美和日本一样，具有十余年甚至数十年的成功产业经历，积累了一定的企业经营管理经验之后，再从事投资。投资是职业生涯的最后一站。

随着越来越多的产业背景人员进入投资行业，以及我国 CVC 的兴起，我国股权投资从业人员中具有产业背景的比例将会越来越高。

第2章 股权投资遵从基本的经济规律和常识

股权投资是将企业股份作为"商品"进行交易，是一项经济行为。由于"股权"作为"商品"的特殊性，股权投资不仅要遵从经济的一般规律，而且还由于其特殊性，令该经济行为比一般的商品交易更为复杂，要求参与人员对"商品"的知识了解更为全面，从业的阅历更为丰富。

股权投资是为了投资收益，目的是有利润地退出。例如摩拜单车和ofo，摩拜创始人胡玮炜能够比ofo创始人戴威更为成功地退出共享单车行业，原因在于胡玮炜无论在创立、运营还是最后退出，都能够基于行业的实际现状做出客观决策，没有被当时共享单车的狂热发展迷惑。

判断一个投资项目是否可行，首先就应该从经济的一般规律和常识上来进行判断。近年来，中民投的快速沉浮起落，印证了一个常识，即"由奢入俭难"。抠分分钱的产业从业者做不好的企业，挣钱挣得不好意思的金融从业者，通过高举高打切入是很难成功的。在 2014 年中民投筹划成立之初，我就认为中民投很难成功。诚然，如果中民投能够摸准经济周期，踏准行业规律，通过对强周期性行业进行逆周期管理，做行业整合，还是有可能成功的；遗憾的是，中民投从成立之日起就没有将具有丰富产业背景的人纳入高管团队，基本都是金融从业者组成的管理班子，一方面难免延续高举高打的惯性，另一方面在产业节奏的把握上必然就是盲人摸象。逆周期管理的核心是把握住行业周期的脉动，多数时间需要等待，但是在常识上，金融从业人员带来的企业金融化，是很难有耐心等待的。

第一节　股权投资是为有利润地退出

经济活动的目的是"利益"，从事股权投资的终极目的是交易特定企业的"股份"获得相应的投资回报。因此，任何股权投资活动的出发点都是该投资能否顺利退出，退出后能否获利，而不是为了投资过一个项目或者参与了明星项目这样的"虚名"。股权投资是以终为始的经济活动。

首先，股权投资的目的是退出。股权投资只有确定了能够安全、有利地退出才能参与。以持有为目的的投资，是因为持有的收益大于退出后的收益，而且在持有期间都能够顺利退出。这些年有不少以持有为目的的投资标的，实质是标的项目具有潜在的升值空间，或者利润分红能够覆盖资金成本，让持有比退出更为合算。我曾经投资的北京新发地农产品股份公司，就是以持有为目的的投资，每年的利润分红比例高过投资行业的平均投资回报率，而且由于新发地股份持有的土地升值就让企业升值数十倍。但是，部分行业有周期，企业也有生命周期，投资还是要以退出为目的；持有只是因为持有的收益更合算才持有，一旦持有的长期收益不合算时，还是要及时"卖得出去"，不能"砸在自己手里"。

其次，股权投资要以收益回报作为唯一考核标准。股权投资是以投资回报为目的的经济活动，一切都要以投资回报倍数作为核心。通常在做投资决策的时候，不仅会计算投资回报率，还会考虑给投资机构自身带来"经济利益"以外的"声誉""选择权"等无形回报，例如切入新行业的机会、资源整合机会、建立投资机构声誉的机会等。但经济利益回报始终是股权投资的唯一考核标准。

再次，股权投资不仅要"资合"，更要"人合"。需要所有人团结一心、齐心协力，将企业股权经营升值。在现实中，不少投资项目自身有发展前途，但就是因为合伙人之间，或者创始人与投资人之间产生矛盾，让企业走向衰亡，最后两败俱伤。因此，在投资决策前，一定要详细分析合作伙伴的性格特征，只有"匹配"了才能参与，否则就需要三思。在前文提到的北京 LC 国际资本管理有限公司失败的主要原因就是"人合"上出现了问题，我在明知 W 先生和 G 先生的性格特征不适合创业的情况下，只考虑无私地帮助他们，不仅选择性忽视了他们根本没有能力创业的"性格"特征，而且还让他们占据控股地位，最后让项目走向失败。

最后，投资需要考虑到标的企业经营过程中的各种风险。股权投资之所以又被称为风险投资，就是自身具有较高失败率的经济风险活动。因此对风险的识别和控制就尤为重要。在后文的股权投资风险识别与控制这部分，我将专门分类讲述行业的系统性风险、实控人和核心团队的个人风险、企业结构性风险、经营异常风险的识别与控制。从事股权投资，虽然是一个不断识别风险、控制风险的过程，但是我们不能为了可能的高回报，忽略潜在的风险。因为，一个不起眼的风险就有可能将企业置于死地，特别是行业本质这个因素。在行业本质没有起到决定企业存亡的时段时，投资人往往容易只关注营利性，而忽视行业本质在企业和行业竞争中的关键作用。

投资的目的是经济利益回报，因此股权投资从始至终都需要以投资回报的倍数作为唯一诉求，切勿掺杂感情因素和私心。这样才能做好股权投资。

第二节　股权投资遵从基本经济规律

股权投资是一个看起来风光，实则劳心劳力的苦活，也是一门"干到老，学到老"的职业，它遵从基本的经济规律。

第一，股权投资是周期性行业。股权投资的周期和股市的周期、经济的周期高度重合。股市火热会刺激股权投资，如同2010 年前后创业板开闸，引发我国本土投资机构如同雨后春笋般不断出现。2014～2015 年我国股市的兴旺又促进了我国股权投资狂飙突进。但是股市的熊市又会让股权投资走向低迷，如同 2016 年后股市的低迷，让股权投资机构出现大面积的募资难，导致现在不少股权投资机构陷入困境。2021 年至今的股市低迷和横盘，让部分股权投资机构被基金业协会列入"失联名单"。

股权投资的周期还与经济周期高度重合。当经济景气时，人们预期乐观，资金充裕，就愿意参与股权投资；一旦经济陷入低迷，流动性匮乏，对未来预期悲观，人们就会捂紧钱包。可是，在经济不好的时候，股权的价格才相对便宜；经济兴旺、股市处于牛市时，股权价格就相对较贵。因此，利用好周期，做好股权投资的时间错配，在经济低迷时买进，在经济兴旺时卖出，是股权投资需要遵从的一般交易规律。

第二，股权价格围绕价值上下波动。由于股权投资具有周期性，价格必然随时间波动，但是价格总是围绕价值这个"中枢"上下波动。只有对股权价格合理估值，才能让交易公平，才能为后期的良好合作打好基础。在后文的企业估值中会介绍几种估值方法，就是希望交易建立在社会公认的估值方法推导出来的客观、公正的价格基础之上。股权投资不是零和游戏，而是寻求 1+1>2 的协同效应。在经济兴旺时的过高估价，都会在经济正常后回归到真实的"价值"附近。因此，即使再火热的项目、再抢手的项目，都需要客观估值，在其合理估值的基础上，依据当时的供需关系和长期经营预测来商谈价格。

股权投资是长周期的经济活动，不仅受交易价格，还受交易机会、交易窗口期等因素影响，因此，不能企图利用股权价格的波动来做波段谋利；而是要坚持"价值投资"的"长期主义"，不在于短期的价格波动，而在于长期持有的价值增值。这就是股权投资与股票投资的不同，股票投资是因为具有良好的流动性，只要价格合适就可以随时交易；但是股权投资流动性弱，交易周期长，不确定性大，就更需要坚守"价值投资"的原则。

第三，股权投资的前提是项目可行。项目可行除项目自身具有经营可行性以外，还包含项目资本化可行或项目具有持续持有的价值。在前几年股权投资火热的时候，似乎一切项目皆可资本化，只要是一个项目就希望融资上市，这样不仅让部分企业走向了歧途，加速了我国经济的"脱实向虚"，让浮躁的资本市场更加浮躁，最后落得一地鸡毛。一些项目具有经济可行性，但是不具有资本化的可行性，就不适合市场化的股权投资参与，只适合创业者作为一份事业经营。也如新发地这样的项目，虽然可能无法资本化，但是项目持有的投资回报率比较高，股权投资通过利润分红就有足够的投资回报率，如果再考虑股权升值部分，投资价值就更大。因此，股权投资一定是基于项目本身具有可行性，不能基于市场情绪、个人感情等因素考虑股权投资项目。

第四，股权投资会放大人性的弱点。股权投资是和钱打交道的行当，在巨大的利益面前，人性的弱点会被充分暴露。因此，从事股权投资要基于人性的弱点，设置好相应的制约条款，千万不能用利益来考验人性。

股权投资无论成功还是失败，都会暴露人性：失败了，容易相互指责；成功了，容易在巨大的利益面前撕裂。股权投资首先需要"人合"的经济行为，要基于人性的弱点考虑相关条款，不得用利益考验人性。我国 P2P 失败的原因之一就是用利益来考验人性，导致商业模式不成立。

第三节　股权投资遵从基本认知常识

股权投资不仅要遵从一般的经济规律，也要遵从基本的认知常识。经济活动来源于生活、来源于社会，就需要符合生活、符合社会、符合经济的基本认知常识。一旦脱离了认知常识，就需要思考背后的原因。

我们再以咖啡馆和商务餐饮为例来分析说明认知常识对股权投资的重要性。2018年，瑞幸咖啡成立，依据大家在外喝咖啡的主要功能是社交这个认知常识，我认为采取当时商业模式的瑞幸咖啡不可持续。因为将社交的场景堂食剥离，只将咖啡作为满足个人功能需要，就会极大地减少咖啡的市场规模，并与在家庭和办公室自制咖啡之间形成竞争。如果密集开店，高补贴营销推广，只是在培养顾客喝咖啡的习惯，一旦补贴取消，密集开店的固定成本一定，销售数量下滑，就很难盈利。

从常识上讲，在中央颁布"八项规定"以后，高端商务餐饮最好的选择就是走向大众化商务餐饮，面向消费基数更大的中等收入群众，而不是再继续坚持走高端路线，才能够生存下来。但是，我们依旧发现一些企业和投资人看到大董烤鸭的成功，依旧选择走高端路线，希望复制这种小众的成功，这就与餐饮行业当前的认知常识不一致，经营的难度就增加，不少投资人最后铩羽而归。

针对不同的消费群体，在选择菜系、定价策略方面时也应该有所不同。如果在城市著名的旅游景点开商务餐馆，虽然环境好、交通便利、人流量大，但很可能最后经营的结果与预期相差甚远。2014 年在筹办"亚洲餐饮联盟"的过程中，我调研了北京后海、成都宽窄巷子、上海新天地、福州三坊七巷的餐饮，位于这些繁华旅游景点的餐馆客单价显著低于该城市同档次的其他餐馆。原因就是在这些地方就餐的多数都是游客，在观光旅游的过程中就近就餐，不仅就餐时间相对较短，而且对价格敏感，这是在生活常识中能够想到的结果。事实上我在 2014 年调查这些热门景点的餐饮时发现，这些景点的餐馆，大约 40% 是亏损，20% 是赚钱，还有 40% 大致盈亏平衡。这也就是在热门景点区域内，会经常看到门店转租，或者门牌换店名、换菜系的原因。

我国的社会礼仪、传统文化、民族习惯、地方习俗的差异性，导致我国中式餐饮与西方餐饮存在很大差别。但是万变不离其宗，一起聚餐就是可以创造交流机会，增进人际之间的关系，促进感情的提升。因此，不同于西方的长条桌，我国传统的餐桌基本采用圆桌或者方桌，通过围坐在一起，面对面地交流，增进就餐人员之间的相互了解。这也是人们经常通过就餐来判断和观察一个人的家庭教养和个人素质的原因。餐馆在设计、选址、菜系、服务、定价方面需要满足这样的需求，才能够招揽客人、留住客人，提升客单价。前些年品牌餐饮外卖平台的经营失败，就是脱离了商务餐饮的认知常识的缘故，虽然其商业模式成立，但是盈利模式不成立，不具备可持续经营的能力。

商务餐饮和咖啡馆投资需要符合认知常识，其他行业的投资也是一样，需要符合生活、符合社会、符合经济的基本认知常识，一旦脱离基本认知常识，就需要探寻为什么。

第四节　需要在能力范围内投资项目

股权投资从表面上看是点石成金，但实质是有其能力范围的。这个能力范围包括产业能力范围和资源赋能范围。只有在能力范围内从事股权投资，才是真正的投资；超出能力范围外的，是投机，是在赌概率。目前，在我国存量 Pre-IPO 项目大幅减少的情况下，新股破发又成常态，通过突击入股 Pre-IPO 项目进行套利逐渐失效，在自身能力边界范围内从事投资，成为越来越多投资机构的选择。

在能力范围内投资，首先就是创业团队需要在其自身专业能力、资源范围内创业，一旦脱离其自身的专业能力、资源能力范围创业，不仅可能对行业存在认知局限，导致巨大的系统性风险，而且难以获得行业资源的支持，通过"缴纳学费"的方式学习，不仅成本高昂，而且还容易失败。

美菜网创始人刘传军自身并没有农产品领域的资源，也没有农产品领域的从业经历，更没有掌握行业的本质，只是基于小时候的成长经验，认为通过电商可以改变农产品 "to B" 的供应体系。在"互联网+"概念火热的时候下场创业，虽然当时赢得了部分资本的青睐，但商业模式的缺陷让企业至今都很难盈利。应当说美菜网是 to B 业务，比社区团购的 to C 业务每单的体量更大，分摊到每千克蔬菜水果上的运营成本更低，好像更有优势。因此，美菜网从 2014 年 8 月到 2018 年 10 月，共有 8 次融资历程，从披露的金额看至少超过 16 亿美元。

但在美菜网于 2014 年刚成立时，我不看好美菜网当时公布的商业运行模式。2015 年清华校庆期间，我遇见窝窝团创始人王赟明，王赟明是我清华研究生隔壁宿舍同学，通过他才知道刘传军是窝窝团的联合创始人，我请他劝刘传军停止运营美菜网，或者调整商业模式。美菜网亏损的原因是没有践行电商的行业本质，采用低价策略，与运营成本更低、责任心更强和服务更好，将工资当利润的商贩竞争，企业毛利润无法覆盖自身高成本运营，导致美菜网难以盈利。但背后的核心原因就是刘传军没有农产品流通领域的产业背景，进入创业的领域超越了他的资源范围和认知范围。如今美菜网经营已经难以为继。

在能力范围投资，其实是投资机构需要在自身能力范围内选择标的。近年来，投资机构专业化，聚焦在特定的行业和领域，就是在资源有限的情况下，根据自身能力范围从事投资；将有限的资源聚焦在熟悉的领域，才能降低出错的概率，提高投资的总体回报率。

我国有一句俗话，"没有金刚钻，不揽瓷器活"，意思就是要在能力范围、认知范围内做事，无论是创业者还是股权投资机构。

第五节　股权投资需给钱以外的赋能

股权投资就是给"缺钱"企业经营活动需要的"钱",但企业缺钱的实质是缺少包括钱在内的经营资源的结果。股权投资企业需要出钱,更需要赋能企业"钱"以外的经营资源,股权投资企业要具有相关的经营资源,才能做好赋能,这也是近年来融资企业强调的投资条件。

李斌投资胡玮炜的摩拜之所以能够成为一个经典案例,就在于李斌知道定位锁技术解决以后,共享单车的定位、远程智能开锁就能够解决。测算好盈亏平衡点和共享单车四年"零"维修就可以盈利后,动员胡玮炜创业共享单车,并支付了首笔天使投资。在胡玮炜遇到资金问题、技术难题和管理问题时,李斌帮助联系投资人、技术人员并推荐合适的合伙人从事管理。在摩拜单车连续融资导致估值过高,企业价值低于企业融资估值时,李斌将摩拜单车股权转让给了美团,实现了投资人和创始人的良性退出。李斌对胡玮炜以及摩拜的赋能,是基于他具有这方面的能力和资源,不仅创造出摩拜这个项目,而且基于自身对胡玮炜的影响力,将摩拜转让给美团后全身而退。

现在股权投资竞争越来越激烈，由于科创板和北交所开立，IPO 上市前的融资轮次总体逐渐缩短，投资项目越来越走向早期，这就更需要股权投资机构具有赋能的能力，帮助提高项目的成功率和经营效益，补齐标的企业经营中的短板。股权投资机构也只有具有这样的能力，才能在竞争激烈的股权投资市场占据优势；否则，在项目竞争激烈的背景下，很有可能无法参与好项目的投资。

第3章 行业本质决定盈亏数量级、左右存亡

我们可以通过生活常识、社会常识、工作常识来判断是否可以投资一些项目，但是一些行业无法通过常识来判断，这就需要透过行业的现象看行业的本质，从行业的本质上来判断投资是否可行。

养猪行业这些年大起大落，让人们充分意识到现在左右养猪企业存亡和决定养猪企业盈亏数量级的因素不是养殖技术，不是饲料成本，不是企业规模，更不是猪种，而是猪周期。20世纪90年代日本多个IT公司领先世界，由于与后起的美国IT公司的技术标准不同，最后都销声匿迹；影响日本IT企业存亡的不是技术领先程度，不是企业实力，而是是否跟随美国技术标准。20世纪90年代占全国销量1/3的"彩电大王"四川长虹，在彩电有背投和液晶技术路线之分时，选择了当时画面显示质量更高的背投技术，虽然背投彩电实现了没有闪烁的稳定

图像，观众长时间看电视不会有视觉疲劳，但是彩电行业其他多数企业选择了跟随韩国的液晶技术路线，导致长虹在产业链组织、市场销售等方面都受到约束，让长虹错过了液晶时代，至今都未能恢复元气；影响现在长虹彩电经营的不是企业规模，不是自身销售能力，而是多年前是否选择了液晶技术。

2008 年我国经济刺激计划实施后，地方政府的支付能力变强，城市环保企业的业绩变好，环保企业随之上市的公司增多；但到 2015 年后，随着地方政府支付能力减弱，不少环保企业陷入经营困境，出现债务危机，甚至控股权易主；左右城市环保企业盈亏数量级的，不是技术先进程度，也不是城市环境状态，更不是环保企业的规模，而是地方政府的支付能力水平。

在以上的例子中，为何左右企业存亡的基本不是企业自身的技术、销售、管理等问题，而是企业外部相关的要素呢？这就涉及该行业的本质问题。什么是行业本质呢？行业本质，就是影响企业盈利和亏损数量级、左右企业存亡的一个关键因素。比如现阶段商务餐饮和咖啡馆的行业本质是社交，城市环保的行业本质是地方政府的支付能力，养猪业的行业本质是猪周期。

近期元宇宙概念火热，但是元宇宙真正成立的条件是互联互通，在基础标准还没有建立之前，无法做到互联互通，那么普通投资者最好就不要盲目参与。元宇宙需要先建立世界认可、行业通行的技术标准以后，做到互联互通，才能实现其远景发展目标；最后是以什么作为世界公认的标准，还需要时间。因此，目前对大多数人来说参与元宇宙投资就是打水漂。

行业本质随市场环境可能会发生变化，本书所列举的行业本质，是在现阶段行业处于完全竞争的前提下的行业本质。本书是在完全竞争的市场条件下，以及在现有的技术水平和发展状态下，列举的部分行业现阶段的行业本质，并建议企业在经营过程中按照该行业本质来组织技术研发、生产管理和营销推广。在不同发展阶段或者不同竞争条件下，行业的本质可能就与本书所列举的不同。例如，在改革开放之前，决定我国养猪企业盈亏数量级的因素不是猪周期，而是养殖技术；如果料肉比高，养殖周期短，就能够在养猪业中胜出；而现在决定养猪企业盈亏数量级的因素成为了猪周期，是在我国养猪业的猪种趋同、养殖技术趋同、养殖成本趋同、市场环境趋同的竞争条件下形成的。在中华人民共和国成立以前，在我国决定服装企业盈亏数量级的因素就不是周转率，而是成本领先，如果能够低成本生产出服装，就能够在服装行业胜出；而现在在纺织服装的成本趋同的竞争环境下，周转率就成为服装业的行业本质。因此，解析一个行业的本质需要根据市场环境的变化来调整。

洞悉商业本质，看清内在逻辑，调研大量企业，熟悉我国经济宏观趋势，了解微观企业经营基本面，把握常识，避免认知的错误。只有掌握行业的本质，才能更好地选择行业和行业中的企业。为了让企业经营者和投资人更好地理解行业本质的重要性，在《投资新思路：左右存亡的行业本质》一书中，我对十余个行业简要分析了其本质，由于《投资新思路：左右存亡的行业本质》一书篇幅所限，《投资新思路：左右存亡的行业本质（案例集）》将单独出版，以便于企业经营者和投资人能够触类旁通，去思考本套书中没有列举到的行业的本质，以提高企业经营效益和市场竞争优势，提高投资的成功率和投资回报率。

"行业本质"这个概念于 16 年前由郎咸平教授提出，我在汽车零部件、化工、农业、食品、国际贸易、电商、投资等行业耕耘过以后，越发理解行业本质对企业经营的关键性影响，它可以左右企业的存亡、决定企业盈亏的数量级。在企业经营中，若能把握住行业的本质，就能够取得在行业中的比较竞争优势，提高企业经营的效益和效率；在投资中，就能选准行业和行业中的企业，提高投资成功率和投资回报的倍数。

2022 年，SHEIN 在我国资本市场犹如一匹"脱缰的黑马"，突然闯入投资圈中，引起大众一片惊叹，融资估值超过 1000 亿美元，成为我国与字节跳动、蚂蚁金服和阿里云三家比肩的、尚未上市的、超过 1000 亿美元估值的"独角兽"企业，后三家"独角兽"企业都具有显著的技术优势、寡头垄断的市场地位、数以亿计的用户和海量的数据，而 SHEIN 只是一家成立不到 15 年的服装企业，在市场竞争激烈的"红海"市场，凭什么成为千亿美元的"独角兽"呢？答案就是 SHEIN 做到极致的"周转率"。

SHEIN 将周转率比行业最好的企业提高了 1 倍，成为了现阶段世界服装行业的天花板。快时尚模式发明者 ZARA 的服装周转时间是 20～30 天，而 SHEIN 只需要 10～14 天就可以完成设计和生产全过程，每日上新款式超过 3000 款，每周上新款式近 2 万款，遥遥领先于 ZARA。

ZARA 作为快时尚模式的发明者，1975 年成立于西班牙，将传统服装行业的周转天数从原来的 4～6 个月，缩短至 20～30 天。行业最短的周转天数，让 ZARA 成为西班牙第一大服装制造商，也是世界第三大服装制造商，在 87 个国家拥有近 2000 家服装连锁店。

ZARA 成功的秘诀就是每个店长都有专门定制的 PDA，通过它可以直接和总部下单，总部可以直接掌握每个店铺的销售情况，店长可以及时和总部的产品经理沟通。这样，ZARA 可以在 15 天内完成设计、生产和交付。ZARA 作为精准时尚的领先品牌，在时尚界以惊人的速度崛起。到 2005 年，ZARA 品牌就成为全球 100 大最具价值的品牌之一，超越了阿玛尼等时尚行业大品牌，在全球最有价值的 100 个品牌中排第 77 位。2012 年，ZARA 全球运营收入达到 159.46 亿欧元。

ZARA 的老板超越伯克希尔公司董事长巴菲特，成为世界第三大富豪。

因此，全球不少服装企业都在学习 ZARA 的商业模式，中国服装企业也不例外。但是在学习 ZARA 的快时尚过程中，如果没有抓住 ZARA 成功的秘诀是"周转率"，对企业可能就是灭顶之灾，这样的例子在我国和世界其他国家比比皆是。

模仿 ZARA，如果没有学到精髓，就无法比肩 ZARA。要超越 ZARA，只能在"周转率"上比 ZARA 做得更好才有可能。SHEIN 就是在"周转率"上比 ZARA 做得更好的快时尚新巨头。为什么 SHEIN 能够比 ZARA 在"周转率"上做得更好？根源就在于 SHEIN 比 ZARA 的"快时尚"更"快"。

在全球 IOS 系统中，有 54 个国家 SHEIN 的 App 下载量登顶第一，在安卓系统中有 13 个国家登顶第一。2021 年 5 月，SHEIN App 在美国的下载量一度超越亚马逊，成为全美安装量最大的电商购物 App。ZARA 的销售是传统线下门店模式，而 SHEIN 是线上电商 App 模式。线上电商模式天然比传统线下门店上新速度更快、即时销售数据反馈时间更短、规模化量产速度更高、顾客反馈更及时、价格更便宜。通过实时数据的跟踪和分析，SHEIN 将"周转率"做到了比 ZARA 更高，成为超越 ZARA 的强劲竞争者。

早在 2006 年以前，郎咸平教授就揭示了服装行业的本质是周转率。为何直到近年才有 SHEIN 做到并超越 ZARA 呢？对于行业本质的详细介绍，请参考《投资新思路：左右存亡的行业本质》和《投资新思路：左右存亡的行业本质（案例集）》这两本书。

第4章 股权投资的风险识别与控制

在投资前需要根据行业本质来选择行业和行业中的企业，以规避系统性风险，不要投资没有前途的行业和商业模式不成立的企业，更不能触碰政策不支持的行业和非营利性的行业（从事公益性活动的行业另当别论），以及与社会效益相悖的行业和企业。走对赛道，判对方向，选对行业，需要从未来的角度判断项目，就是人们常说的"选择大于努力"。

在已投项目中，如果外部环境发生改变，使得项目的商业模式或者盈利模式不成立，或者和社会效益相悖，就需要及时止损，改变项目的业务方向或者终止项目的运行等，及时降低投资损失。

第一节　投资要规避系统性风险

对我国企业经营者和投资人来说比较危险的一点是，我国经济高速增长 40 余年，大家已经习惯了将高速增长当成人类经济发展的常态。事实是，经济高速增长只是人类经济发展历史过程中的插曲，多数时间都是中低速增长，甚至负增长。特别是我国近 20 年来经济高速增长和房地产价格只涨不跌的走势，推高了人们对经济增长的预期，也推高了人们对未来收入和投资回报的预期，让人们对风险的意识降低，导致人们愿意承担更大的风险去博取更高的投资收益，对一些显而易见的不适合民营资本投资的行业进行了投资，例如，综合性医院、义务教育阶段的学科教育校外培训、P2P、虚拟货币、现阶段一二线城市的社区生鲜团购、团购网站、部分"伪共享经济"等。当过多的社会资金涌入这些行业时，就会加剧这些行业产生系统性的风险。

投资要规避系统性风险，首先不要碰政策不支持的行业。那么如何规避政策不支持的行业呢？就是看政策在"去"什么，对什么敏感，反对什么、规避什么，我们就要服从于什么。

张少东等（2020）采用 2007～2019 年我国上市公司面板数据，研究供给侧结构性改革中"去产能"政策对我国"产能过剩"行业企业的系统性风险边际贡献的影响，发现供给侧结构性改革中"去产能"政策对于改革中涉及的"去产能"行业企业的边际风险贡献有显著负向作用，即"去产能"政策有效降低了我国"产能过剩"行业企业对系统性风险的边际影响。说明我们国家的"去产能"政策确实得到了贯彻落实，通过改善"去产能"行业企业经营状况，提高盈利能力，降低了我国"产能过剩"行业企业的系统性风险。我们从政府执行"去产能"就能够得到想要的结果，就可以得出，政府未来只会提升执行"去"的信心和执行的效率。在这种背景下，我们应该响应政府号召，去规避系统性的投资风险。现在我国正在推动资本去无序化、平台去垄断化、房产去金融化、教育去资本化、娱乐去泛滥化、医疗去市场化、产业去空心化的过程中，我们要思考是否停止在这些行业的投资，已经投资的就需要及时退出。最好的投资就要顺应政府的导向，具体可以参考《投资新思路：大变局中的行业选择》一书的内容。

其次，不能投资非营利性质行业。股权投资的目的是盈利，这就和非营利性质行业矛盾。如果没有高质量服务或者高水准的技术，投资这类企业，盈利就是一件比较困难的事。

再次，不能投资与政府竞争的行业。例如，虚拟货币，其竞争对手就是政府信用背书的法定货币。投资不仅容易打水漂，而且因与政府竞争，估值波动会特别大。

最后，不能投资减损社会福利的行业。投资的目的是增进社会财富，增加社会福利，一旦减损了社会福利，势必会和投资的初衷违背，而且容易"得不偿失"。

第二节　投资有社会关系的项目

投资行业有一句话："好项目都不是从市场上飘过来的。"无论是在欧美，还是日本、韩国，好项目基本都是熟人、朋友或者已投资项目的董事高管介绍的，基本都是具有纽带关系的项目。好的项目，希望投资的人自然不少，在该项目飘到市场上融资之前，份额就会被瓜分殆尽。如果从市场上来的项目，就一定要多问几个"为什么"！投资一定要尽量投有纽带关系的项目，这个纽带关系，既包括人际关系纽带，也包括专业链接关系纽带。

日本三井物产对外股权投资基本都有纽带关系，要么是有业务合作的伙伴推荐，要么是已投资项目的董事推荐，要么是自身经营的产业链的关键环节，这种投资方式让日本三井物产在股权投资方面的成功率和收益极高。

经过 2010~2016 年的 Pre-IPO 热潮以后，国内存量的优质项目基本被各个投资机构"清扫"多遍，通过赌概率的方式投资成功的概率越来越低，这就更需要通过纽带关系链接好的投资项目。因此，在业务过程中建立良好的社会关系网络、职业声誉和专业能力就显得尤为必要。

　　投资任何一个项目，都需要先想好在不同阶段可能的退出路径和最低的预期回报之后再投资，在确定"退"以后再"投"，就需要有可靠的人对项目的真实经营情况、市场前景和实控人的特质做背书，或者投资者自身非常熟悉项目所在行业，了解行业的竞争态势和发展前景，只有这样才能提高投资成功的概率。

　　我国股权投资已经从 PE 1.0 时代（考验眼光，确保被投公司能够上市）和 PE 2.0 时代（考验能力，确保被投公司收入和利润提升），到了 PE 3.0 时代（考验资源，赋能被投公司）。股权投资机构能够为企业赋能，帮助企业提升收入和利润，确保自己投和别人投的价值就是不一样，而不是去"搭顺风车"，才有市场竞争力。需要投资机构熟悉标的企业所在的行业资源，能够嫁接市场、管理、品牌、人力等资源，帮助企业成长，而能够去嫁接这些资源的条件是投资机构要得到标的企业的认同，那么也需要有纽带关系来做背书，或者需要投资机构自身在行业的地位、声誉和过往的成功案例来做背书。

　　标的企业在经营过程中，总会遇到这样或那样的问题，总需要投资机构给予这样或那样的协助。如果双方之间存在纽带，利用好纽带关系，就能够降低沟通成本，很好地协调双方的合作。如果没有纽带关系，在投资以后虽然双方可以建立起良好的合作关系，但基本都是基于标的企业的估值得到提升之后。一旦标的企业的估值没有提升，或者投资机构不能够提供相应的帮助，双方的合作关系势必受到一定的影响。在现实中，不少企业的股东之间就因此产生嫌隙，最后相互拆台和提防，就没有发挥出 1+1>2 的协同效应。

投资机构如何才能够赋能标的企业，而不被认为是"搭顺风车"呢？首先，投资人需要在熟悉多个行业的前提下，深耕一个行业，在一个行业建立起自身的资源优势；或者在一个领域建立起自身的优势，如市场、管理、人力资源、并购、融资等。通过在特定行业的资源优势，或者领域的专业优势赋能企业，才能够得到标的企业来自内心深处的尊重，才能建立双方有效的合作关系，而不会被当成"搭顺风车"的财务投资者。其次，要有随时帮助标的企业解决问题的能力。创业者由于时间、阅历、资源、精力、团队等方面的缘故，无法做好或兼顾的事情，就需要投资机构随时能够伸出温暖之手，尽力帮助标的企业，才有助于建立双方的长期信任。最后，投资机构要以标的企业的长期利益作为自身的利益，不能只为自身利益考虑，更不能为了自身利益牺牲标的企业的利益。创业本身就是"九死一生"，在双方合作过程中一定要相互体谅，集思广益将标的企业的价值最大化。

近年来我国一些好的项目，在每轮融资的时候需要"抢"

份额，越来越多的项目要求投资机构能够赋能，这就更需要有纽带才能"投得进去"。建立良好的社会关系网和投资者的声誉，提高专业能力，丰富赋能资源，是搭建与投资项目纽带关系的基础。

第三节 关注实控人和团队的风险

我们通过纽带关系找到项目之后，更需要通过纽带关系了解项目的风险，特别是实控人和管理团队的风险。实控人的人品、道德、素质、性格等是投资中的"一票否决"项，需要纽带关系或者做尽调时弄清楚。吴静和周嘉南（2020）研究发现我国创业团队冲突产生的原因主要涉及创始人之间的利益纷争、情感问题、人格特质差异、沟通、信任以及创业团队的管理问题。创始人之间的利益纷争是引发创业团队冲突的必要条件，而其演变的过程主要来源于创始人之间的关系冲突即个体特质差异和情感问题，沟通和信任在关系冲突演化阶段起着关键的缓冲或加剧的作用。

因此，在投资决策之前除了传统尽调需要关注的实控人和团队相关的量化指标以外，我们还需要关注实控人以下特征：

第一，个人的社会评价。实控人的人品、三观，是过往人生阅历中积攒下来的，是人最难变化的；除非遇到人生重大变故，深刻反省后才能有意识做出部分改变。一个人的人品和三观在 25 岁之前就基本定型，以后再做出改变是很难的，这些特质会影响后续工作过程中的价值取向、处事方式和决策习惯。如果过去在人品和三观方面存在瑕疵，在被咨询时还有意隐瞒的话，就需要"一票否决"。

第二，个人的性格特征。实控人的性格特征决定以后的合作是否顺利。曾经有一个不错的科技项目，在国家层面得到高度认可。发明人是一位老院士，总认为"酒香不怕巷子深"，想当然地认为客户应该采纳他的技术方案，也想当然地认为国家部委应该推广他的技术。在屡屡碰壁以后，一位退休领导愿意帮助引荐他的技术给更高层级，但是这位发明人认为他和这位退休领导没有交往，拒不在引荐信上签字。退休领导三番五次催促，当这位发明人想明白的时候，该退休领导已经病故，至今该技术没有得到应用，而且还错过了最好的推广时间窗口。实控人能够发明一项技术，或者创立一家企业，肯定有其强于常人之处，但是一定要注意其性格是否有明显的短板，特别是在性格的柔和度、合作意愿、利益分享等方面。如果存在明显的短板，即使好事也未必能够成功。

第三，实控人的婚姻关系。良好的婚姻有利于创业成功，但是不幸的婚姻关系是创业中的不确定因素。按照我国《婚姻法》的规定，夫妻双方在婚姻关系存续期间所得的财产都为夫妻共同财产。当然约定财产的除外。对于夫妻共同财产，夫妻双方拥有平等的处理权，当其中一方对夫妻共同财产进行处理时，需要征得另一方的同意。问题是，对于共同拥有的企业股权，一般来说在公司的股东名册上就只记载了其中一个人的姓名，即只有一方持股，并不能否认这是夫妻共同股权的事实；若需要分割股权，应当作共同财产来进行分割。实控人一旦发生婚变，不论其本人是否愿意，都要按照相关法律规定进行股权分割。由于实控人婚变导致在我国投资圈还出现了投资"土豆条款"①。"土豆条款"是指不少投资人试图在股东协议中增加条款，要求他们所投公司的 CEO（首席执行官）结婚或者离婚必须经过董事会，尤其是经过优先股股东的同意后方可进行的戏称。"土豆条款"来源于土豆网上市过程中因创始人婚变所引发的相关问题，并对后续的风险投资商业惯例和投资协议条款产生了一定影响。

土豆网于 2005 年成立，是我国网络视频行业最早和最有影响力的平台，也是全球最早的视频网站之一，其提供的视频内容包括网友制作或分享的视频节目、提供商的视频节目以及土豆自身投资制作的节目。实控人王微于 2008 年提出离婚。2010 年 11 月 10 日，王微的前妻杨蕾申请冻结了土豆网 95%的股权，而就在前一天，土豆网提交赴美国斯纳克上市的申请，这样上市就不得不推迟，直到 2011 年 6 月 24 日双方才达成协议离婚，

---

① 详见：《土豆条款——由一场离婚诉讼所催生出的风险投资条款》，大工法律人，https：//baijiahao.baidu.com/s？id=1710516480395224374&wfr=spider&for=pc，2021 年 9 月 10 日。

土豆网的上市被搁置半年多，错过了上市的最好时机。土豆网于 2011 年 8 月 17 日在美国上市时，美国资本市场大环境却发生了变化，股价在首个交易日就下跌 11.86%，上市首日土豆网的市值为 7.25 亿美元，而其竞争对手优酷抢先于 2010 年上市，当天市值为 30.8 亿美元，土豆网市值约为优酷的 23.5%。2012 年 3 月 11 日，土豆网宣布被优酷网收购，土豆网退市。土豆网前实控人在 2008 年提出离婚到 2011 年离婚案件彻底结束花了三年之久，离婚诉讼费时费力，持续三年的离婚诉讼对高管的工作精力、工作态度及战略决策都会产生不良影响；更为重要的是土豆网失去了上市融资的宝贵时机，最后才被优酷网收购。

不管是有限责任公司还是合伙企业，实控人都必须慎重思考并严肃处理婚姻可能带来的不确定性。一定要尽早对资产进行合理规划，在双方同意的情况下签署财产协议。部分一股独大的企业，还存在家族资产和公司财产没有明确清晰的界限、股权结构存在潜在隐患等问题，如果不能很好地处理这些关系，随时会引发次生危害。15 年前发展得顺风顺水的真功夫，在发展到高潮时，由于合伙人的婚姻出现裂痕，最后不仅企业发展受到抑制，而且真功夫的三位原始股东没有一位是赢家。本来 2007 年就在筹划着上市的真功夫估值最高时达到了 33 亿元，现在仅剩 15 亿元左右。

第四，核心人员的利益取向。创业有的是因为情怀，有的是因为机遇，还有的就是利益驱使。无论何种原因参与创业，核心人员的利益取向都会影响合作。核心人员对利益要掌握好取舍的度，过于看重利益，不利于团结；过于放弃利益，也会埋下隐患。

由我本人牵头成立的北京 LC 国际资产管理有限公司，最后失败就是由于自身没有关注利益，导致自己组织了全部资金和人员，却只占了 15% 的股份，又没有设置相应的制约机制，主要合伙人只关注其个人短期利益以后，就无可避免地让 LC 公司走向失败。

利益面前能够见人心，因此不能拿利益来考验人心。在坚持原则的前提下，企业实控人和主要核心人员需要有妥协和"吃亏"的容忍度；不求个人利益最大化，但求利益不要最小化。我曾经遇到过一个案例，大股东创业遇到资金困难，邀请其最要好的大学同班同学入股 45%，成为二股东。企业在二股东注资后，引进外部管理团队，再给了管理团队 10% 的股份。在市场环境变化后，企业经营逐步向好。此时两个股东产生分歧，矛盾不可调和，双方商量一方退出企业，但是大股东没有足够的钱购买二股东的股份，就要求以二股东实际投入资金转让股份；二股东要购买大股东的股份，大股东却要求二股东以市场价购买，双方僵持两年多。最后在管理层的斡旋下，大股东答应按照市场价适当打折收购二股东全部股份，但由于大股东钱不足，就留了二股东 10% 的股份未办理股权过户手续。两年后，大股东凑够了钱，希望过户余下的 10% 的股份。可是在这两年中，企业发展得非常好，取得了一系列资质，企业估值翻了数倍，二股东就希望按照当时的市场价格过户余下的 10% 的股份，但是大股东不愿意。企业盈利很好，大股东一直坚持不分配利润，二股东气不顺，不断利用 10% 的股份发起股东会和请会计师事务所查账的权利，折腾企业和大股东。大股东在这几年企业做好以后，信心倍增，甚至放话准备另起炉灶放弃这家公司，让二股东的 10% 的股份价值归零。二股东以企业具有的资质无法变更和让渡为由，就和大股东硬杠，双方僵持不下。二股东找到我询问该怎么办，我只有劝他按照之前约定的价格让渡走人，不要再纠缠，就当买了一个教训；或者就是完全相信大股东会经营好企业，将 10% 的股份一直留在公司等以后分红或上市变现，但是只要企业对外融资，其股比就会稀释到低于 10%，就再也无法单独发起股东会和请会计师事务所查账，以后就完全凭大股东的良心。考虑到他们是大学最好的同学，所以建议双方当面商量；再纠缠下去，只会让双方的矛盾越来越尖锐，最后可能就是两败俱伤。任何一方都应该寻求避免出现两败俱伤的结果。

　　以上这个案例的实质就是大股东和二股东双方都不愿意妥协，不仅导致双方反目成仇，而且丧失了以后再次合作的信任基础。对于大股东来讲，其商业信誉打了折扣，管理团队不得不对他防备三分，合作伙伴也不得不对他警惕三分，企业再也没有了以前的凝聚力和向心力。表面上是"得到"，实际上是"失去"。

第五，实控人特质与从事行业岗位的匹配性。随着商业的高度发展，新技术的不断运用，现在不断有新的商机出现，有人抓住一个机遇创业成功，此时我们就需要关注实控人的性格特质是否与创业的行业相匹配，与其在企业中的岗位相匹配；如果不匹配，即使现在成功，未来也未必能够走得远，就需要将实控人在企业中的角色恰当定位。不少科学家创业失败的原因，就是科学家自身的特质与企业家的职位不匹配所致。

这两年罗永浩通过直播，还清了其创办手机债务的"真还传"，赢得市场的赞誉。我第一次听说罗永浩，是参加新东方的"托福"培训。阅读老师李笑来讲述自己如何从个体工商户成为新东方的讲师，他的带路人就是罗永浩。后来再听到罗永浩的消息是他离开新东方创业英语培训，随后又扎进热门的手机制造，最后背负一身债务离开；然后又开启了一段左冲右闯式的突围，先说要搞个社交 APP 超过微信，再说要入局电子烟和各种微商产品，惹来非议短暂沉寂后迅速复出，在直播赛道里异军突起。我们观察罗永浩的性格特质和过往经历发现，他更适合商业模式创新或者媒体传播类的创业，而由于他个人的受教育背景和履历，所以并不适合科技创新类的创业。因此，他从事的科技创业项目都无一例外地失败了，但是在商业模式创新或者媒体传播类的项目方面他做得都比较成功。

因此，在考察实控人时，性格特征是否适合所从事的行业，现在岗位是否与实控人的性格特征相匹配，就显得尤为重要。

第六，管理团队的专业背景互补性。企业初创时，背景一致有利于高效决策和执行，但是企业达到一定规模后，背景一致的风险就逐步加大，在核心管理团队就需要有不同背景的人员加入。在本书第 7 章中将详细分析高管的学历、执业背景、年龄、任期、自信、自恋、权力、持股等对经营管理的影响，在企业达到一定规模以后，就需要管理团队中特质有差异的成员形成互补，降低公司经营风险。管理团队如果没有互补的背景，一旦出现错误就将是严重的错误，甚至是毁灭性的错误。经营企业的最低要求不就是尽量不出错吗？高管背景差异巨大，虽然一定程度上会降低企业的决策效率，但是在关键的时刻能够挽救企业的生命。

第四节 关注企业结构性风险

在识别和控制投资风险方面，首先是不进入有系统性风险的行业，去投资自身能够赋能且有纽带关系的企业，关注实控人和主要核心团队成员的个人特质风险，另外还得关注企业的结构性风险。企业的结构性风险，是企业自身不容易调整的，但是一旦产生影响，将对企业经营产生巨大的破坏作用。如果标的企业具有这样的结构性风险，在投资之前就需要想好对策和补救措施，一旦发生相关情形，能够从容应对。

第一，股权结构。股权结构是最难调整的，是牵涉股东各方权利与利益的根本性因素。企业股比为67%、51%、50%、34%、33.3%、20%、10%等，对应的股东权利，能够防止部分股东利用相关权利做出不利于企业整体利益的决策。近年来，我们已经看到有申报 IPO 的企业小股东明确反对企业 IPO 等行为的发生，也有部分小股东在 IPO 文件上拒不签字等。在投资入股之前，不仅要尽调清楚各个股东的真实想法和各个股东之间的历史背景，还要有相应的制衡机制。现在虽然有同

第4章 股权投资的风险识别与控制

股不同权的 AB 股、一致行动人协议等权益安排，但是防患于未然还是非常有必要的。通过协议、岗位派遣约定、决策机制和退出机制设置等，将潜在可能的风险因素尽可能考虑进去，要确保在股东之间产生分歧陷入僵局时，有机制打破僵局，并不影响企业正常经营。还得关注部分股东形成一致行动人，做出不利于企业整体利益的决策时的补救措施。因此，在投资入股时，最好通过股比、董事会席位、人员派遣权、决策错误赔偿制度等建立相互制衡，又能高效决策的治理机制。

第二，团队结构。在上一节中我们提到团队结构互补的重要性，在第7章中将详细分析个人不同特质对决策的影响。无论是高管团队，还是中层干部团队，又或是员工总体，人员结构的互补能够让企业少走许多弯路。从事科技创业，相关头部科技人员就需要占一定比例；从事商业模式创新的创业，头部营销推广人员就需要占一定的比例。如果高管团队存在结构性缺陷，就需要在投资之前约定补齐，否则后患无穷。同时，也需要关注团队的性别结构，梁若冰等（2021）研究发现女性董监高总体上提升了企业市场价值，但具体到各部门则只有女性高管与监事存在正向作用，而女性董事则存在负向影响。当董事长为女性时，较高的女性董事比例有利于提升企业市场价值，而当 CEO 为女性时，女性高管比例越高越不利于企业市场价值

69

的提升；管理层女性比例较高的公司表现出风险厌恶倾向。如果高管团队还存在姻亲、同学、老乡、亲戚等特殊关系，就更需要关注团队结构的合理化。

第三，客户结构。如果采购供应商过于集中，要考虑可替代程度的高低和企业经营的风险；如果销售客户过于集中，就需要考虑拓展客户数量的可行性，可行性越低，企业的价值就越低。在第 7 章中我们将分析企业并购的客户关系管理是并购成功的关键因素之一；企业经营也一样，下游客户的管理，也是企业经营稳定的基础。客户集中度低，企业受制于客户的程度就低，价格决定权和自主性就高；客户集中度越高，就越容易受制于客户，不仅是价格，还包括经营的稳定性。神州泰岳作为创业板首批上市公司，其上市时最有吸引力的产品就是"飞信"，客户就只有中国移动一家，用户数在 2008 年末就已经突破 1 亿人，是除腾讯 QQ 之外，我国最大的社交通信软件。到了 2010 年末，飞信的使用人数更是突破 2 亿，大有与腾讯 QQ 平分天下之势。可惜的是，飞信只能使用移动号码进行注册，对于联通、电信的用户来说，飞信就像完全不存在，这就限制了飞信客户的拓展，结合自身更新迭代缓慢，导致 2012 年腾讯微信出来以后，飞信就迅速销声匿迹。神州泰岳从创业板首只百元股，迅速跌下神坛。

第四，产品结构。产品结构包括正在销售的产品结构和产品代差结构。销售产品结构是指正在销售的产品结构，分别有"金牛"产品、"明星"产品、"瘦狗"产品和问题产品，以及这些产品在市场中的份额、竞争地位和生命周期。产品代差是指产品研发一代、储备一代、生产一代、退市一代；具有梯级的产品代差，企业才有持久的竞争力。如果企业产品结构单一，经营风险势必就大。如果企业没有储备新产品，后续经营就具有不确定性。千年不变的垄断性食盐行业，近年来由于各种功能性食盐产品进入市场，也引发了行业竞争加剧，中国盐业集团数万名员工，年销售数百亿元，利润仅一个多亿。[①] 说明竞争加剧后，即使是寡头垄断的刚需食盐也成为了薄利行业。

第五，竞争结构。依据波特五力模型和SWOT分析企业在市场竞争中的位置，判断十年后企业是否依旧具有竞争优势，分析产品市场是完全竞争市场，还是垄断竞争；是寡头垄断，还是完全垄断。如果是垄断竞争，是完全垄断，即第一名市场占比超过73.9%；或者优势垄断，即第一名超过41.7%，并超过第二名1.7倍以上；或者是双头垄断，即前两名合计超过73.9%，且第一名超过第二名在1.7倍以内；抑或是多头垄断，即前三位市场占比超过73.9%，并且第二名、第三名合计超过第一名的市场占比；抑或是竞争垄断性，即第一名市场占比低

---

① 详见：中国盐业集团有限公司，http://www.chinasalt.com.cn/。

于 26.1%，且企业之间的差距都低于 1.7 倍。

不同的竞争结构，决定了企业不同的经营风险。企业的市场份额越高，一方面说明企业经营的稳定性越高，另一方面也说明企业在现有产品市场的发展空间越有限，这就需要根据具体情况综合平衡判断企业在市场竞争中的经营风险。

第五节　关注经营异常的风险

在评估了企业的行业系统性风险、实控人风险、团队风险、结构风险之后，就需要关注企业的经营异常风险。企业出现经营问题，一定有先兆，这个先兆就在企业日常经营异常的表现之中。

第一，过度融资带来的风险。过度融资未必是好事，在企业经营中，部分实控人总认为持有资金越多越好，但是持有资金一多，势必就会去安排资金的用途，给企业带来潜在的风险。过度融资，不仅让经营层花钱大手大脚，而且为支撑估值，不得不去参与一些不熟悉甚至不着边际的热门投资，维持公司估值。

2021 年第三季度，在滴滴公司公告净亏损的 306 亿元中，主要就是确认投资社区团购橙心优选的净亏损 208 亿元。滴滴多年来的融资额远高于其亏损额，这是滴滴一直能够维持经营的原因；也正是因为有过度的融资，导致滴滴敢于每年以百亿元人民币为单位对市场进行补贴，敢于投资共享单车，敢于去投资没有盈利模式的社区生鲜团购等"烧钱"行当。这明显就是过度融资给撑起来的。

近年来的雏鹰农牧、正邦科技等上市公司都是由于过度融资，忽视了行业周期性风险，在乘数效应下让企业巨额亏损。一些未上市的公司也存在过度融资的情形，导致企业走向衰亡。

第二，经营飘忽不定的风险。创业公司容易变换业务类型，甚至频繁更换赛道。经营飘忽不定的实质是经营团队对行业没有做深度调研、深度思考，也没有足够的外部资源支持企业发展。其中最典型的例子是美股上市公司趣店。趣店以校园贷起家，面向大学生提供分期消费金融服务。校园贷，从认知常识上来讲，业务不具备可持续性，从行业本质来讲是高利贷；从社会福利上来讲，减损了社会福利。最后的结果是，超过学生归还能力的校园贷，引来政府的强监管，最后明令禁止校园贷。退出校园贷业务后，趣店的业绩大幅下降，八年时间转型十次，先后做过校园社交、在线教育、家政服务、高端奢侈品租赁、汽车金融等多个领域。样样都去尝试，样样都未深入研究，最后都草草收场。各个项目之间缺乏相关性，创办的汽车消费分期项目"大白汽车"，80天内在全国开出175家自营门店，到2019年5月停止。2018年推出的高端家政项目"唯谱家"、儿童一对一学习平台"趣学习"等项目都不了了之。2020年再涉足奢侈品跨境电商品牌"万里目"，从消费金融跨界到奢侈品电商，高举高打借鉴拼多多"百亿补贴"的成功经验，但是，金融资本转型产业资本，是向上仰攻。选择曲线救国，入股寺库，在全球奢侈品电商领域开展全面战略合作；可惜的是寺库自身的经营已岌岌可危。

趣店为实现可持续盈利，宣布进军儿童素质教育，探索新的市场机会。到 2021 年，教培行业开始"双减"，校外培训市场萎缩 90% 以上。北京市教委于 2022 年 2 月 16 日发布的《关于进一步做好教育移动互联网应用程序备案及管理工作的通知》（征求意见稿），提到面向学龄前儿童培训的教育移动应用一律停止运行。在这个征求意见稿中没有专指"学科类"，而是针对学龄前儿童培训的管理办法。也就是说，无论是学科还是非学科，都禁止向学龄前儿童提供在线培训服务。预示着趣店这次转型又将是虎头蛇尾。

2021 年 12 月 13 日，趣店公布 2021 年第三季未经审计财务报告：营收 3.47 亿元，同比下降 59.1%；净亏 9420 万元，而上年同期净利 5.923 亿元。财报发布当天，趣店股价大跌 20%，股价跌至 1 美元以下，至今仍在 1 美元左右徘徊，"退市"就高悬在趣店的头顶，随时都有砸下来的可能。

现有业务盈利下滑，为求增长，频繁转换新赛道，追逐新的风口，就说明了主营业务正在失去可持续盈利的能力。缺乏对行业的深度研究，未探明行业的本质，就匆忙切入，更缺乏必要的坚守，势必摊薄投资者的信心；频繁更换赛道，不仅浪费了企业自身有限的资源，也灭掉了管理团队持续经营的信心。

第三，进入不相关行业的风险。创业者多数都有极大的好奇心，对新兴事物总是充满探索的欲望，愿意去尝试一些未知事物，不愿意错过一些新的商业机会，但企业的资源是有限的，因此就需要关注进入一些不相关行业的原因和潜在风险。典型的例子就是雏鹰农牧。雏鹰农牧集团股份有限公司始创于1988年，起初是以养鸡为主业，在经历各种意外后，到2004年转型为养猪。2010年雏鹰农牧成功上市，成为"中国养猪第一股"。直到2018年8月，突然爆出财务问题，雏鹰农牧因资产问题被银行扣押，涉及金额近3亿元，占2017年净资产的5.43%，占2017年总资产的1.53%；此金额对雏鹰农牧的体量，不算是大事，但是到2019年8月，在猪价"一飞冲天"之际，雏鹰农牧却在深交所退市了，300亿元市值瞬间"归零"。

养猪行业的人说，如果2016年是"金猪年"，那么2019年可以称为养猪"铂金年"，2020年被称为养猪"钻石年"。生猪价格在2019年8月达到40元每千克，到2020年上半年生猪价格超过50元每千克；一头生猪的利润超过2000元。雏鹰农牧经营急转直下，从高歌猛进到戛然而止，就在一瞬间，人们才开始认真关注雏鹰农牧"折翼"背后的原因。雏鹰农牧上市后，获得了各种融资，叠加2016年"金猪年"，企业利润不错，就开始肆意投资：豪掷30亿元增资三只基金；对电竞公司投资近 5 亿元；投资沙县小吃 1.6 亿元；等等。到 2016 年雏鹰农牧已不再是一家纯粹的养殖企业，形成生猪养殖+深加工、粮食贸易、互联网以及产业基金四大业务板块。雏鹰农牧没有考虑到养猪是周期性行业，丰年要为歉年准备存粮，而是将资金投到不相关的行业。当 2017 年猪价大跌时，公司资金链就出现了问题，叠加商业模式存在的瑕疵，放大了企业的风险，最后以流动性枯竭导致公司在猪价暴涨的前夜破产。

第四，经营数据异常的风险。经营数据，尤其是底层数据的真实性，决定了企业财务报表的真实性。企业外部环境改变，导致经营数据发生异常，就需要关注企业的经营管理是否跟上了外部环境的变化。如同这几年猪价异常，就应该及时调整出栏量一样；如果坚持不调整，在猪价大跌时势必导致巨额亏损；这就是 2021 年下半年和 2022 年第一季度养猪企业继续巨额亏损的主要原因。2020 年底猪价就已经明显回落，各大养殖企业依旧保持高于正常年份的存栏量和能繁母猪数量，必然就加速了猪价回落，导致养猪企业急剧亏损。

在外部环境没有大的变化的情形下，企业的经营指标应该基本一致，一旦某个经营数据出现异常，就需要关注引起异常的原因，以及该异常会导致的连锁反应，以及相关连锁反应将给企业带来的后果。在投资前和投资后的管理中，重点需要关注经营数据的异常，这就是东方希望集团董事长刘永行先生经常讲的"经营中的小数据"。

同行企业之间主要的经营指标总体相差不大，如果出现明显的差异就要弄清是技术路线的原因，还是工艺的原因、原材料的原因，抑或是固定成本的原因，又或者是其他原因，这些原因决定了企业投资风险的大小。

第 5 章　企业股权投资判断方法

在从事投资的过程中，经常会遇到不熟悉、不了解的行业和企业，看到的商业计划书，都把标的企业发展前景描述得一片光明，各种数据、预测都有理有据。如果不完全掌握标的信息准确度就进行决策，难免左右摇摆，担心错过投资机会，更担心踩上"大坑"。此时决策，就需要化繁为简，从企业底层经营数据入手，从能否持续盈利、是否增加社会福利的角度思考，从行业基本面进行验证。

第一节　从底层数据判断企业的经营

从企业底层经营数据入手，如果底层数据有瑕疵，那么就不应当投资该企业。什么是底层数据呢？就是企业在生产经营过程中直接产生的数据，不依赖其他数据演化而来，具有不可篡改性。例如，耗电量、耗水量、生产量、用工数、工资总额、纳税额、银行存款等就是底层数据；而利润率、劳动生产率、资产负债率等需要在其他数据的基础上演化而来，就不是底层数据。

在投资中，也有部分投资者对不熟悉的产业，采取"跟随"策略，跟随其他同行投资公司去投资相关标的，认为其他公司已经做了尽职调查，如果还是行业内的知名公司或者龙头公司，就直接跟随。胡刘芬（2022）以 2010~2019 年在我国 A 股上市交易的所有公司为样本的实证检验结果表明，高经济政策不确定性加剧了企业投资同伴效应，而且行业特征对两者关系起调节作用；经济政策不确定性对投资同伴效应的影响在企业增加投资与减少投资时存在非对称性；信息不对称与风险因素构成了经济政策不确定背景下企业跟从同伴投资决策的内在逻辑；高经济政策不确定性引发的企业投资同伴效应短期内有助于缓解投资不足，但从长期来看毁损了企业价值并加剧了业绩波动风险。

经济政策不确定性对于微观个体企业来讲既是机遇也是挑战。不确定经济政策下蕴含着商业机会，企业为了获得超额收益会识别并利用投资机会；同时，不确定的外部环境意味着企业投资将面临更高的风险，为了捕捉投资机会信息并缓解风险，企业会更多地模仿行业同伴的投资决策，从而产生投资同伴效应，但是这种同伴效应无益于实现企业价值最大化的目标。

对于企业投资为何会"同伴跟随"？我们分析发现主要是，竞争加剧以后投资机构不愿意放弃不熟悉行业的投资机会；宏观经济的不确定性，叠加投资人缺乏鉴别能力，就加剧了企业投资的同伴效应。在经济环境不确定背景下，为降低投资风险，也为降低投资人的声誉风险，面临信息缺失和投资能力缺失，投资人基于降低信息不对称以及应对风险的动机而采取"随大流"的投资行为与企业价值最大化目标背道而驰。

从企业角度来说，管理层需要在不确定的市场环境中依赖市场公开信息进行投资决策，这就必然导致投资时模仿同伴投资的行为；但是企业依旧可以提升信息获取和识别的能力，这不仅有助于抓住不确定外部环境中可能蕴藏的投资机会，而且便于有效应对经济环境不确定导致的信息不对称和经营波动问题，降低投资决策对市场公开信息的依赖程度，缓解投资同伴效应，进而改进投资决策，提升投资回报率。

如果要去分析一个不熟悉的行业企业经营数据，很难理出一个头绪，此时独立分析企业经营的底层数据就尤为关键。如何做到这一点呢？我们分别用三个案例来说明，分别是 H 乳业、饲料原料企业和农资贸易公司。

2013 年我接到 H 乳业投资建议书，看了三个底层数据后就判断 H 乳业财务作假，阻止了对该项目的投资。第一，H 乳业种植的苜蓿草亩产量和蛋白含量不合理。根据种植苜蓿草的盐碱地土壤、地理环境和日照条件，这两项指标不可能都高于美国，而且苜蓿草每年要收割几茬，一茬比一茬的蛋白含量低，而 H 乳业自种的苜蓿草蛋白含量均值偏高，明显作假。第二，H 乳业的奶牛年产奶量不合理。当时一般国内奶牛场的奶牛年均产奶量在 6000 千克左右，部分经营好的奶牛场能够做到 9000 千克左右，个别奶牛能够达到 11000 千克左右，但是 H 乳业的奶牛年均产奶量明显高于国内平均水平很多，这是不可能的事，因为奶牛的种群、养殖技术大家都差不了太多；在养殖规模扩大以后，企业的平均年产奶量应该基本一致，如果高出行业 20%~30% 就不正常了。如果撇开以上三个数据来看 H 乳业的财务报表就无懈可击，其他数据都是以这三个数据为基础衍生出来的。

H 乳业作假，作为行业龙头企业蒙牛、伊利为何要投资该公司呢[①]？因为从 2012 年开始，国内奶源紧张，各大乳企都在争夺奶源，H 乳业具有奶源基地，蒙牛、伊利通过投资入股换取 H 乳业的供奶协议。有了蒙牛、伊利入股，澳新银行等国外机构才投资 H 乳业；由于澳新银行是服务于新西兰和澳大利亚乳业的知名银行，因此德银等其他外资机构也跟随投资。这就是典型的"投资同伴效应"。

2013 年 9 月 27 日，H 乳业在香港交易所主板成功挂牌上市，全球发行额为 13 亿美元，成为香港历史上消费品行业首次发行企业募集资金前三甲，并跻身全球有史以来消费品公司首次发行前十名。但是，2016 年 12 月 16 日和 19 日，著名的做空机构浑水（Muddy Waters Research）接连发布了两篇做空 H 乳业的报告。最后，2020 年 11 月 9 日，辽宁省沈阳市中级人民法院裁定批准 H 乳业集团有限公司等 83 家企业重整计划并终止重整程序[②]，Y 集团重组了 H 乳业。

还有一个案例是从耗电量确定饲料原料企业陷入经营困境。多年前，一家饲料原料工厂要融资，走进该工厂的办公室我就感觉气氛不对，询问该工厂的纳税数据，回答是农产品加工企

---

① 详见：陈志霖：《争相投资辉山乳业　蒙牛身影隐约浮现》，人民网，http://shipin. people. com. cn/n/2013/0911/c85914-22887937. html，2013 年 9 月 11 日。

② 详见：《君合助力辉山乳业破产重整成功》，君合律师事务所，http://www. junhe. com/deals/360，2020 年 11 月 19 日。

业免税；再问缴纳的电费是多少，得到数据后我直接给同行工厂打电话，得到每吨的耗电量是 2200 度左右，对比财务报表，立即判断出该公司财务造假。原本不计划见面的董事长当即决定从外地赶回来，董事长一见面就说他的女儿、女婿从英国回来，陪他们连续打了两个通宵麻将，启程晚了，让我久等了。当即我就确信该工厂已经遇到了它自身难以克服的困难。从常识上讲，一家需要融资且正常经营的工厂老板，是很难舍得花两个通宵和家人打麻将的。午饭后我乘高铁离开，当晚我就得到这家企业资金链出现问题的确切报告，为感谢该董事长匆忙回来招待之情，鉴于当年粕类行情看涨，我从澳大利亚进口了上万吨棉籽，让他们每次现款从港口提货，缓解其流动性压力，在持续经营中等待转机。

部分人有一个认识误区，认为投资是金融从业者才干的事，从内心就不理解为何需要实业从业人员参与投资决策。因为，投资要具体到企业，就需要具有产业背景的人判断该企业的底层数据是否真实，从产业角度判断是否具有投资价值。产业才是投资的基础，投资分析都只是为决策提供参考。没有产业背景、没有企业经营管理经验、不了解技术的投资人员，是很难依据被投企业提供的数据做好投资的。没有跨周期、跨行业的产业经历，很难从不同行业的对比中分析项目到底是好是坏、企业经营是否正常等。

第 5 章　企业股权投资判断方法

如果没有产业背景、没有技术背景、没有企业管理经验，从事投资，大概率就是在赌概率。H 乳业通过三个底层数据判断出财务造假，饲料原料企业通过单位耗电量判断财务造假，都是企业经营的底层数据，下面讲第三个案例，通过行业基本面识破企业财务报表。

有人曾给我推荐一家农资连锁公司，到该连锁公司办公室以后，陪同的人就提供了一份该农资连锁公司当年上半年的财务报告，销售收入 3 亿多元，利润 2000 多万元。我当即就说这个财务报告是假的；紧接着再给我第二份财务报告，销售收入 3 亿多元，利润 600 多万元，我判断还是假的；再拿出第三份财务报告给我，销售收入 3 个多亿元，亏损 3000 多万元，我说这份报表可能是真的。原因就是农资贸易的盈利模式是利用淡季囤货和旺季涨价销售获利。当年从年初开始农资价格一直持续向下，只要囤货就亏，因此盈利的财务报告就基本确定是假的。第三次给的财务报告亏损额在销售额的 10% 左右，基本符合当时行业的市场行情。企业的具体亏损金额需要结合公司的管理费用、财务费用、销售费用，以及其他业务经营情况才能知道。

无论是前文提到的饲料原料工厂，还是最后这家农资连锁公司，从产业人的角度看，都不适合外部人投资，更不适合资本化，为何国内的投资机构就投资了呢？说到底就是项目具体负责人没有产业经验，更没有实体企业经营经验，没有跨行业阅历，听信被投企业的一面之词，对被夸大的企业优势和盈利能力缺乏分辨能力，被投企业愿意业绩对赌，就导致投资出现差错。

以上三个案例所在的行业，都是经营指标趋同的一般性行业，企业经营的主要经济指标基本大同小异，都会遵从行业的基本经济规律。一旦个别经营指标明显异于多数行业，就需要询问原因，这些都是企业经营中的常识。只有了解行业的底层数据、行业常识，才能做好投资决策。

当然，也有一些投资决策需要跳出企业底层数据、行业基本面来进行判断，从另外一个行业的角度来判断。

第二节　换个行业角度去思考

一些企业的主业是一个行业，但是可以从另外一个行业的角度思考其投资价值。例如大家熟知的麦当劳，它就认为自己不是快餐经营企业，而是房地产公司。从其 2016 年的财报来看，麦当劳营收利润的 50% 来自地产出租，40% 来自品牌授权，只有 10% 来自餐厅运营。[①] 国内这些年产业勾地，通过建立产业园区，让地方政府配套住宅用地，即使产业园区建设不挣钱，通过住宅销售就能够让项目总体获利。这些年的部分产业小镇、文旅项目、养老项目等基本就是这种盈利模式。

曾经有媒体报道，一家宾馆要拆除，有人按照一个远低于市场的价格将拆除工程承接下来，后来才得知他的目的是要宾馆的墙画，给远低于市场的价格不在于宾馆本身，而在于宾馆内墙画的价值；而且墙画的价值远超拆除宾馆的成本。这就是从换一个行业的角度来判断投资价值的案例。

在我国第二次和第三次并购浪潮期间，不少参与地方国企

---

① 详见：《麦当劳只靠卖快餐赚钱？实际上餐饮的背后是地产巨头!》，《人民日报》，https：//baijiahao. baidu. com/s？id=1601318166107563240&wfr=spider&for=pc，2018 年 5 月 24 日。

并购，并不是在意企业本身，而是在意企业拥有的土地。在得知新发地有意引进战略投资者后，我通过《中国食品安全报》的副社长李国梁先生联系上北京新发地农产品股份有限公司的总经理张月琳先生，最后达成投资合作协议。起初部分人认为新发地是农贸市场，没有门槛，行业低端，没有技术；但是看企业持有的土地，价值就瞬间显现。当时新发地股份名下有数百亩商业用地，还有数千亩未变性的集体用地。十年后税务部门通知新发地股份公司就名下商业用地缴纳数十亿元的土地增值税。据此反推，从账面上看，在新发地的投资重置账面收益就已经超百倍。

新发地项目从企业经营内容上看很难资本化，企业盈利模式简单，没有行业壁垒，而且随着城市发展有被搬迁的风险，因此企业的价值不高。但是，如果将新发地看成一个地产项目，享受北京城市扩张带来的增值红利，就是不错的投资标的。事实上，投资新发地后几年的利润分红就收回了全部投资的本金和利息。

虽然都是多年前的案例，早都已经尘埃落定，但有代表性，说明投资需要从底层数据入手，从行业基本面着眼，谨慎决策。如果具体投资负责人没有企业经营经验，没有产业背景或者技术背景，是很难做好股权投资的。有人可能说前文列举的四个例子都是传统产业项目，但科技项目更是如此，更需要有专业技术背景和产业背景，需要看懂核心技术和行业未来的发展趋势。科技产业项目随时间推移，也将成为传统产业项目。千年前造纸是高科技，到今天是一般制造业；30 年前汽车制造是高科技，如今是一般制造业；芯片现在是高科技，十年以后也将是一般制造业。投资的核心是抓行业的本质。例如服装业的行业本质是周转率，养猪业的行业本质是猪周期，电商的行业本质就是线上经营成本要低于线下经营成本。互联网商业模式的创新基本上都是以产业为基础，就更需要了解产业的本质。

2014~2015 年红火的黄太吉、易淘食等 O2O 项目，都已经消失在市场的大潮之中，原因就在于它们所处的行业毛利，支撑不起互联网行业的高运营成本，违背了电商的行业本质，更在于它们忽视了餐饮行业的本质。2015 年后兴起的一二线城市的社区生鲜团购、美菜网等，现在都在苦苦挣扎中，很难获得成功，原因就在于它们的竞争对手是不计劳动力成本的小商小贩，这些行业的毛利支撑不起互联网行业的高运营成本；而且"菜篮子"是省长负责制，是"一把手"工程，不会允许资本长期垄断和随意囤积涨价。

2015 年股权投资火热以后，一些没有产业背景的从业人员进入投资行业，加剧了股权投资行业的浮躁，不仅敢于承诺投资回报，而且利用二级市场的火热鼓吹投资收益，还隐瞒投资风险，以至于 2015~2016 年募资高峰过后，股权投资基金很快出现募资难，许多出资人不再轻易相信股权投资这个行业，让股权投资快速出现头部集中的现象，强者恒强，弱者愈弱。这个后果的实质就是在股权投资火热期间劣币驱逐良币导致的结果，一些不具有实际项目判断能力和项目支持能力的从业者进入投资行业以后，坏了股权投资行业的声誉，降低了行业的投资回报率，加速了股权投资行业洗牌。

中金公司发布的《中国财富管理市场产品白皮书2007-2017》指出，2015年往后的三年，中国市场发生的私募股权投资金额年化复合增长率超过60%，其中2015年和2016年私募股权基金募集规模均突破万亿元人民币。但从2010年往后看，国内私募股权投资案例平均回报水平却是呈逐年下降趋势，平均内部收益率（IRR）由高峰期的超过140%降至2016年的30%左右，以后每年逐步降低，到2021年就更低了。究其原因，就是大量不具有投资判断能力的从业者进入股权投资行业后，投资了商业模式不成立的行业，以及大量无法资本化的项目，拉低了行业总体回报率。

更为主要的是，部分从业人员就是做财务投资，投资后任由企业自生自灭，没有产业资源提供赋能，不能陪伴企业长期发展，从事投资难免虎头蛇尾，目光短浅。没有陪同企业长期发展的意愿，也就没有扶持企业发展的耐心，更没有支持企业长期发展的资源。最为要紧的是，没有投资鉴别的能力，却特别善于忽悠，将标的企业引向经营的歧途，将出资人带向认识的误区，降低了投资行业的整体收益率，也损坏了股权投资行业的声誉。

在欧美和日本，从事投资的人员，多数都具有十余年甚至数十年产业成功经历，在积累了一定的企业经营管理经验之后，再从事投资。投资是职业生涯的最后一站。我国股权投资从 2010 年后突然蓬勃发展，人员主要来自金融服务机构和应届毕业生，高收益造成人们急功近利，不少学生一毕业就希望跨进股权投资行业，这和欧美等地区具有很大的不同。没有产业背景，在投资过程中积累学习，不仅需要时间，更需要缴纳一定的"学费"才能完成。

金融服务工作和投资工作，就如同餐馆的前台服务人员和后台厨师的工作差异一样大，表面上看都是在餐馆工作，但是工作内容截然不同。让金融服务机构，例如银行、会计师事务所、律师事务所和券商的从业人员做投资，由于对产业不了解，只能从企业规范性上分析是否能够上市，而不能从企业长期发展的经营角度分析企业是否有发展前途和投资价值，企业在十年以后是否有竞争优势，企业的经营是否遵从行业本质，该笔投资是否能够给企业带去资金以外的价值，基本就是一种"赌概率"的投机方式做投资。

因此，出现九鼎这样的 PE 工厂，通过扫街式搜索 Pre-IPO

项目，突击入股，在 IPO 后迅速退出。九鼎 PE 工厂模式在存量上有大量具备上市条件还未上市的企业时，具有明显优势。张学勇和张琳（2019）以我国 2001~2012 年投资且已经 IPO 上市公司为背景进行研究，对比研究金融背景和实业背景投资人的投资业绩。发现实业背景投资人投资的项目更多，上市的项目也更多；但是相对于实业背景的股权投资人，金融背景的股权投资人更为激进，更倾向于进行独立、跨地区、大金额的投资。

张学勇和张琳的研究结论，就印证了九鼎的投资模式，在 2015 年以前，市场上存在大量满足上市条件但还未上市的股权投资，在发展初期该投资模式的有效性强；但是在市场红利吃尽以后，就很难维持过往的投资模式。在股权投资竞争充分以后，投资项目选择都在不断向前移，投资更早期的项目；科创板和实施注册制以后，企业融资轮次也在不断缩短，此时就更需要有项目判断能力和产业赋能能力的投资人。需要融资的优质企业也更多考虑资金方能够给企业带来资金以外的资源和赋能，那么股权投资公司不仅需要有产业背景的投资人，更需要有复合型管理人才和多方面的经营资源，例如在外部渠道、内部管理、上下游资源、品牌推广、产业协同、团队建设等方面，能够给被投企业带去"钱"以外的价值。

第三节　能否持续盈利是投资的基础

投资的目的就是获取收益，如果被投企业没有盈利模式，或者不能持续盈利，就不应该投资，已投资的就要及时退出。一些企业在外部环境和内部资源变化以后，原来具有的盈利模式也可能逐渐失效，需要重塑商业模式和盈利模式。

科创板虽然将审核标准中的"持续盈利能力"换成了"持续经营能力"，但是持续经营的前提是企业自身现在或者未来能够持续盈利，企业本身具有造血功能才可能持续经营。证监会过往的 IPO 审核和重大资产重组被否决的主要原因就是可持续营利性。陈楚楚（2020）分析了 2016 年至 2018 年 6 月我国 IPO 被否案例，归纳 IPO 企业常见被否原因，总结出持续盈利能力存疑是被否的主要原因之一；再对 2010～2014 年由于持续盈利能力被否企业是否进行二次 IPO，以及二次 IPO 成功后上市的业绩表现进行统计分析，证明了证监会对企业持续盈利能力判断的必要性以及合理性。房静（2021）对比分析因持续盈利能力被否二次上市公司与普通同期上市公司的盈利指标，表明证监会对持续盈利能力的审核基本符合现实且卓有成效。

据统计，2019 年以来，截至 2021 年 12 月 31 日，三年间，分析创业板、科创板、深主板、上证主板和北交所过会企业在过会前一年的归母净利润，深主板和上证主板两个板块都没有净利润 5000 万元以下的企业过会，科创板、北交所、创业板三个板块共有 155 家净利润在 5000 万元以下的企业过会，仅占总过会企业数的 13.42%。其中科创板有 96 家过会企业前一年的归母净利润小于 5000 万元，27 家企业为亏损过会；北交所有 48 家过会企业前一年的归母净利润小于 5000 万元，有且仅有一家亏损企业过会；创业板有 11 家过会企业前一年的归母净利润小于 5000 万元，无亏损企业过会，这说明了 A 股上市依旧看重企业的盈利能力。

企业持续盈利的关键不在于企业所处的行业和行业竞争，而在于企业是否在该行业和行业竞争中始终处于利润的关键环节。这也就是日本三井物产坚持从事贸易的原因，在贸易过程中掌握行业的关键节点，通过节点控制整个产业链上下游，无论行业如何波动，在这个关键节点上都能够赚钱。例如，日本三井物产发现国际贸易的关键节点是港口，无论大宗商品价格如何变化，行业是否盈亏，港口码头的利润始终是稳定的。国内饲料养殖业的关键节点，不是饲料原料，也不是养殖，而是饲料加工；无论猪周期如何波动，饲料原料行情如何起伏，饲料加工的利润是稳定的。四川通威由于有了鱼饲料加工稳定的利润，帮助通威在光伏行业大幅波动的情况下，有稳定的现金流来支持光伏行业走过低迷期，最后凭借光伏行业的发展，首次将刘汉元推向"四川首富"位置。

因此，企业持续盈利不在于企业是否有优势，而在于企业的优势在哪些环节。企业持续盈利的关键是通过为特定顾客创造价值以实现企业价值的内在逻辑，即盈利模式。

在 IPO 和重大资产重组时，可持续盈利能力都是能否通过审核的必要条件。因此投资项目和购买股票，首先就要看被投企业的可持续盈利能力。对于已经上市的公司，由于外部环境变化，也需要关注是否具有可持续盈利能力，公司的盈利模式是否随经济、社会、市场环境的发展变化发生了动态改变。

第四节　从社会福利的角度判断投资

有些项目从认知常识上看可能不适合投资，从行业本质上看是一个辛苦的行当，从能否持续盈利上看也很困难，但是投资该项目能够增加社会总福利，那么这个项目该如何决策呢？易方达基金董事长詹余引（2018）认为只有最终能够增进社会福利、提升社会价值和促进实体经济的投资才是真正的价值投资，才是投资的本源。投资决策者只有回归投资本源才有定力，内心才会坚定。

2021 年 9 月，北京交易所宣布成立，目的就是为"专精特新"中小科技企业提供融资平台。一些中小型科技企业具有跟京东方一样的窘境，未来很美好，当前很残酷。通过设立北交所为这些中小型科技公司提供融资通道，也为投资这些中小型科技公司的股权投资基金提供便利的退出通道，反过来再促进科技投资。这些科技型企业不仅弥补了我国一些技术短板，更为主要的是这些中小企业才是活跃国家经济的主力。保持社会活力、经济活力，中小企业对社会经济的贡献是大企业无法替代的，这种活力，是国家的未来，是稳定社会福利的支柱。

张国云（2021）认为站在"两个一百年"历史交汇点，中国已经成为全球最大的消费互联网大国、最大的制造业大国，此时我们是多么渴望平台经济和资本向善，引领科技创新反哺实体经济，构筑中国在制造业领域新的竞争优势，实现更高的效率、更低的成本、更快的响应。

资本向善才能长久。汇添富基金前总裁林利军说，简单、正直、善良、利他，才能做好投资。投资不仅是资合，更是人合，需要同理心和大局观。人称"中国巴菲特"的段永平就坚持：本分、利他，不仅孵化出 OPPO 和 vivo 两大手机品牌，还成为拼多多创始人黄峥的人生导师，引导黄峥走上成功之路。当与段永平的哥哥段立平先生见面时，段立平就说段永平每年将投资收益的 20% 拿出来匿名做公益。段永平离开国内多年，但是国内一直有段永平的传说。这就是资本向善能长久的例证。安国俊等（2020）认为社会影响力投资是瞄准特定的社会目标的投资形式，是介于一般商业和慈善机构之间，做公益的同时可以获取一定的经济效益。这种投资相比传统投资方式，更具备人文关怀和可持续发展，能够实现投资回报和社会价值的双赢。

近年兴起的 ESG 投资，倡导在投资过程中考虑环境（E）、社会（S）和治理（G），它为投资者提供了社会化考察企业非财务指标的工具。ESG 考察的范围比社会影响力投资更精确、更可量化；ESG 投资注重对负面事件的预防，影响力投资更具主动性。易方达基金董事长詹余引通过举例说明一条投资铁律：只有最终能够增进社会福利、提升社会价值和促进实体经济的投资才是真正的价值投资，才是投资的本源。投资决策者只有回归投资本源才有定力，内心才会坚定。

稻盛和夫认为，人生就是一场修行，不论多么富有，多么有权势，当生命结束之时，所有的一切都只能留在世界上，唯有灵魂跟着你走下一段旅程。人生不是一场物质的盛宴，而是一次灵魂的修炼，使它在谢幕之时比开幕之初更为高尚！投资又何尝不应该这样？

第五节　新形势下过度融资未必是好事

在经济新形势下，经济增长率会降低，企业平均利润率下行，在企业融资时估值就更要合理，过低的融资估值会损害原股东的利益，过高的估值会给企业后期融资增加困难；在企业融资的金额方面也要合理，融资额不足会导致企业经营现金流紧张，而过度融资会导致企业经营动作变形，甚至导致企业现金流断裂。资源不足让决策动作变形，而资金过度也会让经营者对预期过于乐观，忽视系统性风险和意外发生时对企业带来的"灭顶之灾"，这些年就有不少公司是被钱多给"撑死"的。

特别是近年资本"热炒"一些赛道时，一些公司总是控制不住自己的欲望，希望估值越高越好，融资越多越好，秉持"家有余粮心不慌"的想法，头部企业和垄断企业更是利用自身的优势地位，不断地融资，这样一来我们就看到市场上存在明显的"挤出效应"。这几年，头部企业，特别是消费互联网"新贵"，边融资边投资，将自身多融的钱去投其他的企业，回过头来又再不停地融资；但是，一切都应该有一个度，超过了就"物极必反"。文春晖等（2018）选取 2007～2015 年实体上市公司数据进行实证检验。研究发现，经济增长率下降以后，企业经营风险上升，导致企业产生额外多融资的需求，成为上市公司过度融资的重要诱因。上市公司的过度融资行为，通过"挤出效应"强化二元融资市场的价格歧视，二元市场的反馈效应致使上市公司与非上市公司资本双双"脱实向虚"。在高经营风险的经济转折中，参与金融投机的上市公司对实体投资的关注度和积极性下降，脱实向虚动机更为强烈，其中国有企业、东部地区的企业以及商业上市公司过度融资规模更大，资本脱实向虚动机更强，对非上市公司融资市场"挤出效应"也更明显。

王正位和朱武祥（2010）发现当实业投资回报比较高时，即使市场非有效程度比较高，公司管理层也不会采取投机活动；当实业竞争激烈，收益相对于投资过低时，管理层会选择短期投机行为；当多余的融资大到某种程度时，会影响公司管理者的投资行为，他们会去"迎合"外部投资者，而且在"迎合"上所下的功夫随着多余融资额的增大而增大。这虽然是 12 年前的研究文章，但对比近年互联网巨头和股市各种"茅"的融资和投资行为，就不难发现吻合之处。这些互联网巨头还没有上市，在融资增多以后都开始对外投资。

多数创业企业的实控人，没有经历过跨经济周期的经营，发现了一个商业机会，创业成功；这种成功在可掌控的资源增多以后，企业风险也随之增大。为了保持企业估值或保持增长率，将融来的钱再四处投资，造成经营亏损。例如滴滴在 2021 年第三季度公告亏损 306 亿元，其中确认投资橙心优选的净损失就有 208 亿元。①

　　而正邦科技在 2020 年的盈利超过上市 13 年的总和后，过度融资扩大生猪养殖规模，不仅导致将上市 14 年来的盈利全部亏损，还倒亏 100 亿元左右，让企业陷入流动性困境。正邦科技从 2020 年的高光，到 2021 年的黯然失色，虽然有对行业本质把握不准的主要原因，但在资本市场过度融资后，放大了猪周期下行时对企业经营的影响，导致企业巨额亏损。

　　周期性行业，经营比管理更重要；过度融资会增加经营的风险。

---

　　① 详见：《滴滴第三季度净亏损 306 亿元，张勇已辞任董事会董事》，《潇湘晨报》，https://baijiahao.baidu.com/s? id=1720538041342404939&wfr=spider&for=pc，2021 年 12 月 30 日。

第6章　企业估值和投后管理

　　标的企业股权在股权投资行业就是一种可交易的"商品"。商品有价值和价格这两个定价标准，虽然价格是围绕价值波动的，但是在股权投资行业有明显的乘数效应。好的标的，经营业绩好，企业的价值就高于市场平均水平。在企业价值的基础上，市场给经营良好的企业的 PE 倍数也高于市场平均水平，使得企业的市场价格更高。但是行业有波动周期、企业有生命周期，企业的市场价格必然会围绕企业的价值上下波动，因此无论在哪个阶段对企业都需要合理估值，合理的估值是后期良好合作的基础。

　　向标的企业投资以后，才是双方合作的开始。随着国内股权投资行业竞争越发激烈，标的企业不仅要求投资公司提供资金，更需要投资公司提供钱以外的资源，帮助企业发展，这个帮助就是投后管理。如果只是定期收集被投企业的经营数据，而不能根据被投企业的需要提供帮助，就只是投后监督，投后监督只是投后管理的一部分，只有监督没有帮助，是做不好投后管理的。

　　股权投资良好合作基础，是从标的企业的合理估值开始的，通过合理估值建立信任，才容易在后续的投后管理中实现良好互动。

第一节　合理估值有利于合作愉快

　　企业总是希望自身的估值越高越好，但事实是过高的估值不仅会提高投资人的预期，而且会给自身未来再融资和企业经营带来隐患。过高的估值透支企业未来发展的预期，不仅让未来的估值增长空间有限，而且一旦未来发展低于预期，就容易在现有合作伙伴中间产生嫌隙，还可能导致再融资困难。

　　企业股权是特殊"商品"，人们总是想买得便宜，卖得贵；人都有"占便宜"的心理，一旦买贵，买方在心理上就会有"吃亏"的感觉，就容易影响买卖双方后期的合作。因此，合理估值是愉快合作的基石。

　　融资企业有必要依据企业的经营情况和行业的现状，做至少十年期的经营预测。依据该预测的企业经营现金流缺口来做融资规划，设置合理的融资进度表。根据每个节点企业经营对资金的需求量和企业估值来做股比让渡计划。

　　企业每个阶段的估值，都需要综合企业和行业各方面因素考虑，并采用市场公认的、合适的估值方法，让交易双方感受到公平。目前市场主要的估值方法分别是相对估值法、绝对估值法和期权估值法。其中相对估值法主要包括市盈率、市净率、市销率和企业价值倍数等；绝对估值法主要包括可比公司法、可比交易法以及自由现金流折现模型等。

- **相对估值法**

相对估值法是根据几个经营指标考察可比公司的价格，从而确定被评估公司的价值。相对估值法是认可企业相对价值才对估值有现实意义。潜在的假设是对比公司之间具有高度的可比性，相关经营指标符合统计学分布。常用的估值指标有市盈率（Price Earnings Ratio，PE）、市净率（Price-to-Book Ratio，PB）、市销率（Price-to-Sales，PS）和企业价值倍数（EV/EBITDA），其中包括企业价值（Enterprise Value，EV）、息税折旧及摊销前利润（Earnings before Interest，Tax，Depreciation and Amortization，EBITDA）等。

（1）市盈率（PE）估值法。市盈率＝股票价格/每股收益，其数学意义为每单位税后利润对应的股票价格；其经济意义为购买公司单位税后利润支付的价格。该方法的优点在于计算方便、简单易懂，能直观反映投入和产出的关系；缺点在于负市盈率时就失去了估值意义，而且仅限于同行业企业之间的比较，不同行业间的市盈率差异通常会比较大，就缺乏可比性。

（2）市净率（PB）估值法。市净率＝股票价格/每股净资产。反映市场对净资产经营能力的溢价。PB 估值法不仅计算方便、简单易懂，还由于净资产账面价值相比净利润更稳定，使 PB 能较好地反映企业的价值，缺点主要是对于固定资产占比很少的服务行业、技术创新型高科技公司或互联网企业等，由于净资产与企业价值关系不大，就不适合用 PB 估值法，对于研发型高科技企业等的负市净率，就更不具备估值意义。

（3）市销率（PS）。市销率 = 股票价格/每股销售额，分子、分母同时乘以总股本，就变成了总市值/营业收入。一般来说，同一行业中某公司销售额越大，其市场份额也就越大，竞争力也就相对越强。因此，同样的价格，买一个销售额更大的公司，未来存活率就越高，成为优质公司的概率也越大。市销率的优点是，市销率不会出现负值，最多收入是"0"；适应互联网时代下的轻资产、大营收、低利润的企业特点，也符合成长股的特性；市销率相对稳定可靠，不易被操纵。但是市销率的缺点也明显：无法反映企业使用杠杆的情况，不能反映营收的质量，不能反映公司的成本、现金流等重要经营指标。

（4）企业价值倍数估值法。企业价值倍数 = 企业价值（EV）/息税折旧及摊销前利润（EBITDA）。首先，EV/EBITDA 低，表明公司股权和债权的价值被低估。由于债权市价相对平稳，就主要体现在股权价值被低估。企业价值倍数估值法的优点：一是不受所得税率的影响，使跨国界或市场的企业估值具备可比性；二是不受资本结构的影响，资本结构的改变不影响估值；三是排除了折旧摊销这些非现金成本的影响。但缺点是操作相对复杂，需对债权及长期投资进行单独估计，若企业业务或并表子公司较多，庞大的数据调整会降低其准确性。其次，EBITDA 中税收因素没有得到充分考虑，对于税收政策差异较大的企业，该指标会失真。最后，由于 EBITDA 为特定时期指标，忽略了企业未来成长对价值的影响，所以适用于具有发展相似企业间的比较。

相对估值法的优点是计算方便、简单，并且能够反映公司的风险和成长性；缺点是负值的市盈率没有实际意义，不适合周期性行业企业估值。在实际运用中需要注意，相对估值法度量的是可比公司之间价值的相对高低，并不能对企业绝对价值进行估量。"可比公司"也是相对的，即使有一系列指标作为比较标准，如果缺乏相关性也必然导致估值的偏差。可比公司间价值相对的高低仍无法判断企业的具体价值，因此相对估值法适用于经营发展较为稳定的行业，不适用于周期性行业。即使行业内成熟公司能够提供部分关键经营指标，但不同企业之间技术、人才、生产管理模式的差异，使这些常用的指标通常不具备比较意义，这些影响因素导致相对估值法不适用于高新技术企业的估值。

● 绝对估值法

绝对估值法（又叫贴现法）是通过预测目标企业未来现金流并以一定的折现率将其折现，从而得到目标企业的价值。最常用的估值模型有股利贴现和现金流折现。

绝对估值法的优点是通过历史数据与框架严谨的模型相结合进行预测，有说服力。使用未来现金流进行预测，从某种程度上可直观反映公司的成长性和营运能力；模型考虑了企业未来的成长性以及与未来成长相关的变量。但缺点在于模型复杂，并要求对企业未来发展有客观准确的判断；关键指标和系数的主观假设会对估值结果产生影响；由历史数据反映未来经营预测，不能充分反映市场不确定性波动引起的价值变化。

● 期权估值法

期权估值法是通过期权定价模式对资产进行估值，通常应用于具有期权特征的资产。该方法兴起于对高科技企业的定价，由于现金流量贴现估值法和相对估值法，对负净现金流量且缺乏可比企业的高科技企业难以发挥估值作用，而期权估值方法可以在一系列假定条件和参数情况下对该类高风险、高科技企业进行估值。但在我国股权投资中，对目标公司的评估中较多的参数往往难以准确获得或估算，使该方法的适用性降低。使用此方法辅助投资决策，具有一定的价值。下面举一个我自己主导参与的例子来说明。

我曾带领原工作单位四川绵阳汽车方向机总厂生产的汽车转向系统进入长安汽车配套体系，起初供应的是循环球式转向器；进入配套体系后，长安汽车新车型开始使用结构更为简单、价格更低的齿轮齿条式转向器。四川绵阳汽车方向机总厂是当时国内循环球式转向器的最大生产单位，没有生产机械齿轮齿条转向器的专用设备和技术储备，而且经过测算，该机械式齿轮齿条转向器当时只有边际贡献，全成本核算是亏损。在当时，基于主机厂的强势地位，长安汽车每年至少对配套厂家的价格下调一次，如果投资生产，过不了几年产品的销售价格就低于变动成本。工厂面临是否投资购买专用设备生产机械式齿轮齿条转向器的两难决策。我作为一线的销售负责人，知道长安汽车正在开发使用液压和电动齿轮齿条式转向器的新车型，如果此时不能进入机械式齿轮齿条转向器配套体系，未来就没有可能进入使用液压和电动式齿轮齿条转向器的车型配套体系，因此我将进入液压和电动式齿轮齿条转向器的车型配套体系的选择权作为期权作价，应用布莱克-斯科尔斯模型进行测算，发现工厂投资该机械式齿轮齿条转向器的现金流折现是正数，是值得投资的。最后工厂采纳了我的建议，购买了专用设备生产了机械式齿轮齿条转向器。未曾想到的是一年后我国加入世界贸易组织，汽车工业大爆发，长安汽车销售数量急剧增长；国内汽车厂为了提高汽车的操控性和驾驶员手感，都迅速使用液压和电动式齿轮齿条转向器，让当时利用期权估值法进行决策显得更为正确。

诚然，企业估值需要根据企业的特征，结合企业发展的不同阶段，深入研究最合适的估值方法，进一步提高估值质量和估值准确度，实现估值效率和质量的提升。而且企业还具有不同的发展周期，在不同的发展阶段，需要使用不同的估值方法。

（1）初创期企业。处于初创期的企业，特别是高新技术企业，其生产规模一般较小，甚至仅有一个理念或领先技术，产品品类少且品种不多，市场覆盖面也窄；企业经营可能微利甚至亏损。在股权投资进入初创期的高新技术企业时，专利技术、著作权、商标等无形资产的价值评估就成为估值过程的重点，需要结合期权定价法来辅助判断估值结果，将企业的专利、技术等视为未来投资选择权（即期权），该专利技术生产的产品作为标的资产，未来生产经营预期的净现金流量现值就可用该标的资产价格代替，未来开展生产的投资成本的现值是标的资产的执行价格。如果净现金流现值大于投资成本现值，则该期权可以执行，就应生产相关技术产品。

（2）成长期企业。步入成长期的企业，无论是产品类别、市场覆盖均有大幅提高。该阶段企业产品价格有优势，利润相对较高，能获得相对稳定的现金流，就可以采用现金流折现模型来进行估值。在现金流折现模型的实际应用上，折现率的选取非常关键，也相对较为困难。一般情况下，折现率以投资人要求的最低投资回报率代替；而最低投资回报率的确定需要充分考虑资金成本、投资风险、通货膨胀率、宏观经济政策波动风险、产业政策变化风险、税收政策变化等。对于销售规模小、资产负债率高、周期性行业的企业来说，其经营风险较大，现金流比较难以预测，不仅需要将上述因素充分考虑在内，还需要从企业的技术价值、人才优势、行业前景、政策导向等方面进行权衡评估。

（3）成熟期企业。企业在顺利经过成长期后步入成熟期，企业产品性能良好，技术发展成熟，市场份额等相对稳定，经营活动稳健，企业现金流稳定。此时企业估值可以采用现金流量折现模型或相对价值估值法。对成熟企业的估值重点在于具体企业具体分析，除了充分考虑企业当前发展状况以及未来发展规划，还要结合股权投资退出路径。如果股权投资计划通过IPO退出，则在评估中需看目标企业上市的各项准备工作进展程度和可行性；如果上市可能性低的话，则要降低企业的估值水平，看现金流折现水平。如果计划通过并购退出，则需要调研企业被并购的可能性和对比企业的估值。

第二节　投后管理的价值在于赋能

企业缺钱的实质是缺少包括钱在内的经营资源，其中包括人力、技术、市场、管理、设备、产品等经营要素。如果所有生产经营要素齐备，企业经营自身就能够产生足够的正现金流，就不需要通过股权融资来解决经营过程中的资金短缺。对于一家质地优良的公司而言，股权融资是成本最高的融资方式。既然企业已经愿意通过股权来融资，就说明其缺乏优质公司需要具备的经营要素，这就需要股权投资机构提供赋能。能够给予融资企业赋能，也才能真正体现股权投资的价值。如何才能赋能融资企业呢？

首先，日常经营关注异常。无论是初创期，还是成长期，抑或是成熟期的企业，经营数据之间具有相对稳定的相关关系，和行业同类企业的经营数据之间也具有相对稳定的参照性。一旦企业经营数据之间的相关关系异常，或者和同行企业的经营数据对比出现较大差异，就需要关注该差异，以及引起差异的原因，分析该原因可能导致的后果，评估相关原因和后果给企业带来的风险大小，并及时采取措施补救。

其次，遇到困难出手相助。融资企业自身就是由于经营资源不足才需要融资，因此在经营中遇到困难，就需要投资机构给予帮助，只有提供帮助才能体现投资机构之间的差距。能够提供帮助的投资机构越来越受到融资企业欢迎。在帮助企业克服困难的过程中，要全面掌握和评估融资企业遇到的困难及可能的后果，如果确实迈不过这个"坎"，就需要整合资源创造新的机会，或者及时抽身。这个"坎"，包括企业发展进入瓶颈，无法再突破，收入和利润到顶；或者是遇到困难无法克服，企业将走向衰亡，企业价值已经达到最大。例如 ofo 的企业价值走到顶峰时，有投资机构就在共享单车最火热的时候转让了全部 ofo 的股份，成为为数不多的投资 ofo 成功退出的投资人，并获得可观的投资收益。

再次，整合资源创造新机会。在后一节中我们简要通过几个案例来说明如何整合行业资源，创造新机会。通过产业链横向和纵向联合，节省成本，突破行业发展的瓶颈，创造新机会，也可以通过多元化发展，整合新的商业机会。

最后，投后管理的目的在"收益最大化地退出"。通过对融资企业日常经营的全面了解和持续跟踪，掌握企业的经营动态，在企业价值最高时退出。股权投资，不要以 IPO 退出作为成功标准，而要以投资收益的倍数作为评判的唯一标准。对投资机构的能力评估，不能以 IPO 个数、投资数量、投资金额和融资金额作为标准，而要以投资总体成功率、投资总体回报率和投入资本分红率（Distribution over Paid-In，DPI）这三个指标作为评判标准。现在不少项目即使 IPO 成功，也不一定能够赚钱，甚至还会亏损；一些项目没能够进行 IPO，但是通过并购或者转让老股，也能赚不少钱；关键是要在投资回报倍数最高的时候将投资股份转让变现，在投资本金和收益到账以后，落袋为安，才能算投资成功。

股权投资的唯一考核标准就是投资收益。投后管理赋能的目的是在企业价值最高的时间窗口期，成功卖出持有的股份，获得最大化的投资回报倍数。

第三节　合纵连横再创新机会

　　企业发展到一定阶段，一方面是自身经营容易出现瓶颈，另一方面是行业竞争加剧，行业"内卷"后整体出现发展瓶颈，我们就可以通过合纵连横来再创发展新机会。本节内容在《投资新思路：大变局中的行业选择》一书中有详细叙述，在这节中简要概括说明。

一、突破行业发展瓶颈

　　2013 年成立的中国医疗健康产业发展策略联盟（以下简称中国医健联盟），就是在民营医疗行业集体遇到发展瓶颈以后，借助外部力量来促进行业聚合发展的案例。该联盟成立以后就开始了联盟企业的集中采购，通过联合上千家医院集中采购降低采购成本；与上海交通大学联合举办医疗工商管理硕士（Healthcare MBA）学位课程班，提高联盟成员企业现代化的管理水平；和媒体合作，重塑民营医院的社会声誉。

　　2015 年 7 月 16 日，国务院办公厅印发《关于成立行业协会商会与行政机关脱钩联合工作组的通知》（国办发〔2015〕

53 号），推进全国性行业协会商会脱钩工作，指导和督促各地区行业协会商会脱钩工作，规范行业协会商会的健康发展。与行政脱钩后，让行业协会商会脱去了官办性质，成为行业自律和成员单位的服务机构，实质上加快了行业协会商会的发展，促进了行业通过协会商会抱团发展。甚至在行业协会、商会的基础上再成立总商会来扩大资源范围，促进优势互补和资源整合共享。比如，2015 年 10 月 24 日成立的全球浙商总会，2016 年 2 月 23 日成立的四川省川商总会，都是在其他现有的商会基础上再成立的联合会。

二、"走出去""引进来"

我国企业"走出去"，是从 20 世纪 90 年代正式开始，2001 年国家正式提出"走出去"战略；到 2013 年，我国提出"一带一路"合作倡议，截至 2021 年 11 月 20 日，我国与 141 个国家和 32 个国际组织，签署了 206 份共建"一带一路"合作文件。

为使中国企业更好地抱团"走出去"，通过帮助企业获取国际业务，配置海内外资金，引入国际化管理经验和先进商业模式，对中国企业"走出去"形成系统性综合性服务架构，成立中国企业全球化综合服务平台，中国企业走出去联盟（China Enterprises Go Global Union，CEGG），于 2015 年 10 月 24 日在北京人民大会堂宣布成立。联盟为顺应国家实施中国企业"走出去"和"一带一路"倡议形势，充分发挥联盟国内外广泛的政府商业和金融市场的资源优势，实质性地解决企业"走出去"所遇到的困难和发展瓶颈。致力于合力塑造中国企业在世界舞台上"诚信务实、开拓进取、团结创新"的良好华商形象，辅助中国企业"走出去"共建商业生态文明。

新希望集团成立 40 年，就是通过"走出去""引进来"，不断学习借鉴，成为四川本土首家世界 500 强企业。

三、多元化转型拓展新的行业空间

企业在一个行业发展到"天花板"之后，可以通过多元化转型寻求新的发展。基于对我国 A 股上市公司研究发现，我国上市公司的多元化经营程度和企业价值之间呈负相关关系，即多元化经营损害了企业价值。研究还发现多元化程度与企业投资效率也呈负相关关系，即多元化程度越高，企业投资效率越低。基本印证企业家口口相传的"多元化是找死，不多元化是等死"。多元化对多数民营企业是陷阱，对少数企业是福音。

既然多元化会降低企业价值和企业投资效率，甚至给企业带来风险，为何还需要参与多元化和转型多元化呢？其实质就是，企业当前所在行业利润率降低，企业发展遇到"天花板"，寻求突破发展的瓶颈。柳卸林等（2021）采用计算机、通信和其他电子设备制造业 A 股上市公司 2009～2018 年的面板数据进行分析，研究发现企业多元化经营存在所有制差异，国有企业相比于非国有企业更倾向于进行多元化经营，并且企业年龄具有正向调节作用。也发现多元化经营负向影响企业创新持续性，并且采取多元化经营的国有企业创新持续性更弱；多元化经营对企业短期绩效有积极影响，但是对长期绩效没有影响。研究结果表明为了企业的长期发展，企业应理性采取多元化经营并重视创新持续性。而李万君等（2021）以我国 210 家玉米种子企业的调查数据，从产出角度界定技术创新能力，实证分析企业规模化和多元化对技术创新能力的直接影响和交互影响，同时考察市场化程度的调节效应。研究发现，规模化有助于种子企业技术创新产出数量的提升，多元化（尤其是相关多元化）有助于种子企业技术创新产出质量的提升；当技术创新产出质量不同时，多元化的效应也存在差异。研究表明，规模化与多元化并举是种子企业提升技术创新能力的有效路径。

民营企业经过国内产能过剩带来的激烈竞争，在国内抱团发展、"走出去"海外拓展和"引进来"合作的同时，也在积极谋求产业转型升级，或者新增产业范围，实现多元化经营，为企业可持续经营寻找商机，部分产业资本就转变为金融资本。

四、产业资本转型金融资本

近年来，国内产业企业家纷纷进入股权投资行业，将他们拥有的资金实力和产业链优势，布局产业链上下游，从产业资本转型金融资本。在产业积累一定资本后，凭借产业锻炼出来的管理能力，再对比金融行业的高利润率，让部分产业资本寻求机会转型金融资本。

赵通和任保平（2019）认为产融结合是金融业和实体经济发展到一定阶段的必然产物，对新时代我国制造业的转型升级具有重要的借鉴意义，并从"由融而产"和"由产而融"两个路径分析了产业资本与金融结合的风险生成机理。我们以2008~2017 年我国 A 股上市公司为研究样本，实证检验管理层能力与企业投资效率之间的关系，研究发现随着管理层能力的提高，企业投资效率显著提升。在产业锻炼出来的精细化管理能力和成本控制力，为产业资本转型金融资本提供了更强的竞争优势。

产业资本转型金融资本，是向下俯冲；金融资本转型产业资本，是向上仰攻。在《投资新思路：大变局中的行业选择》一书中详细分析了产业资本和金融资本相互转化的优劣势。

第四节　股权投资退出是难题

我国一级市场已有超过 13 万亿元的库存，每年还会新增 1 万亿元以上的库存；我国一级市场投资企业数量已超过 5 万家，每年在国内 A 股上市的企业就有几百家，加上中国香港地区和美国上市的公司数量，在最好的年份也不会超过 1000 家，但我国每年新增投资的企业超过 2000 家；国内股权投资退出路径又主要是 IPO，势必导致大量项目无法通过 IPO 退出。据统计，能够通过 IPO 退出的投资项目不到 10%，这是过去存在大量成熟企业前提下的比例。一级市场的 13 万亿元存量，就意味着这些资金都会优先谋求在二级市场卖出，但是二级市场显然没有足够的流动性去支持这么庞大的资产变现，必然导致股权投资行业的"退出难"。

谈及我国股权投资，有一个绕不过的交易市场，就是新三板，谈到新三板，有一个绕不开的公司，叫九鼎集团，九鼎上新三板，核心问题就是股权投资退出成了难题，通过基金份额替换成新三板挂牌公司股份的方式，试图解决这个难题，却又给新三板出了难题。

第6章　企业估值和投后管理

　　鉴于金融类企业在新三板市场大量"抽血"，不停地反复融资，引发市场不满，2015年12月底，证监会叫停私募股权投资公司新三板挂牌。2016年1月19日，多家券商接到股转系统通知，要求暂停类金融项目挂牌，无论该项目处在哪种状态。到2016年5月27日，全国股转系统发布《关于金融类企业挂牌融资有关事项的通知》，明确表示小贷、担保、融资租赁、商业保理、典当等其他具有金融属性企业暂不受理新的挂牌申请，已受理企业终止审查；还要求已挂牌的类金融企业不得采用做市转让方式；但本方案发布前已采用做市转让方式的除外。已挂牌其他具有金融属性企业应当披露季度报告；不属于其他具有金融属性企业的挂牌公司，其募集资金不得用于参股或控股其他具有金融属性的企业。

　　透过现象看本质，九鼎挂牌新三板的实质就是股权投资遇到退出难题。退出难不仅体现在投资项目无法上市，也体现在投资机构无法决定项目退出的时间和退出的方式。朱鸿伟和姚文燕（2014）研究发现我国股权投资机构对项目退出决策没有显著影响；退出时受到外部市场环境，包括经济形势、资本市场建设等因素的显著影响；二级市场的走势、多层次资本市场的建设直接关系到股权投资机构的退出渠道及收益。方红艳和付军（2014）研究了投资于我国境内企业的风险投资及私募股权基金（VC/PE）退出方式及与之相关的因素表明，VC/PE越年轻、投资时间越短、被投资企业越年轻以及股市行情越好时，通过 IPO 退出的概率越大。较年久和年轻的 VC/PE 所支持企业的时间和上市时 IPO 折价无显著差异。这些发现表明，基于成熟资本市场的信息不对称和声誉假说并不能很好地解释我国 VC/PE 的退出方式；相反，源于中国市场的数据反映了近年来 VC/PE 行业较为普遍的突击入股短期套现的现象。

从 PE 的"募、投、管、退"四个环节来看，九鼎集团面临巨大的退出难题，就是九鼎投资挂牌新三板的逻辑，在投资退出难的情况下，九鼎集团的 LP 很难在基金到期后退出，更不要说从投资中获得回报了。清科研究中心（2015）统计截至 2013 年 10 月 31 日，九鼎集团管理基金总规模为 264 亿元，累计投资 25.09 亿美元，在管项目 185 个，所涉及行业也颇为广泛，成为了备受瞩目的"PE 工厂"；但市场人士眼中一直"狂飙突进"的九鼎投资，7 年间完成 200 多笔投资，是骄人的业绩，也预示着必将面临退出的压力。上新三板之前，在消费、服务、医药、农业、材料、装备、新兴、矿业八大行业投资了 209 个项目，累计投资金额 154.3 亿元，退出项目 24 个，退出项目的投资金额仅为 11.7 亿元，退出金额为 27 亿元。当时我国股权投资基金基本约定存续时间是"5+2"，最长不超过 10 年。剩下的 185 个所投项目在接下来几年内需要陆续实现退出，但具体哪年能退出存在较大的不确定性。通过新三板挂牌就是为了 LP 更灵活地退出，就这样，2014 年 4 月 23 日，九鼎集团在新三板挂牌。

为了解决退出的问题，九鼎集团在新三板上市，首创了"基金份额换取股权"的模式，使原有私募股权基金投资人转化为九鼎集团的股东。九鼎集团这一首创模式，不仅让其快速翻身，把吴刚推上了"新三板"首富，还引来一批跟风效仿者。

九鼎作为一家民营股权投资管理机构，管理规模上百亿元，发展速度较快，但在退出上备受质疑，其核心就是股权投资机构遇到的退出难题。

国务院设立新三板的初衷就是更好地发挥金融对经济结构调整和企业转型升级的支持作用，拓宽民间投资渠道、缓解中小微企业融资难的困境。对我国现有数千万计的中小微企业，只有不到 1 万家挂牌企业，远远低于市场预期。但毋庸置疑，新三板今后的发展依然具有一定的守望空间。因为，新三板不仅给标的企业提供了融资渠道，还为标的企业提供了市场定价的参考，也为市场提供了规范经营的并购标的池。

2015 年，新三板 192 家公司披露并购重组事项 213 次，交易金额 347.82 亿元，分别为 2014 年的 13 倍和 27 倍。到 2020 年末，新三板挂牌公司累计实施并购重组 1633 次，涉及交易金额 2188.72 亿元，有效促进了企业资源整合和转型升级。涌现了一批专精特新企业，336 家公司被评为专精特新"小巨人"，26 家成长为"单项冠军"企业；2017~2019 年，累计有 48 家公司获得国家科学技术奖。通过外延式扩张和内生式增长，一批战略新兴企业实现业务升级转型，逐步成长为细分行业里的龙头企业。

新三板在公司分层、做市商扩围、公募基金入市、转板、竞价交易等制度落实，为广大中小微企业规范经营提供了展示平台，有良好的社会效益。新三板成立以来融资上万次，筹资金额超过 6000 亿元，超过 1500 家公司在亏损阶段获得融资。洪方韡和蒋岳祥（2020）研究发现，新三板企业调入创新层会显著提高股票流动性，而调出创新层会降低股票流动性；分层制度对股票流动性的效应，在无风险投资支持的企业中表现更显著，"精选层"提升股票短期流动性也更显著。

作为融资的重要渠道和平台，众多新三板挂牌公司都以能够到 A 股上市为目标。截至 2021 年 10 月 29 日，已有 678 家新三板挂牌公司拟至 A 股上市，其中，已成功登陆的公司有 312 家。尽管 2021 年 9 月以来，受北交所设立所影响，多家新三板公司计划撤销摘牌申请，部分公司宣布将 A 股上市计划变更为在挂牌，但不可否认的是，A 股市场仍是新三板公司进行 IPO 的"香饽饽"。截至 2021 年 10 月 29 日，2021 年就有 110 家原新三板挂牌公司成功至 A 股上市，其中创业板 50 家，科创板

41 家，主板 19 家。在这 110 家转 A 成功的原新三板挂牌公司中，按照 GICS 一级行业分类，所属领域为工业的公司数量最多，为 41 家，其次为原材料、信息技术、医疗保健等。从转板后上市首日表现来看，110 家公司中，上市首日涨幅为正的公司有 107 家，占比高达 97.27%。

　　新三板分层后，不仅提高了创新层的流动性，也提高了创新层企业的创新投资活动。薛海燕等（2020）发现，创业板上市企业的创新投资活动显著低于新三板创新层企业，且对外部融资依赖程度低的企业这一现象更显著。无论是新三板转板到 A 股，还是新三板创新层比创业板更高的创新投资活动，都充分体现了新三板是 A 股市场良好的补充，是我国多层次资本市场不可或缺的一部分。

第五节　投得好不如退得好

企业经营是九死一生、危险随时潜伏左右的经济活动。参与标的企业的股权投资，就需要通过投后管理随时关注标的企业的价值波动，当判断企业价值最高点即将出现之前，就需要布局股权投资退出事宜。出让股权是投资中最重要的一环。

过去认为通过 IPO 退出是所有投资机构的首要选择。一是 IPO 后的回报率可能是最高的，二是投资机构追求显性的业绩声誉。在投资机构普遍不愿公布总体投资成功率、总体投资回报率和 DPI 的情况下，人们常将投了多少个成功"IPO"项目作为评价投资机构专业能力的评判标准。在市场已经发生巨大变化的情况下，再将项目成功 IPO 当成投资机构的最高追求，未必是投资回报最大的选择。持有 ofo 投资份额到最后的投资机构都血本无归，中途转让了 ofo 股份的投资机构都赚得盆满钵满。

特别是在现在 IPO 破发成常态，不少在美国上市的中概股市值跌破 IPO 前融资总额，两位数的热门赛道生物医药上市公司的市值跌破其账上持有的现金数额，如果继续坚持通过 IPO

退出，未必是投资回报率最高的选择。投得好不如退得好，而退得好的关键是"退"的时机要把握好，这就需要投资人做好投后管理，从企业全生命周期中找到最合适的时间窗口转让出股份，以求得投资回报最大化。

要判断企业价值是否达到顶点，就需要利用本书第 3 章、第 4 章、第 5 章和本章第一节介绍的内容，根据企业是否存在系统性风险，企业在市场中的竞争地位，行业未来发展前景，国家对该行业和企业的政策倾向，行业本质正在或将起什么样的杠杆效应，用恰当的估值模型判断企业在不同时点的价值，从而找到企业价值的顶点，在这个点上询问自己是否愿意再用这个估值继续投资，如果愿意，则继续持有；如果不愿意，就到了退出的时间点，在企业价值到达顶点之前布局退出的路径和方式。

股权投资人一定不要追求成功 IPO 这样的"虚名"，而要追求确定的投资回报率，以投资生涯中的总体成功率、总体收益率和 DPI 作为目标，才能在周期性、起伏波动的股权投资市场不抱侥幸心理，规避系统性风险，达到投资价值最大化。

第7章　并购将是股权投资退出的重要路径

　　企业并购分为收购和兼并两种方式，我国将企业之间的收购和兼并这两层含义统称为并购。股权收购、资产收购及企业合并是实现企业并购的主要方式。作为企业经营及资本运作的重要形式，企业并购的实质是在企业控制权运作过程中，企业法人基于自愿的原则，根据企业产权通过一定的经济方式进行权利让渡的行为。企业并购绩效的定义，是在完成并购行为后，主并购企业通过一系列的整合措施实现生产效益和企业价值增值。

　　新希望集团就是通过并购发展壮大，成为福布斯 2020 年度世界 500 强、四川省本土第一家世界 500 强的企业。新希望集团创业不到 40 年的时间即成为世界 500 强的成长史，就是一部我国企业在改革开放后的企业并购史。在完全竞争的行业领域，通过并购体量是自身体量数倍的山东六和集团，2021 年成为世界第一的饲料生产企业；完全通过收购地方乳业企业，成为我国排名前列的乳品企业。新希望集团赶上并抓住了改革开放以来的四次并购浪潮，通过横向和纵向并购，不仅让企业实现了多元化发展，还在多个行业形成全国排名前列的企业规模。

我国越来越多的企业像新希望集团一样，不仅通过内部积累发展壮大，也通过并购实现外延式扩张。国务院在 2010 年就出台了《关于促进企业兼并重组的意见》，2014 年颁布了《关于进一步优化企业兼并重组市场环境的意见》，旨在通过"促进企业兼并重组、推进自主创新"。2015 年前后，大量企业参与到第四次并购浪潮中，奠定了我国近年的经济和行业格局变化，经过几年的蛰伏和调整，我国即将迎来第五次并购浪潮。对未来影响较大的第四次并购浪潮，呈现"平台通吃""头部集中""强者恒强"等特点，我国企业竞争也从"自由竞争"走向"垄断竞争"，为未来第五次并购浪潮埋下了伏笔。

根据普华永道发布的《2021 年中国企业并购市场回顾与前瞻》，2021 年我国国内并购交易数量创下历史新高，达到 12790宗，较 2020 年增长了 21%，交易金额从 2020 年历史最高水平下降 19%，至 6374 亿美元，其中私募股权基金交易金额首次超过交易总额的一半。按照交易量和交易额计算，我国分别约占全球并购市场的 20% 和 13%，在全球并购市场扮演着越来越重要的角色。

近年来，受国际地缘政治事件、疫情反复多点暴发、国际政治经济冲突程度加深、经济深层变革转型矛盾加强等多重复杂因素冲击影响，我国经济发展所面临的下行压力显著增加，稳定企业发展预期、保障经济发展韧性在较长周期内已成为重点经济发展任务。在 2018 年 7 月召开的中共中央政治局会议上，习近平总书记就结合当时经济形势提出"要做好稳就业、稳金融、稳外贸、稳外资、稳投资、稳预期工作"。2020 年，国务院总理李克强在主持召开国务院常务会议中又进一步部署完善了"六稳"工作协调机制，以此来有效应对疫情影响促进经济社会平稳运行。更为直接地，2021 年召开的中央经济工作会议对当前经济发展形势做出了更为明确的判断，提出我国"经济发展面临需求收缩、供给冲击、预期转弱三重压力"，强调要"稳字当头、稳中求进"，将稳预期作为经济发展的重点内容。面对严峻的经济发展下行态势，微观企业主体广泛呈现出发展预期不稳的经营状态、发展信心普遍不足。国家出台系列政策举措来不遗余力激发企业稳定发展、创新转型的实际效果，企业自身也积极开展维稳自救与实施变革，而作为企业资产或股份转移的系统过程，企业并购不仅可以有助于获取优势技术、资源、市场地位，增强发展能力、实现价值增加的协同效应，也是应对系统性、行业性因素冲击、分散企业经营风险的重要实现方式。那么，在发展预期转弱情境下企业是否会表现出明显的并购行为偏好？其主要是通过何种途径来支撑实现并购行动的？并购实施后是否可以有效改善经营业绩表现呢？

　　我以 2017~2019 年中国 A 股上市企业为研究对象，对发展预期给企业并购行为带来的影响进行了分析研究，发现：①企业发展预期转弱会明显加快企业并购实施强度；②在作用路径方面，发展预期转弱促进企业并购主要通过适度债务扩张加以实现；③通过加强并购行为，发展预期转弱环境影响下的企业经营业绩波动得到明显抑制、全要素生产率得到显著提升；④进一步地，企业发展预期转弱对并购行为的影响在成熟期及民营企业中更为显著。该项研究丰富了企业并购行为的影响动因研究，为企业并购行为提供稳预期视角下的经验证据与政策启示。

第一节　企业并购兴起与四次浪潮

1978 年改革开放以后，我国企业并购至今经历了四次特征显著的发展阶段，每次并购浪潮都有特定的历史背景和经济发展阶段推动，让国内并购次数的发生呈现明显的周期波动。

我国的第一次并购浪潮发生在 1984~1989 年，市场经济逐渐深入人心，集体所有制经济蓬勃发展。随着经济体制改革的不断推进，作为产权交易的并购活动得以出现，并逐渐演变为我国企业并购的第一次浪潮。其间全国有 6966 家企业被兼并，转移资产 82.25 亿元，减少亏损企业 4095 家，减少亏损金额 5.22 亿元。

我国的第二次并购浪潮发生在 1992~2000 年，1992 年邓小平同志"南方谈话"以后，中央确定了社会主义市场经济体制改革的目标方向，在激励机制和约束机制双重作用下活跃起来。处于经营困境的地方国有企业，通过管理层收购（Management Buy-Outs，MBO）等方式私有化国有企业，本次浪潮是民营企业对国企发起的大规模兼并重组。新希望集团在此期间，通过并购国内各地经营陷入经营困境的国有饲料企业，奠定了今天饲料世界第一的行业地位。

我曾经在四川绵阳汽车方向机总厂（原解放军第 9780 工厂）工作过，此厂是 20 世纪 90 年代绵阳市盈利排名靠前的企业。企业从军队交地方后，全体员工就被买断身份，企业迅速被绵阳市政府接管后私有化。在第二次并购浪潮期间，全国出现了集中性职工下岗潮，从一定程度上减轻了政府负担，让部分民营企业完成"从 0 到 1"的起步，为后来我国经济的高速增长奠定了市场基础和经营活力。

我国的第三次并购浪潮发生在 2002~2008 年，是以 2002 年我国加入世界贸易组织为起点，在国有经济结构实施战略性调整及鼓励并购政策出台的时代背景下产生的。2003 年上半年，我国并购交易数量达 490 笔，同比增长 100%；涉及交易金额 362.2 亿元，同比增长 190%；并购交易的活跃程度远远高于上年同期水平。到 2005 年，仅 A 股上市公司发生的并购案就超过 500 宗，并购金额达 600 多亿元。在此期间，新希望集团从无到有，并购了多家地方国有乳品企业，奠定了今天在我国乳业行业的前列地位。在此期间，河北宝硕股份完成对保定市政府下属严重亏损企业的并购，这些并购最终将宝硕股份自身拖入债务泥潭，并于 2007 年被宣布破产重整；新希望集团于 2008 年初介入宝硕股份的破产重整。

也是在第三次并购浪潮期间，国有三大银行引进了国外资本。2005 年 6 月 17 日，中国建设银行和美国银行签署了关于战略投资与合作的最终协议。2005 年 7 月 1 日，中国建设银行和淡马锡旗下的全资子公司亚洲金融控股私人有限公司签署了关于战略投资的最终协议，亚洲金融以 14.66 亿美元购入建行 5.1%的股权。2005 年 8 月，中国银行与英国苏格兰皇家银行、新加坡淡马锡，9 月与瑞银集团，10 月与亚洲开发银行，2006 年 3 月与全国社保基金分别签署协议，五家机构成为新的战略投资者。2006 年 1 月 27 日，中国工商银行与高盛投资签署了战略投资与合作协议，购买中国工商银行新发行的股份，于 2006 年 4 月 28 日顺利完成资金交割。这笔当时最大的境外投资者对中国金融业的单次投资，约占工行股份比例总计的 8.89%。

我国第四次并购浪潮，从 2014 年延续至今。这次浪潮发生在国家"一带一路"、国企改革、多层次资本市场等改革大背景下，尤其在 2014~2016 年股市繁荣期间，我国并购市场呈现"井喷"的局面，大量的并购事件不断涌现。这一轮的并购重组浪潮是国有企业与头部民营企业共同参与的一次经济盛宴，规模和影响都远超前三次并购浪潮。经过 2014~2016 年的股市大发展，推动大量 A 股上市公司开展并购。据统计，2014 年 A 股上市公司公告的交易案例数量超过 4450 起，披露交易规模超过 1.56 万亿元，涉及上市公司超过 1783 家，较 2013 年同期的 1189 起、5023 亿元，分别增长 274%和 210%。上市公司并购重组在 2015 年更为活跃。据统计，2015 年上市公司并购重组交易 2669 单，交易总金额达 2.2 万亿元，同比增长 52%。

第四次并购浪潮不少是由国资主导，特别是地方国资平台公司和纾困基金，帮助陷入经营困境的地方企业，还包括陷入经营困境的区域上市公司。在企业发展过程中，A 股上市公司习惯通过并购的方式增加收入和利润，进而推高公司市值；但是，这种缺乏坚实底层商业基础的并购，导致大部分上市公司市值经过一段时间以后被打回到并购之前，更为严重的是很多上市公司由此背上巨额的商誉，当经济环境叠加资本市场环境发生变化的时候，巨额的商誉减值对上市公司产生巨大的影响，导致不少实控人丧失了对上市公司的控制权，恰逢国资从"管企业"到"管资本"的重大转型，催生了最近几年国资大量收购 A 股上市公司控制权的并购交易。

受股市回落、巨头合并和政策监管加紧等多重因素影响，2016 年并购市场在 2015 年爆发后短暂回落。投中数据终端显示，2016 年宣布交易案例 8380 起，披露金额数量 6642 起，披露交易规模 5406.2 亿美元，与 2015 年同比分别下降 28.48%、31.19%、31.52%。① 但是国资充裕的资金，让 2020 年我国并购活动交易金额增长 30%，达到 7338 亿美元，是自 2016 年以

---

① 详见：周伊雪：《2016 年并购市场扫描：数量规模双降 理性取代狂热》，《21 世纪经济报道》，https://www.sohu.com/a/124680987_115443，2017 年 1 月 19 日。

来的最高水平。除了收购 A 股上市公司之外，国资也进行各种
形式的投资并购。以深圳国资委为例①，2600 亿元收购荣耀手
机、660 亿元收购万科、250 亿元投资恒大、148 亿元入局苏宁
等，其总资产高达 4.1 万亿元；而合肥国资、珠海国资、重庆
国资等地方国资表现亮眼，成为资本市场上活跃的投资方。

诚然，在第四次并购浪潮之中，民营头部企业积极参与，
比如滴滴和快的在 2015 年的合并、58 同城和赶集网的合并等；
也有平台型企业通过并购，成为寡头垄断；头部企业横向并购，
让行业集中度越来越高，强者恒强。

从我国前四次并购浪潮来看，推动并购形成浪潮的根本原
因是我国经济体制改革、资本市场改革、企业实力更强和经济
发展到一定阶段的结果，并非是生产力水平提高，也不是企业
能够通过并购输出先进的管理、人才、技术等生产要素，进而
寻求资本增殖的原因所推动。

这四次并购浪潮的共同特点就是，主并方缺少驾驭和整合
被并方的抓手，难以对被收购标的进行有效整合，导致并购的
总体效果并不理想，甚至部分主并方因被并购标的债务问题把
自身拖入债务泥潭，比如宝硕股份；有些上市公司甚至仅仅为
了做市值或者"保壳"而进行并购，留下大笔商誉。

---

① 详见：《中国投资"一哥"的起飞之路，2600 亿收购荣耀，250 亿力挺恒大!》，企慧
网，https：//baijiahao. baidu. com/s? id = 1702982080637535706&wfr = spider&for = pc，2021 年 6
月 19 日。

第7章 并购将是股权投资退出的重要路径

在国家经济结构转型、反垄断和阶段性纾困任务完成的背景下，叠加持续两年多的新冠肺炎疫情影响，让第五次并购浪潮呼之欲出，并购基金将成为并购的主要参与者。

● 并购基金的兴起

2003 年，我国第一只并购基金弘毅投资成立，主要投资于成熟行业中的成熟企业和新兴行业中的成长型企业。2006 年至 2015 年本土并购基金共有 418 只；披露了募资金额的 327 只，募资规模达到 1829.92 亿元。2014～2015 年，国内赚钱的投资模式是参与上市公司的定向增发和联合成立并购基金，特别是参与上市公司并购基金的设立，这种模式在最开始的时候非常受市场欢迎，最先参与的机构赚得盆满钵满。在赚钱效应下，市场上大量的投资机构复制此模式，让 2015 年成为并购基金爆发的元年。何孝星等（2016）通过研究发现，上市公司设立的并购基金具有较明显的价值创造力，其中杠杆水平较高的上市公司，其设立的并购基金会获得更高的财富效应；不同类型并购基金均能创造价值，但相关并购型并购基金比多元化并购型并购基金更具价值创造力。

清科研究中心发布的 2015 年中国私募股权投资市场数据统计显示，并购基金 2015 年共完成募集 245 只，约为 2014 年的 4 倍，募集金额也同比增幅明显。并购基金不同于其他类型基金的投资存续期限，主要围绕与上市公司相关的并购重组，一二级市场联动，获取较高价值回报，并降低退出风险。那么市场是如何看待上市公司成立并购基金的？庞家任等（2018）发现，资本市场对设立并购基金的平均反应短期显著为正，但长期显著为负；投资者对并购基金的后续投资持正面态度，可惜的是大部分并购基金没有后续投资。该研究从另外一个侧面说明我国资本市场对上市公司成立并购基金持肯定态度，但并购基金的后续表现低于市场预期，并购基金在业务发展上存在虎头蛇尾的现象。究其实质就是我国缺乏产业并购人才和并购标的市场发育还不充分，说明了我国未来并购市场还将有很大的发展空间。

时任中国证券投资基金业协会会长洪磊曾透露，截至 2016 年 10 月底，在中国证券投资基金业协会备案的并购基金共 833 只，管理规模 4640 亿元，并购基金数量和规模较 2015 年末分别增长 156% 和 176%。[①] 2020 年 10 月 31 日，中国证券投资基金业协会秘书长陈春艳在第六届中国并购基金年会上表示，并购基金无论是机构还是管理规模都得到稳定增长，从 2020 年第二季度数据来看，并购基金机构数量达到 2484 家，管理规模达

---

① 详见：刘向红：《前 10 个月备案基金 833 只 管理规模 4640 亿元》，上海证券报·中国证券网，https://news.cnstock.com/news，bwkx-201611-3941983.htm，2016 年 11 月 5 日。

到 1.6 万亿元。① 四年间，管理规模增长了数倍。

2021 年上半年，我国并购基金的热度呈持续提升的趋势。具体来看，并购基金单笔募资额屡创新高的同时，市场上与并购基金相关的交易十分活跃。国际巨头纷纷加大在中国的投资布局，2021 年 4 月 6 日，KKR 宣布募集完成 150 亿美元亚洲四期基金，并表明该基金将"投入更多的精力和资金来做并购和控股"。人民币基金方面，2021 年 1 月 8 日，晨壹投资宣布募集 68 亿元人民币并购基金，将聚焦医疗与健康、消费与服务、科技与制造三大领域。

回顾美国股权投资发展历史，美国的控股型并购从 20 世纪 70 年代起步，并于 20 世纪 80 年代繁荣，而以成长性投资为主的基金发展则明显滞后于控股型并购类基金。不仅如此，两者体量规模相差巨大，美国现在控股型并购基金规模约为成长性投资基金规模的 15 倍。而我国目前成长性股权投资基金规模占比超过 90%，控股型并购基金占比不到 10%。主要原因是我国过去 40 年来一直处于经济高速发展阶段，企业总体上处于市场规模急速扩大时期，适合作为控股型并购的标的数量较少；同时受制于资本市场退出途径、融资环境和并购人才缺乏等，导致市场上控股型并购案例相对较少。

---

① 详见：王思文：《中基协陈春艳：目前并购基金呈现五大特点》，《证券日报》，https://baijiahao.baidu.com/s? id=1682347617440427651&wfr=spider&for=pc，2020 年 11 月 3 日。

随着注册制全面推行与市场不断规范，Pre-IPO 套利模式失效，渐渐步入成熟期的各个行业，宏观政策环境将有利于头部企业进行产业并购与整合，未来一段时间内不少行业的集中度将会提高。并购基金通过股权配置，优化产业布局，赋能提升企业的核心竞争力，达到产业整合与资源优化的目的。资本市场有个说法，"十亿市值靠业务，百亿市值靠并购，千亿市值靠核爆业务+并购"。相信接下来会有越来越多的中国企业通过并购基金，完成产业并购，走上"千亿市值"之路。

2022 年 1 月，我国披露完成 258 笔并购交易，其中披露金额的有 225 笔，交易总金额为 211.41 亿美元，同比上升56.83%。在 2022 年 1 月，共计 16 只私募基金以并购的方式成功退出，回笼金额约 49.71 亿元。①

---

① 详见：金融小镇网，http://financetown.com.cn/arc/14-4346.html。

第二节　管理层能力影响并购绩效

通过相关学者的实证检验，证明了我国资本市场对并购基金持欢迎态度，而且总体上取得了不错的经济效益，但是并购基金的后续表现却不尽如人意。我们团队，即姚立杰等（2020）通过实证检验证明了管理层能力与投资效率是正相关关系，也就是管理层能力会影响投资收益。通过研究发现，随着管理层能力的提高，企业投资效率显著提升。研究还发现，管理层能力对企业投资效率的积极影响主要通过两个方面即资金配置效率和信息透明度。企业内部控制较完善的情况下，在市场化程度越高的地区，管理层能力对企业投资效率的促进作用越显著。我们进行了一系列稳健性检验，包括采用管理层能力和投资效率的不同测度方法，来探究管理层能力变动对企业投资效率变动的影响，采用不同研究样本区间，考虑潜在的内生性问题，采用倾向得分匹配方法以及格兰杰因果检验等方法，研究结果依然稳健。该研究不仅证实了管理层能力和投资效率的相关理论研究，也为企业并购提高绩效提供了思路和方法。

管理层能力是在多层次因素背景下，对并购绩效产生影响。

这个多层次因素，既有宏观层面的影响因素，又有中观层面的影响因素，还有微观层面的影响因素。

首先，宏观层面。第一是政府因素。我国处于社会主义初级阶段，社会经济处在转型时期，政府在公司并购活动中占据着重要的地位，可能既是监管者，又是所有者，还是交易参与者，这样就可能导致其利用优势地位，出现过度干预的现象，让市场失灵，降低公司并购绩效。根据我们的研究，市场化程度不同的区域，管理层能力与投资效率的相关关系明显不同。即政府干预越少、市场化程度越高的地区，管理层能力与投资效率的正相关关系越明显；在政府干预度高、市场化程度低的区域，管理层能力和投资效率相关性不明显。第二是法律因素。经济活动中的并购业务涉及利益关系复杂，必须要以完善、健全的法律制度为基础。从 20 世纪 90 年代开始，我国在公司并购方面颁布了《证券法》《公司法》《关于企业兼并的暂行办法》等多项法律法规来促进公司并购的市场化发展，但我国的法律法规完善程度还相对落后，需要加大对并购市场法律体系的构建力度，引导并购行为，形成一个有章可循、井然有序的市场环境。在法治环境良好的区域，管理层能力与投资效率呈现明显正相关关系，也就是说管理层受到非法干扰的因素相对较少，能够让管理层发挥出其应有的能力。第三是经济周期因素。无论经济处于高速增长阶段，还是低速增长阶段，管理层

第7章　并购将是股权投资退出的重要路径

能力对投资效率的积极作用均存在且显著，也就是说无论经济处于哪个周期阶段，管理层能力和并购绩效都呈现正相关关系，即经济周期会影响并购行为的发生，但不影响并购绩效；或者解释为管理层能力高的企业，参与并购不受经济周期的影响。第四是社会因素。社会大众对被并购方的态度，包括社会文化、风俗习惯、利益相关者的关切和态度等，都会影响管理层的行为，从而影响并购绩效。第五是行业因素。影响公司并购决策及并购是否能够创造价值的关键因素就是行业特征。公司并购能够使企业以较低的成本扩大生产规模，提升企业的综合竞争力，消除行业壁垒，提高市场占有率。要对并购活动中目标行业的发展前途进行正确的评估，明确公司的发展方向，才能实现公司价值最大化。根据我们的研究，无论并购标的处于产业发展周期的哪个阶段，管理层能力对投资效率均具有显著促进作用，也就是对并购绩效有促进作用。

其次，中观层面。第一是主并公司的规模。主并公司的规模会影响公司并购绩效，规模越大，管理层拥有可以利用的资源越多，就越能够扩大市场竞争力和影响力，形成规模经济，对并购战略产生影响，最终影响公司并购价值的创造。第二是主并方的并购经验。管理层在并购活动中积累的管理经验、市场能力及资源，需要尽快转入目标公司中，从而建立有效的组织结构，实现并购企业协同，确保达到预期并购目标。

最后，微观层面。第一是并购资产的相关性。从主并方、被并方的产业关联程度和多元化发展趋势的角度来看，并购划分为相关并购和非相关并购两种形式。相关并购，方便公司管理层进行管理，减少资本的投入，带来规模效率，提升公司的市场实力。依据我们的研究，非相关并购会导致并购绩效降低。第二是支付方式。支付方式会影响交易对价和交易方式，从而影响并购绩效。国内并购企业非全部现金支付时，一般会要求业绩对赌；业绩对赌是把"双刃剑"，可能导致被并方经营的短期行为，甚至管理层业绩作假。蒋弘等（2021）研究发现，当资本市场对并购项目投资收益率的预期低于上市公司对外宣称的投资收益率时，对外宣称的投资收益率处于一个较高的水平，那么上市公司的投资吸引力越大，公司采用债权融资的可能性就越高，反之放弃并购融资的可能性就越高；如果此时对外宣称的投资收益率处于一个较低的水平，公司会直接放弃并购融资。当资本市场对并购项目投资收益率的预期高于上市公司对外宣称的投资收益率时，上市公司的投资吸引力越小，或者控股股东持股比例越大，或者在满足对外宣称的投资收益率高于融资成本率的条件下并购项目融资资金越少，公司采用定向增发融资的可能性就越高，并且此时上市公司的投资吸引力对并购融资决策会产生直接和间接两种影响。第三是并购规模。并购规模的大小在一定程度上会影响管理层的投入，管理层的能力是否足够掌控被并方就成为问题的核心。被并方规模越大，要求主并方管理层的能力越高；管理层能力越高，公司并购绩效才越能得到体现。管理层能力主要体现在客户关系管理和内部控制上。陈小军和吉富星（2021）通过研究发现，资产规模、现金流水平与企业并购绩效显著负相关，这对并购决策谨慎性、并购后企业运营效率提出了挑战，说明了被取样公司的管理层对驾驭大规模并购资产的能力不足。也说明被并方规模越大，对管理层的能力要求越高，并购绩效越低。第四是内部控制能力。根据我们的研究，内部控制质量越高，管理层能力对企业投资效率的促进作用越强，即企业不同的内部控制质量会使管理层能力对投资效率的影响产生显著差异。

我们发表的《客户关系管理、内部控制与企业并购绩效测度综合评价——基于多元线性回归模型分析》这篇论文充分研究了内部控制能力对并购绩效的影响，发现内部控制力越强，并购绩效和投资绩效越好。余浪等（2022）以沪深主板市场 A 股为研究对象，也发现管理者能力越强，企业陷入财务危机的可能性越小；在宏观经济周期下行时，管理者能力对企业财务危机的影响更明显。

我国经济增长的速度变慢，经济处于转型时期，公司并购越来越受到人们的重视。企业并购是一项复杂而琐碎的工作，公司并购绩效受到很多因素的影响，不同因素对公司并购绩效的影响程度也存在较大的差异。这就需要对公司并购进行详细的分析，正确判断被并方所处的环境、产业生命周期、内部管理状态、市场地位，利用管理层的并购惯性和经验，正确把握并购时机，通过管理层有效管理，实现既定的并购目标。

第三节　客户管理和内部控制是关键

如上一节所述，姚立杰等（2020）通过实证检验的方式证明了管理层能力与投资效率是正相关关系，客户关系管理和内部控制能力影响并购绩效，也就是管理层能力影响并购绩效。管理层的能力又分为很多方面，基于资本价值驱动视角，影响并购绩效的因素是复杂且多层面的，其中客户关系管理、内部控制能力对并购价值的实现至关重要（陈小军和吉富星，2021）。客户关系管理，代表市场销售的稳定和供应的稳定；内部控制能力，是代表主并方能够有效控制被并方，实现经营目标的能力。我们对管理层的客户关系管理和内部控制能力做实证研究，发现客户关系管理和内部控制与并购绩效呈现显著正相关关系。该研究从企业客户关系管理、内部控制维度出发构建评价指标体系，测度了这几个潜变量，并从实证研究角度检验了企业并购绩效的影响因素。研究结果表明，客户关系管理、内部控制均与企业并购绩效具有显著正相关关系，但客户关系管理对并购绩效的影响程度更高。客户关系管理是企业经营效益的根基，内部控制是一项系统的保障工程，故而加强客户关系管理和内部控制等，才能更好地发挥并购的协同效应和规模效应。

根据国内外研究，从全球范围来看，约70%的并购效果平平，甚至以失败告终，只有20%左右的并购能够达到并购目的；但是并购从总体上来看，却有正收益，也就是说，并购从总体上产生了协同价值。虽然多数并购没有达成目标，但是达成目标的并购带来的收益远大于没有达成目标带来的损失。并购发生后，由于企业实际控制人发生变化，为稳定外部供销关系，涉及外部的客户关系需要管理；并购后企业要稳定有序经营，就需要做好内部控制，为企业经营保驾护航。

中外学者在企业并购绩效评价、影响因素等方面做了大量研究。比如，尚航标等（2017）以上市公司并购数据为研究样本，检验了企业持股如何影响企业并购绩效，以及并购绩效的制约因素。在并购的文化整合方面，崔晓杨等（2017）以TCL集团为研究对象，分析近年来的三次主要跨国并购行为对公司绩效的影响，并购企业文化整合也会对并购结果产生影响。高振明等（2016）基于社会网络的文化整合模型进行研究后认为，降低并购前双方社会网络的群落化程度，可增大合并初期的网络密度和平均聚集系数，进而显著降低并购后的员工离职率。在并购后的绩效影响因素方面，Boateng等（2017）采用董事会监控机制和企业治理变量，对2004~2011年我国340家并购企业的经营创新绩效进行了研究，他们认为企业在并购后12~36个月的经营业绩显著下降。更进一步的研究发现，独立董事、管理层持股、股权集中度对并购企业的经营绩效具有积极而显著的影响，但是关联交易对匹配控制调整后的资产回报率产生了显著负向影响。研究发现，内部控制对企业并购绩效具有正向影响，而高管权力则与企业的并购绩效负相关，内部控制是针对高管权力的制衡机制，对并购绩效的实现具有重要作用（赵息和张西栓，2012）。Ang 和 Cheng（2006）认为，资本市场估值会对并购产生影响，股票价格高估往往是并购的重要动因。但是，周瑜胜和宋光辉（2015）认为资本市场估值往往会偏离企业基础价值，继而影响并购行为与绩效。

我们采用混合截面数据进行回归分析，根据模型回归的结果，客户关系管理、内部控制均与企业并购绩效有显著的正相关关系，但客户关系管理对企业并购绩效的影响程度更大。这就说明，并购后的客户与市场资源的整合，产生的协同效应对企业绩效的提升影响最根本、最直接。为消除多重共线性，对客户关系管理与内部控制交互项变量做中心化处理，再通过模型回归后表明，内部控制与客户关系管理的交互项系数为正，且非常显著。这说明，内部控制对客户关系管理有着正向调节作用，良好的运营管控效率可以更好地将市场、客户资源转化为经济效益。

这在一定程度上说明，客户关系管理、内部控制能显著影响市场竞争力和企业治理水平，促使管理层谨慎决策，合理配置市场、财务等资源。总体来看，客户关系管理、内部控制是企业并购后绩效提升的关键影响因素。企业效益的源泉是客户或市场需求带来的收入，客户关系管理是企业的竞争力所在；内部控制是将市场或客户需求有效转化为利润的基本保障，良好的内部控制水平可以更好地降本增效，提升企业经营效益。这与前面的理论和逻辑是一致的。

并购是企业快速扩大规模、增强行业竞争力的有效手段之一。从资本视角看，影响并购绩效的因素不限于短期的财务效益，其中，客户价值、管控能力对并购绩效、预期价值的实现至关重要。市场是不断变化的，影响并购绩效的因素在每一阶段作用不尽相同，为此，非常有必要对企业并购绩效进行全面评估。我们结合以往相关研究，从客户关系管理、内部控制维度出发，构建了一套企业并购绩效影响评价指标体系，并研究两者对企业并购绩效的影响。研究结果显示，内部控制、客户关系管理均与企业并购绩效呈显著正相关，但客户关系管理对企业绩效的影响更大。客户关系管理是企业经营绩效的根基，内部控制是企业运作的系统保障，故需要同时加强客户、内控、财务等方面的管控，方能更好地发挥协同效应和规模效益，也才能达到提升并购绩效的效果。

　　诚然，我们的研究存在局限和不足。企业面临的外部市场环境始终处于变化之中，评价指标的选取、权重的确定均具有较大的局限性，都需要随着宏观形势、外部环境的变化而更新和调整。此外，不同行业之间差异较大，在评价维度以及评价指标的选取上还应兼顾所属行业的具体特点，这些都是后续研究需持续关注的。

第四节　CEO 个人特质影响并购效果

　　通过多年的并购实践和理论研究，我们分析了影响并购绩效的多种因素，从管理层能力，到客户关系管理和内部控制，逐渐缩小了研究范围，在并购实践中发现 CEO 特质是影响并购效果的关键因素之一，而 CEO 特质又分为很多类别。

　　我们在多年前的研究发现我国上市公司的多元化经营程度和企业价值之间呈负相关关系，即多元化经营损害了企业价值。研究还发现多元化程度与企业投资效率呈负相关关系，即多元化程度越高，企业投资效率越低，并将研究结果发表在《科学决策》2010 年第 12 期，即《多元化经营、公司价值和投资效率》一文。持续的研究发现影响企业价值和投资效率的是管理层能力，并在《会计研究》2020 年第 4 期发表《管理层能力与投资效率》，通过实证发现管理层能力与投资效率呈正相关关系，再进一步细化研究发现管理层能力中的客户关系管理、内部控制，与并购的绩效呈正相关关系，并在《管理评论》2021年第 8 期上发表《客户关系管理、内部控制与企业并购绩效测度综合评价——基于多元线性回归模型分析》，得出结论：企业多元化，降低企业投资效率；管理层能力与投资效率正相关；客户关系管理和内部控制，与并购绩效正相关。**三篇研究基本可以说明，被取样的我国上市公司管理层，多数无法驾驭企业多元化的经营和管理。**

为进一步检验我们的研究成果，吴超鹏等（2011）研究发现，在 2010 年之前，并购企业大约有 1/3 的 CEO 在并购之后三年内被非自愿变更，其民营企业 CEO 被变更的概率远高于国有企业；如果连同自愿离职的，并购后三年内变更 CEO 的比例就更高了。

为更进一步研究管理层能力的影响因素，结合自身经历的并购案例，发现 CEO 特质影响并购效果，虽然这是经验总结，还需要后续积累数据做实证论证；但是已经有不少学者发表 CEO 相关特质影响企业投资（并购）效率方面的论文。这里的 CEO 指的是经营管理第一责任人，他可能是企业所有者，也可能仅是企业经营管理第一责任人。

在工作的过程中，我们发现 CEO 的不同特质对企业投资（并购）均有不同的影响。左晶晶和钟迪（2016）以我国制造业上市公司为研究样本，研究发现 CEO 兼任董事长有助于公司增加创新投资，CEO 所有权权力越大，公司的创新研发投入越多，提升管理者权力是促进 CEO 进行创新研发投入的重要因素。文雯等（2020）用 2001～2017 年我国上市公司面板数据，基于企业异质性视角研究高管股权激励对企业对外直接投资的影响。结果表明，CEO 股权激励对企业对外投资决策具有显著的正向影响。张天舒等（2020）以我国 2003~2017 年沪深 A 股上市公司为研究样本，分析 CEO 过度自信、会计稳健性与企业投资效率之间的关系，研究发现，会计稳健性在 CEO 过度自信与企业投资效率间起中介作用，CEO 过度自信会抑制会计稳健性，进而降低企业的投资效率。李刚等（2021）发现 CEO 金融背景对企业创新具有显著负向影响，而且这种负向影响主要存在于大股东监督较弱、企业融资约束较低的样本中，表明 CEO 金融背景加剧了企业"脱实向虚"。进一步区分银行和非银行金融背景后发现，CEO 非银行金融背景对企业创新的抑制作用更明显。杜勇等（2019）也有同样的发现，即 CEO 金融背景对企业金融化具有显著的正向影响，其中，非银行金融背景产生的正向作用更为强烈。

金雪军和肖怿昕（2020）研究了职业忧虑是 CEO 模仿同业企业投资决策的主要动机之一，表现在 CEO 为建立或者维护自己在行业内的声誉，倾向于选择跟随同业企业的投资策略；但是年轻的和新上任的 CEO 几乎不会选择跟随同业企业的投资策略；CEO 选择跟随同业企业的投资策略是为了稳定相对投资绩效或者降低决策风险，从而获得连任。吴秋生和庞梦瑶（2022）研究发现，CEO 市场化选聘显著改善了企业的投资效率，并且股权制衡度的提高可以显著强化 CEO 市场化选聘与投资效率之间的正相关关系。

陈志斌和汪官镇（2020）选取 2007~2017 年沪深 A 股上市公司作为研究样本，考察了 CEO 自由裁量权与企业投资效率的关系，发现呈倒"U"形作用关系；在过度投资的企业中，CEO 自由裁量权对企业投资效率有显著的正向影响，而在投资不足的企业中，随着 CEO 自由裁量权的增加，企业投资效率呈现出先高后低的特点。

在现代企业，CEO 对并购决策具有决定性的影响。古典经济学理论都隐含将企业管理者视为具有同质性的、完全理性的"经济人"，假定企业管理者是追求效用最大化的理性管理者，并且能够遵循贝叶斯学习法则。而现实情况是，由于在年龄、认知、学识、能力、性格、职权、任期、薪酬、股份、学历、职业背景、家庭出身、成长环境、心态等方面的差异，行为人在进行决策时往往表现出有限理性的特征。随着研究的深入，行为经济学提出的"有限理性假设"更符合现实情况。除了代理契约以外，认知偏差与心理偏差也会影响管理者的决策判断，而这些认知偏差与心理偏差又与企业管理者的个人特质密切相关（Fraser and Greene，2006）。

CEO 可能是企业股东，也可能是纯粹的职业经理人，我们只从该岗位的个人特质做分析。由于还存在国有企业和民营企业性质的不同，国有企业 CEO 决策会受到行政因素影响，民营企业决策的市场化程度总体上高于国有企业。因此，在部分企业属性可能会叠加 CEO 个人特质影响企业并购绩效的情况，就分为国有企业的 CEO 和民营企业的 CEO 来分别表述。

探索在我国企业组织情境中，基于领导特质理论、并购理论和公司治理理论的视角，研究 CEO 个人特质如何影响企业并购决策，从而对企业的并购绩效产生影响。CEO 特质（人口特质、治理特质和心理特质）通过企业并购（加强型、互补型和突破型）和企业并购投资对并购绩效（即财务能力和技术能力等）产生影响。从 CEO 的人口特质（年龄、任期、教育背景和执业经验）、治理特质（权力和持股）和心理特征（自信和自恋）等多角度研究分析企业并购决策行为对并购绩效的影响。

通过拓展 CEO 特质对企业并购及并购绩效的影响机理研究，有助于揭开企业并购及并购绩效影响之间的关系，为提升企业并购和竞争力提供了参考。根据经验总结，分别就不同特质进行逐项分析。目前还缺乏足够的数据，以下部分结论还需要后续积累一定的数据后做实证检验，现在已经有的结论是经验总结或者根据其他研究者的成果做的推论。

第一，CEO 年龄。研究发现，总体上年轻的 CEO 会做出较为长远的职业规划，更倾向于接受可以为个人和企业带来长远发展的并购决策；年长的 CEO 对自己的职业预期较短，并购回报可能难以在任期内实现，因此决策倾向越保守，短视行为也就越强。这种关系也存在一个临界点，在临界点之前CEO会考虑长远，在临界点之后CEO会展现出短视行为。也有学者通过研究发现高科技企业相较其他行业的企业，该临界点的位置更为靠前。余鹏翼等（2020）以2008~2017年我国上市公司为研究样本，发现CEO年龄与企业并购倾向、并购后市场反应和并购绩效均存在倒"U"形关系，企业风险承担是倒"U"形关系的作用机制。刘烨等（2018）运用2009~2014年沪深两市上市公司在海外的并购数据，对CEO年龄以及与CEO紧密相关的公司治理对企业海外并购决策进行了实证研究，表明CEO年龄整体上与企业海外并购决策负相关，年纪越大的CEO越不倾向于进行海外并购，越年轻的CEO则越倾向于实施海外并购；CEO持股比例越高，CEO越不会做出海外并购决策。而李焰等（2011）依据我国制度背景，检验了不同企业性质下，CEO年龄与投资规模、投资效率之间的关系，研究发现，国有企业CEO年龄与投资规模、投资效率均呈负相关；而非国有企业CEO年龄仅与投资规模负相关，对投资效率没有显著影响。

　　第二，CEO任期。为方便研究，将职业生命周期划分为适应期、试用期、模式选择期、融合期和异常期五个阶段。我们在研究中发现当CEO任期处于异常期时可能存在短视行为，当CEO处于任期生涯的最后几年时，会减少重大持续性支出以提高短期绩效；相反，当 CEO 剩余任期较长时，将更多关注企业的长期业绩，表现出的投资效率也更高。也就是说，CEO 任期和投资存在着一种倒"U"形关系，当任期长度突破某一临界点后，CEO 反而更加厌恶风险，更倾向于维系自己以往投资形成的项目，奉行稳定可持续增长。

在我国，学者们考察了不同所有制性质下，CEO 任期与企业投资的关系。关于国有企业，李焰等（2011）发现 CEO 既有任期越长越倾向于保护已有地位，因而选择谨慎投资来规避风险。而有关非国有企业，他们发现 CEO 任期与研发投资、企业并购规模和效率之间均不存在显著相关关系。但是李培功和肖珉（2012）研究发现，在管理者任期与投资水平的关系上，国有企业与非国有企业表现一致：CEO 的既有任期越长，企业的投资水平越高；CEO 的预期任期越短，企业的投资水平越低。在管理者任期与投资效率的关系上，国有企业与非国有企业表现不同：非国有企业的过度投资程度与 CEO 的既有任期及预期任期无关，而国有企业 CEO 的既有任期越长，过度投资问题越严重；CEO 的预期任期越短，过度投资问题越能得到缓解。

第三，CEO 受教育背景。一般认为，受教育水平可以作为管理者认知能力和价值观的替代变量，受教育水平高的管理者处理信息的能力更强，就更乐于去创新。过去国内外大量研究也发现高管受教育程度越高，对企业创新的重视程度越高，企

业投资强度也相应越强。但与上述结论相反的研究发现，在
CEO 获得大学学位以后，CEO 受正式教育的程度与企业研发投
资支出之间不存在显著的相关关系（与科学相关的高等学位除
外）。随后，该研究脉络沿着 CEO 个人专业背景与企业投资行
为之间的关系展开。Barker 和 Mueller（2002）研究发现 CEO 在
科学专业的受教育程度与企业研发支出之间存在正向关联，而
李焰等（2011）研究发现我国高层管理者的个人专业背景对企
业并购投资规模和效率并没有显著影响。陈守明等（2011）以
2004~2008 年披露的研发支出的 602 个中国上市公司为样本，
研究表明，CEO 的任期与研发强度呈倒"U"形关系，而且这
一转折点发生在 CEO 任期约为七年的时间。不同年龄层次和受
教育层次的 CEO，其任期与研发强度的关系存在显著差异。学
历低于本科的 CEO，其任期与研发强度呈倒"U"形关系，学
历高于本科的 CEO，其任期与研发强度显著正相关，而学历为
本科的 CEO，其任期与研发强度无显著关系。周雷等（2021）
使用 2008~2018 年我国 378 家 A 股上市公司面板数据，发现上
市公司 CEO 名校经历对公司绩效产生正向影响，而且这种影响
受公司业务复杂度的正向调节。

第四，CEO 执业经验。执业经验往往代表着管理者对某一
行业、某一领域有着更广泛和专业的了解，可以做出相对更为
专业的判断和决策，同时，不同的执业经验也会对管理者的认

知能力、价值观有着重要的影响，管理者在不同执业环境下所形成的认知和习惯往往会在管理者的行为决策上留下烙印。Barker 和 Mueller（2002）考察了 CEO 执业经验与企业研发投资强度之间的关系，研究发现在市场营销、工程和研发方面有过重大职业经验的 CEO，研发投资的强度也会更高。在国内，李焰等（2011）研究发现非国有企业高层管理者的财经类工作经历能够显著提高企业的研发投资效率与投资规模，而在国有企业背景下两者并不存在显著相关关系。应千伟和何思怡（2021）利用 2008~2016 年 A 股上市公司高管简历中手工整理的 CEO 财会教育经历数据，实证发现接受过财会教育的 CEO 能在并购决策中发挥专业能力，提升并购绩效。CEO 的财会教育经历在提升单次并购绩效的同时还提升了并购积极性，并且通过降低并购溢价、缩短并购时间和促进并购协同效应来实现并购效率的提升。

第五，CEO 权力。在实践中我们发现 CEO 权力与投资绩效的关系比较复杂。关于 CEO 权力与投资关系的研究，学术界仍然存在争议。有人认为 CEO 权力与投资绩效呈现倒"U"形关系，也有人认为 CEO 两职分离有利于提高企业的创新自由，继而推动企业不断进行技术创新和研发投资以及并购。张洽和袁天荣（2013）以 2002~2011 年发生并购的上市公司为样本，研究发现 CEO 权力和私有收益是企业并购的主要推动力，对企业并购与否、并购规模及并购频率具有重要影响；权力较大的 CEO 更可能推动并购，进而获得较高私有收益。刘锦等（2015）另辟蹊径，以中国民营上市公司为研究对象，分别讨论了 CEO 非正式权力与正式权力以及正式权力与企业绩效之间的关系。研究发现：CEO 非正式权力，如 CEO 的年龄、CEO 在其他单位兼职均与其正式权力显著正相关；CEO 正式权力与企业绩效呈倒"U"形的非线性关系，即 CEO 正式权力的提升，有利于企业绩效的增加；当超过一定界限时，CEO 正式权力的进一步增加会降低企业绩效。

第六，CEO 持股。在工作过程中我们发现部分 CEO 持股与并购投资和并购绩效呈非线性相关关系。在 CEO 股权水平较低的情况下，增加所有权会加剧 CEO 短视以及投资不足的问题，这可能是由于 CEO 财富组合缺乏多元化而更倾向于选择低风险策略；而在 CEO 股权水平较高的情况下，可能由于 CEO 与多数股东利益的趋同化，使 CEO 更愿意投资于风险项目。也就是 CEO 股权结构与投资之间呈倒"U"形关系，当 CEO 持股较低时，CEO 反而不愿意承担风险；当 CEO 持股较高时，乐于承担一定的投资风险。杨嵩（2018）依据 2002~2016 年沪深 A 股上市公司面板数据，研究发现 CEO 年末持股数对公司并购有抑制作用。

第七，CEO 过度自信。在实践和国外的研究中都得出，过度自信的 CEO 通过提升创新能力来证明自己的价值的结论，并且在激烈竞争的行业中，这种提升的效果更明显。但是对于并购行为和并购绩效，CEO 过度自信就会导致不同的效果。姚海鑫和孙梦男（2016）以 2012~2014 年沪深证券交易所 577 家非金融类 A 股上市公司为研究对象进行实证分析发现：CEO 过度自信和 CEO 权力分别对并购绩效具有显著的负向影响，CEO 过度自信促进了 CEO 权力对企业并购绩效的负向作用。宋淑琴和代淑江（2015）以 2008~2010 年发生并购行为的沪深 A 股上市公司为样本，以并购后一年的净资产收益率（ROE）和托宾 Q 从财务和市场两个方面衡量并购绩效，通过实证研究发现，管理者过度自信能够显著降低并购后公司的财务绩效和市场绩效。但是在相关并购中，管理者过度自信能够显著提高并购绩效；在非相关并购中，管理者过度自信能够显著降低并购绩效。张兰霞等（2015）以沪深两市 2008~2010 年发生跨国并购的上市公司为研究样本，研究发现，我国上市公司高管过度自信与跨国并购前一年的绩效显著正相关，与并购后一年的绩效显著负相关，而且与并购当年及并购后两年的绩效存在负相关关系。

第八，CEO 自恋。自恋用来描述反常自爱的临床表现，最初作为一种精神疾病进入正式文献，患者有两个基本特征："妄自尊大"和转移"对外部人和物的兴趣"。Freud（1957）重新定义了自恋的表现为自赏、自我扩张、倾向于将他人看成自我扩展的一部分。此后，大多数关于自恋概念的研究都在此定义上展开。随着研究的深入与相应测量工具的开发，形成的普遍共识是，自恋是普遍存在于正常人群中的一种人格维度，其形成与先天遗传及幼年时期的经历和成长环境有关（Kohut，1966）。

CEO 自恋，一方面会导致他将个人议程放在企业最佳利益前优先考虑，从而做出错误的业务决策；由于持续地追求个人荣誉和兴奋状态，自恋的 CEO 更愿意进行扩张行为，往往对企业业绩的稳健增长造成阻碍。另一方面，自恋特质所带来的低共情能力和向下社会比较偏差，限制了 CEO 与其他高层管理者高效率的协作。

相较于过度自信，自恋属于一种更为根本的属性（Emmons，1987）。换言之，过度自信的状态很可能会随着行为人周围环境的变化而变化，而自恋所具备的动态自我调节能力使自恋成为一种更加基础、更加根深蒂固的个性特质，较少受到外界影响。过度自信仅是自恋个人的一种认知特质，属于自恋人格研究下的一个分支。根据工作过程中的经验判断，CEO 自恋会降低并购绩效；但还需要积累数据做实证检验。于洪鉴等（2019）运用实验研究的方法，考察在制式讨价还价环境下主并方 CEO 和被并方 CEO 的自恋心理特质对协同收益率预估、并购执行力、并购溢价产生的影响。研究表明，在并购非公开环节中，自恋程度的高低对于主并方 CEO 和被并方 CEO 的并购执行力和谈判议价能力有显著影响，主并方 CEO 自恋程度越高，其并购执行力越强、谈判议价能力越强，由此在非公开环节谈判耗时越短，且主并方支付的并购溢价越低；被并方 CEO 自恋程度越高，其对并购进程的阻力越大、谈判议价能力越强，由此非公开环节谈判耗时越长，且为被并方争取到更高的并购对价。研究还发现，主并方 CEO 自恋程度越高，发起并购交易的动机越强；与以支付较高的并购溢价作为条件来换取并购成功相比，高度自恋的主并方 CEO 更倾向于以较低的投标价格展现自己的谈判能力和优越感，而非追求并购的成功。

在并购实践中，我们发现在中国特定的熟人社会条件下，CEO 的校友关系、老乡关系也会影响并购绩效。张洽和袁天荣（2020）以 2010~2017 年主并方 A 股上市公司为样本，实证研究发现，主并方 CEO 与被并方 CEO 校友关系会导致错误的并购决策和较低的股东回报，显著降低了并购绩效。晏国菀等（2022）以 2009~2018 年我国沪深 A 股上市公司并购事件为样本，研究发现，当并购双方的 CEO 为老乡时，并购事件和并购金额明显较多，而且主并方 CEO 的家乡亲密度越高，并购活动中的老乡倾向越强。从主并方异质性的影响看，主并方为非国有企业、市值较低时老乡并购倾向更强。研究揭示，公司治理水平较低时，主并方表现出更强的 CEO 老乡并购倾向，代理问题在老乡并购中起主导作用；老乡并购虽然能使股东获得短期超额收益，但从长期来看，不能为主并方带来协同效应。

CEO 的特质，这些表面看似与管理能力无直接相关的隐形因素，事实上影响了管理能力的发挥，进而影响并购绩效，并导致不同企业在并购后产生不同的并购效果。我们用如下案例来分别说明不同 CEO 的特质，形成不同的并购效果。

• 培育有并购（多元化）经营能力的 CEO 市场任重道远

在 2021 年底，并购市场最吸引人的新闻莫过于紫光集团的破产重整。赵伟国在执掌紫光集团的第十个年头，紫光公布 2019 年年度报告，营收达到 766.56 亿元，归母净利润 14.30 亿元，总资产达到 2977 亿元。从 2013 年到 2018 年的五六年间，紫光集团斥资千亿元买下 20 家公司，其中有 16 家是芯片公司。高峰时期，赵伟国一度想要买下整个台积电，被业界称为"芯片饿狼"。紫光集团不断进行大规模并购，并购做得风生水起，现金大量流出，但经营现金流的增量不能满足并购的资金需求，就依赖外部融资。到 2019 年市场融资环境开始收紧，北大方正集团出现债务违约，外界猛然发现"顶级名校金字招牌"的企业，也有"暴雷"的可能，清华紫光随后出现融资困难。由于不能清偿到期债务，徽商银行于 2021 年 7 月向法院申请对紫光集团破产重整。

在紫光集团过去的并购中，2013 年以 17.8 亿美元收购展讯通信，6 个月后又以 9.1 亿美元收购锐迪科，然后将两家企业合并，还没有完全消化，形成协同，就出现管理团队分歧，锐迪科大量研发骨干离开。出走的锐迪科核心成员开枝散叶，在各个领域脱颖而出，包括上市的手机 SoC 厂商翱捷科技、做蓝牙耳机的恒玄科技、做云端 AI 芯片的燧原科技、做射频芯片的昂瑞微以及做射频芯片的三伍微等。原董事长李力游在 2018 年离开后，紫光展锐又再次经历核心骨干流失，直到楚庆担任展锐联席CEO。紫光展锐持续的最大问题就是管理的问题，很多业内人士都一致认为，时任 CEO 不是最合适的人选，导致存在的领导和管理问题没得到解决，最终影响了紫光并购。

客观地讲，紫光集团收购或入股的芯片公司，都是优质资产，但在重组和资源整合上并未体现出可以匹配其市值规模的管理能力，导致自身深陷泥潭，因此有人认为紫光的资金困难是一时的，如果能撑一撑熬过去是有机会的，即使走上破产重整之路，紫光的家底还在，旗下不少优质资产，在芯片领域有高度代表性。紫光集团成也并购，败也并购。通过并购迅速做大规模，赢得市场地位；但并购后没能做好整合，没能形成协同，最后将自身拖入破产境地。

在从事企业并购的过程中，我根据持续十余年研究影响并购成功的因素，发现我国上市公司的多元化经营程度和企业价值之间呈负相关关系，即多元化程度越高，企业投资效率越低。通过实证发现管理层能力影响企业价值和投资效率；再进一步细化研究发现管理层能力中的客户关系管理、内部控制，与并购的绩效呈正相关关系。将研究结果综合起来，可以说目前我国上市公司的管理层多数无法驾驭企业多元化经营，也就是没有多元化经营能力。多数企业在跨行业并购以后的经营协同效应是 1+1<2，没有形成 1+1>2 的经营协同效应。因此，具有管理跨行业能力的复合型 CEO 就成为并购成功的关键因素之一。

2021 年 11 月，美国标杆型企业美国通用电气公司宣布一分为三，重组为三家上市公司，分别专注于航空、医疗健康和能源。随后，有着 140 余年历史的日本企业——东芝也宣布一分为三。东芝 2021 年的销售额约 2000 亿元人民币，员工 11.73 万人。公司分成三部分：第一部分为社会基础设施服务公司，主要从事核电方面的业务，年销售额大致为 2 万亿日元；第二部分为硬盘等半导体零部件部门，年销售额大致为 9000 亿日元；第三部分为东芝公司，年营业额大致为 6000 亿日元。有人说，在整个世界经济中，"多元化""并购协同"的效益在减弱，专注于某个领域，将这个领域做强做大，会是新潮流；但实质是缺乏能够管理多元化经营和并购整合的 CEO。美国通用在韦尔奇时代，在任何一个多元化的行业都以做到行业第一位为目标，创造了通用的韦尔奇时代。

对我国民营公司管理层来说，目前多数还属于创一代控制，少部分是二代接班，真正由职业经理人来经营的企业比例还比较低，这给我国企业的并购交易造成了巨大的困难，尤其是并购整合。并购交易是控制权转让，被并购标的公司的实控人通常不仅通过股权控制公司，而且还通过管理控制公司；当通过并购交易将股权转移到主并方时，被并方控制人的角色发生改变，甚至部分人还要完全出局，可能让其情感难以割舍。在这样的角色转变过程中很容易产生矛盾；虽然有各种业绩承诺和对赌条款的约束，但大部分情况下，这些业绩承诺和对赌条款对于主并方来说是饮鸩止渴。关静怡和刘娥平（2021）以 2010 年至 2020 年 4 月我国 A 股上市公司公告的签订了对赌协议的并购交易为样本，实证研究发现，股价高估的上市公司更倾向于收购承诺增长率较高的标的公司，且在股份支付的情况下，上市公司有可能通过多种渠道主动创造高估的市场时机。但是标的公司业绩承诺增长率越高，实现情况却越差；在收购方委托代理问题严重的情况下，更容易受股价高估驱动而收购高承诺的标的公司，随后这些高承诺并购出现业绩违约的问题更加严重。

无论在国外还是国内，并购的失败率都高于成功率，但是并购失败后的经验运用恰当，就是一笔财富。陈仕华等（2020）以我国 2003~2017 年 A 股上市公司连续并购且首次并购失败的 590 家企业为样本，研究发现，首次并购失败程度较小的企业进行后续并购取得的并购绩效相对要好；高管团队受教育水平越高，或者企业受儒家文化影响越强，首次并购失败程度对后续并购绩效的负向影响越弱。孙烨等（2021）通过对我国 2004~2017 年 A 股上市公司并购数据的实证研究发现先前的成功并购经验会改善并购绩效，但是并购经验存在贬值现象；失败经验的影响与损失程度有关，中小型程度损失的经验有助于绩效改善，而大型程度损失的经验会抑制学习。

我国资本市场"三十而立"，大部分上市公司都比较年轻，还未形成自己完善的管理体系和稳定的企业文化，上市公司既要面对市场的竞争，还需要应对资本市场的各种挑战和诱惑，有时还没有做好准备就仓促做了并购；自身又不具备输出成熟的管理体系和驾驭并整合被并购资产的能力，这就加大了并购的风险，增加了并购的失败率，降低了并购的总体绩效；也给主并方的 CEO 增添了职业生涯的起伏。十年前，吴超鹏等（2011）就发现我国大约有 1/3 的 CEO 在并购之后三年内被非自愿变更，如果加上自动离职的，主并方变更 CEO 的比例就会更高。

2021 年拼多多创始人黄峥、字节跳动创始人张一鸣先后辞去 CEO，一定程度上反映出新一代企业家对企业的控制欲望没有之前的企业家那么强，这两家具有市场影响力的创始人主动将所有权和经营权进行分离，说明新一代的企业家思想更为开放，也会对其他企业家起到一种示范作用。相信会有越来越多的企业家主动放弃经营权，这为培养高层次职业经理人提供了良好的机遇与土壤，为未来我国并购市场健康发展储备和培育人才。

第五节 未来第五次并购浪潮的特点

在我国进行经济转型，叠加新冠肺炎疫情形势下，可以依稀看到第五次并购浪潮即将来临。

经过 2015 年股市的大幅波动，以及宏观经济环境发生变化，一部分企业遇到短期经营困难，不仅市场上一些社会资本参与了这场并购盛宴，而且地方国资在陷入经营困难的主体请求下，也参与了地方企业的救助；在中央政府的支持下，各地纷纷成立纾困基金，救助当地企业。可以预计在未来一段时间内，或者第五次并购浪潮之中，这依旧是主旋律，因为国有资本已经完成了从"管企业"向"管资本"的转型。

● 自由竞争走向垄断竞争

2021 年 4 月 10 日，国家市场监督管理总局以反垄断为由对阿里巴巴罚款 182.28 亿元；10 月 8 日，国家市场监管总局依法作出行政处罚决定，责令美团停止违法行为，全额退还独家合作保证金 12.89 亿元，并处以 34.42 亿元罚款；11 月 20 日，国家反垄断局根据《中华人民共和国反垄断法》，对 43 起未依法申报违法实施经营者集中案件立案调查，涉及腾讯、阿里巴巴、百度、京东、美团、滴滴、苏宁易购等多家公司，决定对涉案企业分别处以 50 万元罚款。

以上被处罚的企业，都是近年来在并购市场上交易活跃的大企业。我认为综观全球的几次并购浪潮，当政府开始使用反垄断法对资本集中的公司进行处罚的时候，就表明资本市场正从自由竞争走向垄断竞争。

彭博社经济研究团队利用全球超过 5 万家上市公司的数据，梳理了主要公司市场份额的演变和各行业领军企业的更迭，分析 30 年来全球市场和公司数据后发现，全球大公司实力与日俱增，利润率不断上升，而这些公司缴纳的税率却在下降。1990年，全球 50 强公司的利润率中值为 7%，到了 2020 年，这一数字升至 18%；同期这些公司的实际有效税率中值却从 35% 降到17%，并且减少了投资和用工。这就是资本集中带给社会的负面影响，不仅用工减少，而且通过税务筹划降低了税赋水平，从而降低了社会总体福利。

根据普华永道的报告，2021 年我国共发生了 97 宗超大型并购交易（单宗 10 亿美元以上），许多交易与境内关键经济主题相一致，如产业升级（23 宗工业品交易，价值 560 亿美元）、双循环（17 宗消费品交易，价值 310 亿美元）以及低碳环保（9 宗电力能源交易，价值 260 亿美元）。在这 97 宗 10 亿美元以上的大型交易中，没有一宗并购事件的并购方为互联网巨头，不同于往年互联网巨头企业频繁参与大型并购交易的特点。从2018年至2021年上半年互联网巨头参与并购数量占整个市场并购数量比重来看，互联网巨头的出手频率并没有明显减少的趋势，腾讯、阿里巴巴、字节跳动、京东、百度等均有所参与，其中字节跳动出手最为活跃。对比往年数据，互联网巨头10亿美元以上规模的大型交易占市场比例明显降低，由于互联网反垄断趋严，巨头对于大型交易开始有所顾虑，故采取观望或暂缓实施，并通过投资及小型并购交易持续丰富生态布局。

并购市场的发展，必然会导致"强者恒强"，产业头部集中更为明显，但通过反垄断措施，也会引导资本市场从"财务并购"转向"产业并购"。

- **财务并购转向产业并购**

我国并购越发趋向于从财务并购转变成提升内在价值的产业并购。这几年经常有上市公司向我们提出希望并购什么类型的标的，这实质就是产业并购，主并方希望通过并购完善产业链或者产业生态。虽然我国已经成为全球制造业大国，有全球最全的工业门类和制造业产业链，但是我国基础研究短板依然突出，重大原创性成果缺乏，底层基础技术、基础工艺能力不足，工业母机、高端芯片、工业软件、基础元器件、高端仪器仪表、新材料等瓶颈仍然突出，关键核心技术受制于人的局面没有得到根本性改变。高端技术的发展是以内生发展为主，如同习近平总书记所讲，关键核心技术是要不来、买不来、讨不来的。但基础研究和关键核心技术的突破都需要大量资金、大量人力的投入，创业企业既要生存又要发展，还要研发高端技术，这几乎成为一个不能完成的任务，为产业并购创造了机会。一些优先发展起来的企业用资本进行产业并购，帮助具有核心技术的企业步入发展快车道，这将是未来并购市场的增长点。顾卫平等（2016）认为我国并购市场出现两个新的变化：一是以横向并购为主的产业并购爆发式增长；二是杠杆收购初露锋芒。

在"十四五"规划和"2035年远景目标纲要"中，"高质量发展"被反复提及，不论是突破核心技术，还是全面数字化；不论是"绿色经济"，还是"3060碳达峰碳中和"，都体现了高质量发展的发展思路。习近平总书记指出，"高质量发展不只是一个经济要求，而是对经济社会发展方方面面的总要求"。随着我国社会主要矛盾转化为人民日益增长的美好生活需要和不平衡不充分的发展之间的矛盾，过去低水平的、粗放式的发展，在各行各业都难以为继。资源配置效率低的资产要么被挤出，要么被资源配置效率高的资产并购，而此时的并购必将以提高资本的增殖率为根本目的，能够发挥协同效应，能够输出管理的并购将成为主流。进入高质量发展阶段后，资本配置的要求将导向真正意义上的产业并购，企业通过外延式的发展，以并购的方式做大做优做强，这将是区别于粗放式的发展阶段。

施光耀（2013）认为我国资本市场的并购经历了三个阶段，在这三个阶段中，上市公司完成了从他动、被动到主动的角色转换。在第三个阶段，以产业并购为主要特征，上市公司成为并购的主角，它们根据自己的战略和经营需要，主动策划、实施并购行动，大力进行产业整合。针对在粗放式并购发展阶段出现的各种并购乱象，顾卫平等（2016）总结出以下几点原因（这几点在 2015～2016 年股市火热时期特别明显）。第一，并购对象选择追逐二级市场热点，并购只看概念不看自身战略，并购的产业与自身主业或发展战略不搭界。在 2015～2016 年，不少实体产业上市公司并购文化产业、游戏公司和互联网推广公司等，到今天多数已经一地鸡毛。第二，随意进行停牌或者长期停牌影响股票流动性，在 2015 年股灾期间就特别明显。第三，一次性对不同行业的多家公司进行并购或者中途更换并购对象。例如 2017 年的大东南先后公告并购凯鹰电器和宁夏宁鑫化工等。第四，通过所谓的业务创新开展类借壳业务，规避监管。例如 2016 年华创证券类借壳宝硕股份。第五，以业绩承诺为幌子抬高估值，并购对象的业绩变脸和承诺业绩不达标等套利行为，追逐短期利益。第六，二级市场追逐壳资源，"炒壳"行为盛行，扭曲市场价值体系。第七，主并方对于被并方的整合和后续经营缺少安排，很难实现并购的协同效应。这些并购市场的问题一定程度上使并购业务成为部分上市公司，抬升运作股价。资本掮客实现短期巨额套利的手段，这与通过并购提高上市公司质量和支持实体经济发展是相违背的，使得并购作为资源配置的重要手段没有充分发挥其作用，也侵损了中小投资者的利益。

缺乏并购的经验，以及在并购中输出管理的能力，单纯以做高市值为目标而做并购，在"高质量发展"阶段，这种现象将逐渐减少，取而代之的是高质量的产业并购，以产业并购为主要模式发展壮大实体企业。

• 企业并购未来将成常态

陈小军和吉富星（2021）以沪深两市 2014～2018 年发生并购行为的上市公司作为初始样本。剔除上市未超过三年的企业、经营业绩非正常亏损的 ST 企业、财务数据或财务报告异常的样本；同时，剔除具有明显行业特殊性的金融、房地产企业以及关键数据缺失的样本。我们通过研究发现多数企业在并购后的一段时期效益总体上处于上升水平。虽然研究发现并购在数量上多数不成功，但是从总体效益上看并购是有正效益的，就说明并购成功后带来的正收益远大于并购不成功的负收益。

并购是企业快速扩大规模、增强行业竞争力的有效手段之一。我曾经工作过的新希望集团,无论是其位居我国第一的饲料产业(在 2021 年已经成为全球第一),还是乳业和化工产业,基本都是并购而来。新希望六和最大的饲料板块来自 2005 年并购的山东六和集团,是新希望自身饲料产量的数倍。新希望乳业全部是并购各地的地方品牌,再整合成功后上市。上市后又并购了夏进乳业等地方品牌,这样新希望乳业就成为我国排名前列的乳业公司。

新希望于 2008 年参与宝硕股份的破产重整,当年计划以宝硕股份为平台,整合并购化工产业。后由于行业变化等原因,2016 年 1 月 14 日,宝硕股份发行股份收购了华创证券,主业变成了证券,并改名为华创阳安。由此,新希望先后集齐了银行、保险、财务公司、保理公司、投资公司、信托和证券等金融牌照。蒋冠宏 (2021) 将 2003 ~ 2007 年汤姆森路透并购数据(SDC Platinum)与我国工业企业数据库合并,利用倾向得分加权估计方法,考察企业并购对市场势力的影响。研究发现,我国企业并购显著提升了并购企业的市场势力,与产业链上游的并购相比,企业在产业链下游的并购对市场势力的提升作用更强;企业并购通过规模经济和范围经济效应、市场营销资源协同、研发和创新协同、管理协同等传导机制,提升了企业市场势力；并购不仅增强企业的市场势力也显著提升企业生产率，这表明我国企业并购一定程度上显著提升了资源配置效率。新希望这30年的成长史，就是我国近年来的并购史，说明了并购确实提升了企业的市场势力。

产业并购不仅涉及产业的整合，也涉及技术和研发的合同，并购后是否会提高研发能力和创新能力呢？张雨等（2021）基于2007~2020年我国工业企业上市公司跨境并购数据进行研究，结果显示，跨境并购规模和跨境并购股权对并购企业研发国际化均存在显著正向影响，当东道国（地区）为发达国家（地区）时，跨境并购规模和跨境并购股权对并购企业研发国际化均存在显著正向影响；当东道国（地区）为发展中国家（地区）时，跨境并购对并购企业研发国际化的影响不显著。陈爱贞和张鹏飞（2019）利用2007~2017年我国A股制造业上市公司数据所做的实证检验表明，跨境并购和境内并购这两种模式的并购都能够促进创新，且跨境并购的创新效应更强；两种模式并购都提升了企业生产率和无形资产存量，该"效率提升"效应促进了企业创新。

并购不仅能够提升市场势力，也能够提升企业创新能力；而市场势力和企业创新能力是企业的核心竞争力，那么并购在未来必然依旧是企业发展壮大的路径之一。2015年开启的并购元年，席卷了祖国大地，不仅有大型国企、跨国企业和民企参与，而且走出国门，开启中国企业在国际上的"买买买"。
2015 年，全球企业并购总额超过 4.2 万亿美元，创下 2007 年下
半年金融危机以后的新高，2015 年成为并购势头最为强劲的
一年。

　　但是，伴随我国股市由牛市变熊市，以及股权投资市场的
"资本寒冬"，在 2015 年并购高潮以后，国内的并购走向低潮。
到 2020 年，新冠肺炎疫情暴发和国际环境变化，虽然影响并购
的成交，但未上市企业并购的占比显著上升。2021 年，我国并
购交易数量较 2020 年增长了 21%，交易金额比 2020 年下降了
19%，至 6374 亿美元。近年来，买方中未上市企业并购出手更
为频繁，这些未上市企业并购的目的是通过收购同业企业实现
迅速扩大规模，提高市占率；或者通过收购实现扩大业务范围，
甚至是为了获得许可性牌照资质。

　　2020 年初我国《外商投资法实施条例》正式出台，2020
年年中商务部就《外国投资者对上市公司战略投资管理办法
（修订草案公开征求意见稿）》公开征求意见，大幅降低外国
投资者对我国上市公司战略投资门槛，以及发布《外商投资准
入特别管理措施（负面清单）（2020 年版）》进一步缩减负面
清单，2020 年底中欧全面投资协议谈判完成，在我国经济高质
量开放的过程中，可以预期越来越多的外国投资者参与我国企
业的投资并购。

新冠肺炎疫情尚未平复，海外宏观环境仍不明朗，全球资本市场仍处于变局之中。展望未来，受疫情影响的行业，必将迎来并购潮。随着第五次产业转移在国内完成，供给侧结构性改革和双循环的深入推进，也将催生并购。伴随市场经济机制的完善和多层次资本市场的建立，并购也必将规范化、专业化、持续化，进而产生协同效应。

在 GDP 基数提高后，我国 GDP 的增速会逐年放缓，注册制下越发通畅的发行及退市制度，非市场化并购存量的清退，将使得产业驱动的并购增加。股权投资基金经过 2015 年前后三四年的高潮，未来几年有不少股权投资基金将逐步到期，所投项目要么关门清算，要么达到一定生存能力，如果不能通过上市退出，那么股权投资基金也越发接受通过并购退出。如同欧美，并购必然成为我国股权投资退出的主要通道，也必将成为企业外延式增长的主要方式。

第8章　在经济新常态中选择投资新机会

《中国企业家》杂志统计，截至 2021 年，在过去 20 年间，总共有 420 家公司荣获"未来之星"称号，其中 128 家公司已经上市，总市值约 13.8 万亿元，平均市值约 1106 亿元，包括腾讯、百度、小米、京东、美团等知名企业；估值超 10 亿美元的公司有 68 家。通过梳理过去 20 年间入选"未来之星"公司的成长轨迹发现，从 PC 互联网到移动互联网，这些做大做强的企业无一不是在实力具备的情况下顺应了行业发展的大趋势。

投资是投未来。趋势，决定未来！投资，选择比努力更重要！投资，需要善于体察和把握趋势变化，在趋势中选择机会。跟随未来市场规模持续增长的行业，还要跟随国家和社会的倡导，才能提高投资成功的概率和收益的倍数；只有该企业在十年以后依旧存续、依旧有竞争力，才有投资的价值。

投资尽量在符合认知常识、行业本质是营利性质、盈利模式可持续、能够增加社会总体福利等之后，检查企业是否以行业本质为基础开展经营活动，核实企业的基础数据是否真实。前四个标准可以迅速决策，最后一个需要做同行比较验证，但是行业本质要看投资人自己的专业能力。在以上方面都满足之后，才有必要开展下一步的工作。从企业在行业中的地位、波特五力模型、经营管理状态、高管团队、技术发展趋势等角度分析被投项目是否有投资的理由，只有具备了投资的理由，才有必要讨论项目的估值。在具有投资价值的前提下，估值只是决定投资回报的倍数，如果没有投资价值，即使现在账面回报倍数再高，也不能参与，那是投机，不是投资。《投资新思路：大变局中的行业选择》一书详细讲述了投资需要规避的行业和未来看好的行业，在本章中做简单叙述，主要是将分析方法列示出来，供大家参考。

第一节　投资只投有未来的行业和企业

无论人生还是投资，选择都大于努力。投资有未来的行业，比在没有未来的行业中选好的企业更重要。要看清行业发展的未来，只有先从宏观上把握趋势，才有可能选对行业；行业选对了，成功概率就高，投资的企业就错得不会太远；行业选错了，投资再好，也好不到哪里去。根据《中国企业家》统计过去 20 年荣获"未来之星"称号的 420 家公司的成长轨迹，无一不是顺应了行业发展的大趋势。

根据我的研究，这些"未来之星"基本都是以有意或者无意中按照其所在行业的本质为基础经营企业，才和行业的发展同频共振，取得事半功倍的巨大成就，最后在激烈的市场厮杀中脱颖而出；与他们同时期的同行企业，未以行业本质为基础来经营企业，多数已经销声匿迹。

人们常说，赚钱的生意都不苦，苦的生意都难赚钱。实质上是选对行业和看准行业本质。为了便于更好地选择投资的方向，具体的分析请参考《投资新思路：大变局中的行业选择》一书，在该书中详细分析了近年来我国经济转型对行业的影响，对 20 多个行业的发展做了分析，提出需要规避的行业，并发掘未来需要关注的行业。由于涉及内容较多，该书简要就几个有重大机会的行业做概述性分析，希望读者能从中找到适合自己的投资线索和投资机会。为了理解行业本质，具体的介绍请参考《投资新思路：左右存亡的行业本质》和《投资新思路：左右存亡的行业本质（案例集）》。

第二节　健康是人类永恒的追求与信仰

健康投资，不仅能获得经济回报，还能提高社会福利。对于个体，健康投资提高了寿命预期、生命质量和健康的代际传递；对社会，健康投资促进产业结构调整、产业升级、总体经济水平提高、脱贫减困以及提高人均产出。健康是人类永恒的追求和信仰！

良好的健康状态不仅延伸了个体的寿命预期，还能够有效提高个体的生活幸福感；作为健康积累的手段，就是日积月累的健康投资。健康投资被认为是为了防治疾病，恢复和发展人们最基本、最普遍的社会活动能力、劳动生产能力而消耗的资源。个体健康投资行为必然受到群体环境、社会资本、政策等外部因素的影响，为激发个体健康投资的动力，就需要营造全社会注重健康的环境，提高个体对于健康投资的支付意愿；通过健康教育，改善个体对健康和寿命的正确认知，进而实现健康投资效用最大化。浦科学（2019）认为，健康资本是人力资本的重要构成部分，良好的健康资本来自日积月累的健康投资。

个体的健康习惯，是可以通过家庭教育遗传给下一代的，在我国国民收入持续增加、居民越来越重视健康的情况下，健康投资必然呈增长的趋势。李长安等（2021）研究发现我国居民家庭存在健康代际传递现象，父代健康水平对子代健康水平有显著的正向影响，父代健康水平越好，越能提高子代的健康水平。

随着经济水平和人们生活水平的提高，全社会注重健康以后，不仅会新增一些产业，吸纳就业，而且这些新增的产业和新增的就业，会影响到国家产业结构的变化。姚瑶等（2017）通过使用世界银行数据库和佩恩表 1995～2011 年上百个国家的面板数据，研究健康投资行业的发展对经济结构的影响。研究结果显示，发展健康投资行业有助于增加服务业的就业人口比重；发展健康服务业，尤其是公共健康事业将加快经济结构转型的速度。

健康投资不仅关系到微观个体收入与支出，也影响国家经济发展。健康投资通过降低疾病带来的经济负担和损失，提高劳动者的劳动生产能力，促进教育投资收益，实现和促进健康产业的发展等途径对经济发展产生影响。龙海明和陶冶（2017）基于 2000～2015 年中国 30 个省份的面板数据，构建空间计量经济学模型实证检验健康投资对经济增长和经济收敛的影响，研究显示健康投资对经济增长存在正效应且贡献显著。

健康投资不仅会影响个人的健康和产业结构，政府公共健康投资，还会对城镇居民收入、家庭健康投资和经济增长产生积极促进作用。莫靖新等（2021）利用 2000～2018 年 31 个省级行政区（不含港澳台）的面板数据进行研究，发现城镇居民收入、家庭健康投资与经济增长三者之间的相互影响在时间和空间维度上均趋于收敛。其中，大城市如上海市居民收入和家庭健康投资，通过累积效应和扩散效应对本市及周边地区城镇居民收入、家庭健康投资与经济增长产生促进作用；经济大省如广东经济增长，通过空间溢出效应对本省及周边地区城镇居民收入和经济增长产生促进作用。

我国人口预期寿命增加，人口出生数量连年减少，普遍担忧"未富先老"的健康投资成为社会负担，拖累经济发展。曹晓旭（2022）基于我国省级面板数据，利用系统 GMM 估计方法实证分析人口老龄化和经济高质量发展之间的关系，在健康投资调节作用下人口老龄化对我国经济高质量发展的影响，研究发现：人口老龄化会对我国经济高质量发展产生不利影响，而加大健康投资能够有效削弱人口老龄化所带来的负向影响。说明了健康投资不仅没有成为我国老龄化的负担，反而还对我国经济高质量发展产生积极作用。王海弟等（2016）通过实证研究，无论是用全球 138 个国家（地区）的面板数据，还是东亚 10 国（地区）的面板数据，健康支出在 GDP 中的占比显著影响人均 GDP，各国健康投资的差异能够显著影响各国产出的差距。

在 2020 年，我国完成了整体"脱贫攻坚"，实现了国家整体消除绝对贫困。在过去我国有不少家庭是因病致贫、因病返贫，健康投资是否会增加刚脱贫家庭的负担呢？方齐云等（2015）基于 1996～2012 年省级面板数据，通过双向固定效应模型进行考察，研究显示，健康投资有利于减贫脱困，其中在农村和中西部的减贫效益更显著。

2021 年，拼多多的黄峥、字节跳动的张一鸣、搜狗的王小川等互联网创业大佬都选择从原创业项目上退居幕后并都选择了健康领域。生命健康领域是互联网大厂开疆拓土的热门赛道。马云曾说，最有可能诞生下一个 BAT 量级企业的领域就是医疗健康。刘强东也说，健康这个领域做好了，能再造一个京东。2020 年 12 月 8 日，京东健康正式登陆港交所，成为刘强东继京东、达达之后的第三家上市公司。截至 2022 年 1 月 11 日，京东健康总市值 2073 亿港元，阿里巴巴健康总市值达 950 亿港元。

这些年，不仅是互联网商业大佬瞄准了生命健康领域，传统产业的大佬也参与健康产业的投资。我曾工作过的新希望集团，不仅成立了健康产业投资发展基金，还专门投资了健康领域项目；2021 年 1 月 21 日，新希望集团向同济大学教育发展基金会捐赠 1 亿元，用于设立同济大学脑科医学发展基金，新成立的基金将专项支持同济大学中德脑科学临床研究和转化医学中心的科学研究、成果转化、人才引进、国际交流、平台建设与学科发展；控股经营上海蓝十字脑科医院，专注脑病诊疗。

国内股权投资兴起之时，就有不少投资机构专注生命健康领域，近年我国 IPO 的健康类公司数量总是位居前列。健康行业是永恒的信仰，任何时候都是参与的好时候。但是，不管是在中国，还是在日本、韩国和欧美，在健康领域都一直存在一些伪需求、伪产品、伪商业模式的项目，也存在市场规模小、盈利空间窄、管理难度大、缺乏可复制性、不适合资本化的项目。近年来，不少生物医药项目上市后市值跌破上市前融资总额，还有不少生物医药公司市值低于其账上持有的现金数额。这是我们投资务必需要注意的。

参与投资务必要看清项目的行业本质，看其是否符合认知常识，是否能够增进社会总福利，是否有可持续的盈利模式，市场空间是否足够大，十年以后该项目是否依旧还有竞争力。

第9章　新时代大变局
新形势新机遇

当前，我国处于百年未有之大变局，俄乌战争在短期内必将深刻改变世界政治和经济布局，而新一轮科技革命和产业变革与我国加快转变经济发展方式形成历史性交汇，国际产业分工格局基本形成，我们需要紧紧抓住这一重大历史机遇，在我国经济从"脱实向虚"转向"脱虚返实"的过程中，把握新的投资机会，创造丰厚的投资回报，把我国建设成为世界制造强国，实现中华民族的伟大复兴。

进入中国特色社会主义新时代，推动我国经济高速增长的因素、增长道路、机制和国内外环境都已经发生了巨大变化，支撑经济增长的客观条件也发生了变化；但是我国仍然处于向上发展的战略机遇期，经济向高质量阶段转变仍然具有比较优势、大国优势和制度优势；转向高质量发展的关键在于技术创新、经济结构转型升级、新动能培育、生产要素的活力释放和发展方式创新。依据新时代经济增长要求、主要矛盾的变化，新时代要实现中国高质量发展，需要通过生产力方面的全面创新与生产关系方面的深化改革的结合，推动高质量的发展。新形势必然带来新机遇。

在经济新形势下，追求共同富裕的过程中，经济地理调整、产业链重塑、新技术不断涌现，以及对我国有利的国际政治经济时间窗口，国家通过一系列的政策，推动资本去无序化、平台去垄断化、娱乐去泛滥化、产业去空心化，促进科技重产业化、产业重安全化、产业升级数字化，赢得投资回流本土化，规划区域发展均衡化，最终实现共同富裕的目标。在这个新趋势下，抓住新机遇，携手走向共同富裕。

第一节　股权投资市场展望

经过 2015 年前后的迅猛发展，在整体收益率下降、行业开始出现分化之际，我国的股权投资市场已经呈现出一些明显的变化。

第一，各个头部投资机构开始主动建设产业生态圈。随着股权投资行业近十年的快速增长，IPO 套利失效，纯财务投资赚取超额回报的时代逐步过去；无论是 IVC 还是 CVC 基金管理人都越发了解赋能的重要性，帮助被投企业对接渠道资源，嫁接自身有的资源赋能被投企业快速发展，成为被投企业的资源提供者、事业合伙人、产业赋能者。为在参与优质项目的投资上占据优势，反过来又促进更多的机构有意去组建产业生态圈，这不仅可以助力已投资项目实现快速发展，为基金的退出提供一定的帮助，也可以通过投资优质项目再接触到更多的投资机会。无论是红杉、高瓴，还是 CVC 的小米、阿里巴巴、腾讯等，都形成了各自的产业生态圈。日本 SBI 是最早提出打造生态圈的投资机构，经过多年的努力在日本构建了互联网金融生态圈。

第9章　新时代大变局新形势新机遇

近年来在国内异军突起的小米，是以建设生态圈成为其在产业、投资、平台等方面成效卓著的企业。王玉硕和吴慧香（2022）以小米集团构建生态圈为研究对象，归纳出小米战略投资构建生态圈有投、建、享三个阶段，阐释小米作为平台企业构建生态圈如何重塑商业模式、提高可持续竞争力的内在逻辑，以及小米构建生态圈方式的独特性及其价值效应。小米通过构建商业生态圈的方式，实现了对产品种类的丰富，促进其市场占有率和营业收入的稳步提升。通过构建生态圈不仅能够提高项目的成功率，而且还能提高被投项目的估值，也让具有生态圈背景的项目更容易再次获得融资，以及更容易获得市场渠道的认可。

第二，政府引导基金将更多担负"引导"的作用。经历了探索起步以及规范运作，政府引导基金迈入了快速发展的阶段，基金规模及投资方向将更加贴近市场以及当地经济发展的需求。十亿级、百亿级的引导基金占多数，千亿级别的引导基金也陆续成立。2014 年 9 月 24 日，国家集成电路产业投资基金股份有限公司（以下简称国家大基金）一期成立，首期募资 1387.2 亿元，国家大基金二期于 2019 年 10 月 22 日注册成立，注册资本为 2041.5 亿元，专门投资集成电路产业。2015 年 12 月 30 日，湖北省成立的长江经济带产业基金和长江经济带产业基金管理有限公司，计划通过 400 亿元财政引导资金，设立 2000 亿元母基金，最终撬动 1 万亿元投资。2018 年，山东省依据国务院批复的《山东新旧动能转换综合试验区建设总体方案》，成立山东省新旧动能转换引导基金，助力新动能代替旧动能，新兴产业带动传统产业更新发展，通过 400 亿元的引导基金，形成总规模不低于 2000 亿元的母基金群和不低于 6000 亿元的子基金群。

对于政府引导基金的效果，李宇辰等（2022）研究发现，相对于未受任何风险资本投资的企业，政府产业基金显著促进了企业创新数量的增长；政府产业基金与社会风险资本联合投资相对于政府产业基金单独投资能够更好地促进企业创新；政府产业基金投资于初创期企业、高新技术企业对企业创新的促进作用明显；相对于创新发达地区，政府产业基金投资于创新欠发达地区对企业创新的促进作用更明显。徐明（2021）考察了政府引导基金对社会资本的引导作用及其制约条件，通过实证检验发现，引导基金规避风险的投资特征，导致其没有介入企业早期阶段；在过去引导基金在实践执行中偏离了政策初衷，出现"投资期限错配"；引导基金介入过晚会严重限制其对社会资本的引导作用。因此，在投资序列上，不存在显著的引导基金和社会资本的"先行-跟进"关系；在社会资本投资规模层面，引导基金并没有成功引导更多的社会资本进入企业，因而无法缓解企业融资约束以及促进研发投入。研究进一步分析显示，引导基金并没有在实质上显著提升社会资本跟进投资企业的概率。

地方政府引导基金的目的就是招商引进优质项目，或者引导扶持当地企业发展，但是多数区域没有足够适合资本化的项目，或者适合投资的项目。在地方政府设立产业引导基金最红火的 2017 年，有地方政府行文委托我来牵头组建地方产业引导基金，但是在我调研当地企业后选择放弃。投资管理机构不能为了管理费，违心地去迎合政府和忽悠投资人，投资管理机构的声誉最重要。

过去政府的引导基金在促进企业创新方面有积极的作用，但是政府引导基金的"引导"作用还不明显，还需要在更早期介入，而不是在项目后期与社会资本一起竞争，才能更好地引导社会资本参与投资，相信未来政府的引导基金将会起到更好的"引导"作用。

第三，机构头部集中化趋势加速，强者恒强。据统计，2021年我国 VC/PE 市场新成立基金的认缴规模共计 8175 亿美元[①]，同比上升 80.95%，接近峰值，主要是更多的大额专题基金陆续成立，对市场起到了一定的推动作用。另外，2021 年"TOP 250"旗下共有 887 个投资主体参与投资，与 2020 年的 712 个

[①] 详见：《2021 年度 VC/PE 报告｜新成立基金数量暴增投资均值再升 13%》，腾讯网，https：//new.qq.com/omn/20220120/20220120A0ADZF00.html，2022 年 1 月 20 日。

投资主体同比提升 25%，市场总投资主体 6654 个，头部机构占比 11%；但上述主体共计参与 3708 笔投资交易，占市场整体的 40%；投资总规模为 1507 亿美元，占市场整体的 65%。数据表明，市场上多数资金仍来源于较少的头部机构，超六成资金流向四成的项目。"募资难"对于多数投资机构和项目来说将长期存在，"二八"法则会越来越明显。

第四，下沉市场的投资机会崛起。40 多年的改革开放，不仅让我国一二线城市的经济得到快速发展，三四线城市的建设也有了翻天覆地的变化，农村居民的可支配收入节节攀升；再经国家多年系统性扶贫和实施"两不愁、三保障"，农村居民生活水平得到了极大的提高。相较于一线城市新居民背负沉重的房贷压力和生活成本，三四线城市及以下的居民拥有更高比例的可支配收入。随着 4G 网络的普及，拼多多、快手、抖音、趣头条等从电商、短视频社区和内容聚合三个维度进行深耕，快速成为下沉市场中的新巨头。

在一线城市项目资本饱和后，投资机构开始关注更多下沉市场带来的新的投资机会。任保平等（2022）发现，我国下沉市场消费者群体的消费潜力正在不断被挖掘，新生消费群体展现出巨大的消费潜力等发展态势，这些发展态势背后显示出消费者行为的新特征：消费趋于个性化与多元化、消费者的不确定性增加、消费者对于消费体验的追求、消费社交、消费共享化、消费健康化以及愿意为品质和效率买单等。因此，应当大力发展乡村消费以及完善商品和服务来保障消费的健康有序发展，进而促进消费结构优化升级。

我国的数字产业正在加速发展，现代物流正在向乡村延伸，建立小城镇以及广大农村地区的数字消费体系是实现乡村振兴、畅通国内大循环的重要途径，小城镇以及广大农村地区的消费也在随着数字产业的发展逐渐实现规模扩大和结构升级。在数字经济背景下，促进国内小城镇和广大农村地区消费协同发展；改善农村地区的消费环境，加快农村电商平台建设，助力农村居民消费升级，拉动城乡消费协同发展，构建城乡消费协同发展体系；完善农村物流基础设施和农村便民消费措施，规划建设乡村新型消费网络节点和农村社区综合性服务网点，进一步挖掘广大农村的消费潜力。梁锐（2021）经研究发现，除东部少数农产品集聚区外，农产品集聚并不会显著增加我国农村流通市场效率，但农产品加工业的集聚有利于提高农村流通市场效率。电商下沉有利于推动农村流通市场更高效率运转，并且能够与农产品集聚形成正向联动效应。曹征等（2021）认为我国下沉市场不断增长的消费需求、人们对品质与理性消费的观念共识、新时代人民群众努力改变不平衡不充分发展现状的奋斗潮流共同构成了强大的驱动力量，吸引了电商下沉。

第五，科创板和北交所落地以及注册制实施，促进价值投资时代来临。科创板和北交所落地及注册制实施，拓宽了股权投资机构的退出渠道，通过 Pre-IPO 投资套利赚取一二级市场估值价差的时代将逐渐消失。我国 A 股市场 30 多年来实行严格的上市审批制及核准制，一二级市场长期存在的较大企业估值价差，股权投资机构习惯通过投资有明确上市预期的企业，赚取一二级市场估值价差的时代逐步过去。注册制将减少一二级市场估值价差，企业内生成长性将是未来股权投资的核心。这将有利于投资机构专注于企业的价值挖掘和经营赋能，这有利于一级市场的发展与成熟，迎来真正的价值投资时代。高宏霞和王倩倩（2021）研究发现，股权投资进入后，对科创板上市企业技术创新产出存在较强的促进作用。

科创板将帮助更多的科技型企业对接资本市场，融资发展；北交所将帮助"专精特新"的中小企业做好科技创新；这都将促进新一轮科技创新领域的投资，为我国经济脱虚返实做出贡献。

改革开放 40 多年来，每个时期我国居民获得财富的主要途径各有不同。20 世纪 80 年代，财富主要来自贸易；20 世纪 90 年代，财富主要来自制造业；21 世纪前十年，社会财富主要来自自然资源及衍生的产业；从 2010 年开始，人们财富的增长方式逐渐开始转向股权投资。虽然这几年股权投资行业正在经历曲折，最困难的时候还没有到来，但是我们依旧坚信股权投资在我国如日初升，正在迎来光明的未来。

第二节　投资首先要顺应时代发展

我国古人追求的"大同社会"，是我国古代儒家所推崇的最高理想社会或人类社会的最高阶段，是我国传统文化的内核。习近平总书记提出"共同构建人类命运共同体"，更是我国古人理想中的大同社会普惠天下。

杨立国（2019）认为，在我国经济面临外部环境恶化和经济下行双重压力下，以创新、协调、绿色、开放、共享为内容的习近平新时代中国特色社会主义思想是破解我国经济难题的一把钥匙。从理论来看，坚持党对经济工作的统一领导和以人民为中心的发展理念，是在保证社会主义方向前提下解决我国社会主要矛盾的必然要求。从实践来看，由注重需求向供给侧结构性改革，把市场在资源配置中的作用从"基础性"调整为"决定性"等举措都有效激发了市场的活力，是新时代马克思主义政治经济学应用的新亮点。"一带一路"倡议、进口博览会和外商投资新政等，是人类命运共同体理念与实体经济对接的实证，对区域经济和建设开放型世界经济都具有重要意义。

在"百年未有之大变局"的世纪转折中，世界处于大发展大变革大调整、中国特色社会主义进入新时代的关键时期，为适应全球化变革新趋势，我国政府提出发展更高层次的开放型经济新理念，发起"一带一路"倡议，推动形成全面开放新格局，建立更加开放、包容、普惠、平衡、共赢发展的新机制，确定构建人类命运共同体新目标。在我国农村开展"两不愁、三保障"，实行乡村振兴，缩小城乡差距，践行"绿水青山就是金山银山"。对外和对内都在拓展我国企业产品的市场空间，夯实我国制造业基础。黄晓凤等（2018）认为，习近平新时代开放型经济思想是习近平新时代中国特色社会主义思想的重要组成部分，是开放经济领域马克思主义政治经济学的最新成果，是中华民族伟大复兴的行动指南，是当代国际政治经济学研究的重大理论命题，为构建人类命运共同体、推动人类迈向共同繁荣注入强大理论动力。

近代中华民族是苦难的，但是现代中国又是幸运的。毛泽东领导中国共产党打破旧中国的阶层固化，让中国站起来；邓小平领导中国共产党进行改革开放，让中国富起来；习近平总书记领导中国共产党完成脱贫攻坚，让中国强起来。在中国强大起来的过程中，不仅需要我国科技在世界范围内总体处于领先地位，还需要我国产业在世界上具有优势地位，也需要我国能够保障自身产业链的安全，更需要我国持续缩小城乡差距，结合我国14亿人口的消费市场，为这个新时代提供众多的投资机会，顺应这个时代的发展需求，就能发现投资机会。

李大钊在《艰难的国运与雄健的国民》一文中说，历史的道路，不全是平坦的，有时走到艰难险阻的境界，这是全靠雄健的精神才能够冲过去的。一条浩浩荡荡的长江大河，有时流到很宽阔的境界，平原无际，一泻万里。有时流到很逼狭的境界，两岸丛山叠岭，绝壁断崖，江河流于其间，回环曲折，极其险峻。民族生命的进程，其经历亦复如是。

投资是投未来，就看企业未来的发展。企业处于大的时代之中，不仅需要顺应时代发展，而且在顺应时代的发展中更容易找到好的投资机会。投资首先是投时代，新时代孕育新机遇！

第三节　新时代孕育新机遇

　　中华历史每千年轮回，走上人类文明繁荣的顶峰；3000 年前的周朝、2000 年前的汉朝、1000 年前的唐朝，都是值得称颂的中华文明大放异彩的时代。现在又到了一个新千年的开端，经济开始走向脱虚返实，国家出台了一系列政策支持以制造业为代表的实体产业，这将为中华民族的伟大复兴奠定坚实的物质基础。经济发展由低收入阶段转向中等收入发展阶段，数量型增长转向质量效益型增长，摆脱贫困转向基本实现现代化；经济由高速增长转向高质量发展，创新成为第一动力。

　　新时代经济增长的动力定位落脚在深化体制改革，促进生产要素的内涵型供给，培育生产要素供给新动力；推进民生工程建设，继续加强基础设施投资，增强内需拉动力；加快推进对外开放战略，以扩大国际经济合作范围，培育新层次的比较优势，激发新一轮的经济全球化红利。

　　基于新时代背景下我国全面深化改革，结合全球化下我国经济高质量开放的国际因素条件，构建新时代经济全面开放新格局已是新的历史方位下的必然之举。新时代经济全面开放新格局具有多元平衡、渐进动态、制度导向、创新驱动、利益共享的显著特征。在构建实践中，贸易自由化是首要前提，防范金融风险是资金保障，投资便利化是推动力量，优化区域开放是平衡策略，"一带一路"高质量建设是核心布局。

在我国经济进入全面高质量发展阶段过程中，国内外环境发生复杂而深刻的变化，民间投资对于增强经济韧性和抗风险能力至关重要，从我国民间投资发展、演变的逻辑中汲取新时代民间投资更好发展的智慧和力量。现在我国民间投资占据了投资总额的"半壁江山"，但还存在投资规模小、投资效率不高、投资动力不足的问题。新时代在加快构建双循环新发展格局背景下，我国民间投资要顺应时代发展的要求，更多参与传统产业转型升级、产业结构调整、新兴产业；通过区域经济的高质量发展为民间投资提供更多的投资机会，以非公有制经济的更好发展不断增强民间投资的内生性增长动力。政府在各方面营造有利于民间投资发展的政策环境、市场环境和投资环境。

改革开放 40 余年来，我国经济高速发展，已经达到一定程度，GDP 已经接近全球的 20%，成为世界第二大经济体；研发投入、科技发明数量、专利申请数量，一年比一年多，与美国成为现在世界上两个主要的科技贡献国。我国是世界最大的贸易国，是世界 100 多个国家和地区的第一大贸易伙伴。

更为重要的是，党的十八大以来，中国共产党通过刀刃向内、自我革命，重新开始建设和营造风清气正的社会环境，塑造全国人民上下同欲、齐心协力的空前大好局面；全国人民空前团结，对道路空前自信，对发展空前坚定，我国必将迎来一个崭新的未来。

现在进入中国特色社会主义新时代，过去推动我国经济高速增长的因素、增长道路、机制和国内外环境都已经发生了巨大变化，支撑经济增长的客观条件也发生了变化；但是我国经济向高质量阶段转变仍然具有阶段优势、大国优势和制度优势；转向高质量发展的关键在于技术创新、经济结构转型升级、新经济增长点的培育、生产活力释放和发展方式创新。依据新时代经济增长要求、主要矛盾的变化，要实现我国高质量发展，需要通过生产力方面的全面创新与生产关系方面的深化改革的结合，推动高质量的发展。

新的技术、新的行业、新的动能、新的社会结构、新的经济结构、新的区域发展，都会带来新的投资机遇。无论人生还是投资，选择都大于努力。投资有未来的行业，比在没有未来的行业中选好的企业更重要。要看清行业发展的未来，只有先从宏观上把握趋势，才有可能选对行业；行业选对了，成功概率就高，投资的企业都不会错得太远；行业选错了，投资的企业再好，也好不到哪里去。

新时代孕育新机遇，国运轮回的时代，就是投资最好的时代！

第四节　扎实推动共同富裕

2021 年 10 月 16 日出版的第 20 期《求是》杂志发表中共中央总书记、国家主席、中央军委主席习近平的文章《扎实推动共同富裕》。文章指出促进共同富裕，要坚持以人民为中心的发展思想，在高质量发展中促进共同富裕；要正确处理效率和公平的关系，构建初次分配、再分配、三次分配协调配套的基础性制度安排，扩大中等收入群体比重，增加低收入群体的收入；促进社会公平正义，促进人的全面发展，使全体人民朝着共同富裕目标扎实迈进。文章认为共同富裕是全体人民共同富裕，是人民群众物质生活和精神生活都富裕，不是整齐划一的平均主义。促进共同富裕，要把握好：鼓励勤劳创新致富、坚持基本经济制度、尽力而为量力而行、坚持循序渐进的原则。共同富裕是总体概念，必须脚踏实地、久久为功。

要实现共同富裕，一方面，发展社会主义生产力，实现宏观、中观和微观经济高质量良性循环，铸就共同富裕的经济基础；另一方面，基于经济伦理、劳动伦理和政治伦理设计科学合理的基础分配制度；在实现共同富裕的过程中，主动解决地区差距、城乡差距、收入差距，推动社会全面文明进步。

实现共同富裕的核心在于扩大中等收入群体规模，使共同富裕的主体力量越来越广泛，防止阶层固化和流动渠道堰塞，畅通向上发展、向上流动的各种通道。实现共同富裕的基本路径：一是要完善财富创造激励机制，激发市场主体活力，让创造财富成为社会倡导；二是要不断增加市场主体，提供更多的就业岗位，促进社会充分就业；三是在提高劳动者薪酬占GDP中的比重；四是提高居民金融性财产收入，从而提高居民可支配收入水平，达到消费促进生产的目的；五是要完善基本社会保障制度，在农村充分实现"两不愁、三保障"的情况下，继续提高农村和城市低收入家庭的社会保障水平，促使年轻人敢于投身创业、创新和创造；六是要鼓励公益慈善与履行社会责任，促进社会和谐、文明和进步。

为实现共同富裕，国家和政府投入不仅要加大财力支持，而且要鼓励民间资本积极参与，没有民间资本的参与，是无法达成"共同富裕"的。李粤麟和陈云贤（2022）从中观经济学的角度出发，考虑政府作为市场经济的"参与者"，研究政府投资对整体资本结构的影响。首先，将政府投资引入双层嵌套型CES生产函数，验证了私人投资与政府投资的互补性。其次，建立扩展的拉姆齐模型，推导出稳态时私人资本与公共资本的最优比例关系，发现我国目前私人资本占比低于最优水平，即政府公共资本累积过度不利于共同富裕的实现。最后，通过技术进步偏向指数分解，发现在 1993～2017 年，相较于劳动力，我国的技术进步偏向于私人资本，技术偏向于私人资本主要源于私人资本的积累，其次是公共资本与私人资本的互补效应。

在鼓励提高民间资本占比的同时，要认识到这会引致技术偏向于民间资本，导致贫富差距的进一步扩大。如果我们通过提高居民金融资产等财产性收入的占比，就能够很好地缓解由于技术偏向民间资本导致的贫富差距，因此 IPO 注册制、科创板、北交所等的实施与开立，在一定意义上增加了居民财富的来源渠道。政府投资与民间投资的互补性，通过政府投资或者公共资本积累的增加会吸引更多的民间投资，充分发挥民间资本对共同富裕建设的推动作用。李逸飞和王盈斐（2022）测算我国中等收入群体和潜在中等收入群体的收入结构、财产结构发现，当前我国劳动性工资收入是最重要收入部分，财产性收入占比普遍较低；房产价值和金融资产是主要的财产收入；城镇居民和东部地区的财产性收入占比相对更高，主要是来自房产而不是金融资产。在房价已经处于历史高位的情形下，让居民参与到金融资产的再分配之中，增加居民的金融资产就是促进共同富裕的必要手段。

在未来，随着双创深入，双循环建立，科技成果转化更为普遍，硬科技投资项目不断增多，对更多的人来说，参与身边看得懂、行业有前途、产品有竞争力、实控人靠谱的股权投资项目，就是参与社会财富的再分配，也是提高居民财产性收入的方式，还是实现共同富裕的有效途径。在国家追求共同富裕的过程中，通过股权投资等方式增加居民财产性收入在收入中的比重，将是促进共同富裕的重要手段。

在走向共同富裕的道路上，参与股权投资是增加居民金融性财产收入的必然，也将是财富再分配的重要方式，更是薪资收入的重要补充。

把握时代机遇，参与股权投资，携手走向共同富裕！

参考文献

［1］ Ang J S, Cheng Y. M. Direct Evidence on the Market-Driven Acqui-sition Theory ［J］. Journal of Financial Research, 2006, 29（2）: 199-216.

［2］ Barker V L, Mueller G C. CEO Characteristics and Firm R&D Spend-ing ［J］. Management Science, 2002, 48（6）: 782-801.

［3］ Boateng A, Bi X G, Brahma S. The Impact of Firm Ownership, Board Monitoring on Operating Performance of Chinese Mergers and Acquisitions ［J］. Review of Quantitative Finance & Accounting, 2017（49）: 1-24.

［4］ Emmons R A. Narcissism: Theory and Measurement ［J］. Journal of Personality And Social Psychology, 1987, 52（1）: 11-17.

［5］ Fraser S, Greene F J. The Effects of Experience on Entrepreneurial Optimism and Uncertainty ［J］. Economical, 2006, 73（2）: 169-192.

［6］ Freud S. The History of the Psychoanalytic Movement, in the Standard Edition of the Complete Psychological Works of Sigmund Freud ［M］. London: Hogarth Press, 1957.

［7］ Kohut H. Forms and Transformations of Narcissism ［J］. Journal of the American Psychoanalytic Association, 1966, 14（2）: 243-272.

［8］ 安国俊, 訾文硕, 贾馥玮. 影响力投资发展现状、趋势及建议 ［J］. 金融理论与实践, 2020（9）: 84-91.

［9］ 曹晓旭. 人口老龄化、健康投资与经济高质量发展 ［J］. 合作

经济与科技，2022（2）：20-22.

　　[10] 曹征，李润发，蓝雪.电商巨头下沉市场的消费驱动及发展战略——以阿里巴巴、京东、拼多多为例［J］.商业经济研究，2021（8）：39-41.

　　[11] 陈爱贞，张鹏飞.并购模式与企业创新［J］.中国工业经济，2019（12）：115-133.

　　[12] 陈楚楚.IPO企业持续盈利能力审核及效果研究［D］.厦门：厦门大学博士学位论文，2020.

　　[13] 陈仕华，张章，宋冰霜.何种程度的失败才是成功之母？——并购失败程度对后续并购绩效的影响［J］.经济管理，2020（4）：20-36.

　　[14] 陈守明，简涛，王朝霞.CEO任期与R&D强度：年龄和教育层次的影响［J］.科学学与科学技术管理，2011，32（6）：159-165.

　　[15] 陈小军，吉富星.客户关系管理、内部控制与企业并购绩效测度综合评价——基于多元线性回归模型分析［J］.管理评论，2021，33（8）：256-262.

　　[16] 陈志斌，汪官镇.CEO自由裁量权与企业投资效率［J］.会计研究，2020（12）：85-98.

　　[17] 崔晓杨，吕鑫，魏云捷.消费类电子信息企业并购绩效分析——以TCL集团为例［J］.管理评论，2017，29（11）：253-262.

　　[18] 杜勇，谢瑾，陈建英.CEO金融背景与实体企业金融化［J］.中国工商经济，2019（5）：136-154.

　　[19] 方红艳，付军.我国风险投资及私募股权基金退出方式选择及其动因［J］.投资研究，2014（1）：105-118.

　　[20] 方齐云，吴光豪，郭庆宾.健康投资的减贫效益：基于城乡和区域差异视角［J］.中国卫生经济，2015，34（9）：57-59.

　　[21] 房静.首次公开募股公司持续盈利能力审核问题探究［J］.财会通讯，2021（22）：117-121.

［22］高宏霞，王倩倩．风险投资对科创板上市企业技术创新产出的效应研究［J］．工业技术经济，2021（11）：11-19.

［23］高振明，庄新田，黄玮强．社会网络视角下的并购企业文化整合研究［J］．管理评论，2016，28（9）：218-227.

［24］顾卫平，汪圣明，程鹏亮，李源，周宇，黄玮婷．中国并购市场发展现状与存在问题［J］．清华金融评论，2016（12）：57-85.

［25］关静怡，刘娥平．股价高估、业绩承诺与业绩实现——基于上市公司对赌并购的经验证据［J］．财经论丛，2021（7）：68-78.

［26］何孝星，叶展，陈颖，林建山．并购基金是否创造价值？——来自上市公司设立并购基金的经验证据［J］．审计与经济研究，2016（5）：50-60.

［27］洪方輶，蒋岳祥．新三板分层制度、风险投资与股票流动性——基于倾向得分匹配双重差分法的经验证据［J］．浙江社会科学，2020（12）：16-28+156.

［28］胡刘芬．企业投资为何会"随波逐流"？——基于宏观经济政策不确定性影响的视角［J/OL］．南开管理评论，https：//kns. cnki. net/kcms/detail/12. 1288. f. 20220105. 1236. 004. html.

［29］黄晓凤，何剑，邓路．习近平新时代开放型经济思想及其世界意义［J］．广东财经大学学报，2018（4）：4-14+61.

［30］江芬芬，梅姝娥，仲伟俊．基于消费者分享行为的拼团销售模式选择和定价策略研究［J］．管理工程学报，2022，36（5）：236-246.

［31］蒋冠宏．并购如何提升企业市场势力——来自中国企业的证据［J］．中国工业经济，2021（5）：170-188.

［32］蒋弘，刘星，柏仲．投资吸引力与并购融资决策——基于情绪ABC理论和趋利避害动机的分析［J/OL］．重庆工商大学学报（社会科学版），https：//kns. cnki. net/kcms/detail/50. 1154. C. 20210510. 0851. 003. html.

［33］蒋序怀，苏月中，陈小燕．私募股权投资有助于提升中小企业绩效吗［J］．广东财经大学学报，2015（4）：103-113.

［34］金雪军，肖怿昕.CEO职业忧虑与企业投资策略中的同业效应［J］.浙江大学学报（人文社会科学版），2020，50（1）：97-118.

［35］李刚，方黎，肖土盛.CEO金融背景与企业创新：促进还是抑制［J］.会计与经济研究，2021，35（5）：43-61.

［36］李井林.混合所有制改革有助于提升国有企业投资效率吗？［J］.经济管理，2021（2）：56-70.

［37］李培功，肖珉.CEO任期与企业资本投资［J］.金融研究，2012（2）：127-141.

［38］李万君，胡春红，李艳军.规模化还是多元化，抑或二者并举？——种子企业技术创新能力提升路径的实证分析［J］.中国农村经济，2021（5）：102-123.

［39］李焰，秦义虎，张肖飞.企业产权、管理者背景特征与投资效率［J］.管理世界，2011（1）：135-144.

［40］李逸飞，王盈斐.迈向共同富裕视角下中国中等收入群体收入结构研究［J］.金融经济学研究，2022，37（1）：88-100.

［41］李宇辰，孙沁茹，郝项超.政府产业基金如何有效促进企业创新？——基于政府产业基金数据的分析［J］.软科学，2022，36（4）：17-22.

［42］李粤麟，陈云贤.政府投资与私人投资的互补性——基于共同富裕时代背景［J］.金融经济学研究，2022，37（1）：169-180+192.

［43］李长安，杨智姣，薛畅.健康代际传递与机制分析［J］.中国人口科学，2021（6）：68-80.

［44］梁锐.基于电商下沉的农产品集聚与农村流通市场效率检验［J］.商业经济研究，2021（8）：137-140.

［45］梁若冰，张东荣，莫雅婷.性别结构、管理层互动与上市公司市场价值［J］.管理评论，2021，33（12）：200-212.

［46］刘锦，王学军，张三保，叶云龙.CEO非正式权力、正式权力与企业绩效——来自中国民营上市公司的证据［J］.管理评论，2015，

27（11）：161-169.

［47］刘烨，曲怡霏，方磊，裴冬雪．CEO 年龄、公司治理与海外并购——来自我国沪深股市的经验数据（2009~2014）［J］．运筹与管理，2018，27（10）：174-184.

［48］柳卸林，张伟捷，董彩婷．企业多元化、所有制差异和创新持续性——基于 ICT 产业的研究［J］．科学学与科学技术管理，2021，42（1）：76-89.

［49］龙海明，陶冶．健康投资对中国经济发展的影响研究——基于省级面板数据的空间计量检验［J］．湖南大学学报（社会科学版），2017，31（4）：79-84.

［50］鲁银梭，张月莉．创业企业的多阶段风险投资决策指标研究——基于摩拜和 ofo 的多案例比较［J］．财会月刊，2022（5）：95-104.

［51］莫靖新，吴玉鸣，于丽丽，赵志恒．城镇居民收入、健康投资与经济增长［J］．经济管理，2021，36（3）：92-109.

［52］倪宣明，贺英洁，彭方平，欧明青．混合所有制改革对国有企业盈利水平影响及作用路径研究混合所有制改革对国有企业盈利水平影响及作用路径研究［J］．管理评论，2022，34（2）：33-45.

［53］庞家任，周桦，王玮．上市公司成立并购基金的影响因素及财富效应研究［J］．金融研究，2018（2）：153-171.

［54］浦科学．健康投资与消费者寿命预期［J］．中国卫生经济，2019，38（9）：53-54.

［55］钱爱民，吴春天，朱大鹏．民营企业混合所有制能促进实体经济"脱虚返实"吗？［J/OL］．南开管理评论，https：//kns.cnki.net/kc-ms/detail/12.1288.f.20211201.0858.002.html.

［56］清科研究中心．解密 PE 加工厂九鼎投资［J］．资本市场，2015（1）：112-113.

［57］任保平，杜宇翔，裴昂．数字经济背景下中国消费新变化：态

势、特征及路径［J］.消费经济，2022，38（1）：3-10.

［58］桑朝阳.如何理解国有资产监管从"管企业"到"管资本"的新转变［J］.理论月刊，2021（5）：59-65.

［59］尚航标，满鑫，李卫宁.机构持股与企业并购绩效——基于上市公司的实证研究［J］.软科学，2017，31（4）：52-56.

［60］施光耀.中国资本市场进入产业并购新阶段［J］.中国金融，2013（19）：49-50.

［61］宋淑琴，代淑江.管理者过度自信、并购类型与并购绩效［J］.宏观经济研究，2015（5）：139-149.

［62］孙洁.私募股权投资对创业企业业绩影响研究［J］.财会通讯，2014（10）：58-60.

［63］孙烨，侯力赫，刘金桥.累积经验与并购绩效：从成功和失败中学习［J］.财经论丛，2021（8）：69-80.

［64］王海弟，黄亮，李宏毅.健康投资能影响跨国投资人均产出差距吗——来自跨国面板数据的经验研究［J］.经济研究，2016（8）：129-143.

［65］王玉硕，吴慧香.企业生态圈构建与价值效应——以小米集团为例［J］.商业经济，2022（1）：129-130+183.

［66］王正位，朱武祥.市场非有效与公司投机及过度融资［J］.管理科学学报，2010，13（2）：50-57.

［67］文春晖，李思龙，郭丽虹，余晶晶.过度融资、挤出效应与资本脱实向虚——中国实体上市公司2007—2015年的证据［J］.经济管理，2018（7）：39-55.

［68］文雯，陈胤默，张晓亮，孙乾坤.CEO股权激励能促进企业对外直接投资吗：基于企业异质性视角［J］.国际商务（对外经济贸易大学学报），2020（5）：125-140.

［69］吴超鹏，叶小杰，吴世农.并购败绩后撤换CEO吗？——我国上市公司内外部治理机制有效性检验［J］.经济管理，2011，33（5）：

46-55.

　　［70］吴静，周嘉南．"中国合伙人"为何"分手"：创业团队冲突演化路径分析［J］．管理评论，2020，32（10）：181-193.

　　［71］吴秋生，庞梦瑶．CEO市场化选聘、股权制衡度和投资效率［J］．会计之友，2022（1）：90-96.

　　［72］徐明．政府引导基金是否发挥了引导作用——基于投资事件和微观企业匹配数据的检验［J］．经济管理，2021（8）：23-40.

　　［73］薛海燕，张信东，隋静．资本市场、融资依赖与企业创新投资——来自新三板与创业板的证据［J］．经济问题，2020（5）：71-78.

　　［74］晏国菀，罗贝贝，陈帅弟，谢翊璇．并购双方CEO的老乡关系与并购行为［J］．外国经济与管理，2022，44（3）：69-87.

　　［75］杨立国．习近平新时代中国特色社会主义经济思想的引领价值［J］．辽宁大学学报（哲学社会科学版），2019，47（5）：31-39.

　　［76］杨嵩．CEO偏好、公司特征与并购——基于我国上市公司面板数据的实证分析［J］．山西财经大学学报，2018，40（3）：81-93.

　　［77］姚德权，付晓菲．经济政策不确定性、CEO金融经历与企业金融化［J］．财经理论与实践，2022，43（1）：17-26.

　　［78］姚海鑫，孙梦男．CEO过度自信、CEO权力与并购绩效［J］．财会月刊，2016（27）：15-19.

　　［79］姚立杰，陈雪颖，周颖，陈小军．管理层能力与投资效率［J］．会计研究，2020（4）：100-118.

　　［80］姚立杰，李刚，程小可，陈小军．多元化经营、公司价值和投资效率［J］．科学决策，2010（12）：9-18.

　　［81］姚瑶，刘斌，刘国恩．健康投资的产业结构效应：来自OECD等国家的宏观证据［J］．财经研究，2017，43（5）：102-116.

　　［82］应千伟，何思怡．CEO的财会教育经历有价值吗——基于并购绩效视角的证据［J］．会计研究，2021（6）：42-58.

　　［83］于洪鉴，陈艳，陈邑早．CEO自恋与并购非公开环节行为决策

的实验研究 ［J］. 管理科学，2019，32（5）：102-112.

　　［84］余浪，李乐，李秉成，胡伟. 管理者能力、宏观经济周期与企业财务危机——基于调节、路径与预警的分析 ［J］. 软科学，2022，36（4）：118-124.

　　［85］余鹏翼，敖润楠，陈文婷. CEO 年龄、风险承担与并购 ［J］. 经济理论与经济管理，2020（2）：87-102.

　　［86］詹余引. 回归本源，资产管理者应坚定内心 ［J］. 清华金融评论，2018（12）：91-93.

　　［87］张国云. 科创向善：平台和资本才有最好的模样 ［M］. 中国发展观察，2021（1）：37-40.

　　［88］张兰霞，贾明媚，薛碧云，张靓婷. 高管过度自信对跨国并购绩效的影响——基于我国上市公司的实证研究 ［J］. 东北大学学报（自然科学版），2015，36（9）：1363-1368.

　　［89］张林郁，刘平. 专业知识水平对私募股权投资机构议价能力的影响机制——基于企业家族性的调节作用 ［J］. 南方金融，2019（6）：57-65.

　　［90］张洽，袁天荣. CEO 权力、私有收益与并购动因——基于我国上市公司的实证研究 ［J］. 财经研究，2013，39（4）：101-110+122.

　　［91］张洽，袁天荣. CEO 校友关系会影响并购决策与并购效果吗 ［J］. 上海财经大学学报，2020，22（3）：82-96.

　　［92］张少东，王道平，范小云. "去产能"与我国系统性风险防范 ［J］. 经济学动态，2020（10）：110-126.

　　［93］张天舒，赵岩，张华凌. CEO 过度自信如何影响公司投资效率——基于会计稳健性的中介效应研究 ［J］. 重庆工商大学学报（社会科学版），2020，37（5）：49-66.

　　［94］张学勇，张琳. 风险投资家职业背景与投资业绩 ［J］. 管理科学学报，2019，22（12）：84-104.

　　［95］张雨，吴先明，周伟. 中国企业跨境并购促进了并购企业研发

国际化吗［J］. 科技进步与对策，2021，39（18）：88-98.

［96］赵通，任保平. 新时代我国产业资本与金融资本结合的风险及其防范策略［J］. 人文杂志，2019（3）：40-47.

［97］赵息，张西栓. 内部控制、高管权力与并购绩效——来自中国证券市场的经验证据［J］. 南开管理评论，2012，16（2）：75-81.

［98］周雷，陈善璐，肖楠，徐炜锋. CEO名校经历、过度自信与公司绩效——基于公司业务复杂度的调节［J］. 财会通讯，2021（12）：33-37.

［99］周瑜胜，宋光辉. 资本流动性、并购模式选择与并购绩效——择时视角的上市公司并购决策机制与效应研究［J］. 商业经济与管理，2015（7）：76-86+97.

［100］朱鸿伟，姚文燕. 我国私募股权投资退出决策研究——基于2003-2012年数据的Logit模型分析［J］. 南方金融，2014（1）：71-76.

［101］左晶晶，钟迪. CEO管理者权力与公司创新投资——基于中国制造业上市公司与交互效应模型的研究［J］. 中国人力资源开发，2016（15）：28-35+56.

后　记

　　2022 年 8 月 5 日，中国证券投资基金业协会公布，年初至今被注销的私募基金管理人已有 1193 家；而 2022 年以来，已失联的私募基金管理人有 154 家，经营异常的私募基金管理人有 160 家，这就意味着在未来还有私募基金管理人被注销。[①] 截至 2022 年 6 月底，2022 年新增备案注册的私募基金管理人为 656 家，登记在册的私募证券投资基金管理人为 9096 家、私募股权投资管理人为 14814 家，连同其他私募管理人合计 24330 家。[②] 也就是说，2022 年上半年登记注册的私募基金管理人总数减少超过 500 家，注销比例为 5% 左右。已经被注销的私募基金管理人不仅有无法继续融资的，也有市场知名基金管理人的子公司，还有知名投资人被法院列为"失信执行人"。

---

　　① 详见：封其娟：《知名私募赛伯乐、元石资本被注销，中基协再公布 60 家注销私募名单，今年来注销私募已有 1193 家》，金融界，https：//baijiahao. baidu. com/s？id＝174041430 9548696788&wfr＝spider&for＝pc，2022 年 8 月 6 日。

　　② 详见：中国证券投资基金业协会，https：//www. amac. org. cn/researchstatistics/datastatistics/privategravefundindustrydata／。

企业多元化后，即使进入"高运营成本"的高利润率行业，也需要保持"低运营成本"的经营能力，这不仅是对企业竞争能力的维护，也是为企业再次进入"高运营成本"的高利润行业储备经营的能力。推而广之，在家族传承中，维持"低运营成本"的能力也比较重要，一旦丧失"低运营成本"的经营能力或者生活能力，就有可能让"富不过三代"成为家族传承的"魔咒"。

今天的"果"是昨天的"因"所种下的。投资行业，特别是私募股权投资，是一个进入门槛低但是运营门槛很高的行业。2022 年上半年私募基金管理人整体注销比例达 5% 左右，并不预示着股权投资行业的"寒冬"已经来了，真正的"寒冬"预计在两三年以后，大量投资基金到期无法退出或者投资的项目大量彻底失败之时，才是股权投资行业的真正"寒冬"。但是"寒冬"来了就意味着"春天"不远了。过去"投得进、能上市"的渠道能力必将被"能赋能、会赚钱"的专业能力取代；通过渠道能力靠"赌概率"的投机，必然被具有多产业经营成功经验的专业能力的"确定性"投资所取代。在社会、经济、行业的新形势下，由真正具有投资能力的基金管理人从事规范化股权投资的"春天"就要来了，并购基金的"春天"也要来了，通过投资增加居民财产收入的"春天"也要来了。

通过行业本质甄选行业，通过行业本质筛选企业，通过企业底层数据识别企业，用常识鉴别系统性风险，从能否增加社会福利观察企业，从能否持续盈利来决定投资，以"退"决定"投"，以收益最大化为准则，在企业价值最高点时退出，方能行稳致远。

为了更好地理解本书所讲的方法，我计划编写《投资新思路：新形势下的股权投资（案例集）》，通过案例来具体说明使用本书介绍的投资方法的有效性；再结合《投资新思路：左右存亡的行业本质（案例集）》，通过生动的案例来说明行业本质决定企业盈亏的数量级、左右企业的存亡；也帮助投资人提高投资的成功率和回报率，帮助企业经营者提高企业经营的效率和效益，提升企业在行业中的竞争优势。